ein Ullstein Buch

ÜBER DAS BUCH:

»Ich bin im China des Elends und der Tränen geboren« – mit diesen Worten beginnt die junge Chinesin Chow Ching Lie ihren Lebensbericht, der zugleich die Geschichte dreier Generationen ist: Der Großvater zog zur Zeit der Kaiserin Tz'u Hsi noch als Lastenträger durchs Land, der Vater studierte bereits an einer amerikanisch-chinesischen Universität, und Chow Ching Lie selbst erlebt, wie ihre Heimat sich unter der Führung Mao Tse-tungs anschickt, mit einem riesigen Satz über Entwicklungsstufen mehrerer Jahrhunderte hinweg direkt in die Moderne zu springen. Sie erlebt und erleidet alle Erschütterungen Chinas, die sich auch auf ihr Privatleben auswirken. Mit vierzehn Jahren wird sie Mutter, mit sechsundzwanzig Witwe, sie verliert ihre Familie und findet schließlich mit ihren beiden Kindern in Paris eine neue Heimat. Hier nun erinnert sie sich voller Sehnsucht und Staunen an ihr Land, an seine Traditionen, seine Revolution, seine Schönheit und seine Leiden.

DIE AUTORIN:

Chow Ching Lie, 1936 in Shanghai geboren, wurde mit dreizehn Jahren gegen ihren Willen verheiratet, mit vierzehn zum erstenmal Mutter, mit sechsundzwanzig Witwe. Ihre Familie wurde in den Wirren der revolutionären Umwälzung überallhin verstreut. Mit ihren beiden Kindern fand sie eine neue Heimat in Paris, wo sie heute als Pianistin und Geschäftsfrau lebt.

Chow Ching Lie

Die Sänfte der Tränen

Mit 22 Abbildungen

ein Ullstein Buch

ein Ullstein Buch
Nr. 20312
im Verlag Ullstein GmbH,
Frankfurt/M – Berlin
Titel der französischen Originalausgabe:
»Le Palanquin des Larmes«
Aufgezeichnet von Georges Walter
Ins Deutsche übertragen
von Claudia Stadler

Ungekürzte Ausgabe

Umschlagentwurf:
Hansbernd Lindemann

Printed in Germany 1986
Gesamtherstellung:
Ebner Ulm
ISBN 3 548 20312 2

April 1986
38.–47. Tsd.

Die Schreibweise der Namen der Autorin und ihrer Angehörigen richtet sich nach der französischen Originalausgabe. Im übrigen folgt die Transkription aus dem Chinesischen weitestgehend dem System von Wade-Giles.

CIP-Kurztitelaufnahme
der Deutschen Bibliothek

Chow, Ching Lie:
Die Sänfte der Tränen / Chow Ching Lie.
[Aufgezeichn. von Georges Walter. Ins
Dt. übertr. von Claudia Stadler]. –
Ungekürzte Ausg. – Frankfurt/M; Berlin:
Ullstein, 1983.
(Ullstein Buch; Nr. 20312)
Einheitssacht.: Le palanquin des
larmes <dt.>
ISBN 3-548-20312-2
NE: GT

1. Kapitel

Das elende Leben meines Großvaters zur Zeit der Kaiserin Tz'u Hsi / Die Nöte einer Operntruppe / Verlobung zweier Kinder / Heirat meiner Eltern / Die Hartherzigkeit der chinesischen Schwiegermutter / Der Fluch über den Grabsteinen / Tsong Hais wunderbare Heilung / Mein Vater baut eine Oberschule / Weiße-Tiger-Suppe.

Ich bin im China des Elends und der Tränen geboren. Schon als kleines Mädchen habe ich das Leid kennengelernt. Ich war hübsch, aber das war kein Vorzug, sondern ein Fluch; denn wäre ich häßlich gewesen und weniger gut gewachsen, hätte man mich gewiß nicht mit dreizehn Jahren zur Heirat gezwungen. Doch rührte mein Unglück nicht allein von meinem schönen Äußeren her – in diesem Land war es ganz allgemein ein Fluch, als Mädchen geboren zu sein. Wäre ich in einer armen Familie zur Welt gekommen, hätte man mich sofort nach meiner Geburt in Lumpen gehüllt und ausgesetzt. Doch was ist grausamer: ein Kind gleich bei seiner Geburt zu ersticken, oder es später, weil man es nicht ernähren kann, zu verkaufen, damit es dann in einem der geschlossenen Häuser in Shanghais Vierter Straße aufgezogen wird? Ich spreche hier nicht etwa vom Mittelalter, sondern vom Los der Chinesin in der Mitte unseres Jahrhunderts, genau gesagt bis zu Mao Tse-tung, der 1950 das erste Gesetz erließ, das unter anderem die Tötung von Neugeborenen, die Zwangsverheiratung und den von den Schwiegermüttern geübten Machtmißbrauch verbot, all jene Plagen also, die genauso schmerzlich waren wie Überschwemmungen und Hungersnöte.

Die Familie, in die ich 1936 hineingeboren wurde, hätte mich bestimmt nicht ohne weiteres verkauft. Während meiner Kindheit in Shanghai war ich von Zuneigung umgeben, ja, ich war geradezu der Augapfel meines Vaters. Allein, der Wohlstand, in dem wir lebten, währte noch nicht lange genug, um die Erinnerung an die Armut, aus der unsere Familie sich gerade erst gelöst hatte, zum Verblassen zu bringen. Ein Teil meiner Familie war so habgierig, daß ich, wenn auch in der gewiß ehrbareren Form der Verheiratung, im Grunde doch verkauft wurde. Darüber konnte auch der Prunk nicht hinwegtäuschen, wie man ihn in meinem Land bei einer solchen Feier selten sah. Es war die Komödie einer großen Familienverbrüderung, die durch ihre Lächerlichkeit meine persönliche Tragödie nur noch ärger machte: ich war eine Schülerin, die die Legende von Liang und Tsu kannte, die wie Romeo und Julia für ihre Liebe sterben, und sah mich nun dazu verurteilt, ohne Liebe zu leben. Millionen andere hatten Hunger gelitten, während es mir an nichts fehlte, doch die Plagen Chinas sind Kinder ein und derselben Familie. Keines von ihnen entrinnt dem gemeinsamen Los.

Wenn ich es unternehme, mein Leben zu erzählen, so keineswegs deshalb, weil ich es für exemplarisch halte: was wiegen meine Leiden angesichts der Qualen, von denen ein ganzer Kontinent während der fünfzig Jahre vor meiner Geburt und der dreizehn Jahre danach, daß heißt bis in das Jahr, in dem China in jeder Hinsicht seine Befreiung erlebte, zerrissen wurde? In die Kokons des Kleinbürgertums von Shanghai, wo sechzigtausend Ausländer lebten, drang zwar das Lärmen der zechenden Matrosen von Flotten aus aller Herren Ländern, doch war man taub für den jahrelangen gewaltigen Kampf der in Lumpen gehüllten roten Armeen gegen die gut ausgerüsteten Heere des Herrn über China, des Generalissimus Chiang Kai-shek. Niemand in meiner Familie – mit Ausnahme meines älteren Bruders – war darauf gefaßt, daß unsere Geschichte mit einem Schlage eine Wende nehmen würde.

Ich bin in einem noch mittelalterlichen Land geboren, das im Innern der Räuberei der »Kriegsherren« ausgeliefert war und von außen her der der Ausländer, die über Kanton und vor allem über Shanghai in das Land eindrangen. Meine Familie stammte mütterlicherseits aus Kanton und väterlicherseits aus Shanghai. Shanghai war eine chinesische Stadt kosmopolitischen Zuschnitts, ähnlich wie New York. Ich wurde von einem Vater erzogen, der mir die Prinzipien der traditionellen chinesischen Moral einpflanzte und zugleich selbst von seiner westlichen Erziehung geprägt war. Meine Mutter war noch eine echte chinesische Bauerstochter, eine glühende Buddhistin, während ich eine amerikanische Schule besuchte, wo ich als kleines Mädchen zugleich zu Buddha und zu Jesus Christus betete. Ich erblickte kurz vor Ausbruch des Chinesisch-Japanischen Krieges das Licht der Welt, als China sich bereits seiner selbst bewußt wurde und nach nationaler Geschlossenheit zu streben begann, zugleich aber Chiang Kai-shek und die »Nationalisten« unter der Protektion der Amerikaner Truppen gegen Chinesen einsetzten. Einerseits las ich als Schülerin mit Begeisterung die Abenteuer des Grafen von Monte Christo, andererseits hörten wir nichts lieber als die amerikanischen Schlager, die unablässig über die Radiosender liefen, und unsere Idole waren Esther Williams und Frank Sinatra. Shanghai repräsentierte so die inneren Widersprüche und die Verworrenheit der Situation im damaligen China. Shanghai war die Hauptstadt der Korruption und der Prostitution, war mit seiner europäischen Mode, seinen westlichen Sitten, seinen großen und kleinen Geschäften, dem ständigen Wirbel der Vergnügungen und der Unbekümmertheit das Chikago des Fernen Ostens. Jenseits seiner stolzen Hochhäuser begannen die Ebenen und Gebirge Chinas, die blutigen Schlachten und der Hunger, die gewaltigen Flüsse des Landes, von denen ständig todbringende Überschwemmungen drohten. Immer wenn ich mich der Geschichte meiner Familie zuwende, habe ich die zerbrechliche Gestalt meines Großvaters Chow Tsou Hon vor Augen, eines armen Lastträgers aus Kanton, der eine der wichtigsten Figuren in meinem Leben und gewissermaßen ausschlaggebend für mein Schicksal war. Denn es war eine Folge seiner Paria-Existenz, daß ich mit dreizehn Jahren geheiratet habe.

Tsou Hon wurde Ende des vorigen Jahrhunderts in Chao-Chou geboren, einem Marktflecken im mittleren Teil von Kuangtung, etwa hundert Kilometer von Kanton entfernt. Chao-Chou muß man sich als das Elendste und Abgelegenste vorstellen, was es damals in China gab. Von daher sind Charakter und Ruf seiner Einwohner begreiflich, die sich von einem Pfennig so schwer trennten wie andere von der zehnfachen Summe. Sparsam bis zum Geiz, habgierig bis zur totalen Gefühllosigkeit, hatten sie sich auf den Verkauf ihrer Kinder spezialisiert. Man kam von weit her, um hier kleine Mädchen zu kaufen, weil an diesem Ort stets welche zur Verfügung standen. Die Käufer bildeten sie bisweilen in den Techniken der chinesischen Oper aus, womit man sehr früh beginnt, doch zumeist wurden sie versklavte und preiswerte Dienerinnen, »kleine Bräute«, die sehr früh zu Konkubinen wurden, oder aber man verkaufte sie weiter an die Bordelle, die sich ihrer Erziehung annahmen. Über das »Reich des Himmels« herrschte in der damaligen Zeit die Mandschu-Dynastie der Ch'ing. Auf dem Thron saß eine Frau, die Kaiserinwitwe Tz'u Hsi, die für ihre Ränke und ihre Grausamkeit gefürchtet war. Außer ihren Höflingen, ihren Eunuchen und einigen ausländischen Würdenträgern hat sich ihr kaum jemals irgend jemand nähern oder sie auch nur sehen können.

Es gab damals in Kanton zahlreiche Wandertruppen, die Opernaufführungen veranstalteten. Die chinesische Oper fand wie ein Zirkus in einem Zelt statt, das auf dem Marktplatz einer Stadt oder eines Dorfes aufgestellt war. In jener Zeit war ein motorisierter Transport völlig undenkbar. Es gab nichts als Leiterwagen und Handkarren. Die Truppe, bei der mein Großvater arbeitete, besaß nicht einmal ein Pferd, ja, noch nicht einmal einen Esel. Mit Gurten und Geschirren banden sich die Künstler – es waren etwa zwanzig – vor die Leiterwagen, und auf ging's durch die

Straßen Kantons. Mein Großvater Tsou Hon war für den Transport der Kostüme der Truppe verantwortlich. Sie steckten in zwei riesigen Weidenkiepen, die an den Enden einer Bambustragstange aufgehängt waren. Das Ganze wog dreißig, vielleicht sogar vierzig Kilo, ein Gewicht, das meinen armen Großvater fast zu Boden drückte. Mit seinen jämmerlichen Strohsandalen an den Füßen legte Tsou Hon schon als Heranwachsender Jahr für Jahr, bepackt wie ein Lasttier, viele Kilometer schlechter Wege und steiler Pfade zurück, denn Kanton ist rings von Gebirgen umgeben. Die ganze Plackerei brachte ihm eine Schale Reissuppe mit ein paar gesalzenen Rübenschnitzeln ein, das heißt alles, was man brauchte, um nicht gerade vor Hunger zu sterben.

Trotz seiner Armut heiratete Tsou Hon, als er kaum 18 Jahre alt war. Nach seiner Hochzeit wohnte er kurze Zeit in Chao-Chou. Eines Nachts konnte meine Großmutter, die seine Rückkehr erwartete, vor Furcht keinen Schlaf finden. Die Operntruppe spielte in der näheren Umgebung. Ihr Mann hätte längst zurück sein müssen, und die Wege waren berüchtigt. Im Morgengrauen hörte sie heftiges Stimmengewirr und sah, wie Nachbarn einen blutüberströmten Körper herbeitrugen. Es war ihr Mann Tsou Hon. Er war nicht tot, aber viel hatte nicht gefehlt. Banditen hatten ihn mit Stockhieben niedergeschlagen, ehe sie mit den Kiepen geflüchtet waren, die sämtliche Kostüme der Truppe enthielten. Das Banditentum war in jener Epoche eine der Plagen Chinas. Es gab gut organisierte Banden, die ohne weiteres Leute umbrachten, doch die Mehrzahl der Banditen waren selbst arme Teufel, die der Hunger zu Wölfen gemacht hatte.

Meine Großmutter erzählte mir, als ich noch klein war, mehr als einmal, daß der Zopf* Tsou Hons an jenem Morgen blutverklebt war, so daß sie große Mühe hatte, seine Haare zu entwirren. Als mein Großvater wieder zu sich kam, ging ihm auf, daß man ihm seine Lasten geraubt hatte. Wie aber sollte er die Kostüme bezahlen? Da man ihn nicht zum ersten Mal unterwegs überfallen hatte, fing meine Großmutter zu weinen und zu klagen an: »Wir können hier nicht länger leben! Es geht einfach nicht mehr!« Da beschloß mein Großvater, die Operntruppe zu verlassen. Doch wie sollte er ohne Ausbildung, ohne richtigen Beruf Arbeit finden? Ihm fiel ein, daß er einen Vetter in Shanghai hatte. »Weshalb«, sagte er, »sollen wir unser Glück nicht in Shanghai versuchen?«

* Neben dem Verbot, kleinen Mädchen die Füße zu bandagieren, war eine der ersten Gesetzesmaßnahmen der 1911 von Sun Yat-sen errichteten Republik die Abschaffung des Zopfes. [Sämtliche Anmerkungen von Georges Walter.]

Meine Großmutter war einverstanden. Die Bewohner von Chao-Chou hatten von jeher die Gewohnheit zu emigrieren, und zwar hauptsächlich in zwei Richtungen: entweder fand man sie – und findet man sie noch – in ganz Südostasien, von Indochina bis Indonesien und von Singapur bis Bangkok, oder aber sie wählten Shanghai.

Shanghai, das 1 200 Kilometer von Kanton entfernt liegt, war damals bereits eine Großstadt mit drei Millionen Einwohnern. Opium, Tee und Seide hatten den Reichtum dieser Stadt begründet, der man den Namen »Stadt der Schlammbank« gegeben hatte. Zu der Zeit nun war der Huang-P'u, der »Gelbe Fluß«, der im Norden der Stadt in die Mündung des Yang-Tzu fließt, voller Segelschiffe aus aller Herren Ländern und übersät mit chinesischen Dschunken. Vor allem aber gab es in der Stadt, in der Tsou Hon, der Krämer, an Land ging, mehr Weiße als irgendwo sonst in China. Sie lebten verteilt über die verschiedenen Stadtviertel, die man Konzessionen nannte, so die Internationale Konzession und die Französische Konzession, wo die Ausländer eigene Verwaltungshoheit und eine eigene Polizei besaßen. Es war, als gäbe es in Shanghai zwei Städte: diejenige, in der die Ausländer dank ihren ungeheuren Profiten begannen, imposante Gebäude von zehn oder fünfzehn Stockwerken zu errichten, die denen Amerikas und Europas glichen, und die Chinesenstadt. Um erstere, die auf dem Laster und der Respektierlichkeit errichtet war, um diese Insel des Luxus herum, zog sich die zweite mit ihren eng aneinandergedrängten Häuschen, Baracken und Lehmhütten. Dort lebte Tsou Hon, den sein Vetter gastfreundlich bei sich aufgenommen hatte, mit seiner jungen Frau.

In den zwanziger Jahren wurde Shanghai dann zum großen kosmopolitischen Zentrum des Fernen Ostens. Mein Großvater erinnerte sich später noch gut jenes Tages, an dem er sich auf den Bund, die Prachtstraße am Ufer des Huang-P'u, gewagt hatte. An den neuen Gebäuden, in denen die ausländischen Angestellten und mit ihnen die chinesischen »Manager«, die »Tai Pans« mit den weißen Kragen, arbeiteten, waren auf Hochglanz polierte Messingtafeln angebracht. Am Flußufer entlud man Sampans. Eine Gruppe von Lastträgern und Rikschakulis, die auf Kundschaft wartete, betrachtete neugierig einige Fremde, die sich vor einem Gebäude unterhielten, und Tsou Hon hatte sich unter die Neugierigen gemischt. Die Fremden – Engländer, Franzosen oder Deutsche, wer wollte das wissen? – rauchten Zigaretten. Die Chinesen kannten zu der Zeit hingegen nur die Pfeife oder die Wasserpfeife. Einer der Fremden ging auf die Gruppe zu und verteilte den Inhalt einer Zigarettenschachtel unter die Kulis. Das war die Szene, an die mein Großvater sich immer wieder erinnerte. Er sagte dann, daß die Chinesen in jener Zeit angefangen hätten, in Papier gerollten Tabak zu rauchen.

Tsou Hon und seine Frau hatten bereits in Kanton ein Kind bekommen. Die ganze Familie, meine Großeltern, das Baby und der junge Bruder Tsou Hons, lebten zusammen. In der Küche des Hauses gab es einen Herd aus Lehm, auf dem die Mahlzeiten zubereitet wurden. In ein Loch dieses Herdes setzte man den großen gußeisernen Kessel, in dem die Reissuppe kochte. Wurde er auf diese Weise zubereitet, konnte man mit dem Reis, der sich mit Wasser vollgesogen hatte, mehr Mäuler stopfen. Man trank die Suppe und knabberte dazu gesalzenes Gemüse, vor allem Rüben. Das war das Menü der Armen. Als einzige Variante gab es bisweilen eine Grütze aus Mohrenhirse, in die ein wenig Reis oder ein paar Bohnen gemischt waren. Bei den Südchinesen liebten sogar die Reichen die Reissuppe. Allerdings aßen sie auch Fleisch oder Fisch, Genüsse, die meiner Familie in der damaligen Zeit unbekannt waren. Eines Abends, als der Suppenkessel wie gewöhnlich brodelte, hielt der Bruder Tsou Hons das Baby in den Armen, während er auf die kochende Suppe aufpaßte. Das Kind strampelte, und plötzlich entglitt es den Armen seines Onkels, fiel in den Kessel voller Reissuppe und starb an Verbrühungen. Das waren so Unglücksfälle, mit denen die Armen leben mußten.

Tsou Hon hatte dann nacheinander drei weitere Söhne und mußte fünf Mäuler stopfen. Man könnte sagen, daß er die Not damals geradeso zu spüren bekam wie die Kulis, die die Polizisten mit Stockschlägen auf Trab zu bringen versuchten. Und so kam es, daß mein Großvater, indem er den Nacken unter den Stockschlägen des Schicksals beugte, es in rastloser Arbeit als Hausierer und als Läufer mit Hilfe seines Mutes und seiner Erfindungsgabe schließlich so weit brachte, daß er genügend Geld beiseite legen konnte, um sich einen kleinen Krämerladen zu kaufen. Glücklicherweise war seine Frau arbeitsam und alles andere als verschwenderisch. Denn man mußte auch weiter so ärmlich wie möglich leben und auf alles verzichten. Nur unter dieser Bedingung hatten seine Kinder die Chance, für immer dem Elend zu entrinnen, das er gekannt hatte. Sein Ziel war zum Teil bereits erreicht, denn sein zweiter Sohn, mein Vater Chow Wei Hi, ein intelligenter und begabter Junge, sollte studieren. Er, der Sohn des Hausierers, des kleinen Krämers, sollte auf den Bänken der amerikanischen Universität von Hong Chiang, der bedeutendsten Shanghais, Platz nehmen.

Mein Vater Chow Wei Hi heiratete im Alter von achtzehn Jahren, noch als Schüler, die sechzehnjährige Halbwaise Sow Tsong Hai (der Name bedeutet Achtung und Liebe). Während ich mit dreizehn Jahren geheiratet habe, waren meine Eltern bereits mit sechs beziehungsweise vier Jahren verlobt.

Die »Verlobung« hatte noch in Kanton stattgefunden.

Tatsächlich war es so, daß Tsou Hon, nachdem sein Laden einige Jahre gut gegangen war, rasch nach Kanton zurückkehren und dort ein Haus bauen wollte. Es ist das höchste Bestreben eines jeden Chinesen, der in einer fremden Stadt sein Glück zu machen versucht hat, auf seine alten Tage im Heimatort eine Wohnung zu besitzen, und so lautet denn auch ein altes Sprichwort: »So hoch der Baum sich auch emporrecken mag, seine Blätter fallen immer zur Wurzel herab.« Deshalb kehrte Tsou Hon mit meinem Vater, der damals sechs Jahre alt war, und dem zweiten Sohn, der fünf war, nach Kanton zurück.

Die beiden Kinder schwammen eines Tages im Fluß, als eine alte Heiratsvermittlerin auf sie aufmerksam wurde. Das war ein damals üblicher Beruf, zugleich gebraucht und verachtet, der von Personen beiderlei Geschlechts ausgeübt wurde. Als die Heiratsvermittlerin nun die beiden kleinen Jungen bemerkte, lief sie zu einer Witwe in der Nachbarschaft, die ein kleines Mädchen von vier Jahren hatte, und schleppte sie ans Flußufer. »Sehen Sie sich diese beiden Jungen an«, sagte sie. »Bestimmt sind sie aus guter Familie und sogar reich, denn ihr Vater ist kürzlich von Shanghai hergezogen, um hier ein Haus zu bauen. Wählen Sie den Jungen aus, den Sie für Ihre Tochter haben möchten, und lassen Sie alles übrige meine Sorge sein.« Die arme Witwe schaute also den beiden Kindern beim Spielen zu und zeigte auf den älteren, der mein Vater werden sollte. Sie zog ihn dem anderen vor allem deshalb vor, weil er eine hellere Haut hatte. (So merkwürdig das klingen mag, für die Chinesen jener Zeit war eine helle Haut, die der der weißen Fremden ähnelte, ein erstrebenswertes Schönheitsideal. So sagte man beispielsweise, daß die Frau dreierlei Schönheit besitze – die der Augen, die der Nase, die des Mundes – und daß diese drei Schönheiten allein durch eine helle Haut aufgewogen würden.) Was mich betrifft, so segne ich ihre Wahl, denn der andere Junge, mein späterer Onkel, war von Geburt an ein Schwachkopf und sollte es sein Leben lang bleiben.

Die Heiratsvermittlerin begab sich anschließend sogleich zu meinem Großvater, um ihm ihre Werberede zu halten: »Lieber Tsou Hon, es gibt in der Nachbarschaft ein sehr niedliches kleines Mädchen. Seine Mutter ist Witwe, aber hochanständig. Das ist eine vorteilhafte Sache für Ihre Familie, denn da sie nicht reich ist, ist sie auch nicht leichtlebig. Und da sie arbeitsam ist, wird die Tochter es ebenfalls sein. Ich glaube, daß es Ihnen sehr zum Vorteil gereichen wird, Ihren Sohn zu verloben.« Mein Großvater hatte nichts weiter zu tun, als sich dieses kleine Mädchen anzuschauen. Er fand es nett, und der Handel wurde auf der Stelle beschlossen. So kam es, daß mein Vater und meine Mutter im Alter von sechs und vier Jahren verlobt waren.

Die Heiratsvermittlerin wurde von den Familien zum Zeitpunkt der Verlobung bezahlt; was die kleinen Verlobten anging, die die längste Zeit von ihrer Lage nichts wußten, so trafen sie kaum jemals früher als am Vorabend der Hochzeit aufeinander. Denn es kam damals nie vor, daß ein Verlöbnis gebrochen wurde. Sein Wort nicht zu halten war eine Schande, ein Skandal. Da sie nunmehr verlobt war, blieb Tsong Hai, meine zukünftige Mutter, in Kanton. Tsou Hon schickte der Mutter der Kleinen Geld, damit sie die Grundschule besuchen konnte, wohlbemerkt nur die Grundschule, denn ein Mädchen sollte nicht zuviel studieren, hieß es doch bei uns: »Je geringer das Wissen der Frau, desto größer ihre Tugend.« Und weil diese Tugend vor allem im Gehorsam bestand, dachte man, daß eine weniger gebildete Frau sich um so mehr ihrem Haushalt, ihren Kindern und vor allem ihrem Herrn und Meister, dem Gatten, widmen würde. So sollte denn Tsong Hai nach den Schuljahren zu Hause bleiben. Ihre Mutter brachte ihr das Weben mit der Hand und mit dem mechanischen Webstuhl bei, und als sie sechzehn war, heiratete sie.

Während seine Verlobte in Kanton heranwuchs, führte mein Vater in Shanghai ein ganz anderes Leben. Shanghai, das war ein bißchen Paris, und die amerikanische Universität von Shanghai war das Yale oder Harvard Chinas. Wei Hi war ein von westlichen Vorstellungen durchdrungener Bourgeois geworden, zugleich ein junger Mann von empfindsamem und träumerischem Gemüt. Kaum gebildeter als eine Bäuerin, war Tsong Hai, seine Verlobte, vor allem mit materiellen Dingen beschäftigt, ein Unterschied, der sich im Laufe der Jahre noch vertiefen und schwerwiegende Folgen für das Paar und seine Kinder haben sollte. Doch wer wäre auf solche Gedanken gekommen, als der Sohn Tsou Hons, Chow Wei Hi, der noch studierte, mit achtzehn Jahren die kleine Halbwaise aus Kanton heiratete?

Meine Eltern haben 1923 geheiratet. Zwölf Jahre zuvor hatten politische Unruhen den Thron der Ch'ing für immer umgestürzt. Die Republik, die daraufhin proklamiert wurde, weckte erste Hoffnungen auf eine Erneuerung Chinas, Hoffnungen, die sich verstärkten, als der berühmte Sun Yat-sen das Amt des Präsidenten antrat, der Revolutionär und Befreier und einer der ersten Chinesen, die sich entschlossen hatten, gegen das Elend und die Erniedrigung des Landes zu kämpfen. Nur war unglücklicherweise die Aufgabe überwältigend und China dafür noch nicht reif. Von Norden bis Süden versank die junge Republik im Chaos, bedroht von japanischen Annexionsgelüsten und in Stücke gerissen von den Tu Chün, den »Kriegsherren«. Jeder dieser Kriegsherren verfügte über eine eigene Armee, oft dazu über einen ausländischen Schutzherrn und regierte stets seine eigene Provinz, die seine Soldaten durch im voraus zu bezahlende Steuern niederdrückten.* Hinzu kamen schlechte Ernten, Überschwemmungen, die intriganten Einmischungen von Ausländern – dem chinesischen Volk blieb nichts erspart.

Nur einige Intellektuelle begriffen damals, welche Bedeutung die Revolution unserer russischen Nachbarn im Jahre 1917 hatte. Als Sun Yat-sen 1925 starb, hinterließ er als Vermächtnis die Volkspartei, auf chinesisch: die Kuomintang. Doch es dauerte nicht lange, und General Chiang Kai-shek, der damals die Geschicke dieser Bewegung und bald darauf ganz Chinas in die Hand nahm, sagte sich los von den Prinzipien Sun Yat-sens, der aus der Kuomintang die Partei der Unterdrückten hatte machen wollen. Es ist nicht verwunderlich, daß es bald zum Bruch mit den Kommunisten kam, die mit der Kuomintang zusammenarbeiteten.

Einer von ihnen hieß Mao Tse-tung.**

Im Jahre 1923 zogen mein Vater und meine Mutter jungverheiratet in das Heim Tsou Hons im chinesischen Viertel Shanghais. Im Erdgeschoß befand sich der kleine Laden meines Großvaters. Die Großeltern bewohnten die erste Etage und meine Eltern die zweite. Mein Vater setzte seine Studien an der amerikanischen Universität Hong Chiang fort. Dort hatte er Umgang mit jungen Leuten, die sich kaum finanzielle Sorgen zu machen brauchten; unter die Schar der chinesischen Studenten mischten sich Professoren aus Amerika und Söhne von angelsächsischen Diplomaten oder Geschäftsleuten. Am Bund, der Straße am Huang-P'u, ähnelte Shanghai, die Stadt der Schlammbank, der Stadt London, und die blanken Messingschilder wurden immer zahlreicher. Man schien vergessen zu wollen, daß schließlich das Opium aus Indien, das die Engländer China aufgezwungen hatten, den Wohlstand

* Im Jahre 1920 hatten die Bauern der Provinz Szechwan bereits die Steuer für das Jahr 2000 bezahlt.

** Er leitete im Jahre 1925 die Propagandaabteilung.

all dieser respektablen Geschäftshäuser begründet hatte, die nun von indischen Polizisten, von großen Sikhs mit roten Turbanen, bewacht wurden, die man bei uns »Rotköpfe« nannte. Später sollte meine Mutter mir drohen, sie würde mich den Sikhs übergeben, wenn ich nicht artig wäre.

Im Sommer gingen die »Tai Pans« mit ihren Ehefrauen in den Jessfield Park zum klassischen Konzert. Das städtische Orchester spielte Mozart. Für die Junggesellen gab es ein reichhaltigeres Vergnügungsprogramm, so bunt wie die koreanischen, russischen, japanischen oder chinesischen Frauen, die im »Ambassador«, im »Parliament« oder im »Café Venus« tanzten. Von diesen schicken Etablissements konnten sie dann in zwielichtigere Nachtbars mit ihren Animiermädchen, den »Girls«, überwechseln und ganz andere exotische Kitzel in ihren unendlichen Varianten mit jungen Mädchen und Drogen kennenlernen. In den dreißiger Jahren und noch lange danach waren die wirklichen Herren von Shanghai die Männer der Unterwelt, und ihr König hieß Tu Yüeh-shen, der mächtige Chef der »Grünen Gesellschaft«, eines mit der Mafia vergleichbaren Geheimbundes. Tu Yüeh-shen, von dem man sagte, er habe 200 Millionen Kunden, weil er das Monopol des Opiumhandels besaß, hatte über die Stadt ein ganzes Netz von »Rackets« ausgebreitet, zwangsweisen Schutzgebühren, denen sich niemand entziehen konnte: Es gab Rackets auf die Windhundrennen, auf die Löhne der Arbeiter und selbst auf Begräbnisse, denn die im Ausland lebenden Chinesen waren stets darauf versessen, in der Stadt oder dem Dorf begraben zu werden, wo sie geboren waren, was wiederum ein blühendes Geschäft begründete. Dieses Shanghai, wo das Kidnapping eine Institution war, wo jeder Millionär mit seinen Leibwächtern lebte, stand Chikago in nichts nach, und sein Al Capone Tu Yüeh-shen besaß eine Armee von Killern, die manchmal auf tausend und dann wieder auf mehrere zehntausend Männer geschätzt wurde. Er hatte Umgang mit den höchsten Kreisen, denn er war vor allem der engste Vertraute des Generalissimus Chiang Kai-shek, dem er gute Dienste leistete.

Shanghai, die Stadt des Barrengoldes, war damals die Welthauptstadt der Prostitution und vielleicht auch der Bettelei. Die Bettler bildeten dort eine ebenso grauenhafte wie erfindungsreiche Masse, die zum Zweck der größeren Rührung die toten Babys einsammelte und sich mit Schweineblut und Dreck falsche eitrige Wunden anklebte. Sehr zahlreich waren allerdings auch die wirklich Verstümmelten, denen irgendein lokaler Potentat oder »Kriegsherr« zum Zwecke der Bestrafung eine Hand oder einen Fuß hatte abschneiden lassen. Der Gangster Tu Yüeh-shen machte bei seinen verschiedenen Operationen oft von diesem Bettlerheer Gebrauch. Diese Ärmsten der Armen waren gute Spitzel und gute Kundschafter. Damals also fuhr der Student Chow Wei Hi jeden Morgen mit der Straßenbahnlinie zur Universität, die einen Teil der Französischen Konzession durchquerte und mitten durch die Internationale Konzession hindurchfuhr. Die untere Stadt, das damalige Geschäftsviertel, besitzt große Straßen, die sich im rechten Winkel schneiden, wie die Nanking Road, die Peking Road, die senkrecht zur Chiang-Hsi Road und zur Szechwan Road mit ihren zu jener Zeit halb chinesischen, halb englischen Namen verlaufen. Rikschas und schwarze Limousinen fuhren kunterbunt durcheinander, und auf den Gipfelpunkten der gewölbten Brücken lauerten Kinder auf erschöpfte Kulis, um ihnen behilflich zu sein und ihnen, in der Hoffnung auf ein kleines Entgelt, ihren Wagen schieben zu helfen. Wei Hi kannte seine Stadt in- und auswendig, den Fluß, auf dem es von Booten wimmelte, die Gärten am Ufer des Huang-P'u, die »für Chinesen und Hunde verboten« waren, und den Jessfield Park im Westen, wo sich die Studenten in der schönen Jahreszeit trafen.

Die junge Frau Wei His führte indessen ein weit abgeschiedeneres Leben. Wie jede gute chinesische Ehefrau war Tsong Hai zur Dienerin ihrer Schwiegereltern geworden. Ihr Tag begann um fünf Uhr. Zu dieser frühen Stunde mußte man nämlich die kleine Familientonne, die dem Toilettenkübel entspricht, auf die Straße hinausbringen, um ihn in den Wagen zu leeren, der jeden Morgen vorbeikam. Wer ihn schob, weckte die ganze Straße mit seinem Singsang, der in dem einfachen Ausruf bestand: »Schafft euern Unrat heraus! Schafft euern Unrat heraus!« Dies war allmorgendlich der erste Schrei in den Städten Chinas, so etwas wie ein Hahnenschrei. Aus jedem Haus kam dann eine Frau mit dem Kübel der Familie heraus. Der Einsammler war nur ein armer Angestellter, sein Chef jedoch ein reicher Mann: das Geschäft mit dem Unrat wurde von einer Gangsterbande beherrscht, zu der der Zugang ebenso schwer war wie zum allerfeinsten Club. Ihr Oberhaupt war ein allmächtiger Mann, der in den besten Gesellschaftskreisen verkehrte. So richtete derjenige von Shanghai anläßlich der Heirat seiner Tochter mit einem Industriellensohn ein unvergeßliches Fest aus, und es verstand sich von selbst, daß das Geschirr, das zur Aussteuer seiner Tochter gehörte, aus Gold war; der Gipfel des Raffinements war jedoch der Toilettenkübel, der ebenfalls aus massivem Gold bestand.

Jeden Morgen brachte meine Mutter nicht nur den Kübel hinaus, sie warf auch, wie ihre Nachbarinnen, nachdem sie ihn ausgeleert hatten, einige leere Muschelschalen hinein. Man führte dann eine lange Bambusstange in den Kübel, und die Muscheln zogen den Schmutz an sich. Zu dieser Stunde waren sämtliche Frauen mit derselben Verrichtung beschäftigt, und die Straße hallte vom Lärm der in den Tonnen klappernden Muscheln wider.

Danach kehrte Tsong Hai ins Haus zurück und brachte es von oben bis unten in Ordnung. Während dieser Zeit brodelte die Reissuppe im Kessel. Ehe das Frühstück aufgetragen wurde, mußten die beiden Schüsseln für die Morgentoilette der Schwiegereltern mit heißem Wasser gefüllt werden. Bei den Reichen waren diese Schüsseln aus Porzellan oder Emaille, bei den Armen waren sie aus Holz, und bei meinem Großvater, der sich auch weiterhin nichts gönnte, war es aus Sparsamkeit dabei geblieben. Zur Zahnbürste gehörte ein Napf mit lauwarmem Wasser. Unter diesen Toilettengegenständen befand sich auch der Schaber für die Zunge, eine Art biegsames Metallplättchen, das der Form des Gaumens angepaßt ist und die Zunge vom Belag befreit, von dem sie beim Aufwachen bedeckt ist.

Nachdem sie für das Frühstück gesorgt hatte, kümmerte sich Tsong Hai um den Laden, machte die Betten, kaufte ein, kochte und nähte. Das waren anstrengende Tage, die ohne Pause aufeinander folgten. An Ausruhen konnte sie nicht einmal denken. Da die Hausfrauen praktisch nur Dienerinnen waren, schien es ratsam, die Mädchen lieber nichts lernen zu lassen. Denn hätten sie etwas gelernt, so hätten sie womöglich begonnen, nachzudenken oder sich gar aufzulehnen.

Einige Jahre zuvor hatte sich bei meinen Großeltern mütterlicherseits die tragische Geschichte von den Gräbern ereignet. Tsong Hais Vater hatte beschlossen, seiner Familie bessere Grabstätten zu beschaffen. In China sind die Eltern heilig, man schuldet ihnen absoluten Respekt. Es gehört sich, daß man nicht nur zu ihren Lebzeiten gut zu ihnen ist, sondern auch nach ihrem Tode und lange darüber hinaus. Wenn man arm ist, bestattet man seine Eltern ärmlich. Immerhin gibt es einen Stein, auf dem neben den Namen der Kinder ihr Name, wie man bei uns sagt, »mit blutigen Tränen« geschrieben ist. Doch gelangt man zehn oder auch erst zwanzig Jahre später zu Reichtum, verlangt es die buddhistische Tradition, daß man die Grabsteine herausnimmt, um sie an einem Teil des Friedhofs aufzustellen, wo der Boden teurer ist. Jedes ehrerbietige Kind tut das, andernfalls würde es sich Kritik und Tadel einhandeln. Der neue Standort des Grabsteins wird nun aber nicht auf gut Glück ausgewählt, so wie bei uns überhaupt nichts auf gut Glück ausgewählt wird, sei es der Hochzeitstag, die Errichtung des Hauses oder des Grabsteins. Alles wird nach den Sternzeichen festgelegt, und man muß sich an einen Spezialisten für Horoskope wenden, der in dieser Angelegenheit einzig kompetent ist. Es ist oft ein und dieselbe Person, die für den Hausbau, den Hochzeitstag, die Grabstätte zuständig ist: ein berufsmäßiger Hellseher, der Feng Shui, derjenige, »der Wasser und Wind nimmt«, die beiden in diesem Falle wichtigsten Dinge.

Nun war aber die Familie meines Großvaters mütterlicherseits bereits lange vor der Geburt meiner Mutter protestantisch geworden. Sie respektierte die buddhistische Tradition also nicht, wonach ein großes Unglück geschieht, wenn man ein Grab verlegt, ohne »Wasser und Wind zu nehmen«.

Als der Vater Tsong Hais, nachdem er ein wenig Geld zusammengebracht hatte, beschloß, die Grabstätten seiner Eltern, seiner Großeltern und mehrerer Tanten mit Hilfe von Brüdern und Vettern zu verlegen, begann er, ein Grab zu öffnen, ohne zuvor die Horoskope des Feng Shui befragt zu haben. Kaum hatte er zum erstenmal die Hacke geschwungen, als einer seiner Brüder krank wurde und innerhalb weniger Tage starb. Er fuhr dennoch mit seiner Totengräberarbeit fort, war jedoch damit noch lange nicht fertig, als nacheinander drei weitere männliche Familienangehörige starben. Jetzt hörte er auf, wurde Buddhist und befragte den Feng Shui, ehe er seine Eltern am schicklichen Ort bestattete. Er selbst starb kurze Zeit später. Da sie alle verheiratet gewesen waren, hinterließen die fünf verstorbenen Männer fünf Witwen. Diese konnten die Tuchläden ihrer Männer nicht halten und waren gezwungen, sie zu verkaufen. Dies war die Geschichte meiner schließlich völlig verarmten Großtanten, wie sie meine Mutter mir später erzählte.

Als meine Mutter Tsong Hai zum ersten Male schwanger wurde, war keine Rede davon, sie auch nur für einen einzigen Tag von der schweren Hausarbeit zu entlasten. Glücklicherweise bekam Tsong Hai einen Sohn; sie kam damit in den Genuß des Ansehens, die die Geburt eines männlichen Kindes, insbesondere wenn es sich um das Erstgeborene handelt, einem Ehepaar verleiht. Ein solches Ereignis rührte selbst die hartherzigsten chinesischen Schwiegermütter. Als traditionelles Zeichen des Glücks repräsentierte ein Sohn, da er seinen Eltern ja frühzeitig zu helfen anfing, auch Geld. Eine Tochter zu haben bedeutete dagegen vom ersten Augenblick an, daß man für nichts und wieder nichts arbeitete, sich für andere abmühte, denn nur die angeheiratete Familie, zu deren Dienst das Mädchen früher oder später bestimmt war, würde davon profitieren. Man nannte meinen älteren Bruder Chow Ching Son, wobei der erste Name der Familienname war, der zweite der der Generation (den ich mit ihm teilen sollte) und der dritte der Vorname. Er wurde vom Tage seiner Geburt an wie ein Prinz behandelt.

Tsong Hai mußte ihre Schwiegereltern weiterhin pünktlich bedienen, mit dem einzigen Unterschied, daß sie nun mit einem Baby auf dem Rücken arbeitete. Sie trug es noch herum, als sie zum zweitenmal schwanger wurde. Das Kind, ein Mädchen, war eine Frühgeburt und starb nach zwei Tagen. Aber da es ja nur ein Mädchen gewesen war, löste das kein allzu großes Bedauern aus.

Als Tsong Hai zum drittenmal schwanger war – mein ältester Bruder war damals vier Jahre alt –, behandelte ihre Schwiegermutter sie roher als die niedrigsten Dienstboten. In China kam man zu Hause nieder und ließ die Hebamme kommen. Da die Schwiegermutter beschlossen hatte, daß die Niederkunft weder den Sohn noch den Enkelsohn stören sollte, wurde meine Mutter mitten im Hochsommer, als die feuchte Hitze Shanghais das Atmen erschwerte und den Asphalt auf den Straßen schmelzen ließ, auf den Speicher verlegt. In der feuchten Glut dieses Speichers, der mit einem Zinkdach gedeckt war, kam ein zweites Mädchen zur Welt, das nicht lange lebte. Der verdorbene Trokkenfisch, von dem meine Mutter sich ernährte, hatte die Milch und auf diese Weise auch ihr Kind vergiftet. Die Hitze tat das übrige. Das Baby starb nach einer Woche der Qualen, der kleine Körper war übersät von Furunkeln. Tsong Hai selbst wurde schwer krank, und da sie an einem eitrigen Ausschlag litt, wollte ihre Schwiegermutter sie aus Angst, daß ihr Mann und ihr Sohn sich anstecken könnten, nicht vom Speicher herunter lassen. Als sie spürte, daß es mit ihr zu Ende ging, ließ Tsong Hai ihre Mutter aus Kanton kommen.

Als meine Großmutter mütterlicherseits in Shanghai angekommen war, gab es für sie keinen Zweifel: ihre einzige Tochter lag im Sterben. Als leidenschaftliche Buddhistin sah sie keine andere Hoffnung als das Gebet. Sie betete Tag und Nacht. Eines Nachts hatte sie einen Traum: ein Gott war ihr erschienen, der wie die Darsteller der chinesischen Oper in ein dunkles Kostüm gekleidet war und einen großen roten Bart trug, das Zeichen der Freude. Er beugte sich vor, schob das Moskitonetz beiseite, unter dem Tsong Hai schlief, lächelte ihr zu und wandte sich mit demselben Lächeln der Mutter zu. Sie erzählte ihrer Tochter den Traum sofort. Kaum hatte Tsong Hai den Bericht ihrer Mutter gehört, als sie ihr anvertraute, daß sie selbst in dieser Nacht eine Vision gehabt habe: ein schwarzgekleideter Mann mit einem schwarzen spitzen Hut und einer Papierlaterne war ihr erschienen. Vor ihm sah man einen gelben Weg (den des Todes) und einen weiteren, der in einen üppigen Gemüsegarten führte. Der Mann hatte ihr mit seiner Laterne den Weg in den Garten gewiesen. Daraufhin war meine Mutter aufgewacht.

Für meine so gläubige Großmutter war die Vision eindeutig: Gott wollte, daß ihre Tochter Buddhistin würde und nach den Ernährungsvorschriften des Buddhismus lebte, das heißt, daß sie Vegetarierin wurde. Das tat Tsong Hai denn auch sogleich, und kurze Zeit danach war sie genesen.

Wei Hi, ihr Gatte, hatte damals seine Studien abgeschlossen. Tsou Hon, der Vater, sah ihn bereits sämtliche Stufen der Erfolgsleiter erklimmen und auf dem Gipfel des Wohlstands anlangen. Wei His ganze Neigung galt der Pädagogik. Er träumte davon, eine Schule zu gründen, die er selbst bauen lassen wollte. Mein Großvater, der in derartigen Plänen stets nur eine Quelle des Profits sah, war bereit, seinem Sohn das ganze Geld zur Verfügung zu stellen, das er mit Hilfe verbissener Arbeit und drakonischer Sparmaßnahmen mühselig angehäuft hatte. Er hatte mehr zurückgelegt, als man vermutet hätte.

Diese höhere Schule wurde nun in der näheren Umgebung Shanghais erbaut. Neben den Klassenräumen gab es einen Sportplatz, Wohnungen für die Lehrer und meinen Vater sowie einen großen Garten, der zum Teil Gemüsegarten war. Man baute dort bevorzugt Wassermelonen an. Weshalb? Nun, weil Wassermelonen »yin« sind und die Hitze »yang« ist;* und schließlich war es die Hitze, die meine kleine Schwester umgebracht hatte. Meine Mutter, deren Körper eher »yang« als »yin« war, begann, sehr viele Wassermelonen zu verzehren. Sie trank ihren Saft und spuckte das Fruchtfleisch wieder aus. Dieser Saft wird im Chinesischen Weiße-Tiger-Suppe genannt, weil Melonensaft die Fähigkeit besitzt, das zu besänftigen, was am meisten »yang« auf der Welt ist:

* *yin* und *yang*: die beiden Prinzipien des taoistischen Universums (der Taoismus war neben dem Konfuzianismus die zweite Hauptströmung der chinesischen Philosophie). *Yin* symbolisiert dabei das Weibliche, die Erde, das Kalte, den Schatten, den Norden, *yang* das Männliche, den Himmel, die Wärme, den Sonnenschein und den Süden. *Yin* und *yang* bilden die Vereinigung der Gegensätze, d. h. die Harmonie des Universums, die Totalität, das Tao (was soviel bedeutet wie »Straße, Weg«). *Yin* und *yang* sind zwei sehr alte Wörter der Volkssprache. Das erste bezeichnet kaltes Wetter ohne Sonne, einen regnerischen Himmel, das zweite hingegen Sonnenschein und Wärme. Bezogen auf ein Gebirge oder ein Tal, bezeichnet *yin* dann die Schattenseite, *yang* die Sonnenseite.

dcn weißen Tiger. Die Wassermelone sollte übrigens während meiner Kindheit und während meines ganzen Lebens eine große Rolle spielen, denn ihr verdanke ich es, daß ich als einziges Kind meiner Familie niemals die kleinste Hautunreinheit hatte und meine Haut immer seidenweich war.

Der Gesundheitszustand Tsong Hais und der grausame Tod ihrer beiden Töchter, der meiner Geburt vorangegangen war, wirkten schließlich doch etwas mildernd auf das Betragen ihrer Schwiegermutter. Als meine Mutter zum viertenmal schwanger war, erlaubte man ihr, weniger zu arbeiten, sich nicht mehr um den Laden zu kümmern und Weiße-Tiger-Suppe zu trinken. Es wurde ihr außerdem gestattet, in der Schulwohnung bei ihrem Mann zu wohnen. Wei Hi, mein Vater, von dem ich noch wenig gesprochen habe und der doch eine so entscheidende Rolle in meinem Leben spielen sollte, war übrigens kaum ein wirkungsvoller Schutz für Tsong Hai. Abgesehen davon, daß er in einer anderen Welt lebte als das kleine Bauernmädchen, mit dem man ihn als Sechsjährigen verlobt hatte, war es damals einfach undenkbar, daß ein Sohn angesichts der Tyrannei seiner Mutter über seine Frau auch nur mit der Wimper zuckte.

Mir jedenfalls war das Schicksal bereits mehrere Monate vor meiner Geburt günstig gesonnen, indem es die Schwangerschaft meiner Mutter in einer milderen Epoche der Herrschaft ihrer Schwiegermutter stattfinden ließ. So habe ich nicht nur von den Tugenden der Weiße-Tiger-Suppe profitiert. Da Tsong Hai eine leidenschaftliche Buddhistin geworden war, waren die letzten beiden Monate ihrer Schwangerschaft Andachtsübungen und dem unablässigen Gebet gewidmet. Jeden Tag bat sie den Himmel, ihr eine Tochter zu schenken. Hatte sie nicht nacheinander bereits zwei verloren? Und außerdem, wenn sie einen Jungen bekäme, würde der dann nicht zum Diener seines Vaters und seines älteren Bruders werden? Eine Tochter hingegen würde mehr ihr gehören, man würde sie ihr nicht streitig machen. Und ihr Kind wäre ein Gegenstand der Freude und des Trostes in einem elenden Leben, das gänzlich den Wünschen der Schwiegermutter unterworfen war, der man sich in nichts widersetzen durfte, ihren Wünschen ebensowenig wie ihren täglichen Schikanen, ihrem zornigen Fausthieb auf den Tisch, wenn irgendein Gericht zu stark gesalzen war, ohne daß man von einem Gatten die geringste Unterstützung zu erwarten hatte, der keine Liebe, ja nicht einmal Zärtlichkeit für seine Frau zu zeigen wagte, für diese Schwiegertochter, auf die man eifersüchtig war, die einem den Sohn weggenommen hatte und nicht einmal würdig war, eine Dienerin zu sein. Tsong Hai kannte also keine andere Zuflucht als das Gebet. Den Buddha Kuan Yin bat sie leidenschaftlich um eine schöne und intelligente Tochter, die genügend Vorzüge besitzen möge, um später nicht von ihrem Gatten abhängig zu sein, denn sie konnte sich beim besten Willen keinen Ehemann vorstellen, der der Liebe fähig gewesen wäre. Wenn es je ein flehentliches Gebet gegeben hat, das erhört wurde, dann war es das von Tsong Hai. Nicht nur deshalb, weil sie eine Tochter bekam, sondern weil das Schicksal dieser Tochter viele Jahre später in allen Punkten den Vorahnungen und Gebeten Tsong Hais entsprach.

2. Kapitel

Wutausbruch meiner Großmutter bei meiner Geburt / Chinesisch-Japanischer Krieg und Burgfrieden zwischen Mao Tse-tung und Chiang Kai-shek / Das besetzte Shanghai / Der Geist der Selbstmörderin / Wir ziehen in die Französische Konzession / Die Japaner zerstören die Schule meines Vaters / Schiffsfahrt nach Kanton / Rückkehr ins Shanghai der Spekulanten / Wei Hi reist nach Chungking / Die Hellseherin mit den weißen Haaren / Ich werde immer den Regen lieben.

Im August 1936, das heißt einige Wochen vor meiner Geburt, war meine Großmutter zu ihrer Schwiegertochter nicht nur weniger unfreundlich geworden, sie ließ ihr sogar einige Aufmerksamkeit zuteil werden, die so weit reichte, daß sie mehrmals täglich ihren Laden verließ und in die Schulwohnung ging, in der meine Mutter lebte. Allerdings galt dieses Ausmaß an Fürsorge weniger der werdenden Mutter als dem erwarteten Kind. Denn in der Vorstellung meiner Großmutter gab es nicht den Schatten eines Zweifels, daß es ein Junge werden würde. Darüber hinaus trug sie nun, wo sie ging und stand, zwei handtellergroße Holzplättchen mit sich herum. Es handelte sich um ein sehr verbreitetes Wahrsagespiel: jedes Plättchen hatte eine glatte und eine mit Blumenmotiven oder ähnlichem bemalte oder geschnitzte Seite; man warf die beiden Holzstücke in die Luft, und fielen sie beide mit derselben Seite nach oben herunter, dann sollte das, was man erwartete, auch eintreten. So folgerte sie am Morgen des 26. August 1936, als die beiden Plättchen mit den blumenverzierten Seiten nach oben heruntergefallen waren, daß die Niederkunft unmittelbar bevorstand, und stürzte zur Schule, wo meine Mutter tatsächlich in den ersten Wehen lag.

Das Kind wurde um elf Uhr vormittags geboren. Es war ein Mädchen! Sein Anblick löste bei meiner Großmutter einen so heftigen Wutanfall aus, daß sie, nach Atem ringend und unfähig, ein Wort herauszubringen, sofort das Zimmer verließ und die Tür hinter sich zuwarf.

Das kleine Mädchen war ich. Ich war ein sehr hübsches Baby mit heller und glatter Haut, die ich den großen Mengen Weißer-Tiger-Suppe verdankte, die meine Mutter zu sich genommen hatte. Da ich hübsch war, rief man mich Mi, das ist Kantonesisch und entspricht Mei in der Hochsprache. Da ich zudem anschmiegsam war und beständig wie ein Kätzchen an meinen Eltern hing, gab man mir den Spitznamen Mi Mi. So wurde ich im Familienkreis genannt. Mein offizieller Familienname war Chow. Mein Vater hieß Chow Wei Hi, wobei Wei der Generationsname war, den auch seine Brüder Chow Wei Hing und Chow Wei Lin trugen. Alle meine Brüder und Schwestern sollten den Familiennamen Chow tragen, und Ching sollte der Name meiner Generation sein. Mein offizieller Name, wie er später in der Schule angegeben wurde, ist Chow Ching Lie. Lie ist also mein Vorname, und er bedeutet: wunderhübsch.

Im Gegensatz zu seiner Mutter machte mein Anblick meinen Vater überaus glücklich. Und die große Liebe, die er in diesem Augenblick für mich empfand, verließ mich nie mehr, in den guten Tagen ebensowenig wie in den düsteren.

Kurz nach meiner Geburt – meine Mutter hat mir diese Geschichte später erzählt – fing mein Bauch eines Nachts zu schwellen an, und ich weinte unaufhörlich. Was meine Mutter auch tat, meine Schmerzen und meine Tränen kamen weder bei Tage noch in der Nacht zum Stillstand. Meine Großmutter, die mir meine Existenz nicht verzieh, war der Ansicht, daß es sich dabei um Launen handelte. Da sie stets gehorsam war, nahm meine arme Mutter sich nicht das Recht, einen Arzt zu rufen. Nach Ablauf von zwei Wochen kam eine beunruhigte und mitfühlende Nachbarin hinzu und schlug ein Heilmittel vor. Zunächst einmal mußte man Küchenschaben sammeln. Nichts leichter als das im China jener Zeit: man brauchte sich nur zu bücken. Unsere Nachbarin beschaffte sich also zwei prächtige Küchenschaben, die sie auf einen Draht spießte und über dem Feuer röstete. Danach zerquetschte sie mit Hilfe einer als Nudelholz dienenden Flasche die gerösteten Insekten zu Pulver, schüttete es in eine Kasserolle mit Wasser, ließ das Ganze einige Minuten kochen und gab mir den Sud zu trinken. Wenige Tage später war ich gesund.

Ein Jahr nach meiner Geburt ereignete sich etwas, das größere Bedeutung hatte als mein geschwollener Bauch: zwischen China und Japan brach Krieg aus.

Es war nicht das erste Mal, daß die Japaner in China wüteten. Im Jahre 1905 hatten sie auf unserem Boden um den Einfluß in der Mandschurei gegen die Russen gekämpft und Port Arthur eingenommen. Dies hatte die Chinesen, die dem Krieg als passive Zeugen beiwohnten und einmal mehr für den Schaden aufzukommen hatten, immerhin gelehrt, daß die Weißen nicht unbesiegbar waren. »Wären wir genauso diszipliniert wie die Japaner, warum sollten wir uns dann nicht ebenfalls eines Tages befreien können?« sagte man sich. Neben all den Ausländern aus dem Westen, die China das Blut ausgesaugt haben, können die Japaner sich durchaus sehen lassen. Ihre Politik hat China viele Schätze und Menschenleben gekostet und ihm viel Zerstörung und viel Unglück eingebracht, aber auch dazu beigetragen, Chinas Nationalbewußtsein zu wecken. Die Japaner waren von Korea bis zur

Mandschurei allgegenwärtig durch ihre Gesellschaften und Banken. Vor allem waren sie in Shanghai präsent, wo die Chinesen einige Jahre zuvor ihren Truppen nach heftigen Kämpfen erfolgreich Widerstand geleistet hatten. Nun warfen sie ihre Armeen erneut nach China. Im Juli 1937 hatten sie Peking angegriffen, und ihre aus der Mandschurei angerückten Armeen machten auf dem Wege dorthin alles dem Erdboden gleich. Bis zum Ende des Zweiten Weltkrieges sollten die Soldaten Nippons China einen hohen Blutzoll abfordern, Millionen Menschen töten, ein Drittel des Landes besetzt halten und weite Gebiete zerstören.*

Es war zunächst ein Blitzkrieg mit Luftangriffen und Hunderttausenden von zivilen Flüchtlingen auf allen Straßen und in den Zügen. Angesichts der Gefahr waren die Chinesen bestrebt, eine Einheit zu bilden. Zum Zweck des gemeinsamen Kampfs gegen die Invasoren sollten Chiang Kai-sheks Nationalisten und Mao Tse-tungs Kommunisten alsbald einen Burgfrieden schließen. Die sogenannte Rote Armee der Bauern und Arbeiter hatte 1934 ihre Basis in Chiang-Hsi verlassen. Am Ende ihres langen Marsches von mehr als 10 000 Kilometern durch Flüsse, Gebirge und Wüsten von zehn Provinzen war sie ein Jahr später, im Oktober 1935, in Nord-Shansi angelangt, das zur Basis des Widerstandes gegen die japanischen Invasoren wurde. Das alles sind Vorgänge, von denen ich erst viel später aus dem Mund meines Bruders Ching Son hören sollte, der zu Maos Anhänger geworden war.

Während des nationalen Krieges erhielt die Rote Armee dann die Bezeichnung 8. Marscharmee und kämpfte gegen die japanischen Invasoren, die Mao Tse-tung in einem seiner Gedichte den »Grünen Drachen« nannte. Unterdessen nahm der Grüne Drache Peking ein und rückte weiter vor. Im August gingen die Japaner in Shanghai an Land. Sie wollten den Westlern, die sich auf dem Bund eingerichtet hatten, beweisen, daß China ebensogut ihr Besitz sei.

Meine Familie wußte wenig von den Kriegsgreueln. Zu Anfang ging, vor allem in den ausländischen Konzessionen, ein jeder seiner Arbeit nach. Gekämpft wurde draußen. Gelegentlich schlug eine verirrte Kanonenkugel innerhalb der Konzessionen ein. Man schenkte dem jedoch keine große Bedeutung. Bis zum Ende des Jahres wurde gekämpft.

Unterdessen hatte meine Mutter, deren Schwangerschaften in sehr kurzen Abständen aufeinanderfolgten, ein weiteres Kind ge-

* Die Anwesenheit der Japaner bis zum Zweiten Weltkrieg soll China 5 Millionen Tote gekostet haben.

boren, meine kleine Schwester Ching Lin (Lin bedeutet tüchtig, geschickt). Der Laden, über dem wir wohnten, befand sich in einem chinesischen Viertel, das unablässig unter Granatfeuer stand. Jeden Tag gab es Tote. Eines Tages im Dezember durchquerte mein Vater Wei Hi die Französische Konzession, als ihm Polizisten den Durchgang untersagten. Ein Teil der Stadt war abgeschnitten, Autobusse und Straßenbahnen fuhren nicht mehr. In der Nanking Road, einer der Hauptverkehrsadern Shanghais, defilierten die Sieger.

Von nun an hatten die japanischen Soldaten die Stadt in der Hand: wenn man an ihnen vorbeiging, mußte man als Ausdruck der Unterwürfigkeit den Kopf neigen, andernfalls setzte es Schläge.* Es zirkulierten schreckliche Geschichten von Massenexekutionen, von Gefangenen, die sie mit ihren Bajonetten malträtiert hatten. Man wußte in Shanghai bereits von Orten, an denen gefoltert wurde, und ebenso von Chinesen, die mit ihnen kollaborierten und ihre Landsleute wegen unvorsichtiger Äußerungen denunzierten.

Bald mußten wir, da unser Viertel bereits ein Inferno von Feuer und Blut war, in aller Eile wegziehen. Nur die ausländischen Konzessionen kamen einigermaßen glimpflich davon, und Tausende von Chinesen versuchten, dorthin zu flüchten. Meine Großeltern fanden in dem britischen Viertel der Internationalen Konzession zu einem geringen Preis ein geräumiges, aber düsteres und unheimliches Haus.

Als der Umzug stattfand, war ich noch ein Baby, das auf dem Arm getragen wurde, und dennoch hörte ich von dem Augenblick an, da man mich in dieses Haus brachte, nicht auf zu weinen und konnte nicht mehr schlafen. Zu der Jahreszeit waren die Fenster geöffnet, und meine Schreie hinderten die Nachbarn, auch nur ein Auge zuzutun. Wütend versuchte meine Großmutter, mich zu beruhigen – vergebens. Eines Tages stattete uns eine Nachbarin einen Besuch ab und fragte meine Mutter, ob ihr Kind, wenn es so weine, nicht vielleicht an irgendeiner Krankheit leide. Als meine Mutter das verneinte, nickte die Nachbarin. Für sie konnte an der Ursache meines Geschreis kein Zweifel bestehen: das Haus, in dem wir wohnten, sei schuld daran.

* Nach der Eroberung Shanghais im Jahre 1937 zwangen die Japaner die Weißen, wenn sie ihnen begegneten, sich vor ihnen zu verneigen, und die Gärten am Ufer des Huang-P'u waren nicht länger für »Chinesen und Hunde verboten«. Wenn die Erzählerin dieses Detail ausläßt, so zweifellos deshalb, weil die Chinesen von ihren gelben Rassenbrüdern zu viel zu leiden hatten, als daß sie sich an irgendwelche kleinen Schikanen gegen die westlichen Ausländer erinnern könnte.

»Wissen Sie, weshalb Sie eine so niedrige Miete bezahlen? Weil eine Frau hier Selbstmord begangen hat. Die Unglückliche hat ihrem Leben aus Liebeskummer ein Ende gemacht. Nun kehrt sie immer wieder an diese Stätte zurück; das Haus ist verflucht! Und wenn Ihre Kleine nicht aufhört zu weinen, so deshalb, weil Babys, die noch nicht sprechen, Geister sehen können.« Sie riet uns, so rasch wie möglich umzuziehen. Sobald die Nachbarin fortgegangen war, bekam meine Großmutter, die, ohne etwas zu sagen, zugehört hatte, einen heftigen Wutanfall. Lügen, sagte sie, Hirngespinste seien das, weiter nichts: ich, das Baby, sei an allem schuld.

»Dieses Kind bringt Unglück. Als wenn der Krieg mit den Japanern nicht schon reichte, und nun auch noch ihr unaufhörliches Geheule! Daß mir nur ja niemand das dumme Gerede unserer Nachbarin ernst nimmt!«

Bei dieser ganzen Geschichte hatte meine Großmutter nur eins im Auge: die niedrige Miete. Es konnte keine Rede davon sein, daß wir von hier wegzogen.

Zwei Wochen danach kam Tsou Hon mitten in der Nacht heim und klopfte an die Tür. Der jüngste meiner Onkel – er lebte mit seiner Frau bei uns – ging und machte ihm auf. Es war Winter, er verkühlte sich und hatte, als er ins Zimmer zurückkehrte, sofort heftige Magenschmerzen. Außer sich vor Angst lief seine Frau und klopfte bei Wei Hi, meinem Vater. Als der seinen Bruder kreidebleich im Bett liegen und sich vor Schmerzen winden sah, ließ er ihn sofort ins Krankenhaus schaffen. Den jungen Mann hatte ein Leiden ereilt, von dem ich außerhalb Chinas niemals habe reden hören: es handelt sich um eine Krankheit, die immer dann auftritt, wenn man sich sofort nach dem Geschlechtsverkehr verkühlt. Mein Onkel starb innerhalb von drei Tagen.

Mein unausgesetztes Weinen hörte sofort auf. Die Erklärung dafür schien auf der Hand zu liegen, und die Nachbarn waren sich einig: im Gegensatz zu meinen Eltern waren mein Onkel und seine Frau ein in herzlicher Liebe verbundenes Paar gewesen. Das hatte den Geist der durch Selbstmord gestorbenen Frau eifersüchtig gemacht, und sie hatte meinen Onkel sterben lassen.

Merkwürdigerweise beschloß meine Großmutter an dem Tag, da ich zu weinen und zu jammern aufhörte, daß wir umziehen sollten. Dieses Mal zogen wir in ein feines Stadtviertel: in die Französische Konzession, wo wir ein gemütliches zweistöckiges Haus moderner Bauweise fanden, das vor allem sehr sonnig war. Der Tod seines jungen Bruders war meinem Vater sehr zu Herzen gegangen, so daß er zunächst drei Monate lang das Haus nicht mehr verließ. Mit der Zeit begannen wir, das Unglück, das uns widerfahren war, zu vergessen, als sich wieder ein neues ereignete.

Zu den Schulgärten der Schule von Wei Hi gehörten große, mit üppigem Gras bewachsene Wiesen; sie dienten als Weiden für die Pferde. Von einem der kleinen japanischen Flugzeuge aus, die ständig zum Zweck der Beobachtung über der Stadt kreisten, erblickte der Pilot die Schule, dachte vermutlich, daß es dort, wo es Pferde gab, auch Soldaten gebe, und ohne der Sache weiter auf den Grund zu gehen, flog er eine Schleife, kehrte zurück und lud seine Bombenlast über der Schule ab. Das Gebäude lag in wenigen Minuten in Schutt und Asche.

Für Wei Hi war es, als stürze der Himmel über ihm zusammen. Er besaß nun keinen Beruf, keine Erwerbsquelle mehr. Was Tsou Hon angeht, so packte ihn, als er begriff, daß das ganze Geld, das er seinem Sohn zum Zweck des Schulbaues gegeben hatte, verloren war, eine furchtbare Wut. Da er gezwungen war, zu Hause zu bleiben, war der arme Wei Hi tagtäglich seinem Gejammer und seinen bissigen Bemerkungen ausgesetzt und verlor allen Lebensmut. Meine Mutter, die die Verfassung ihres Mannes noch unglücklicher machte als die Katastrophe selbst, übernahm seine Verteidigung.

»Der Chinese«, sagte sie zu dem alten Mann, »hat vier große Laster: zuviel zu essen, Karten zu spielen, Geld für Kleidung auszugeben, Geld mit leichten Mädchen zu verschwenden. Wei Hi, dein Sohn, hat keinen dieser Fehler. Ist es seine Schuld, daß der Krieg ihm seine Schule genommen hat?«

»Alles ist deine Schuld!« erwiderte Tsou Hon. »Du hast nacheinander vier Töchter bekommen, du hast uns Mißgeschick und Unglück gebracht!«

Auf solche Worte wußte meine Mutter keine andere Erwiderung mehr, als zu weinen.

Die Unglückliche wurde erneut schwanger und schenkte 1939 einem weiteren Kind das Leben. Glücklicherweise war es diesmal ein Junge. Doch unsere Lage verschlechterte sich von Tag zu Tag. Wei Hi war arbeitslos, und es war nicht daran zu denken, daß Tsou Hon ihm ein zweites Mal helfen würde. Mein Vater hatte nur einen einzigen Gedanken: die Schule wieder aufzubauen und zu diesem Zweck jeden Tag Geld beiseite zu legen. Doch woher sollte er es nehmen und seine Angehörigen ernähren, wenn das Leben unablässig teurer wurde und das Elend wie die Japaner von Shanghai Besitz ergriffen hatte?

»Nehmen wir unsere vier Kinder«, sagte er zu meiner Mutter, »und bringen wir sie nach Kanton. Vielleicht ist das Leben dort unten weniger teuer, und wir können uns dort leichter durchschlagen.«

Meine Mutter sagte nicht nein. Aber zunächst einmal hieß es, die Mittel für die Reise zu beschaffen. Zu ihrer großen Überraschung erklärte Tsou Hon sich bereit, unsere Schiffspassagen zu bezahlen. Er beschloß, mit uns nach Kanton zurückzukehren, dort jedoch nur kurze Zeit zu bleiben. Nachdem er uns darauf aufmerksam gemacht hatte, daß er außer für die Fahrkarten keinen Pfennig mehr für uns ausgeben würde, kaufte er für uns – meine Mutter, meine zwei Brüder, meine Schwester und mich – Karten vierter Klasse, die lediglich zur Fahrt auf dem Oberdeck des Schiffes berechtigten, wo es keinen Schutz gegen Sonne oder Regen gab und wo man unter freiem Himmel schlief. Für sich selbst und seine Frau nahm Tsou Hon Schiffskarten dritter Klasse, obwohl er durchaus die Mittel gehabt hätte, erster Klasse zu reisen. Was hätte er nicht alles getan, um Geld zu sparen ...

So waren wir, Tsong Hai und ihre vier Kinder, an Bord; es war Dezember, der kälteste Monat des Jahres, und wir drängten uns auf dem Oberdeck inmitten einer lärmenden Menge von elenden und demoralisierten Menschen, die vor dem Krieg flohen und nicht wußten, was sie im nächsten Hafen erwartete. Nach einigen Stunden Fahrt wurde es Nacht. Das Meer wurde unruhig, das Schiff fing an zu schlingern, Windstöße schüttelten die Passagiere durch, und der eisige Wind schnitt uns ins Mark. Ringsumher übergab sich alles. Ein entsetzlicher Gestank von Erbrochenem und Kot breitete sich aus. Das Gedränge der Menge hatte uns gegen die Reling gedrückt, und wir hatten nicht den geringsten Schutz mehr. Meine Mutter drückte ihren erst zwei Monate alten Sohn an sich. Wir drei anderen klammerten uns an ihr fest. Als sich immer höhere Wellen auftürmten und das Schiff hin und her warfen, stieß Tsong Hai plötzlich einen Schrei aus: meine jüngste Schwester war an der äußersten Kante des Decks ausgeglitten und fast ins Meer gefallen. Meine Mutter ließ das Baby los, um ihre Tochter zu greifen, und nahm im letzten Augenblick das Baby wieder auf. Man führte uns daraufhin von der Kante des Decks weg, und inmitten der Menge kauernd, begannen wir vier Kinder und unsere Mutter herzzerreißend zu schluchzen, voller Angst vor einer düsteren Zukunft und voller Trauer um eine elende Vergangenheit, die doch immerhin von schönen Tagen unterbrochen gewesen war. Unter den Passagieren kannten uns einige. Mehrere von ihnen machten sich auf die Suche nach meinem

Großvater im Zwischendeck der dritten Klasse und redeten ihm ins Gewissen: wie er so hart sein könne, seine Enkelkinder und ihre Mutter der grausamen Kälte auszusetzen? Vor diesen Fremden schämte sich mein Großvater. Er ließ uns ins Zwischendeck kommen und verlangte Liegeplätze, auf denen wir die Nacht verbringen sollten. Man brachte uns zwei Betten, in denen wir zu fünft schlafen konnten.

Die Überfahrt dauerte länger als eine Woche. Trotz der zwei Betten ging es uns allen recht schlecht. Die verbrauchte Luft war so erstickend, daß mein jüngster Bruder, der ein sehr zartes Baby war, bei der Ankunft in Kanton starb.

Unser Vater war währenddessen in Shanghai zurückgeblieben und nicht untätig. Hartnäckig hielt er an seiner Idee fest, mietete in der Internationalen Konzession ein Gebäude, das zwar viel kleiner war als die Schule, die die Japaner zerstört hatten, aber doch brauchbar, und das er auf denselben Namen taufte: »Hsin Min«, das heißt »Neues Volk«. Von frischem Mut beseelt, arbeitete er so tüchtig, daß er nach sechs Monaten die Fahrt nach Kanton antreten konnte, um seine Frau und die drei Kinder, die ihm geblieben waren, nach Shanghai zurückzuholen. Sein Vater und seine Mutter kehrten ebenfalls zurück. Von der Furcht geplagt, daß er meinem Vater Geld geben müßte, wenn ihm ein neues Unglück zustieße, zog Tsou Hon es allerdings vor, bei seinem jüngsten Sohn Wei Hing zu wohnen, bei demjenigen also, der zwar schwach im Kopf war und nicht arbeitete, aber doch wenigstens kein Geld ausgab.

Ich war vier Jahre alt und sollte in die »Vorschule« kommen. Das Haus in der Französischen Konzession, das wir bewohnten, war zwar winzig, hatte jedoch den Vorteil, gegenüber der Mac Intyre School zu liegen, einer Lehranstalt für Mädchen aus gutem Hause, die von den Amerikanern gegründet worden war und die die Chinesen Chung-Hsi-Schule, das heißt »chinesisch-westliche« Schule nannten. Es war die beste Mädchenschule der ganzen Stadt: man unterrichtete dort Chinesisch, Fremdsprachen, Musik und westliche Sitten.

Mittlerweile hatten die Truppen Chiang Kai-sheks Shanghai geräumt, und die Japaner gewannen trotz des erstaunlich starken Widerstandes seitens der chinesischen Soldaten im Norden und im Süden immer mehr an Boden. Im Herbst 1938 wurde Kanton genommen, und 1940 hielten die Japaner zwei Drittel Chinas besetzt. Aus chinesischen Verrätern bestehende Regierungen kollaborierten mit dem Feind, in Peking ebenso wie in Nanking, dem Schauplatz furchtbarer Greuel, der von dem berüchtigten Wang Chin-wei beherrscht wurde, einem Chinesen, der den Invasoren bedingungslos ergeben war.

Für Shanghai hatte die schrecklichste Periode begonnen. Nicht nur, daß Tag für Tag Einwohner schikaniert, gefoltert und getötet wurden, die Mitglieder der besitzenden Klasse horteten zudem Reis und Seife, überhaupt alle lebensnotwendigen Dinge, die zu horrenden Preisen verkauft wurden. Oft genug ließ sich mit dem Lohn eines Monats härtester Arbeit nicht einmal der Lebensunterhalt einer Woche bestreiten. Die Feuchtigkeit hatte zudem enorme Schäden an den Reisreserven angerichtet. Sie waren durchsetzt von Würmern und Larven, was die Spekulanten jedoch keineswegs hinderte, die Ware in Umlauf zu bringen. Die Händler, die den Reis horteten, bis der Höchstpreis erreicht war, zogen sich den Spitznamen »Reisschädlinge« zu.

Für das allgemein um sich greifende Spekulantentum war die Regierung beispielgebend. Man spekulierte mit Lebensmitteln, mit Gold und Aktien, mit Opium. Dabei lag das Handelsmonopol nicht etwa in den Händen der Reichsten: viele sahen sich unter dem Druck der Ereignisse, durch den eigenen plötzlichen Ruin und weil es keinen anderen Broterwerb gab, genötigt, Spekulanten zu werden. Es war den Lohnempfängern, die mit ansehen mußten, wie das Geld Woche um Woche, ja, fast täglich an Wert verlor, völlig klar, daß sich nur die, die mit irgend etwas handelten, über Wasser halten konnten. Selbst die japanischen Besatzungstruppen litten alsbald unter der Lebensmittelknappheit. Ich weiß nicht mehr, ob es in jenem Jahr oder im darauffolgenden war, als die Japaner einige hundert der besten Rennhunde der Hunderennbahn von Shanghai beschlagnahmten und diese Champions in den Kochtöpfen der Regimenter Nippons endeten.

Mein Großvater, der seinem Sohn nach wie vor jeden Pfennig vorhielt, den er ausgab, wollte ihn dazu bringen, sich auf den verbreiteten Opiumhandel zu werfen; es gelang ihm jedoch nie. Wei Hi hätte das Elend hundertmal einem Wohlstand vorgezogen, zu dem er durch einen Handel gelangt wäre, den er für schändlich hielt. Tsou Hon erreichte bei Wei Hi nicht, was die Engländer bei den Chinesen erreicht hatten.*

Daß wir diesen Alptraum überlebten, war zum großen Teil den hausfraulichen Fähigkeiten meiner Mutter zu verdanken, die nie-

* Anspielung auf den Opiumkrieg, in dessen Verlauf seit 1839 die Kanonenboote der Engländer dem Opium aus Indien gewaltsam den chinesischen »Markt« geöffnet haben.

mals den Mut verlor und mit dem wenigen, das wir besaßen, wahre Wunder vollbrachte. Im Jahre 1940 bekam Tsong Hai ein weiteres Kind, einen kleinen Jungen. Trotz der schlimmen Lage haben meine Schwester und ich bis ins Jahr 1941 die gegenüberliegende Mac Intyre School, das heißt die kostspieligste der bürgerlichen Schulen, weiterbesucht.

Wie nicht anders zu erwarten, kam dann der Tag, an dem Wei Hi erkannte, daß die Katastrophe, die in Gestalt der unaufhörlich steigenden Lebenskosten immer näher rückte, uns wie so viele andere zermalmen würde. Da kam ihm der Gedanke an einen gewissen Hsiao, mit dem er als Kind befreundet gewesen war und der in Chungking in der Provinz Szechwan lebte.

Dieser hatte Shanghai einige Jahre zuvor verlassen. Da mein Vater von seiner damaligen Notlage wußte, hatte er die Reisekosten für ihn und seine ganze Familie bezahlt. Nachdem er sich in Chungking niedergelassen hatte, war Hsiao rasch zu Wohlstand gelangt. Er war Besitzer einer großen Buchhandlung und eines Verlagshauses geworden. Wei Hi war das alles bekannt. Daher kam er auf die Idee, daß jetzt sein Freund ihm helfen könnte. Da er auf die Hilfe seines Vaters nicht rechnen konnte, schien Hsiao der Retter in höchster Not zu sein. Nach langen Überlegungen entschloß sich mein Vater, nach Chungking zu fahren

Es berührt mich, wenn ich heute darüber nachdenke, höchst seltsam, wie wenig meine Familie sich darum kümmerte, daß China, ja, ein großer Teil der Welt in Feuer und Blut stürzten. In China hielten Mao Tse-tung und seine Genossen bereits wichtige Bastionen besetzt. Bauern, die – einmalig in der Geschichte Chinas – Soldaten erlebten, die ihnen nichts wegnahmen, schlossen sich ihnen in hellen Scharen an. Wegen der Bildung der Einheitsfront gegen den gemeinsamen japanischen Feind war im Kampf mit den Nationalisten Chiang Kai-sheks eine, wenn auch kurze, Ruhepause eingetreten. Dabei wußten die einen jedoch so gut wie die anderen, daß dieser Kampf bis zur letzten, alles entscheidenden Auseinandersetzung weitergehen würde.

Als Chiang Kai-shek 1927 auf Shanghai zu marschierte, hatte man geglaubt, daß die ihm unterstehende Kuomintang dem Skandal der Konzessionen, der »ungleichen Verträge« ein Ende machen und die Würde Chinas wiederherstellen würde. Schließlich waren dies die Parolen der Kuomintang gewesen. In Wirklichkeit warf Chiang Kai-shek sich aber auf die Kommunisten, die unter der Führung Chou En-lais und Liu Shao-ch'is die Erhebung der Chinesen provoziert hatten. Der Generalissimus wandte sich daraufhin an seinen engen Vertrauten, den Gangster Tu Yüeh, dessen

Killer es ihm ermöglichten, die Revolte in Cha-Pei und Nan-Tao binnen vierundzwanzig Stunden blutig niederzuschlagen.* Chiang Kai-shek richtete außerdem grauenhafte Massaker unter den Arbeitern an. Das war der Beginn der großen Jagd auf die »kommunistischen Banditen«. Seither hatte die Rote Armee ihn unablässig bekämpft und war nun, nachdem sie ganz China durchquert und ihren Kampf jahrelang fortgesetzt hatte, dabei, den Japanern die Stirn zu bieten ...

Chiang Kai-shek, der nur zu gut wußte, daß er mit diesen »Banditen« keineswegs fertig geworden war, erhielt großzügige Hilfe von den Amerikanern. Diese hatten keine allzu hohe Meinung von den Nationalisten, kannten sie doch ihre Intrigen und ihre Korruption nur zu gut. Im Jahre 1941 – ich war damals fünf Jahre alt – trat Amerika nach dem japanischen Angriff auf Pearl Harbor in den Krieg ein. Als mein Vater beschloß, nach Chungking zu reisen, war die Stadt von Truppen Chiang Kai-sheks besetzt, von dem man sagte, daß er die Hauptstädte wechsle wie die Hemden.

Um in die Provinz Szechwan und deren Hauptstadt Chungking zu gelangen, mußte man die von den Japanern besetzte Zone verlassen und somit eine Art Grenze überschreiten. Wenn man bei diesem Versuch von den Japanern aufgegriffen wurde, war einem der Tod gewiß. Der Zug hielt mehrere Tagemärsche von dieser Grenze entfernt. Mit dem Augenblick also, wo die Flüchtlinge den Zug verließen, riskierten sie ihr Leben. Sie mußten sich tagsüber verstecken, nachts marschieren, durch die Kornfelder kriechen, sich von rohen Eiern ernähren und oft genug fasten. Vor allem kam es darauf an, sich nicht schnappen zu lassen, da die Japaner jeden rücksichtslos umbrachten.

Wei Hi kannte die Gefahren einer solchen Reise und wollte nicht aufbrechen, ohne die nötigen Vorkehrungen für die Sicherheit seiner Familie getroffen zu haben. Er besaß einige Wertpapiere, die er einem Freund übergab mit der Auflage, Tsong Hai während der Zeit seiner Abwesenheit die Zinsen zukommen zu lassen.

Meine Mutter war damals wieder schwanger. Als Wei Hi ihr seine Entscheidung mitteilte, nach Chungking zu gehen, regte sie das so sehr auf, daß sie eine Fehlgeburt hatte. Was mich betrifft, so hinterließ der Abreisetag meines Vaters eine unauslöschliche Spur in meinem Leben. Er war alles für mich, und ich – seine erste Tochter, nachdem er zwei verloren hatte – war alles

* Der Generalissimus sollte ihm dies niemals vergessen. Im Jahre 1949 floh Tu Yüeh-shen mit Chiang Kai-shek nach Formosa, wo er ein Jahr später starb.

für ihn. Die Zuneigung, die er seit meiner Geburt für mich empfand, ließ niemals nach. Er allein schützte mich gegen eine Großmutter, die es mir nicht verzieh, daß ich auf der Welt war. Ich konnte noch nicht laufen, da war ich mir schon dessen bewußt, daß ich mit ihm machen konnte, was ich wollte. Daher hielt ich mich eng an meinen Vater und nutzte seine Güte so sehr aus, daß meine eigene Mutter schließlich eifersüchtig auf mich wurde.

Ich war fünf Jahre alt und werde den Augenblick der Trennung nie vergessen. Es war ein klarer Frühlingstag, und die Sonne schien. Das schöne Wetter aber wurde mir gar nicht bewußt. Bei der Erinnerung an die Einfahrt des Zuges in den Bahnhof, beim Gedanken, wie er abfuhr, fange ich heute noch an zu zittern, und seit diesem Tage verabscheue ich die Sonne.

Als mein Vater fort war, lebte ich fast nicht mehr. Man könnte sagen, daß ich alle Gefahren durchlitt, denen er begegnen mußte. Ich weinte den ganzen Tag, und nachts schluchzte ich unter meiner Bettdecke und schrie: »Papa, wo bist du?« Die Trennung war mir unerträglich. Jeden Tag lauerte ich dem Briefträger auf, aber er hatte nichts für uns. Von ihrer Fehlgeburt geschwächt, wurde meine Mutter wieder einmal krank. Mein Großvater, der hartherzig war, besuchte sie nicht einmal, während meine Großmutter heimlich zu uns kam und uns ein wenig zu essen brachte. So hart sie stets gegen ihre Schwiegertochter gewesen war, so sehr hatte der Aufbruch ihres Sohnes sie doch wie uns in Sorge versetzt und ließ sie näher an ihre Familie heranrücken. Sie, meine Mutter und ich, wir weinten um denselben Mann, und das änderte alles.

Ich erwähnte bereits, daß mein Vater seine Aktien bei seiner Abreise einem Mann anvertraut hatte, den er für einen Freund hielt. In Wirklichkeit war es ein Schurke, der, als mein Vater immer länger ausblieb und es scheinen mochte, daß er tot sei, immer seltener bei uns auftauchte, bis er sich schließlich überhaupt nicht mehr zeigte. Mehr als zehnmal gingen wir zu ihm, ohne ihn anzutreffen. Wir hatten noch Glück, daß ein anderer Freund meines Vaters, ein Koreaner, uns besuchte und sah, in welcher Bedrängnis wir uns befanden. Ihm gelang es schließlich, den falschen Freund zu stellen und ihm unter Anwendung von Drohungen etwas von dem Geld abzunehmen, das er uns schuldete.

Da meine Mutter krank war, kümmerte ich mich um sie und um meinen kleinen Bruder, wobei ich mich gewaltig anstrengte, das Haus wie eine kleine Hausfrau in Ordnung zu halten. Jeden Tag sprachen wir alle gemeinsam glühende Gebete für die Rückkehr Wei His.

Auf der anderen Seite unserer Straße lebte eine Hellseherin. Sie war eine leidenschaftliche Buddhistin, von der ich viel gehört hatte. Zwei Befürchtungen plagten mich damals: meine Mutter sterben zu sehen und zu erfahren, daß die Japaner meinen Vater getötet hatten. Doch wem konnte ich mich schon anvertrauen? Meinen Großeltern, die ich im übrigen gar nicht sah, kamen ebensowenig in Frage wie mein Onkel, der einfältig war. Keiner von ihnen konnte mich verstehen. Da ich ohne Freunde war und es nicht länger ertragen konnte, in ständiger Angst zu leben, beschloß ich, die Hellseherin aufzusuchen und ihr die zwei Fragen vorzulegen, die mich quälten: »Wird mein Vater zurückkommen? Wird meine Mutter wieder gesund werden?« Ich brauchte allerdings Geld, um sie zu bezahlen, und wir hatten keins. Meiner Mutter wagte ich von meinem Plan nichts zu sagen; sie hätte mich womöglich ausgescholten. Mit größter Heimlichkeit begann ich also, kleine Münzen zu sammeln, bis ich einige der unendlich kostbaren Geldstücke in den Händen hatte.

Eines Tages begab ich mich nach Schulschluß direkt zu der Hellseherin. Die Tür ihres Hauses stand halb offen. Ich trat auf Zehenspitzen ein, halb tot vor Angst bei der Vorstellung, daß meine Barschaft vielleicht nicht ausreichen könnte, um eine so berühmte Frau zu bezahlen. Vor mir lag ein Flur, und von diesem Flur aus öffnete sich zur Rechten ein kleines Zimmer, dessen Tür wiederum halb offen stand. Zur Hälfte im Innern des Zimmers, zur anderen noch draußen im Flur, verharrte ich lange Zeit wie versteinert und wagte es nicht, die weißhaarige Dame zu stören, die dort, ins Gebet vertieft und umgeben von Buddha-Statuen, zu sehen war. Da ich mich jedoch am Türrahmen festhielt und mir in dieser Stellung die Glieder einzuschlafen begannen, rutschte meine Hand plötzlich ab, und ich verlor den Halt und das Gleichgewicht. Als die Hellseherin das Geräusch hörte, wandte sie sich um. Das Lächeln, das ich in ihrem Gesicht wahrnahm, vertrieb sofort meine Befürchtungen und den Drang zu fliehen.

»Was machst du denn da, Kleine? Komm doch herein. Hab keine Angst.«

Ich näherte mich ihr. Sie lächelte mich immer noch an und begann, mir sanft über das Haar zu streichen. Angesichts solcher Güte spürte ich, wie meine Lebensgeister zum erstenmal, seit mein Vater uns verlassen hatte, wiederkehrten. Da brach ich in Tränen aus und schluchzte verzweifelt.

»Was willst du, mein Kind?« fragte die gütige Dame und fuhr fort, mich zu streicheln.

Und unter Tränen antwortete ich ihr ohne Umschweife: »Wann

werde ich meinen Vater wiedersehen? Wird meine Mutter sterben?« Und ich erzählte ihr meine ganze Geschichte. Sie fragte mich nach meinem Geburtsdatum. Dann forderte sie mich auf, vor dem Buddha Kuan Yin niederzuknien, und als das geschehen war, stellte ich erneut meine beiden Fragen: »Wann werde ich meinen Vater wiedersehen? Wird meine Mutter sterben?«

Nach etwa zehn Minuten des Schweigens hörte ich die Stimme der Hellseherin: »Meine Tochter«, sagte sie, »kehre unbesorgt nach Hause zurück. Deine Mama wird bald wieder gesund sein. Außerdem mußt du die ganze Nacht den Mond anschauen. Im Augenblick ist er voll. Wenn der Mond um die Hälfte abgenommen hat, wirst du deinen Papa wiedersehen.«

Dann begann sie, mit mir über mich zu sprechen. Ich war fünf Jahre alt. Hatte das Unglück mich verständiger gemacht als andere Kinder? Ich erinnere mich an jeden einzelnen Zug ihres Gesichts, an jedes ihrer Worte und ihre Betonung. Sie sagte mir, daß ich sehr intelligent sei, daß der Himmel mir viele Talente verliehen habe und daß ich stets den Buddha Kuan Yin verehren solle.

»Eines Tages«, sagte sie zu mir, »wirst du eine sehr bekannte Persönlichkeit sein. Das steht in den Gestirnen. Du mußt eine Kunst erlernen, bei der man sich irgendeines Gegenstandes bedient, der viel Metall enthält.«

Überglücklich über das, was die Dame mir gesagt, und über die Güte, die sie mir bewiesen hatte, steckte ich die Hand in meine Hosentasche, um meine kleinen Münzen herauszuholen. Sie bedeutete mir, sie zu lassen, wo sie waren.

»Behalte dein Geld«, sagte sie. »Wenn du groß bist und arbeitest, wirst du den Armen etwas geben.«

Das waren die letzten Worte der Hellseherin. Eine unwiderstehliche Macht hatte mich zu ihrem Haus hingezogen. Ihr Bild sollte für immer in meinem Gedächtnis und meinem Herzen eingegraben bleiben. Später, als junge Frau, wollte ich sie wiedersehen. Vergeblich. War sie umgezogen? War sie tot? Es war unmöglich, etwas in Erfahrung zu bringen. Ich sah sie niemals wieder.

Als ich nach Hause kam, war ich so selig, daß es mir nicht möglich war, mein Geheimnis für mich zu behalten, und ich erzählte meiner Mutter alles über meinen Besuch und die Versprechungen der Hellseherin. Es war deutlich, daß Tsong Hai mir nur zur Hälfte glaubte. Ich war ja noch so klein; zweifellos hatte ich eine Geschichte erfunden oder irgend jemanden getroffen, der mich trösten wollte. Mich aber kümmerte es wenig, was meine Mutter davon hielt. Von nun an waren meine Augen jede Nacht auf den Mond gerichtet. Zuerst war er ganz rund, dann begann er allmählich abzunehmen. Bald erschien die ersehnte Sichel, auf die ich wartete.

Eines Morgens, es war noch früh, bereiteten mein Bruder und ich uns auf den Schulgang vor. Der Himmel war düster. Ein mit Nebel gemischter Regen hing über der Stadt. Das Telefon begann zu läuten. Mein Bruder nahm den Hörer ab: am anderen Ende der Leitung teilte mein Vater ihm mit, daß er gerade auf dem Bahnhof von Shanghai eingetroffen sei. Ich riß meinem Bruder den Hörer aus der Hand und begann, weinend vor Freude, in den Apparat zu schreien: »Papa! Papa! Papa! ... « Weiter konnte ich nichts sagen.

Zehn Minuten später stieß mein Vater die Tür auf. Er war völlig durchnäßt. Mein Herz war voll von dem Regen, der draußen fiel. Seit diesem Tage liebe ich den Regen ...

3. Kapitel

Wei Hi wird Börsenmakler / Die japanische Gestapo in Shanghai / Mein Bruder Ching Son nimmt sich meiner Erziehung an und lehrt mich das Affenboxen / Wei Hi stellt mich einer schönen Unbekannten vor / Die Leiden einer betrogenen Frau / Tragische Auseinandersetzung zwischen Gattin und Geliebter in Gegenwart eines Kindes.

Wei His Aufenthalt in der Provinz Szechwan hatte vier Monate gedauert. Allerdings hatte er fast die ganze Zeit damit verbracht, zu reisen und zu marschieren. In Chungking hatte sein Freund Hsiao ihn wie einen Bruder mit offenen Armen aufgenommen. Mein Vater machte Hsiao mit seiner Lage vertraut, und dieser gab ihm Gold in Form von kleinen Plättchen, die Wei Hi dann an allen möglichen Stellen, in seinem Gürtel, im Futter seiner Kleidung, in den Schuhsohlen und am Boden des Koffers, versteckte. Als er nach Hause zurückkehrte und meine Mutter seine Schuhe und das Futter seiner Kleider auseinandernahm, regnete überall Gold heraus. Wir waren gerettet: in Shanghai war in jener Epoche einzig Gold etwas wert.

Obwohl es ihm schwerfiel, beschloß Wei Hi, das Unterrichten wenigstens vorübergehend aufzugeben. Die Zeiten waren zu schlimm. Er mußte versuchen, sich auf irgendeine Form von Handel zu verlegen, und so erwarb er die Agentur eines Börsenmaklers. Auf diese Weise konnte er in der Tat mehr Geld verdienen als mit dem Unterricht. Dank seines ungeheuren Arbeitspensums und der Aufträge, um die er sich täglich mit Erfolg bemühte, gelang es Wei Hi recht und schlecht, mit den steigenden Preisen Schritt zu halten und sie sogar einzuholen. Wir lebten jetzt also besser.

Doch wie jede Medaille, so hatte auch diese ihre Kehrseite. Sie bestand darin, daß mein Vater oft spät abends heimkehrte, das heißt zu einer Zeit, da die Kinder bereits im Bett lagen. Mit dem Beruf hatte er das Milieu gewechselt. Seine neue berufliche Stellung verlangte es, daß er Beziehungen anknüpfte und gesellschaftliche Kontakte pflegte. Auch ich fühlte, daß mein Vater mir zu entgleiten begann, daß ich ihn jeden Tag ein bißchen mehr verlor. Glücklicherweise gehörte er mir wenigstens noch am Sonntag. An diesem Tag ließ Wei Hi mich, die Lieblingstochter, kaum von seiner Seite und nahm mich auf lange Spaziergänge in einen der Gärten der Stadt mit, meistens in den Jessfield Park, wo es schöne Blumenrabatten und einen kleinen Zoo mit Affen gab, die wir mit Erdnüssen fütterten. Das waren herrliche Tage. Doch nur zu bald begann wieder die endlose Woche. Jeden Abend sah ich von der Haustür aus zu, wie die Sonne unterging. Nicht etwa, daß ich die Sonne liebte! Ich hatte immer noch dieselben Gründe, sie zu verabscheuen, da Wei Hi stets bei Sonnenaufgang fortging und erst in der Nacht heimkehrte. Der Sonnenuntergang brachte mich lediglich dem Augenblick näher, wo ich, wenn ich Glück hatte, meinen Vater sehen konnte.

Zudem gab es damals für die Angehörigen noch andere Gründe, sich zu ängstigen, wenn die Männer spät heimkehrten. In der von den Japanern besetzten Stadt wimmelte es überall von chinesischen »Kollaborateuren«, die die Gespräche belauschten. Einige unvorsichtige Worte reichten bereits aus, um einen ins Verderben zu stürzen. Sofort tauchte, kein Mensch wußte, wie das möglich war, ein japanischer Polizist, der Mann von der japanischen »Gestapo«, auf, der einen abführte. Im Hause Nr. 76 der Jessfield Avenue im britischen Viertel hatten die Japaner insgeheim eine Art Hauptquartier ihrer »Gestapo« eingerichtet, und dort wurden ständig Menschen gefoltert. In Shanghai sprach man nur im Flüsterton und nicht ohne Schaudern von diesem berüchtigten Haus.

Ich hätte mich im Grunde nicht in diesem Maße über die Abwesenheit meines Vaters beklagen sollen; denn eigentlich war das ungerecht. Schließlich hatte der Himmel mir einen Bruder gegeben, Ching Son, der sechs Jahre älter war als ich – in meinen Augen machte das fast einen Mann aus – und der mich ständig mit liebevoller Aufmerksamkeit umgab. Er beaufsichtigte meine Schularbeiten, half mir bei meinen Pflichten, und wir hatten niemals auch nur den geringsten Streit miteinander.

Ich verdanke Ching Son viel. Er war der große Geschichtenerzähler meiner Kindheit. Durch ihn habe ich die wundersame Geschichte der Helden und Heldinnen Chinas kennengelernt. Ich wußte, daß er mir jeden Tag eine neue Geschichte mitbringen würde, und erwartete diesen Augenblick mit Ungeduld. In den Geschichten Ching Sons war nur von erhabenen und untadeligen Opfern die Rede. Der gute Staatsdiener war stets bereit, für den Kaiser und sein Land zu sterben, der gute Sohn nicht weniger, sich für seinen Vater aufzuopfern. Jedem war es in der festgefügten Hierarchie beschieden oder möglich, ein Opfer zu bringen. Der Vater konnte sich für den Sohn, das Mädchen für seinen Vater und seine Mutter opfern, und die verheiratete Frau mußte sich selbstverständlich zunächst für ihre Schwiegereltern und dann für ihre Kinder opfern. Die chinesische Tradition sah vor, daß die Frau dreierlei Gehorsam schuldete: gegenüber ihrem Vater, gegenüber ihrem Gatten und schließlich gegenüber ihrem Sohn, wenn dieser das Mannesalter erreicht hatte. Hinzu kamen vier moralische Grundsätze: keine unüberlegten Ausgaben zu machen, arbeitsam zu sein, niemanden zu verführen und stets bereit zu sein, sich für die anderen aufzuopfern.

Aus meiner Heldengalerie sind einige Gestalten unauslöschlich in mein Gedächtnis eingegraben, so als hätte ich sie persönlich gekannt und sei ihnen begegnet; denn die Heldengestalt ist für das Kind ein ebenso natürlicher Gefährte wie seine kleinen Spielkameraden. Da gab es etwa einen Yüeh Fei, den Helden aus der Sung-Epoche, der in sämtlichen Kriegen, die sich boten, berüchtigte Beutezüge machte. In jener Zeit war die erste Pflicht der jungen Männer ganz offensichtlich der Kampf. Ich weiß nicht mehr, was Yüeh Fei alles erbeutet hat, was ich jedoch nicht vergessen habe, ist, wie er in den Krieg zog. Er kniete beim Abschied vor seiner Mutter nieder. Da nahm sie eine Nadel und stach ihm vier chinesische Wörter in die Haut des Rückens, die sinngemäß lauteten: »Für das Vaterland muß man sich bedingungslos aufopfern.« Das Blut floß Yüeh Fei über den Rücken, doch der Schmerz sollte ihn ohne Unterlaß an seine Pflicht gemahnen.

Was meine Heldinnen betrifft, so war darunter eine mit Namen Mu Lin, was soviel bedeutet wie »Hölzerne Orchidee«. Sie war die einzige Tochter ihres Vaters. Plötzlich brach der Krieg aus. Ihr Vater mußte also in die Schlacht ziehen, doch er war bereits fünfzig Jahre alt, in jener Zeit ein geradezu biblisches Alter, das viel zu hoch für einen Soldaten war. Mu Lin aber liebte ihren Vater und war als echte Chinesin zudem vom Opfergeist erfüllt. Sie legte also Männerkleidung an und zog in dieser Verkleidung in den Krieg. Während der Schlachten merkte niemand, daß sich darunter ein Mädchen verbarg. Als sie in die Heimat zurückgekehrt war, zog sie wieder ihre Frauenkleidung an, und niemand kam je auf die Idee, daß sie in den Krieg gezogen sein könnte.

Diese Geschichten, die ich alle Tage zu hören bekam und die mir Ching Son oft erzählte, während er in einem Bilderbuch blätterte, haben mich stark geprägt. Obwohl von Natur aus großzügig und liebevoll, machte mein Bruder damals eine Periode der Herrschsucht durch, die sich darin äußerte, daß er mich zwang, die vier Klassiker – darunter Konfuzius und Menzius – auswendig zu lernen. Er sagte zu mir, daß es keine Rolle spiele, ob ich davon etwas verstünde oder nicht – später würde ich es schon verstehen, und überhaupt sei das nur zu meinem Besten. Er begnügte sich keineswegs damit, mich zu zwingen, sie auswendig zu lernen, er ließ sie mich auch noch vollständig abschreiben. Da ich nun stundenlang mit der Tuschfeder in der Hand und mit angewinkeltem Ellenbogen dasitzen mußte, war ich irgendwann im wahrsten Sinne erschöpft. Oft schlief ich über dieser Aufgabe ein. Eines Tages brach ich in Schluchzen aus. Ich war so niedergeschlagen, daß ich mich auf die Erde setzte und nicht wieder aufstehen wollte. Meine Mutter fragte mich, ob ich übergeschnappt sei. Da schaltete sich mein Vater ein; die Tyrannei meines Bruders war mit diesem Zwischenfall schlagartig beendet, und er hörte von diesem Tag an auf, mich mit den klassischen Autoren zu traktieren.

Die Erzählungen und die Lektüre jener Zeit gingen mir nie mehr aus dem Sinn, wenn ich später auch viele westliche Bücher kennenlernte. Obwohl mein Vater uns öfter die Maximen irgendwelcher weiser Mandarine hersagen ließ, schwelgte ich doch schon frühzeitig in den Werken Alexandre Dumas'. Schon die *Drei Musketiere* hatten mir sehr gefallen, doch der *Graf von Monte Christo* hat mich geradezu verzückt. Von allen Büchern meiner Kindheit hat dieses mich am meisten beeindruckt. Ich kenne es auswendig, nicht in dem Sinne, wie ich die Maximen auswendig konnte, die man mich aufsagen ließ, sondern als ein Abenteuer, das mir zu Herzen gegangen war. Im Chinesischen trägt das Buch den Titel »Rache und Genugtuung des Grafen von Monte Christo«. Ich liebte den edlen Mann, der sein Unglück nicht verdient hatte. Ich litt an seinem Elend mehr, als ich seine Racheakte genießen konnte. Doch wie er war ich der Meinung, daß ich nie im Leben diejenigen vergessen würde, die mir Gutes getan hatten. Nach dem Grafen von Monte Christo war Jane Eyre meine Lieblingsgestalt. Andere Bücher, die ich sehr liebte, haben mir viel Schmerz bereitet. Da war zum Beispiel *Romeo und Julia,* das ich während einer Krankheitsperiode wieder und wieder gelesen habe, und da waren die chinesischen Liebesromane, wie die Geschichte von Liang und Tsu.* Sie trugen dazu bei, in meinem Jungmädchenherzen ein Idealbild der Liebe zu formen und vor meinen Augen das bezaubernde Bild des Prinzen Gestalt annehmen zu lassen, gerade so, als sollte die Wirklichkeit des Schicksals, das mich erwartete, noch zusätzlich an Grausamkeit gewinnen ...

Ching Son nahm mich stets mit, wenn er sich auf dem Mittelstreifen, der unsere Straße teilte, mit seinen Spielkameraden traf. Unsere Spiele waren zahlreich und vielfältig: wir fuhren Rad und Rollschuh und spielten mit der Schleuder. Diese Schleuder mit dem Gummiband diente im allgemeinen dazu, dem anderen eine

* s. weiter unten, S. 146 ff.

Papierkugel ins Gesicht zu schießen, und war folglich nicht sehr kriegerisch. Eine große Rolle spielten die Murmeln und insbesondere ein Spiel, das darin bestand, die eigenen Kügelchen durch einen leichten Stoß mit dem Finger in ein Feld mit drei Löchern zu befördern. Beim Fußball stellte man mich, da ich die Kleinste war und mich auf diesem Gebiet mit den Jungen nicht messen konnte, im allgemeinen als Torwart auf. Die Japaner hatten überall in der Stadt Stacheldrahtzäune gezogen, die die einzelnen Stadtviertel voneinander trennten. Eines unserer Lieblingsspiele bestand darin, durch diese Barrieren zu kriechen. Selbstverständlich zwängten wir uns überall hindurch, und das hatte zur Folge, daß zahlreiche Hosen zerrissen wurden, was die Eltern wiederum beim Nachhausekommen zu großem Geschrei veranlaßte. Zu jener Zeit trug ich wie die Jungen ständig Hosen, während viele andere kleine Mädchen, entsprechend den Maßstäben der Eleganz der Französischen Konzession, Röcke trugen. Wenn ich abends mit zerrissener Hose nach Hause kam, sagte meine Mutter zu mir: »Du wirst niemals heiraten! Ein Gassenjunge wird aus dir werden!«

Dabei wußte die arme Frau noch gar nicht alles. Ching Son hatte mir zu jener Zeit eine chinesische Variante des Boxens beigebracht, die für Kinder bestimmt war und die man »Affenboxen« nannte. Morgens um sechs, wenn die Luft noch frisch und rein war, nahm mein Bruder mich bei der Hand und führte mich spazieren. Manchmal gingen wir bis zum Jessfield Park. Dort begann dann die Übung im Affenboxen, die er zu Hause schwerlich hätte abhalten können, ohne alle aufzuwecken, denn das ist eine Übung, bei der man wie ein Ziegenbock umherhüpft. Als mein Bruder mich in die Geheimnisse dieses Sports einweihte, dachte er vor allem an meine Gesundheit – mit der es nicht zum Besten stand –, wollte jedoch auch erreichen, daß ich lernte, mich selbst zu verteidigen.

Dann kam ein Sonntag, an dem mein Vater sich entgegen seiner Gewohnheit weigerte, mich auf den Spaziergang mitzunehmen, und sich anschickte, allein auszugehen.

»Kleine«, sagte er mit verlegenem Ausdruck zu mir, »ich habe eine wichtige Verabredung. Ich kann dich nicht mitnehmen.«

Ich reagierte auf diese Worte mit einer Art Schock. Bis dahin hatte ich nicht nur den ersten Platz im Herzen meines Vaters eingenommen, er hatte sich auch keineswegs damit begnügt, mich im Park spazierenzuführen. Wenn er in der Stadt zum Essen ging, wozu ihn eigentlich seine Frau hätte begleiten sollen, dann nahm er mich mit. Ich hatte längst begriffen, daß er sich meiner Mutter schämte. Gewiß liebte ich Tsong Hai, aber es war nicht zu übersehen, daß sie eine Bäuerin war und immer eine Bäuerin bleiben und nie jenen Frauen ähneln würde, die sich nach dem neuesten Pariser Chic kleideten. Es mag zwar seltsam erscheinen, aber tatsächlich befaßten sich in China, wo Millionen Bauern infolge von Überschwemmungen, Hungersnöten und Kriegen wie die Fliegen starben, die Damen der Bourgeoisie von Shanghai überwiegend mit Fragen der Mode und hatten nichts als Kleidersorgen. So kam es denn, daß Wei Hi, statt seine Frau auszuführen, stets ein kleines Mädchen von sieben oder acht Jahren bei sich hatte, das wie eine Prinzessin frisiert war und ihm die Komplimente seiner Begleiter sicherte. Wie schön muß seine Mutter sein, sagte man, wenn man mich ansah. Und schön war ich allerdings, mit einer Nase und Augen, die größer waren als die der durchschnittlichen Chinesin, und dieser weißen Haut einer Europäerin, die damals ein begehrtes Schönheitsideal war. Mein Vater stellte mich zur Schau wie ein Juwel im Schmuckkästchen, während meine kleine Schwester, die ein Jahr jünger war als ich, gänzlich unbeachtet blieb. Kein Wunder, daß wir später charakterlich sehr verschieden wurden. Ihr unabhängiger Geist verlieh ihr Kraft in der Einsamkeit, während ich, verwöhnt und verdorben von Kindheit an, es schwerer haben sollte, mit den heiklen Augenblicken des Lebens fertig zu werden . . .

Doch kehren wir zu Wei Hi zurück, dem es sichtlich peinlich war, daß er mich nicht mitnehmen konnte. Ich fing sofort zu weinen an, halb aus Trotz, halb im Bewußtsein der Macht meiner Tränen. Das verfehlte seine Wirkung nicht: er gab nach, nahm mich bei der Hand, und ich durfte mit ihm gehen.

Nach einem beträchtlichen Fußmarsch langten wir vor einem luxuriösen Haus in der Französischen Konzession an. Eine junge Frau öffnete die Tür. Sie war bezaubernd und von äußerster Eleganz und begrüßte mich mit reizendem und liebevollem Lächeln. Wenig später waren wir alle drei unterwegs und gingen im Jessfield Park spazieren. Ich spürte sehr bald, daß zwischen meinem Vater und der Unbekannten eine merkwürdige Beziehung bestand. Sie sprachen wenig, schauten sich jedoch unablässig an, gerade so, als übten sie eine unwiderstehliche Anziehungskraft aufeinander aus. Ich hatte meinen Vater nie solche Blicke mit meiner Mutter wechseln sehen. Und plötzlich fing mein Herz wie wild zu klopfen an, und ich begriff die Bedeutung dieser Blicke. Die widersprüchlichsten Gefühle durchzuckten mich. Bis zu diesem Tage hatte die Liebe meines Vaters gewissermaßen ausschließlich mir gehört. Diese Fremde nahm mir etwas weg, das mein Eigentum war. Als hätte sie meinen Argwohn gespürt, hörte die schöne Unbekannte jedoch plötzlich auf, meinen Vater mit Blicken zu verschlingen, und widmete sich ausschließlich mir, erging sich in schmeichelhaften Äußerungen und Liebkosungen, die mein Mißtrauen schließlich einschläferten und meine Eifersucht vertrieben.

Die Sonne ging unter, als wir die Dame zu ihrem Haus zurückbegleiteten. Sie sagte zu mir, daß sie eine Überraschung für mich habe. Aus einer kostbaren Kommode holte sie ein Kästchen und öffnete es. Das Kästchen war voller Juwelen. Ich hatte noch nie irgendwelche Schmuckstücke aus der Nähe gesehen. Obwohl ich bisher im allgemeinen nur mit Jungen gespielt hatte, gewann meine weibliche Natur die Oberhand, und ich war wie geblendet. Als meine Gastgeberin das bemerkte, probierte sie mir einige Ringe auf, die jedoch alle zu groß waren. Schließlich nahm sie eine goldene Brosche, an der ein Schmetterling aus Jade befestigt war, und sagte zu mir: »Nimm, liebes Kind. Dies Schmuckstück gehört dir. Ich schenke es dir.«

Obwohl diese Brosche heftiges Verlangen in mir auslöste, konnte ich mich doch nicht dazu entschließen, sie anzunehmen. Als daher die junge Frau wieder mit ihren Liebkosungen und Küssen begann, sagte ich zu ihr: »Verzeihen Sie, daß ich dies Schmuckstück nicht annehme. Ich will meiner Mama keinen Kummer machen.«

Sie lächelte, und ohne ein Wort zu sagen, schloß sie das Kästchen.

»Komm«, sagte mein Vater, »wir wollen nach Hause, es wird allmählich spät.«

Auf dem Rückweg öffnete er erst den Mund, als wir schon fast zu Hause angekommen waren: »Du wirst ganz artig sein, mein Liebling, und deiner Mama nicht sagen, daß wir eine Dame besucht haben. Später wird dir Papa dann alles erklären.«

Da ich tatsächlich ein artiges und gehorsames Kind war, sagte ich weder meiner Mutter etwas noch meinem Bruder, der doch mein Vertrauter war. Allerdings hinderte meine Verschwiegenheit mich nicht, zu begreifen, weshalb mein Vater des Abends so häufig ausging. Gleichzeitig war mir damit ein Gegenstand ständiger Beunruhigung genommen: wenn mein Vater jetzt abends lange ausblieb, fürchtete ich nicht mehr, daß es aus dem Grunde geschah, weil die Japaner ihn festgenommen und in die Nummer 76 der Jessfield Avenue gebracht hatten . . .

Shanghai war immer noch in den Händen des japanischen »Grünen Drachen«. Die Japaner fuhren fort, China auszuplündern und unsere Fabriken auszubeuten. Das lag vor allem daran, daß sie in einen aufreibenden Krieg gegen die Amerikaner und Engländer verwickelt waren. Nachdem sie einen riesigen Teil Asiens besetzt hatten, begann ihnen nun die Luft auszugehen. Leute wie meine Familie wußten wenig über diese Vorgänge. Noch weniger wußten sie, was in Europa geschah, wo die Alliierten damals gerade an der französischen Kanalküste landeten. Die Situation in Europa lag für einen Chinesen noch weiter jenseits seines Horizonts als die Lage in China für einen Europäer.

Was unsere familiäre Situation betraf, so wahrte ich vergeblich Stillschweigen über die Begegnungen meines Vaters mit der geheimnisvollen Dame. Tsong Hai spürte sehr wohl, daß irgend etwas vorging. Ich hörte meine Mutter heimlich weinen, hörte auch, wie es zwischen ihr und meinem Vater zu Streitigkeiten kam, was ganz ungewöhnlich war. Wenn Wei Hi, um seinen guten Willen unter Beweis zu stellen, am darauffolgenden Abend dann früher nach Hause kam, läutete das Telefon: am anderen Ende der Leitung wünschte eine Frau hartnäckig meinen Vater zu sprechen. Er konnte nicht widerstehen. Er ging zu der Unbekannten mit den Juwelen und kehrte erst spät in der Nacht heim. Mittlerweile wußte meine Mutter alles, möglicherweise weil mein Vater selbst ihr die Wahrheit gesagt hatte. Tsong Hai wurde jeden Tag verbitterter und magerte zusehends ab. Die Streitigkeiten häuften sich.

Diese junge elegante, sehr europäisierte Frau – ich kann sie nur die Geliebte meines Vaters nennen – war eine Witwe, der ihr kurz nach der Heirat verschiedener Gatte ein schönes Vermögen hinterlassen hatte. Wei Hi hatte ihre Bekanntschaft in seiner Agentur gemacht. Dorthin war sie als Kundin gekommen, um ihn mit finanziellen Transaktionen zu beauftragen, und sie hatten sich auf den ersten Blick ineinander verliebt. Was meinen Vater betraf, so entdeckte er jetzt die wahre Liebe. Er war sehr gefühlvoll, und meine Mutter war das nicht.

Tsong Hai verfiel schließlich, als sie die Liebschaft ihres Mannes nicht länger ertrug, darauf, sich bei ihrer Schwiegermutter zu beschweren. Für die war die Sache jedoch ganz natürlich und ohne Bedeutung, und sie nutzte die Gelegenheit, um ihren geliebten Sohn einmal mehr zu verteidigen.

»Wegen so etwas braucht man doch keine Szenen zu machen ... Kann ein reicher Mann etwa nicht drei Frauen und vier Mätressen haben? Diese Witwe ist reich. Weshalb sollte er sie zurückweisen?«

Doch nichts konnte den Schmerz meiner Mutter beschwichtigen, und die Schluchzer, die ich jeden Tag mit anhörte, schnitten mir ins Herz. Die Leidenschaft Wei His war stärker. Er fuhr fort, seine Geliebte zu besuchen und spät in der Nacht nach Hause zu kommen.

Als ich an einem sonnigen Nachmittag aus der Schule kam und das Haus betrat, sah ich meine Mutter einmal mehr in Tränen. Sowie sie mich erblickte, hörte Tsong Hai jedoch auf zu weinen. Sie griff zwei Koffer und füllte sie mit Kleidungsstücken, ausschließlich ihren und meinen. Dann verließ sie mit mir das Haus, rief ein Taxi und ließ sich zu Wei His Büro fahren. Sie hatte das Kommen und Gehen ihres Mannes beobachtet und wußte daher, daß die junge Witwe gerade bei ihm war.

Sie war wirklich dort. Als sie mich erblickte, begriff sie sofort, wer die Frau war, die mich an der Hand hielt und gerade zwei Koffer vor ihr abstellte. Die beiden schauten sich einen langen Augenblick schweigend an. Alle waren furchtbar betroffen. Ich sah die Qualen im Gesicht der jungen Witwe, den Schmerz im Gesicht meines Vaters und meiner Mutter. Ich liebte sie beide und meinte, verloren zu sein. Denn auf welche Seite sollte ich mich stellen, und wie sollte ich es über mich bringen, den einen mehr zu verteidigen als den anderen?

Meine Mutter brach das Schweigen zuerst und ging auf ihre Feindin los: »An Männern fehlt es doch nicht! Alles ist voll davon! Weshalb haben Sie mir gerade meinen genommen? Warum wollen Sie eine Familie zerstören?«

Die Rivalin nahm ihren ganzen Mut zusammen und antwortete sanft, aber fest: »Ich liebe Wei Hi. Ich habe nicht die Absicht, ihn zu verlassen, selbst wenn ich seine Geliebte bleiben muß.«

Für eine Chinesin war es eine Schande, nur »Geliebte« zu sein.

»Ich will nicht teilen!« schrie Tsong Hai. Sie sprach über das ganze Unglück, das sie durchgemacht hatte, die Härte ihrer Schwiegereltern und alles, was sie von ihnen erlitten hatte. Jetzt sei unser Leben leichter geworden. Das Elend liege hinter uns. Ob das nun der Dank sei, daß man sie so behandele?

Für Wei Hi war der Augenblick der Entscheidung gekommen. Er mußte wählen, da Tsong Hai ihm ihr Ultimatum stellte: »Entweder du verläßt diese Frau, oder du verlierst deine Tochter. Ich nehme sie jetzt gleich mit nach Kanton ... «

Das war nun eine gräßliche Erpressung, mit der Tsong Hai ihren Mann an seiner empfindlichsten Stelle traf. Sie wußte sehr wohl, daß ich Wei Hi mehr bedeutete als sein Leben. Das Gesicht meines Vaters verzerrte sich plötzlich vor Schmerz, und er zitterte. Dann nahm er mich in die Arme, hob mich hoch und fragte:

»Mein Liebling, stimmt es, daß du mit Mama nach Kanton gehen willst?«

Das war zuviel für mich. Ich konnte meinen Vater nicht mehr so leiden sehen, und ich konnte es auch nicht länger ertragen, die Verzweiflung meiner Mutter mitzuerleben. Es war mir unmöglich, meinem Vater zu antworten, unmöglich, irgend etwas zu sagen. Ich konnte nur noch meinen Tränen freien Lauf lassen. So klein ich war, empfand ich doch tiefes Mitleid mit diesen drei Erwachsenen, selbst für die Fremde, denn ich fühlte, daß sie meinen Vater liebte und daß mein Vater ein Recht darauf hatte, sie zu lieben. Meine Mutter wiederum mochte zwar niemals Liebe für ihren Mann empfunden haben, aber sie war ihm doch stets eine treusorgende Hausfrau gewesen, und schließlich litt sie darunter, daß sie betrogen wurde! Ich wollte weder meinen Vater verlassen, noch meine Mutter fortgehen lassen, und ich wollte diese junge Witwe nicht länger leiden sehen. Ist es verwunderlich, daß ein solcher Augenblick mich mein ganzes Leben lang verfolgt hat und daß die Vorstellung, einer Frau ihren Ehemann wegzunehmen, mir für alle Zeiten ein unüberwindliches Grauen eingeflößt hat?

An jenem Tag gab mir mein Vater den größten Liebesbeweis seines Lebens, als er sich entschloß, die junge Frau, die er liebte, zu verlassen.

4. Kapitel

Ich entdecke den Zauber der Musik / Mein Vater kauft mir mein erstes Klavier / Ich begegne zum erstenmal dem Bild des Todes / Wei Hing, mein einfältiger Onkel / Einige Großmutterarzneien / Japan kapituliert, ein anderer Krieg wird fortgesetzt / Tsong Hai bekommt ihr erstes Hausmädchen / Ich übernehme die wütende Verteidigung der Ehre meines Vaters / Tod meiner Großmutter mütterlicherseits in Chao-Chou.

Die chinesisch-westliche Mac Intyre School, die ich besuchte, bestand aus drei Abteilungen: der Vorschule, der Grundstufe und der Oberstufe. Mit sechs Jahren war ich von der Vorschule in die Grundstufe übergewechselt. Während die Vorschule eine Welt für sich war, bestanden zwischen den Grund- und den Oberstufenklassen ständige Kontakte. So wurden beispielsweise Feste gemeinsam gefeiert und gemeinsam Konzerte veranstaltet. Dies sollte nicht ohne schwerwiegende Folgen für mein weiteres Leben bleiben. Denn da ich mit einer Mutter bäuerlicher Herkunft und Krämern als Großeltern einer Kategorie angehörte, die in China als unterste Stufe der sozialen Hierarchie galt, war mein Horizont natürlich begrenzt; ich besaß nicht die geringste Vorstellung davon, welche Art von Leben sich in den Oberschichten abspielte, und ahnte zum Beispiel nicht, was man sich unter einem Klavier vorzustellen hatte ...

Eines Tages verkündete nun die Lehrerin, daß in der Schule ein Konzert stattfinden sollte, das von den Mädchen der Oberstufe veranstaltet würde. Am Konzerttag durchquerten die Kinder der Grundstufe in Zweierreihen mit der Lehrerin an der Spitze den großen Garten, über dessen wohlgepflegten Rasen herrliche Bäume ihren Schatten warfen. Dieser wundervolle Garten bildete so etwas wie die Grenze zwischen den Kleinen und den Großen. Niemand von uns war berechtigt, ihn ohne Erlaubnis und ohne Begleitung einer Lehrerin zu durchqueren.

Man führte uns in einen Saal oder vielmehr in ein märchenhaftes Theater mit stufenförmig angeordneten Sitzreihen. Die Sitze waren mit rotem Samt beschlagen, während die Bühne noch hinter einem geheimnisvollen Samtvorhang verborgen blieb. Die Schülerinnen setzten sich. Als der Vorhang sich hob, erblickten wir etwa hundert ältere Mädchen in weißen chinesischen Gewändern, eine jede mit einer Nelke an der Schärpe. Sie stimmten einen Chorgesang an, und es schien mir, als hätte ich niemals etwas so Schönes gesehen wie diese jungen Mädchen, niemals etwas so Wohlklingendes gehört wie diesen Gesang. Als der Vorhang gefallen war, deuteten verschiedene Geräusche darauf hin, daß auf der Bühne umgebaut wurde. Als er sich dann zum zweitenmal hob, sah ich zu meiner Verwunderung auf der Bühne eine Art Möbelstück, dessen Beschaffenheit, Name und Verwendungszweck mir gänzlich unbekannt waren, und ich fürchtete mich fast ein wenig davor.

Dieser schwarzglänzende Gegenstand war nichts anderes als ein Flügel. Ich kann mich noch erinnern, wie ich mir den Hals verrenkte, um besser sehen zu können, und wie ich die Augen aufriß. Ein graziöses junges Mädchen erschien auf der Bühne, grüßte das Publikum, indem es sich verneigte, nahm vor dem merkwürdigen Instrument Platz und begann zu spielen. Seine Hände flogen über die Tasten wie verzückte Vögel. Es war eine Melodie aus einer anderen Welt, einer, die besser und schöner war als diese, eine Melodie, die bald perlend, bald mächtig wie galoppierende Pferde ertönte. Das war wie Meereswogen oder auch wie Regen, der vom Himmel fiel. Mein Herz klopfte zum Zerspringen, Schweiß trat mir auf die Stirn – Reaktionen, die übertrieben erscheinen mögen, aber doch war es so. Mein eigentliches Wesen erwachte, ich glaubte mich eingetaucht in das wahre Leben und begriff an jenem Tage, daß nur die Musik uns den Zugang zu uns selbst erschließt.

Als das Konzert beendet war, rannte ich wie eine Wahnsinnige nach Hause. Lange bevor ich an unserer Haustür angekommen war, fing ich fast bis zur Atemlosigkeit zu schreien an: »Mama! . . . Mama! . . . «, als ob meine Mutter mich aus einer solchen Entfernung hätte hören können. Tsong Hai war mit meinem jüngeren Bruder beschäftigt. Mein schweißbedecktes Gesicht und meine aufgelösten Haare machten ihr Angst. Sie fragte mich besorgt, was mir zugestoßen sei. Zunächst hinderte mich jedoch meine Erregung, die noch größer war als meine Atemlosigkeit, am Sprechen. Ich konnte nur stammeln: »Ich will . . . ich will . . . «

»Ja, was willst du denn nun?« fragte meine Mutter.

Als ich mich ein bißchen beruhigt hatte, erklärte ich ihr sehr unbeholfen, was ich empfunden hatte. Es fiel mir schwer, das Unaussprechliche auszusprechen. Schließlich wurde es immerhin deutlich, daß es um ein Klavier ging. Tsong Hai hatte von solchen Dingen nicht die geringste Ahnung, und meine Erklärungen brachten sie völlig durcheinander. Sie sagte schließlich, ich solle mit meinem Vater über diese Sache sprechen.

Selbstverständlich erklärte ich Wei Hi nach seiner Rückkehr sofort, daß ich unbedingt auf jenem Instrument zu spielen lernen wolle. Da mein Vater auch meiner kleinsten Laune stets nachgab, war er damit einverstanden.

»Doch wenn ich spielen lernen will, muß ich ein Instrument haben ...«

Daran sollte es nicht scheitern, sagte er; er würde mir innerhalb weniger Tage eines kaufen. Ich machte Luftsprünge vor Freude und begann, mit fieberhafter Ungeduld zu warten.

Eines Tages traf dann eine Kiste ein, deren geringe Ausmaße mir gleich merkwürdig vorkamen. Als man sie öffnete, erkannte ich mein königliches Instrument nicht wieder, was nicht verwunderlich war, denn es handelte sich um ein Harmonium. Meine Enttäuschung war nicht zu übersehen. Meine Eltern begriffen zunächst nicht, worum es ging. In dem Wunsch, mir so schnell wie möglich zu beschaffen, was ich haben wollte, hatte Wei Hi meine Erklärungen nicht recht verstanden. Sie waren in der Tat verworren gewesen, da ich ja nur ein einziges Mal im Leben einen Flügel gesehen hatte. Mein Vater bat mich deshalb, mich noch etwas zu gedulden. Er wollte sich der Sache annehmen und das richtige Instrument beschaffen.

Ich nahm damals in der Schule am Englisch-Kurs teil. Meine Lehrerin war eine britische Staatsangehörige, eine Miss Winfield, die ein bißchen Chinesisch sprach, was in der damaligen Epoche kaum ein Ausländer konnte. Miss Winfield war es auch, die mir meinen europäischen Namen gegeben hat: als sie erfuhr, daß ich Chow Ching Lie hieß, wandelte sie Ching Lie in Julie um, weil sie das leichter aussprechen konnte, und diesen Namen sollte ich mein ganzes Leben behalten. Miss Winfield nun erklärte mir, worin sich mein armseliges Harmonium von einem Klavier unterschied, und meinte, wir sollten es lieber schleunigst umtauschen, wenn ich wirklich jeden Tag üben wollte.

Ich beeilte mich, meinem Vater die Äußerungen meiner Englischlehrerin weiterzugeben. An jenem Tag hielt sich gerade meine Großmutter bei uns auf. Ich erwähnte bereits, daß meine Großeltern nicht mehr bei uns lebten, sondern bei ihrem anderen Sohn, der etwas einfältig war. Wei Hi rief also einen Musikalienhändler an, um sich zu erkundigen, ob er bei ihm ein Klavier kaufen könne. Das sei möglich, hieß es, doch sei der Preis zehnmal so hoch wie der für ein Harmonium. Als meine Großmutter meinen Vater den Preis wiederholen hörte, hob sie ein solches Geschrei an, daß mein Vater den Hörer auflegen mußte.

»Was ist das bloß immer mit diesem Mädchen?« schrie sie. »Was habt ihr denn mit ihr vor? Wollt ihr eine Kaiserin aus ihr machen? Eins kann ich euch jetzt schon sagen: sie wird den Mann, der sie zur Frau nehmen wird, an den Bettelstab bringen! Ein Skandal ist das! Müßt ihr nicht schon Blut und Wasser schwitzen, um ihr diese

Luxus-Schule zu ermöglichen? Und jetzt auch noch Klavierstunden?«

Mein Vater wagte nicht zu widersprechen: in China hat der Sohn zu schweigen, wenn die Mutter wütend ist. Ich dachte, daß nun alles verloren sei, daß ich nie wie das schöne junge Mädchen im weißen Kleid vor einem Samtvorhang spielen, nie den Beifall des Publikums hören würde, und weinte bitterlich. Mein Vater, der das nicht mit ansehen konnte, kam schließlich auf eine Lösung, an die niemand gedacht hatte: er würde eben einfach ein Instrument mieten.

Mein Klavier traf ein. Obwohl mein Vater es nun doch nicht gekauft hatte, konnte meine Großmutter es sich nicht verkneifen, jedesmal, wenn sie zu uns kam, ihrem Zorn darüber Ausdruck zu verleihen. Für mich war das die reine Hölle, gleichzeitig jedoch auch ein Ansporn. Denn damals schon gab ich mir heimlich und feierlich das Versprechen, dieser alten Frau eines Tages zu beweisen, daß ich meine Zeit nicht vertan hätte. Und gleichzeitig wollte ich meinem Vater damit Genugtuung verschaffen. Zudem hatte ich seit meiner ersten Begegnung mit dem wundervollen Klavier immer wieder an die Hellseherin mit den weißen Haaren denken müssen, die mir Ruhm vorausgesagt hatte: das konnte nur durch dieses Instrument wahr werden, das ja, wie sie gesagt hatte, »viel Metall« enthielt.

Vorerst war ich allerdings, was meine Art zu spielen anging, mit dem schönen jungen Mädchen auf der Bühne kaum zu vergleichen, und ich war nicht selten nahe daran, alles aufzugeben. Nach jedem Anfall von Verzagtheit fand ich jedoch den Mut wieder und bemühte mich weiter.

Ein Jahr später, als meine kleine Schwester Ching Lin sechs Jahre alt war, ließ mein Vater der Gerechtigkeit halber auch ihr Klavierstunden geben, so daß nun zwei Mädchen im Haus Tonleitern übten. Meine arme Schwester, die im Gegensatz zu mir nicht die geringste Begeisterung für Musik aufbringen konnte, hätte lieber mit ihren Spielkameraden draußen gespielt. Das kam jedoch nicht in Frage: sie mußte ihr Martyrium durchstehen. Schließlich bezahlte man Miete für das Klavier. Wenn sich vier Hände daran versuchten, konnte man sich einreden, daß es weniger teuer sei. Was mich betrifft, so übte ich täglich wenigstens eine Stunde und hatte nach Ablauf des ersten Jahres erstaunliche Fortschritte gemacht. Dies Jahr war entscheidend für mein späteres Schicksal als Musikerin.

In die Zeit, als ich die Musik mit ihren Schrecken und Wundern entdeckte, fiel auch meine erste Begegnung mit dem Bild des Todes. Als ich eines Tages von der Schule nach Hause kam, sagte meine Mutter, ich solle im Haus bleiben, zusammen mit Bruder und Schwester würden wir gleich weggehen.

»Deine Tante ist gestorben«, sagte sie zu mir.

Es handelte sich um die Frau meines einfältigen Onkels Wei Hing. Tsong Hai führte uns zum Leichenschauhaus. Zum erstenmal sah ich die weitläufige Lagerhalle, in der auf Regalbrettern Hunderte und aber Hunderte von Särgen aus sehr dickem schwarzlackierten Holz gestapelt waren. Die Leichen im Innern der Särge wurden mit Kalk bestreut, der die Feuchtigkeit aufsaugte. Das ist der Grund, weshalb die Särge in China, ohne Schaden zu nehmen, jahrelang aufbewahrt werden können, ehe sie in die Erde kommen. So geschieht es bei den Armen. Die reichen Leute hingegen werden sofort beerdigt, und sie treffen die diesbezüglichen Anordnungen bereits lange Zeit vorher. Mein Großvater Tsou Hon hätte das Notwendige veranlassen können, damit seine Schwiegertochter – meine Tante – sofort beerdigt wurde, aber er hatte nicht die Absicht, für das Begräbnis der Frau eines Schwachkopfes, der in seinem ganzen Leben nicht gearbeitet hatte, Geld auszugeben.

Gleich nach dem Tode bahrte man den Verstorbenen in einem weiß ausgeschlagenen Saal – Weiß ist bei uns die Farbe der Trauer – im offenen Sarg auf. Vor dem Sarg befand sich auf einem mit einem weißen Tuch bedeckten Tisch das Porträt des Verstorbenen. Dieser selbst war gleichfalls in weiße Tücher gehüllt. Vor diesem Porträt stellte man kleine Teller mit Früchten, Gemüsen und Fleisch auf und zu beiden Seiten Kerzen. Auf dem Fußboden vor dem Tisch lag ein dicker Teppich, damit diejenigen, die dem Verstorbenen die letzte Ehre erweisen wollten, darauf niederknien konnten. Ehe man den Sarg wieder schloß – was am Schluß einer Feier geschah, bei der sich die gesamte Verwandtschaft versammelte – schüttete man einen Sack voll Kalk um die Leiche herum. Dann wurden Nägel in den Sargdeckel geschlagen, die um so länger waren, je dicker das Holz des Sarges war.

Man kann sich denken, daß mich alles, was ich bei unserer Ankunft im Leichenschauhaus sah und was meine Kinderaugen nicht verstanden, sehr beeindruckte. Meine Mutter ließ uns Kinder ein Trauergewand anlegen: ein weißes Kleid aus grober Baumwolle, das man an Ort und Stelle leihen konnte. (Sie waren in jeder nur denkbaren Größe vorhanden.) Dazu kam dann noch eine Haube, das heißt eigentlich nur ein schlichter weißer Stoffkegel, der mit einer Nadel festgesteckt wurde. Unsere Schuhe wurden ebenfalls mit weißem Tuch bedeckt, das in der Mitte mit einem roten Stückchen Stoff verziert war.

Auf einem anderen Teppich, der senkrecht zu dem vor dem Tisch liegenden verlief, blieben mein Bruder, meine Schwester und ich, während die Verwandten und Freunde nacheinander eintrafen, die ganze Zeit über auf den Knien liegen. Beim Eintritt jedes einzelnen bliesen drei Musiker in ihre Flöten und brachten auf diese Weise eine traurig klingende Musik hervor. Nachdem die ganze Familie schließlich versammelt war, mußte man sich dem Zug anschließen, der sich hinter den Tisch bewegte, um sich vor dem Sarg zu verneigen. Meine Schwester und ich wagten nicht, einen Blick hineinzuwerfen. Dann wurde der Sarg wiederum auf ein Podest vor dem Tisch gesetzt. Man bestreute den Leichnam mit Kalk und nagelte dann mit schweren Hammerschlägen den Sargdeckel zu. Um einem Verstorbenen zu beweisen, wie sehr man ihn liebt, ist es Brauch, in diesem Augenblick heftig anzufangen zu weinen. Man schluchzt geräuschvoll, man stößt Rufe aus, man wendet sich an den Toten. So sagt man beispielsweise zu ihm: »Wie hast du uns nur verlassen können? Wie groß ist unser Schmerz!« usw. Das alles wird zugleich gesprochen und gesungen wie in der Oper. Von diesem Höllenlärm entsetzt, vermochte ich nicht zu begreifen, wie man jemanden in solche Art von Kisten einsperren konnte, und diese Vorstellung erfüllte mich mit Entsetzen. Schließlich wurde vor der kleinen versammelten Gruppe der Sarg meiner Tante auf eines der zahlreichen Regalbretter gestellt. Damit war die Zeremonie beendet, und mein Onkel Wei Hing kehrte nach Hause zurück. Er war nun Witwer.

Erst viel später erfuhr ich einiges über die Umstände, unter denen meine Tante gestorben war, und über die seltsame Persönlichkeit ihres Mannes. Mein Onkel Wei Hing – den man den Idioten der Familie nannte – war jünger als mein Vater. Er war zugleich geistesschwach und weibisch, und alle seine Gesten hatten etwas Bizarres. Als kleiner Junge ähnelte er bereits einem Mädchen, und seine Eltern hatten gehofft, daß er eines Tages männlicher werden würde, wie es dem Namen entsprach, den man ihm gegeben hatte – denn Hing, das bedeutet ausgerechnet Held. Daraus wurde nun aber nichts. Wei Hing konnte kein Taschentuch an die Stirn führen, ohne sich die Hüfte zu verrenken, noch irgendeinen Satz aussprechen, ohne den ganzen Körper in einer äußerst unangenehmen Weise zu bewegen. Seine Frau hatte unter dieser Eigenart sehr gelitten. Nachdem sie mehrere Kinder geboren hatte, gab er jede sexuelle Annäherung auf. Ihr Gemüt verdunkelte sich allmählich. In diese Zeit fiel der Ausbruch ihrer

Tuberkulose, der sie dann bald erlag. Niemand, von ihrem Ehemann angefangen, hatte sich jemals um sie gekümmert. So starb sie unter düsteren Umständen, eine arme Frau, deren Leben unbedeutend und kurz gewesen war.

Die Tuberkulose, an der meine Tante starb, war im damaligen China eine sehr weit verbreitete Krankheit. Tödliche Angst ergriff meine Mutter einige Monate später, als sie mich vorübergehend davon befallen glaubte. Da ich sehr viel arbeitete, hatte mein Gesundheitszustand sich verschlechtert, und eines Tages fühlte ich während der Turnstunde, wie mein Mund sich mit einer Flüssigkeit füllte. Als ich sie ausspuckte, sah ich, daß es Blut war. Entsetzt ging ich nach Hause, wo dieser Vorgang sich wiederholte. Voller Panik telefonierte meine Mutter mit meinem Vater, um ihn nach Hause zu rufen. Sie hatte sofort an meine verstorbene Tante gedacht und glaubte nun, daß ich Tuberkulose hätte. Mein Vater beruhigte sie: das sei keine Tuberkulose, sondern einfach eine geplatzte Lungenader, was der Arzt später bestätigte. Meine Lungen waren jedoch sehr schwach, und die Folge war, daß mein Vater in bezug auf mich noch wachsamer und meine Großmutter noch wütender auf mich wurde. Als eine Nachbarin niedergekommen war, ließ sie sie die Plazenta aufheben, aus der sie eine Art Fleischsuppe herstellte, die man mich auf der Stelle trinken ließ. Die kräftigende Wirkung dieses Mittels galt als unumstritten. Im übrigen besaß meine Großmutter eine ganze Batterie von Arzneien, für jede Gelegenheit eine. Wäre ich wirklich von Tuberkulose befallen worden, hätte sie mir ein Mittel verschrieben, das ihrer Vorstellung nach ganz besonders wirkungsvoll war: fünf neugeborene kleine Ratten, die die Augen noch nicht offen hatten und nackt waren, wurden lebend in einen Reisnapf voller Alkohol gelegt, um darin einige Monate zu ziehen. Trank der Patient diese Flüssigkeit, so verschwand die Tuberkulose sofort. Es kam jedoch nicht dazu, daß mir diese Mixtur verabreicht wurde.

Im August des Jahres 1945 feierten wir im allgemeinen Freudentaumel die Geburt meiner jüngsten Schwester. Sie wurde Ching Chin genannt, was soviel bedeutet wie »den Frieden feiern«. Um Frieden hatten die Japaner tatsächlich kurz nach der Explosion einer gewissen Bombe über der Stadt Hiroshima nachgesucht. In Shanghai kam es daraufhin zu wahren Freudenfesten. Man hätte meinen mögen, daß die ganze Stadt die Geburt meiner kleinen Schwester feierte. Die Japaner zogen ab, der Generalissimus Chiang Kai-shek kehrte nach Shanghai zurück, und bald sah man auch wieder amerikanische Filme in den Kinos der Stadt.

Zwar war Japans Macht zerstört, doch der Krieg hatte damit für China nicht aufgehört, und in unserem Lande, in dem die Japaner nur Trümmer und Elend zurückgelassen hatten, sollte bald wieder der blutigste Bürgerkrieg beginnen. Mao Tse-tung und Chiang Kai-shek hatten sich angesichts der japanischen Invasion nach außen hin versöhnt. Doch konnte es zwischen dem Oberhaupt der Kommunisten und dem Generalissimus, der vor noch gar nicht langer Zeit in Kanton seine Gegner in den Heizkesseln der Lokomotiven verfeuert hatte, unmöglich eine Versöhnung geben.

Auf dem Lande herrschte überall furchtbares Elend. Familien verbrachten ganze Tage auf den Überresten ihrer Häuser. In den Städten, in Kanton, in Shanghai, in T'ien-Chin, in Han-K'ou, wo die Arbeiter auf den Straßen »auf chinesisch« zu diskutieren begannen, staute sich die Volkswut. Die Reichen fuhren unterdessen fort, sich zu bereichern. Noch mit den Medikamenten, die die Vereinigten Staaten nach China schickten, wurde Handel getrieben. Die Behörden verschlossen davor die Augen oder gaben dazu ihren Segen. Als es in den Städten zu Unruhen kam und die Regierung kostenlose Reisrationen verteilen ließ, vermochte das zwar den Hunger der Armen für einen Tag zu stillen, nicht aber ihren Zorn zu beschwichtigen.

Während im Nordwesten, wo Mao Tse-tung bereits die Agrarreform durchgeführt hatte, eine neue Welt entstand, führte in Shanghai die Familie Chow wie viele andere ihren täglichen Existenzkampf ohne eine Ahnung davon, welche Kräfte sich im riesigen China alsbald entfesseln sollten. Das Börsengeschäft Wei His lief nach wie vor gut. Mein Vater verdiente immer mehr Geld. Meine Mutter, die nun fünf Kinder hatte, konnte sich endlich eine Hausangestellte leisten. Dem Einfluß meiner Großmutter und ihrer Kleinlichkeit hatten wir es zu verdanken, daß die Ausgabe, die so ein Dienstmädchen bedeutete, lange gescheut wurde, und so mußten wir bis 1945 warten, bis wir endlich eine Hausangestellte bekamen.

Eines Abends schwatzte unser Dienstmädchen mit meiner kleinen Schwester auf dem Arm vor der Haustür mit dem Dienstmädchen der Nachbarn. Außerdem stand noch die Tochter dieser Nachbarn, ein ziemlich dickes Mädchen, dabei, das etwa ein oder zwei Jahre älter war als ich und mit dem ich gelegentlich spielte. Ich hielt mich einige Meter von dieser Gruppe entfernt auf, und man hatte meine Gegenwart nicht bemerkt, als ich plötzlich Äußerungen hörte, die mich die Ohren spitzen ließen.

»Ich frage mich manchmal«, sagte das Dienstmädchen der Nachbarn zu dem unseren, »wie es kommt, daß man in deinem Hause so reichlich ißt... Dein Herr muß ja eine Menge Geld verdienen... Wie schafft er das bloß? Mein Herr ist nur Beamter. Und deiner, was macht der?«

Da sie erst seit kurzer Zeit in unseren Diensten war, wußte unser Dienstmädchen über den Beruf meines Vaters nicht Bescheid. Als sie deshalb schwieg, antwortete die Nachbarstochter an ihrer Stelle.

»Das weiß doch jeder«, sagte sie, »wie er sein Geld verdient: mit Opiumhandel...«

Als ich das hörte, blieb mir fast das Herz stehen. Ich stürzte durch die Tür auf die Gruppe zu und schrie folgende Worte, die an die Adresse des dicken Mädchens gerichtet waren: »Das ist eine Lüge! Mein Vater ist kein Opiumhändler! Und er wird auch niemals einer werden!«

Aus vielen Gesprächen, die ich innerhalb unseres Hauses gehört hatte, wußte ich, wie mein Großvater in schwierigen Augenblikken seinen Sohn gedrängt hatte, dieses schmutzige Geschäft zu betreiben, und wie mein Vater sich stets hartnäckig geweigert hatte. Das Mädchen wollte jedoch nicht nachgeben und wiederholte, indem es mich unverschämt musterte, daß mein Vater, schlicht gesagt, ein Opiumhändler sei. Jetzt schüttelte der Zorn mich wie ein Fieber. All die edlen Prinzipien, die mein Bruder Ching Son mich gelehrt, und all die Heroen, deren Leben er mir erzählt hatte, standen in mir wieder auf: zu hören, wie Wei Hi beleidigt wurde, das war eine unerträgliche Schmach.

»Ich warne dich«, sagte ich zu dem Mädchen, »wenn du nicht aufhörst, den Namen meines Vaters zu beschmutzen, schlage ich dir den Schädel ein!«

Indem ich dies sagte, schauderte mich vor meiner eigenen Kühnheit, denn das Mädchen war ja älter als ich und viel stärker. Das war ihr auch durchaus bewußt.

»Versuche nur, mich anzurühren, und ich mache Hackfleisch aus dir!«

Sie hörte nicht auf, den Ruf meines Vaters zu beschmutzen. Je mehr ich vor Zorn zitterte, desto größer wurde meine Furcht und desto deutlicher wurde mir, daß ich kurz davorstand, für die Ehrenrettung meines Vaters zu sterben. Ich warf mich plötzlich auf das Mädchen und packte sie beim Kragen.

»Entschuldige dich! Sag, daß mein Vater ein ehrenwerter Mann ist! Sag es sofort!«

Sie antwortete nicht, sondern schnappte sich nur einen meiner Zöpfe und zog daran mit solcher Heftigkeit, daß ich sie in meinem

Schmerz in die Hand biß, woraufhin sie mich sofort losließ. Und plötzlich erinnerte ich mich an das Affenboxen, das mein Bruder mir beigebracht hatte, oder vielleicht sollte ich besser sagen, das Boxen erinnerte sich meiner, denn es ergriff meinen Körper und meine Fäuste gewissermaßen wider meinen Willen. Ich wußte nicht, wie mir geschah: plötzlich sprang ich nach rechts, dann nach links, und auf einmal fiel das Mädchen zu Boden. Als ich sie am Boden liegen sah, stürzte ich mich auf sie und begann, sie mit beiden Fäusten auf den Mund zu schlagen, der das Ansehen meines Vaters beschmutzt hatte. Die beiden entsetzten Dienstmädchen, die ja jede ein Baby auf dem Arm hielten, fingen an zu zetern und stürzten ins Haus, um unsere Mütter zu holen. Als meine Mutter herbeikam und die Nachbarstochter bluten sah, schnappte sie mich beim Kleid.

»Was hast du getan, du fürchterliches Ding? ... Bitte das Nachbarmädchen sofort um Entschuldigung! ... Du sollst um Entschuldigung bitten!«

Atemlos schüttelte ich den Kopf: das kam überhaupt nicht in Frage. Das dicke Mädchen war inzwischen wieder aufgestanden; sie war blutüberströmt. Ihre Mutter eilte herbei. Ihr Dienstmädchen hatte ihr die ganze Geschichte erzählt. Sie ergriff meine Partei und befahl ihrer Tochter in strengem Ton, ins Haus zu gehen.

»Es geschieht ihr ganz recht ... Sie ist die Größere ... Es tut mir leid, daß sie so häßlich geredet hat.«

Schließlich kehrten die Mütter, die Dienstmädchen und die Kinder nach Hause zurück. Von diesem Tage an sprach meine dicke Nachbarin nicht nur nicht mehr mit mir, sondern sie ging mir auch ängstlich aus dem Wege.

Als Ching Son, mein Bruder, nach Hause kam und man ihm von der Abreibung erzählte, die ich ihr verpaßt hatte, kam er sofort zu mir.

»Schwesterchen«, sagte er, »ich bin stolz auf dich. Du hast unsere Ehre verteidigt. Das ist sehr gut.«

Am nächsten Tag brachte er mir eine Schachtel Süßigkeiten, die er von seinen Ersparnissen gekauft hatte. Ching Son war sechzehn Jahre alt, im Grunde also schon ein Mann. Ich hingegen war wenig älter als zehn. Und mit zehn Jahren wird man in China schon fast als junges Mädchen betrachtet.

Mein Alter war auch der Grund dafür, daß meine Mutter mich nach dem Zwischenfall mit der Nachbarstochter keineswegs beglückwünschte, sondern sich strenger gegen mich zeigte als gewöhnlich. Sie wurde von einer Sorge gequält, der sie wieder und wieder Ausdruck verlieh:

»Was sollen wir mit einer Tochter machen, die ihre Zeit beim Spielen auf der Straße verbringt, mit einer Tochter, die sich prügelt? Du läufst wie ein Junge! Du lachst wie ein Junge! Du wirst niemals heiraten!«

Das waren schwere Vorwürfe. Denn die Chinesin muß von zartester Kindheit an größte Zurückhaltung in ihren Gefühlsäußerungen an den Tag legen. Niemals Freude oder Trauer zu zeigen ist eine der Pflichten eines Menschen, der sein ganzes späteres Leben nur einen bescheidenen Platz innehaben wird. So schickte es sich beispielsweise nicht, aus vollem Halse zu lachen, wie ich es tat. Man hatte statt dessen ein Lächeln anzudeuten, ohne das Gesicht zu verziehen, und das Lächeln mußte auf dem Gesicht so wenig Falten wie möglich hervorrufen. Desgleichen schickte es sich, sacht und mit kleinen gemessenen Schritten zu gehen, während ich wie ein Lausejunge umherrannte.

Aber auch in dieser Frage übernahm mein Vater wieder meine Verteidigung, was Tsong Hai erboste.

»Ching Lie spricht wie ein Maschinengewehr und geht wie ein Soldat! Und du verteidigst sie noch! Du bist immer zu nachsichtig mit ihr gewesen. Und das ist sehr schlimm.«

Es stimmte, daß in China der Vater streng und die Mutter nachsichtig sein mußte und daß es sich bei uns genau umgekehrt verhielt: mein Vater hörte nicht auf, mich zu verwöhnen, während meine Mutter ein sehr strenges Auge auf mich zu haben begann.

Kurze Zeit nach dem Zwischenfall mit den Nachbarn traf die arme Frau einer der härtesten Schläge ihres Lebens: als ich eines Nachmittags aus der Schule kam, fand ich Tsong Hai in Tränen aufgelöst auf ihrem Bett sitzen. Sie hatte gerade erfahren, daß ihre Mutter gestorben war.

Die Großmutter mütterlicherseits kannte ich kaum. Ich erinnerte mich dunkel, sie in Kanton oder genauer in Chao-Chou gesehen zu haben, als wir seinerzeit diese traurige Seereise von Shanghai nach Kanton gemacht hatten. Es war keineswegs etwas Ungewöhnliches, daß ich sie so wenig kannte. Denn sind in China ein Mann und eine Frau erst einmal verheiratet, so geben die Eltern des Mannes den Ton an und ziehen normalerweise zu dem jungen Paar, während die Eltern der Ehefrau dem Haus ferngehalten werden. Die untergeordnete Rolle der Großeltern mütterlicherseits, die gerade noch ihre Enkelkinder besuchen dürfen, geht schon aus dem chinesischen Sprachgebrauch hervor, denn man nennt sie »die Großeltern von draußen«. Auch meine Großmutter mütterlicherseits war von dieser unerbittlichen Regel betroffen.

Sie hatte allerdings seit langer Zeit die Einsamkeit zu ertragen gelernt, da sie noch vor der Geburt meiner Mutter Witwe geworden war. Wir erinnern uns, daß zu ihr eines Tages in Chao-Chou eine berufsmäßige Heiratsvermittlerin gekommen war, um ihr anzukündigen, daß sie für ihr vierjähriges Mädchen einen Verlobten gefunden habe, den kleinen Jungen, der mit seinem Bruder im Fluß badete und später mein Vater wurde. Damals vor dreißig Jahren hatte diese Frau bereits jede Lust am Leben verloren. Sie besaß nur diese Tochter, die sie eines Tages verlassen und die sie kaum mehr wiedersehen würde. Nur eine Frau, die einen Sohn hat, konnte darauf rechnen, daß sie im Alter unterstützt wurde. Selbst wenn der Sohn heiratete, war sie nicht allein und hatte die nötige Hilfe. Von einer Tochter hingegen war nicht das geringste zu erhoffen. Das erklärt auch, weshalb diese Frau zu meiner Mutter so hart gewesen war. Im Laufe der Zeit war meine Großmutter immer verbitterter geworden, weil sie keinen Mann neben sich hatte. Wie oft hatte sie meine Mutter geschlagen und gesagt: »Weshalb bist du kein Junge? Weshalb muß ich ein Mädchen haben, das mich zwingt, für andere zu arbeiten, für den, mit dem es eines Tages davongehen wird? Ein Mädchen, das mich allein läßt?« Als dann eines Tages wirklich der Augenblick kam, wo Tsong Hai entsprechend der Verlobung der Kinderzeit mit Wei Hi verheiratet wurde, hatte meine Großmutter ihre Tochter beiseite genommen und sie um Verzeihung gebeten.

»Ich habe dich viel geschlagen, als du noch ein kleines Mädchen warst, aber ich war allein, und ich litt schon im voraus darunter, dich einst zu verlieren. Du mußt mich verstehen und mir verzeihen. Gib mir das Versprechen, daß du, wenn du selber Kinder hast, sie niemals schlagen wirst.«

Weshalb lebte sie so in Einsamkeit bis zum Ende, da die noch junge Witwe sich doch hätte wiederverheiraten können? Der Grund war, daß die chinesische Sitte in diesem Punkte befahl, daß eine Witwe Witwe blieb. Sich wiederzuverheiraten galt als verwerflich, als Schande für sie selbst und für ihre ganze Familie. Die Leute sahen ihr nicht mehr ins Gesicht, sondern betrachteten sie nur noch argwöhnisch aus den Augenwinkeln. Man gab ihr keine Arbeit, man kaufte ihr nichts ab. Ihr Nachbar hinderte sie daran, über sein Grundstück zu gehen, weil es hieß, daß dort, wo sie entlanggegangen sei, das Gras absterben könne. Daher waren wiederverheiratete Witwen selten. Die, die einen zweiten Gatten suchten, konnten sich ohnehin nur Hoffnung auf einen Elenden, einen Habenichts oder einen Krüppel, machen. Die Witwe, die ihrem verstorbenen Gatten treu geblieben war, wurde hingegen als Musterbeispiel der Tugend betrachtet. Daß eine Frau in Elend und Sorgen allein blieb, erhob sie in den Rang einer Heiligen. Ihr Name wurde in den kleinen Ahnentempeln verzeichnet, die in den chinesischen Städten erbaut wurden und in denen man neben den Bildern der bedeutenden Persönlichkeiten und Wohltäter eines Ortes die der Witwen aufstellte, die den Verstorbenen die Treue gehalten hatten. Bei den Weihfesten wurden ihnen dieselben Ehren zuteil. Das Leben meiner Großmutter war also eine einzige lange Qual. Sie beschloß ihr Leben als Vegetarierin, die sich ihre kärglichen Mahlzeiten durch Weben verdiente, und starb, von allen verlassen, in einer Elendshütte von Chao-Chou. Mein Vater hatte ihr, als er seinerzeit aus Chungking zurückgekehrt war, Geld geschickt – nicht, weil es seine Pflicht gewesen wäre, denn er war zu nichts verpflichtet, sondern aus Güte. Es war jedoch zu spät, als daß sie damit noch etwas hätte anfangen können. Was ihr blieb, war nach ihrem Tode ein Platz unter den vielen Heiligen im Ahnentempel von Chao-Chou.

5. Kapitel

Ankunft der Familie Hsiao in Shanghai / Das Haus mit dem bösartigen Hund / Hsiaos zwei Frauen / Zusammenleben beider Familien / Beginn des aufwendigen Lebens / Wie wir gezwungen sind, in Chao-Chou zwei kleine Mädchen zu kaufen / Chinesische und westliche Sitten / Die Maximen des weisen Mandarins Chu / Die trostlose zweite Heirat Onkel Wei Hings.

Im Lauf des Winters, der auf den Rückzug der Japaner aus China folgte, trat ein Ereignis ein, das für das weitere Schicksal unseres Familienlebens von weitreichender Bedeutung war. Hsiao nämlich, der enge Freund, den Wei Hi in schwierigen Zeiten in Chungking aufgesucht und der ihm aus seiner Notlage geholfen hatte, faßte den Entschluß, die Provinz Szechwan zu verlassen und sich in Shanghai anzusiedeln. Mein Vater und er liebten einander wie Brüder. Daher beschlossen sie, mit ihren Frauen und Kindern zusammen zu leben.

Hsiao war ein dicker Mann von 38 Jahren, also genauso alt wie mein Vater. Er hatte zwei Ehefrauen – was zu der Zeit in China erlaubt war –, bei denen es sich um Schwestern handelte. Nachdem er zunächst die ältere, sehr häßliche geheiratet hatte, hatte er die Bekanntschaft der jüngeren gemacht, die in der Folgezeit dann so häufig zu ihm kam, daß sie eines Tages schwanger von ihm war. Damals nahm er sie zur zweiten Frau. Eine solche wurde in China die »kleine Frau« genannt, eine wenig ehrenwerte Bezeichnung. Von seiner ersten Frau hatte Hsiao, als er in Shanghai ankam, zwei Söhne und zwei Töchter und von seiner zweiten Frau zwei Töchter. Da unsere Familie selbst fünf Kinder hatte, gab das mit den sechs von Hsiao eine Gesamtzahl von elf Kindern, dazu kamen fünf Erwachsene, ein weiteres Dienstmädchen und die Frau von Hsiaos ältestem Sohn. Um eine so große Gemeinschaft unter einem Dach zu vereinigen, brauchte es viel Raum.

Nach langen, aufreibenden Bemühungen fand man endlich ein passendes Haus. Es war vollständig möbliert und gehörte einer Engländerin, einer Witwe, die es gern verkaufen und in ihre Heimat zurückkehren wollte. Das Gebäude bestand aus einem Erdgeschoß und zwei weiteren Stockwerken. Zwei Glastüren führten auf einen großen Garten, der hauptsächlich aus üppigen Rasenflächen bestand und nach außen durch einen Gitterzaun und ein Portal abgeschlossen war. Seitlich führte ein zementierter Weg zur Garage. Es gab also Platz genug für alle und einen gewissen Komfort. Die beiden Familien beschlossen einmütig den Kauf.

Da sein Freund Hsiao dick und kurzatmig war, überließ Wei Hi ihm großzügig das erste Stockwerk. Überdies befanden sich in dieser Etage je ein Zimmer für seine beiden Frauen, und deren Lage gestattete es Hsiao, bequem vom Zimmer der einen in das der anderen zu gelangen, wie es ihm gerade einfiel. Meine Familie sollte das zweite Stockwerk bewohnen. Uns standen dort wie unseren Freunden vier Zimmer zur Verfügung, eins für unsere Eltern, eins für die Großeltern, für den Fall, daß sie uns für einige Tage besuchen kamen, eins für meine jüngere Schwester und mich und schließlich eins für meinen älteren Bruder und die übrigen Kinder.

Die englische Witwe hatte einen Platz auf einem Schiff nach England gebucht. Wir waren übereingekommen, in zwei Etappen einzuziehen. Zunächst sollte nur meine Familie einziehen, während die Engländerin ihre Etage noch eine weitere Woche behielt. Erst nach ihrer Abreise sollte Hsiao mit seiner Familie einziehen.

Alles wäre vortrefflich abgelaufen, wenn die Engländerin nicht einen großen Hund als Begleiter gehabt hätte. Die Chinesen kennen die Sitte nicht, Hunde im Haus zu halten, und dieser machte auf uns sofort den denkbar schlechtesten Eindruck. Vergeblich erklärte uns seine Herrin, daß ihr Haushund das sanfteste Tier der Welt sei und man absolut nichts von ihm zu befürchten habe; wir waren dadurch nicht zu beruhigen. Vielleicht kam es deshalb so, wie es kommen mußte. Als mein Bruder beim Anblick des Hundes weglief, biß das Tier ihn in die Hand. Ching Son mußte sich einer Tollwutbehandlung mit siebzehn Impfungen unterziehen und litt Höllenqualen. Zwei Tage später wurde auch mein jüngerer Bruder Ching Tsen von dem Hund gebissen. Wieder siebzehn Impfungen. Es kam zu einer Aussprache zwischen meiner Mutter und der Engländerin.

»Gnädige Frau«, sagte sie zu ihr, »ich habe fünf Kinder. Ich werde nicht dulden, daß Ihr Hund eines nach dem anderen beißt. Seien Sie doch bitte so freundlich und unternehmen Sie etwas, damit dieses Tier aufhört, Schaden anzurichten.«

Die Dame war betrübt, und dies um so mehr, als sie, da sie ihren Hund nicht mitnehmen durfte, damit gerechnet hatte, ihn bei uns in Pension lassen zu können. Sie begriff, daß das nicht ging, und brachte das Tier anderswo unter. Aus jener Zeit stammt meine Aversion gegen Hunde, die sich nie mehr gelegt hat.

Sobald die Engländerin in ihre Heimat abgereist war, bezog Hsiao mit seiner Familie die erste Etage des Hauses, das uns nun gemeinsam gehörte. Leider aber brachte er mit seiner Familie deren besondere Atmosphäre ins Haus und zwang sie uns auf. Es fing schon damit an, daß Hsiaos zweite Frau sich darüber erboste, daß ihr Zimmer schlechter möbliert war als das ihrer älteren Schwester. Diese ältere, eine häßliche und einfache Frau, trug ihre Haare bereits in einem Großmutterknoten. Dennoch wollte es die Sitte, daß die erste Frau geehrt wurde, und aus diesem Grunde hatte Hsiao ihr das bessere von den beiden Zimmern gegeben. Die »kleine Frau« blieb jedoch hartnäckig und wollte sich damit absolut nicht abfinden. Das hatte zur Folge, daß wir in der ersten Nacht unter uns ein wahres Konzert streitender Stimmen, Schreie und Türenschlagen hörten. Die Hartnäckigkeit seiner zweiten Frau führte dazu, daß Hsiao schließlich vor Wut außer sich geriet und sie, nach den Schreien zu urteilen, windelweich schlug. Das war unsere erste gemeinsame Nacht in dem neuen Haus.

In den folgenden Tagen zeichnete sich immer deutlicher der gewalttätige und cholerische Charakter Hsiaos ab, wie er vor allem in seinem abscheulichen Benehmen seinen Frauen und seinen Kindern gegenüber zum Ausdruck kam. Schließlich mußten wir eines Tages mit ansehen, wie er seinen zwanzigjährigen Sohn, und dies in Gegenwart von dessen junger Frau, ohrfeigte, weil der Unglückliche etwas geäußert hatte, das Hsiao nicht gefiel. Bei uns flüchteten alle Kinder vor dem Despoten wie die Mäuse vor der Katze. Tsong Hai, unsere Mutter, der das nicht entging, erinnerte uns unablässig daran, daß Hsiao unseren Vater gerettet hatte und daß wir ohne ihn alle an den Bettelstab gekommen wären. Es sei unsere Pflicht, zu ihm, den sie »Onkel Hsiao« nannte, so nett zu sein wie möglich. Ich bemühte mich zwar darum, aber es fiel mir sehr schwer.

Im Grunde war Hsiao kein besonders bösartiger Mann. Er legte einfach nur das typische Verhalten des traditionellen chinesischen Hausvaters an den Tag, und es war für ihn ganz selbstverständlich, sich wie ein Tyrann zu gebärden. Um so mehr lernte ich, die Herzlichkeit, die das Klima innerhalb meiner Familie bestimmte, und die Sanftmütigkeit meines Vaters schätzen. Wei Hi bekam niemals Wutanfälle. Ob das nun mit seinen modernen Grundsätzen oder mit seinem Charakter zusammenhing, weiß ich nicht. Wenn ich ihn mit seinem Freund Hsiao verglich, dann wurde er mir jedenfalls noch teurer.

Als Wei Hi und Hsiao beschlossen hatten zusammenzuziehen, waren sie auch Geschäftspartner geworden. Sie hatten eine Import-Export-Firma gegründet. Sie importierten europäische Erzeugnisse, Stoffe, insbesondere Samt, und Tapeten aus Frankreich. Samtmuster hatten zur Verschönerung unserer Wohnung gedient, in der es auch ein Zimmer gab, dessen Wände mit französischer

Tapete beklebt waren. Die Gesellschaft besaß ein Lagerhaus in Shanghai und drei Privatwagen – zwei Fords und einen Buick –, die in der Garage des Hauses nebeneinanderstanden. Damit begann für uns nicht nur der Wohlstand, sondern sogar ein gewisser Luxus. Das war einem anderen Charakterzug Onkel Hsiaos zu verdanken, der nicht nur jähzornig war, sondern auch verschwenderisch und es liebte, Geld für alle Dinge auszugeben, die der Eitelkeit schmeichelten. Angeblich war dies ein Charaktermerkmal der Einwohner von Hang-Chou, der berühmten Stadt in der Nähe Shanghais, in der Hsiao geboren war. Die Leute von Hang-Chou waren somit das ganze Gegenteil der Einwohner von Chao-Chou, der Heimatstadt meiner Großeltern väterlicherseits, die der Verlust eines einzigen Pfennigs krank machte.

Wir hörten die Wagen sehr häufig aus der Garage fahren. Die beiden Geschäftspartner betrieben ihre Geschäfte mit großem Eifer. Sie arbeiteten verbissen, und ihr Geschäft verpflichtete sie, ein ganzes Netz von Beziehungen zu unterhalten, die besseren Restaurants von Shanghai zu besuchen und Leute einzuladen. Oft war das Haus von den Vorbereitungen und dem Lärm der Empfänge erfüllt. Hsiao hatte einen Koch, zwei Kindermädchen und einen Gärtner angestellt.

Tsong Hai, die nur ein Dienstmädchen hatte und der ihre fünf Kinder sehr viel Arbeit machten, wollte, daß ein zweites Mädchen eingestellt würde. Schließlich war ja der Lebensstandard im Hause in nie gekannter Weise gestiegen. Selbstverständlich stand meine Großmutter diesem Ausmaß an Luxus feindlich gegenüber, doch hatte sie, als meine Mutter auf ihrem Vorsatz beharrte, eine Idee: weshalb sollte man, statt ein Dienstmädchen zu engagieren, nicht gleich zwei kleine Mädchen in Chao-Chou kaufen?

Der Ort war bekannt dafür, daß dort die Ärmsten der Armen ihre Kinder zu verkaufen suchten. Am liebsten nahm man Kinder, die zu der Zeit, als sie gewaltsam von ihrer Familie getrennt wurden, acht oder neun Jahre alt waren. Man sagte ihnen niemals die Wahrheit, sondern nur, daß sie mit sehr netten Leuten eine Reise machen würden und ähnliche Unwahrheiten. Die Dressur der Mädchen begann sofort nach ihrem Eintreffen am Bestimmungsort, wobei es vordringlich darauf ankam, ihnen ihre kindlichen Neigungen auszutreiben und ihnen die Lust am Spielen abzugewöhnen. Sie sollten schleunigst erwachsen werden. Natürlich war ihr Los, so grausam es insgesamt war, unterschiedlich, weil eben nicht alle Menschen gleich sind. Wenn sie von anständigen Leuten gekauft wurden, war die Behandlung gut. Es kam sogar vor, daß die kleine Sklavin, wenn sie im heiratsfähigen Alter war, von ihrer

Herrschaft eine Aussteuer erhielt und mit Geschenken überhäuft wurde. Ebenso geschah es aber auch, daß solche Mädchen in schreckliche Verhältnisse gerieten, aus denen es keinen Ausweg gab. Weil wir darüber bereits einiges gehört hatten, stieß der Vorschlag unserer Großmutter bei uns auf Ablehnung. Für uns war das Kaufen von Kindern vor allem eine unmenschliche Tat. Zudem waren viele scheußliche Geschichten bekannt, so etwa auch die, daß ein Vetter meines Vaters, der ein neunjähriges Mädchen gekauft hatte, nicht davor zurückschreckte, sie einige Jahre später zu verführen. Die junge Dienerin wurde alsbald schwanger. Die Frau dieses Vetters, die vier Kinder hatte, wurde daraufhin von wütender Eifersucht gepackt. Aus Angst vor ihrem Gatten wagte sie es nicht, ihre »Rivalin« zu schlagen, hatte jedoch gleichwohl die Absicht, sie umzubringen. Es gelang ihr, ihre Kinder gegen die Unglückliche aufzubringen. Als die Gelegenheit sich bot, umzingelten sie die Dienerin in einem Zimmer des Hauses. Die Mutter hatte ihnen empfohlen, ihr Fußtritte in den Bauch zu versetzen. Sie entledigten sich dieser Aufgabe so gut, daß die Dienerin wenig später eine Fehlgeburt erlitt. Sie mußte sich hinlegen und verlor eine Menge Blut. Die Frau des Verführers brauchte sie nur noch sterben zu lassen.

Eine andere Dienstmädchengeschichte ist die von einem Freund meines Großvaters Tsou Hon, einem lüsternen Greis, der mehrere kleine Sklavinnen besaß und sich an die hübscheste von ihnen heranmachen wollte, als sie fünfzehn Jahre alt war. Im Gegensatz zu seiner Annahme, daß er leichtes Spiel haben würde, leistete sie verzweifelt Widerstand. Da er jeden Skandal vermeiden wollte, der die Aufmerksamkeit seiner Frau erregt hätte, beschloß er einfach, sich für die Verletzung seiner Eigenliebe zu rächen. An einem Wintertag, als schneidende Kälte herrschte, stürzte er sich auf die kleine Dienerin, riß ihr die Kleider vom Leib, stieß sie nackt auf den Balkon und schloß die Tür hinter ihr. Der Balkon befand sich im vierten Stockwerk. Da sie weder die Kälte noch die schändliche Situation ertragen konnte, stürzte sich die Dienerin herunter in den Tod.

Trotz dieser Beispiele und entgegen unserem Widerstreben mußten wir uns den Entscheidungen meiner Großmutter fügen. »Tausend gute Taten werden zunichte, wenn man seinen Eltern nicht gehorcht«, sagt ein chinesisches Sprichwort, und so fand sich mein Vater bereit, zwei kleine Mädchen zu kaufen. Ein Freund meiner Großmutter, der nach Chao-Chou reiste, wurde mit der Aufgabe betraut. Es war abgemacht, daß wir eines der beiden Mädchen nehmen sollten und meine Großmutter das andere.

Ich erwähnte schon, daß meine Großeltern väterlicherseits seit langer Zeit nicht mehr bei uns wohnten und mit ihrem schwachköpfigen Sohn Wei Hing zusammen lebten.

Eines schönen Tages also brachte man uns aus Chao-Chou zwei kleine Mädchen von etwa acht bis neun Jahren. Die eine, die wir zu uns nahmen, hieß So Phi; sie war sehr sanft und wurde wie ein eigenes Kind im Haus aufgenommen. Ganz anders verhielt es sich mit der zweiten, Wo Li, die meiner Großmutter zufiel. Um ihren Argwohn zu besänftigen, hatte man ihr gesagt, daß sie eine schöne Reise machen, Shanghai kennenlernen würde usw. Als sie merkte, daß sie mit einer zänkischen alten Frau allein blieb, die sie sofort an die Arbeit schickte, bekam Wo Li einen Wutanfall, so daß meine Großmutter, die weder verständnisvoll noch geduldig war, sie tüchtig zu verprügeln begann. Man kann sich die Verzweiflung des Kindes vorstellen. Als Tsong Hai, meine Mutter, davon erfuhr, war sie so bestürzt, daß sie ihrer Schwiegermutter sogleich einen Tausch vorschlug: sie würde die kleine »unerträgliche« Dienerin zu sich nehmen und die andere, So Phi, die sehr sanftmütig war, meiner Großmutter geben.

So kamen wir zu einem rebellischen Sklavenkind, das sich recht und schlecht daran gewöhnte, uns zu akzeptieren, weil meine Mutter sich bemühte, es nachsichtig zu behandeln, um es seine traurige Situation vergessen zu lassen. Unsere eigene gestaltete sich einigermaßen schwierig: Wo Li, die ein kleines Bauernmädchen war, beharrte darauf, barfuß in der Wohnung umherzulaufen. Da das Haus keine Zentralheizung hatte, war es recht kalt, so daß dem Mädchen ständig die Nase lief. Sie war aber nicht dazu zu bewegen, ein Taschentuch zu benutzen, sondern bediente sich ausschließlich ihres Ärmels. Dasselbe tat sie, wenn sie sich während der Mahlzeiten den Mund abwischte. Das hatte zur Folge, daß die Ärmel ihrer Baumwolljoppe, die zugleich als Serviette und als Taschentuch dienten, stets abscheulich aussahen, denn schließlich konnte man ihr nicht unentwegt die Kleider waschen. Bei meiner Großmutter wären diese Details überhaupt nicht ins Gewicht gefallen; sie hätte sich mühelos damit abgefunden. Wir hingegen, wir waren ja nun reiche Leute, »bessere Leute« geworden.

Den Anblick unserer kleinen Dienerin konnte man in der Tat niemandem zumuten. Es war unmöglich, ihr das begreiflich zu machen. Meine Mutter brachte es nicht über sich, grob mit ihr zu werden oder sie womöglich zu schlagen. Auch ich versuchte vergeblich, sie dazu zu bringen, sich die Nase mit dem Taschentuch zu putzen. Die bloße Vorstellung, daß sie Schuhe anziehen oder ihre Gräten, wenn sie Fisch aß, nicht mehr in die Gegend spukken sollte, war für sie eine solche Tortur, daß sie in Tränen ausbrach, selbst wenn man sie in der sanftesten Weise darum bat. Wo Li sagte immer wieder, daß sie nach Hause wolle, denn sie glaubte immer noch, daß sie die Reise nach Shanghai gemacht hätte, um »etwas Schönes zu erleben«. Wir haben ihr, was dies betrifft, niemals die Augen geöffnet, und niemand hat ihr je gesagt, daß sie verkauft worden war. Nach zehn Tagen verschwand sie. Meine Mutter ließ sie im ganzen Viertel in den Straßen und Gärten suchen. Ohne Erfolg. Wir haben nie erfahren, was aus ihr geworden und wohin sie mitten im Winter mit ihren bloßen Füßen gegangen ist. Obwohl sie bei meinen Großeltern leben mußte, hatte So Phi, ihre kleine Leidensgefährtin, mehr Glück. Tsong Hai hatte allerdings auch stets ein Auge auf sie und gab meiner Großmutter Geld für ihre Erziehung. Nach der täglichen Hausarbeit besuchte So Phi abends eine Schule und erhielt so eine gute Ausbildung. Einige Jahre später verließ sie meine Großmutter, um sich, ihrem eigenen Wunsch entsprechend, zu verheiraten. Sie zog nach Hongkong, bekam drei Kinder und eröffnete eine Werkstatt für perlenbesetzte Handtaschen, die immer noch gut geht.

Als sie ihre kleine Dienerin aus Chao-Chou verloren hatte, wollte Tsong Hai nichts mehr von gekauften kleinen Mädchen hören und stellte sofort eine erwachsene Shanghaierin ein. Nun hatte meine Mutter zwei Hausangestellte, die ihr halfen, und die Arbeit wurde ihr dadurch beträchtlich erleichtert.

Das Import-Export-Geschäft ging immer besser. Im Inneren des gemeinsamen Hauses jedoch konnte man sich nichts Unterschiedlicheres denken als Verhalten und Moral unserer beiden Familien. Hsiao liebte den Prunk und war von dem Gedanken ans Geld beherrscht. Wei Hi dagegen war zwar glücklich, alle Bedürfnisse der Seinen erfüllen zu können, zugleich aber doch in dieser Hinsicht zurückhaltend, da er der Meinung war, daß man um so bescheidener leben müsse, je mehr Geld man habe.

Mein Vater duldete bei seinen Kindern keinen Müßiggang. Obwohl die ganze Woche über die beiden Hausmädchen da waren, mußten wir uns jeden Sonntag am Hausputz beteiligen und die Parkettböden bohnern. Wei Hi half ebenfalls mit. So zeigte er sich den chinesischen Familientugenden gerade in der Zeit verbunden, wo Shanghai am meisten von allen Städten Chinas ausländischen Einflüssen ausgesetzt war. Die führenden Männer der Kuomintang nahmen damals gern die »returned students«, das heißt die jungen Leute auf, die von westlichen Universitäten, aus London, San Francisco oder Paris, zurückgekehrt waren und sich nun in ihren gutgeschnittenen westlichen Anzügen in den christlichen Kreisen des Y.M.C.A.* trafen und Tennis oder Kricket spielten. Die innere Krise Chinas hatte eine ganze Klasse von Neureichen hervorgebracht, deren Kinder sich von den anderen durch ihren Müßiggang und deren Töchter sich insbesondere durch übertrieben geschminkte Lippen von anderen unterschieden. Sie bildeten eine kleine Welt für sich, gingen abends aus, tanzten und tranken. In dem Augenblick also, wo die Chinesen am meisten angesteckt waren von westlichen Sitten, und zwar vor allem von den oberflächlichsten und den gemeinsten, führten einige wie Wei Hi in ihren Familien gewissermaßen als Antwort darauf ein Leben ein, das strenger und stärker auf die althergebrachte chinesische Moral zugeschnitten war.

Eine ihrer besten Ausdrucksformen findet diese Moral in den Schriften des weisen Mandarins Chu, der während der Dynastie der Sung lebte und dessen Maximen für mich das höchste Vorbild der Lebensführung verkörperten. Ich kannte eine große Zahl davon auswendig, denn mein Vater ließ sie uns oft hersagen. Im folgenden will ich einige davon vorstellen, und zwar deshalb, weil sie als Beispiel für unsere Verhaltensregeln im alltäglichen Leben und in den jahrhundertealten familiären Beziehungen galten und man deshalb annehmen darf, daß sie auch den westlichen Leser interessieren. Diese Maximen finden sich in dem Brief eines Vaters an seinen Sohn:

»Es ziemt sich, mein Sohn, daß Du jeden Morgen mit der Sonne aufstehst. Achte darauf, daß Dein Haus innen und außen gesäubert wird. Ehe Du Dich schlafen legst, mußt Du Dich versichern, daß die Türen gut verschlossen sind.«

»Laß Dich nicht zur Verschwendung hinreißen, denn es kostet Mühe, seinen Lebensunterhalt zu verdienen. Laß kein Reiskorn in Deinem Napf, verliere nicht ein einziges Seidenfädchen von Deiner Kleidung.«

»Sei in allen Dingen vorausschauend. Denke daran, Dein Dach zu decken, ehe der Regen vom Himmel fällt, und Deinen Brunnen zu graben, ehe Du Durst hast.«

»Ein sauberes Eßgeschirr aus Ton oder Porzellan ist mehr wert als ein schmutziges Eßgeschirr aus Gold oder Silber. Einfache und gut zubereitete Speisen sind einer üppigen Mahlzeit aus Schwalbennestern und Haifischflossen vorzuziehen.«

* Young Men's Christian Association (Christlicher Verein Junger Männer).

»Gehe nicht zu Kupplerinnen,* diesen Quellen aller Laster. Es ziemt sich nicht, Dienerinnen von großer Schönheit zu haben.** Ebenso ziemt es sich nicht, männliche Diener zu haben, die verführerisch sind.«***

»Die Frauen sollen sich nicht zu sehr schminken und bescheiden auftreten.«

»Man darf nicht die Opfergabe vergessen, die man Eltern und Vorfahren schuldet, selbst denen, die seit Generationen tot sind.«

»Noch das dümmste Kind sollte mit aller Gewalt zum Lernen angehalten werden.«

»Trinke keine alkoholischen Getränke. Nütze niemals andere aus. Steh den Armen bei. Ein Reichtum, der durch unanständige Mittel erworben worden ist, währt nicht lange.«

»So großzügig Du zu Armen und Freunden sein mußt, so kleinlich und sparsam mußt Du mit Dir selbst umgehen.«

»Höre niemals auf die Frau, die Schlechtes über Deine Eltern, Deinen Bruder oder Deine Schwester sagt, denn diese sind Teile von Dir wie Deine Arme und Beine.«

»Suche die Gattin Deines Sohnes nach ihren Qualitäten und nicht nach ihrer Aussteuer und ihren Reichtümern aus.«

»Es ist eine Schande, wenn man den Reichen die Stiefel leckt und an den Armen seine Füße abputzt.«

»Nutze niemals Deine Stellung aus, um eine Witwe oder eine Waise zu beleidigen.«+

»Töte nicht unnötig viele Tiere aus reiner Eßlust.«++

»Wenn Du etwas Gutes tust, so nicht zu dem Zweck, Dich damit zu brüsten. Die Wohltat jedoch, die Dir andere erweisen, vergiß niemals.«

»Es ziemt sich nicht, sich einer guten Tat zu rühmen, die man jemandem getan hat, denn dann ist es keine gute Tat mehr, sondern eine Tat der Eitelkeit. Die Taten aber, die man sich zu verbergen bemüht, sind Laster.«

»Siehst Du eine schöne Frau, so sei nicht begehrlich: Deine Frau und Deine Tochter könnten leicht ebenso begehrt werden.«

»Wenn Du studierst, so tu das nicht aus Ehrgeiz, um Geld zu

* Diese förderten vor allem den Ehebruch in den Städten und spielten auch bei der Ermordung lästiger Ehemänner eine Rolle.

** Sie würden rasch zu Geliebten werden.

*** In diesem Fall besteht Gefahr, daß die Hausherrin verführt wird.

\+ Da sie keinen männlichen Beschützer haben, verdienen Witwen und Waisen Respekt und Fürsorge.

++ Im Gegensatz zu den Chows, die es gemäß buddhistischer Sitte vermieden, Tiere selbst zu töten oder bei sich im Haus töten zu lassen, schlachteten die Hsiaos jeden Tag Hühner.

verdienen, sondern aus dem Antrieb, ein Weiser und ein Heiliger zu werden. Der Mandarin soll dem Staate dienen.«

Der Gegensatz zwischen meinem Vater Wei Hi und seinem Freund Hsiao rührte im wesentlichen von ihrer unterschiedlichen Erziehung her. Man könnte geradezu sagen, daß Hsiao dem verhaftet blieb, was an der chinesischen Lebensweise weniger gut war. Es gab in der damaligen Zeit in China zwei Arten von Schulen, in denen die Kinder nach zwei verschiedenen Unterrichtsprinzipien erzogen wurden. Die Oberschule, die mein Vater zunächst besucht hatte, war jeglichem westlichen Einfluß verschlossen gewesen. Später hatte er jedoch auch den anderen Schultyp kennengelernt: die protestantische amerikanische Universität von Shanghai, eine der zahlreichen Einrichtungen, die von Missionaren ins Leben gerufen worden waren. Dort kam er dann mit den Sprachen, den Büchern und der Denkweise des Westens in Berührung.

Mein Vater kleidete sich stets europäisch. In Shanghai herrschte ein Gemisch von europäischer und asiatischer Mode, wie ja auf den Straßen auch die großen amerikanischen Wagen der von einem Mann gezogenen Rikscha oder den modernen Fahrradrikschas begegnen mochten. Bei festlichen Diners in den bedeutenden Restaurants, wie dem des Parkhotels, das, gegenüber dem Rennplatz gelegen, mit seinen vierundzwanzig Stockwerken das höchste Gebäude Shanghais war, kleideten die Chinesen sich nach europäischer Manier. In den chinesischen Schulen trugen die Kinder noch die Nationalkleidung, Hose und langes, geschlitztes Gewand, während ich wie ein europäisches kleines Mädchen gekleidet war. Zu Hause trug ich allerdings Hose und Hemd, die zum Spielen im Freien besser geeignet waren.

Unser Freund Hsiao dagegen war immer noch chinesisch gekleidet, das heißt, er trug jenen klassischen Anzug, der von Frauen und Männern gleichermaßen getragen wurde. Ich will nicht sagen, daß Hsiao chinesischer war als mein Vater, sondern nur, daß er infolge seiner mangelnden Bildung – er hatte die Oberschule vorzeitig verlassen müssen – Veränderungen gegenüber weniger aufgeschlossen war. Von der chinesischen Erziehung hatte er nur das Elementarste und das Gröbste bewahrt. Sosehr mein Vater den alten Prinzipien verhaftet war, so herzlich und liberal war er jedoch im Umgang mit seinen Kindern. Er hatte in diesem Punkt etwas Amerikanisches. Er spielte mit uns und ging mit uns aus, er war uns niemals böse und verstand sich darauf, familiäre Wärme und Herzlichkeit zu verbreiten. Hsiao dagegen, der seine Kinder schlug, verbrachte lange Zeit mit seinen Freunden beim

Mah-Jongg-Spiel. Sein ältester Sohn, der große Angst vor ihm hatte, nutzte diese Gelegenheit, um auszugehen und in den Tanzbars zu trinken, und zwar nicht etwa mit seiner Frau, sondern mit Animiermädchen. Mein Vater hätte niemals vor seinen Kindern Mah-Jongg gespielt, aus Angst, daß sie Geschmack am Spiel finden könnten. So sanft und nachsichtig er mit uns war, seinem Vater gegenüber war er der Gehorsam selbst.

Die traurige Geschichte von der zweiten Heirat meines Onkels Wei Hing zeigt sehr gut, daß ungeachtet der hohen Gesinnung, die aus den alten Prinzipien spricht, die alten Bräuche oft beklagenswerte Folgen hatten. Wenn eine Witwe ein zweites Mal heiratete, so galt das, wie wir bereits gesehen haben, in China als Verbrechen. Für einen Mann in derselben Situation hingegen war das gewissermaßen eine Verpflichtung. Wei Hing war bereits seit zwei Jahren Witwer, als sein Vater Tsou Hon beschloß, daß es an der Zeit sei, diesen Sohn, der für Frauen in Wahrheit nicht das geringste übrig hatte, erneut zu verheiraten. Was meine Großmutter betrifft, so hatte sie etwas mitbekommen von den Familiengerüchten, die nach dem Tod meiner Tante im Umlauf waren und die sie bezichtigten, durch ihre Hartherzigkeit nicht unwesentlich zum frühen Tod ihrer Schwiegertochter beigetragen zu haben. Deshalb wollte sie nicht im Haushalt ihres Sohnes leben, sondern jetzt mit ihrem Mann Tsou Hon für sich bleiben. Zunächst galt es aber, für Wei Hing einen Beruf und eine Unterkunft zu finden.

Tsou Hon zerbrach sich den Kopf darüber, welchen Beruf dieser Mann ohne Bildung, der in seinem Leben nie etwas gearbeitet hatte, wohl ergreifen könnte. Den Krämerladen zu übernehmen war zu schwierig für ihn. Für den Opiumhandel mußte man gewitzter sein als Wei Hing. Es war nur natürlich, daß mein Großvater schließlich auf einen Beruf verfiel, der in seiner Heimatstadt Chao-Chou sehr verbreitet war, nämlich den des Pfandleihers. Dazu brauchte man nur ein kleines Gebäude (Tsou Hon würde die Mittel dafür vorstrecken) und einen intelligenten Angestellten, der Wei Hing zur Seite stand. Wenn seine zukünftige Frau obendrein auch nur ein kleines bißchen Verstand besaß, konnte überhaupt nichts schiefgehen.

Die damalige Situation in China kam der Ausübung eines solchen Geschäfts besonders entgegen: die ständige Unsicherheit und die unbeschreibliche Armut der meisten Menschen bildeten dafür einen fruchtbaren Boden. Mein Großvater fand ein sehr bescheidenes Haus, das aus einem Erdgeschoß bestand, wo man die Kunden empfangen konnte, und aus einem Obergeschoß, worin das zukünftige Ehepaar wohnen sollte. Alles wurde möbliert und eingerichtet. Es fehlte nur noch die Frau. Da mein Großvater ebenso unfähig war, eine zu finden, wie mein Onkel, bediente man sich einer berufsmäßigen Heiratsvermittlerin, die in Chao-Chou bestens bekannt gewesen war: Tante Ma, die aus Kanton stammte und nun in Shanghai lebte. Das war eine schreckliche Alte, die von den Pocken, an denen sie während ihrer Kindheit erkrankt war, ein zernarbtes Gesicht zurückbehalten hatte und so häßlich geworden war, daß kein Zweifel daran bestand, daß sie selbst sich niemals würde verheiraten können. Sie hatte es deshalb wohl zu ihrem Beruf gemacht, andere zu verheiraten.

Tante Ma konnte Wei Hing keine große Auswahl bieten. Sie brauchte jedoch nur einen einzigen Namen auszusprechen, und Tsou Hon war sofort und voller Begeisterung einverstanden. Es handelte sich in der Tat um einen Glücksfall: ein achtzehnjähriges Mädchen, das damals bei den Cheng, einer der reichsten Familien Shanghais, lebte. Tante Ma schlug dieses junge Mädchen als mögliche »Verlobte« für Wei Hing vor, weil diese sich als jüngere Schwester in einer besonderen Familiensituation befand. Ihre ältere Schwester hatte einen der vier Cheng-Söhne geheiratet und die jüngere, da die Eltern nicht mehr lebten, bei sich aufgenommen. Zwar hatte sie ihr eine hervorragende Erziehung in den besten Schulen ermöglicht, dennoch aber war es quälend für die jüngere, anderen zur Last zu fallen. Sie betrachtete ihre Lage als erniedrigend, und nur eine Heirat konnte sie daraus befreien. Außerdem, fügte Tante Ma hinzu, sei sie ein hübsches Mädchen.

Eine Heiratsvermittlerin ging immer auf dieselbe Weise vor, so auch Tante Ma: zuerst machte sie dem, der sich an sie gewandt hatte, in diesem Falle meinem Großvater, ihren Vorschlag. Dann unterrichtete sie die andere Partei, die Betroffene oder ihre Familie, von der Heiratsmöglichkeit. Tante Ma ging also zur Familie Cheng und bat die ältere Schwester des jungen Mädchens, an das sie gedacht hatte, um ein Gespräch. Ein überaus günstiger und zweifellos entscheidender Umstand war, daß der Gatte dieser älteren Schwester – einer der vier Cheng-Söhne – meinen Vater kannte, weil beide dieselbe Universität besucht hatten. Die Heiratsvermittlerin hatte der älteren Schwester, wie üblich, ein Foto des Bewerbers, unseres Onkels Wei Hing, vorgelegt. Auf diesem Foto war auch Wei Hi, mein Vater, zu sehen, den der Cheng-Sohn wiedererkannte. Wie jede Heiratsvermittlerin, die etwas auf sich hält, versäumte Tante Ma nicht, soviel zu lügen, wie nötig war, und alles zu verschweigen, was besser nicht gesagt wurde. Selbstverständlich fügte sie nicht ausdrücklich hinzu, daß Wei Hing ohne Schulbildung, etwas schwachsinnig und ziemlich weibisch war. Da man wußte, daß sein Bruder Wei Hi an der amerikanischen Universität mit glänzendem Erfolg studiert hatte, dachte man, daß es sich mit dem jüngeren genauso verhielte.

Die Ältere gab daher ihre Einwilligung zur Verheiratung ihrer Schwester mit Wei Hing. Ihr Gatte wurde verständigt, und er lud, glücklich über die Gelegenheit, seinen Studienkameraden wiederzusehen und dessen Familie kennenzulernen, meinen Vater und meine Mutter zum Abendessen ein. Auch meinen Bruder Ching Son und mich nahm mein Vater Wei Hi mit. Wir saßen alle um einen Tisch herum. Das Haus war mit erlesenem Geschmack eingerichtet und von einem üppigen Garten umgeben. Die Inneneinrichtung, halb chinesisch, halb europäisch, war das Schönste, was wir bis dahin gesehen hatten. Neben unserer Gastgeberin saß ihre junge Schwester, unsere zukünftige Tante. Unter dem Einfluß seines Schwagers hatte dieses junge Mädchen in seinem eleganten westlichen Kleid jene europäischen Sitten angenommen, die auf eine Erziehung schließen ließen, wie sie den Reichen vorbehalten war. Wir saßen noch bei Tisch, als wir alle, ohne daß die einzelnen Familienmitglieder sich untereinander abgesprochen hatten, denselben Gedanken hegten: wie sollte ein junges Mädchen von solchem Format ein Leben mit einem Tölpel wie Wei Hing ertragen, in dieser winzigen Pfandleihe und der ärmlichen Behausung im ersten Stockwerk, wo sie wohnen sollten? Eine derartige Eheschließung war undenkbar. Am nächsten Morgen gingen Wei Hi und Tsong Hai zu Tsou Hon, um ihm zu erklären, weshalb daran nicht zu denken sei. Mein Großvater, in dessen Kopf so etwas nicht hineinging, hob die Arme gen Himmel.

»Habe ich ihm nicht ein Geschäft gekauft? Habe ich ihm nicht das Haus eingerichtet? Sicher, Wei Hing ist nicht sehr intelligent, aber er ist anständig. Er wird ein treuer Ehemann und eine gute Partie für dies junge Mädchen sein. Sie wird alles bekommen, was sie braucht ... Es wird ihr an nichts fehlen ... «

Tsou Hons Horizont reichte offensichtlich nicht über seine Nasenspitze hinaus, und es war vollkommen sinnlos, mit ihm zu diskutieren. Die arme kleine Cheng-Schwägerin war also dazu verurteilt, den Idioten zu heiraten. Wie es der Brauch vorsah, war nicht mehr zu tun, als entsprechend den Geburtsdaten und der Konstellation der Gestirne einen günstigen Tag für die Hochzeit auszusuchen. Man konsultierte einen Spezialisten. Die Hochzeit sollte im engeren Familienkreis in der Pfandleihe stattfinden.

Man trug das Datum in ein Register ein, wie es damals in China üblich war, ohne daß dazu irgendein Beamter nötig gewesen wäre. Meine junge Tante lächelte kaum und schaute sich bestürzt in dem düsteren Laden um, der ihr Schicksal besiegelte und der dem Haus, das sie nun verließ, so wenig ähnelte. Wie jede junge Chinesin jener Zeit war sie jedoch absolut schicksalsergeben. Der Brauch wollte es, daß die Jungverheirateten am dritten Tag nach der Hochzeit von der Familie der Ehefrau zum Abendessen eingeladen wurden. Onkel Wei Hing hatte nun so viel vom Luxus des Hauses der Cheng reden hören, daß er es nicht wagte, allein mit seiner neuen Gattin dorthin zu gehen. Er nahm sich also einen Vetter als Begleiter mit, der jünger als er und unverheiratet war. Das Abendessen begann mit einem ausgedehnten Schweigen, da Wei Hing unfähig war, den Mund aufzumachen. Es war noch nicht zu Ende, als mein Onkel plötzlich einen derartigen Angstanfall bekam, daß er ein Unwohlsein vorschützte, um dann schlicht und einfach zu verschwinden. Seine unglückliche junge Frau ließ er ebenso wie den Vetter in dieser schmachvollen Situation zurück.

Von ihrem Vetter begleitet, kam meine junge Tante gleich am anderen Morgen zu uns, um sich bitter zu beklagen. Meine Mutter hörte sich geduldig ihre Beschwerden an. Wie vorauszusehen gewesen war, zeigte diese Verbindung bereits alle Anzeichen einer Katastrophe. Wei Hing schlief seit der Hochzeit im Erdgeschoß hinter dem Zahltisch. Er war bislang nicht ein einziges Mal ins obere Stockwerk hinaufgegangen, wo seine Frau schlief. Fand er sie zu jung und zu schön und wagte er es deshalb nicht, sich ihr zu nähern? Sollte alles wieder genauso verlaufen wie mit seiner ersten Frau? Meine Mutter hatte Onkel Wei Hing immerhin einige praktische Ratschläge erteilt, denn der Unglückliche wußte, obwohl er schon einmal verheiratet gewesen war, nicht einmal, wie man eine Frau küßt. Ihre Ratschläge fruchteten jedoch nichts, und so konnte Tsong Hai nur versuchen, dieser neuen Ehefrau Trost zu spenden.

Es dauerte nicht lange, und die junge Frau wurde krank. Sie ging wiederholt zum Arzt, aber stets allein. Sie hatte nur noch einen einzigen Freund, einen einzigen Mann, der sich für sie interessierte: es war der junge Vetter, der ihr überallhin folgte. Sie verliebten sich schließlich ineinander, und ihrer Umgebung blieb das nicht verborgen. Es kam zu einem Skandal, der sich durch den Klatsch noch zuspitzte. Heftige Familienstreitigkeiten waren die Folge, und zwar insbesondere zwischen meinem Großvater und meiner Großmutter, wobei letztere Tsou Hon mit Vorwürfen überhäufte.

»Ich wußte gleich, daß das eine schlechte Ehe werden würde! Man hätte Wei Hing eine Frau vom Land geben müssen. Eine Bäuerin! Mit diesen gebildeten Mädchen hat man immer nur Schwierigkeiten! Ein schlichtes Bauernmädchen dagegen wird durchaus Fünfe gerade sein lassen.«

Für meine junge Tante wurde die Atmosphäre erstickend. Wei Hing, der vielleicht weniger dumm war, als man dachte, hatte bemerkt, was zwischen seiner Frau und dem jungen Vetter vorging, und sagte zu jedem, der es hören wollte: »Ich will keinen grünen Hut tragen!«, was auf chinesisch genausoviel besagte wie: »Ich will keine Hörner aufgesetzt bekommen.« Meine Tante forderte schließlich den Vetter auf fortzugehen, da der Ehebruch damals als ein schweres Vergehen galt, das beide teuer hätte zu stehen kommen können. Dadurch aber verschlimmerte sich ihr Gesundheitszustand in bedenklichem Maß.

Sie sah ihren Vetter noch ein letztes Mal. An jenem Tage waren sie getrennt zu uns gekommen, um nicht aufzufallen, und hatten mich auf einen Spaziergang mitgenommen. Ich war so etwas wie ihr Anstandswauwau. Ein seltsamer Spaziergang zweier Liebender war das, der letzte, den sie zusammen unternehmen sollten. Ich marschierte zwischen ihnen in den Park, sie hielten mich an der Hand und sprachen nicht miteinander. Ihr strömten die Tränen aus den Augen. Dann fing auch er zu weinen an. Da ich nicht wußte, was ich tun sollte, entfernte ich mich einen Augenblick und tat so, als wollte ich spielen, um sie allein zu lassen. Der junge Vetter brach nach Chao-Chou auf, und wir sahen ihn niemals wieder. Meine Tante wurde sehr krank, lehnte es dieses Mal jedoch ab, sich behandeln zu lassen. Es dauerte zwei Monate, bis sie starb.

Ich war damals elf Jahre alt und konnte nicht wissen, daß ich in weniger als zwei Jahren selbst die Spielregeln dieser widernatürlichen Einrichtung in ihrer ganzen Grausamkeit kennenlernen und – mitten im 20. Jahrhundert – eine Ehefrau ohne Rechte sein würde, die statt dessen mit Pflichten überhäuft war, ohne die Möglichkeit zur Auflehnung oder zu einer winzigen freizügigen Geste zu haben. Meine Großeltern waren zweifellos für das Schicksal meiner zweiten Tante verantwortlich, und dabei waren sie keineswegs durch und durch böse Menschen. Meine Großmutter war trotz ihrer eingefleischten Habgier zu einer großzügigen Geste und einer gewissen Anteilnahme fähig. Doch in dieser Welt hatte das Herz keinen Platz, und die Vorstellung, daß bei einem Vorgang wie der Heirat auch Gefühle zu berücksichtigen sind, wäre niemandem in den Sinn gekommen. Als meine junge Tante starb, war meine Mutter sehr traurig und sagte zu ihrer Schwiegermutter: »Ist es nicht ein Jammer, daß ein so schönes Mädchen in der Blüte ihrer Jugend gestorben ist?«

»Du solltest lieber sagen, daß sie wirklich Glück gehabt hat, in Shanghai an einer Krankheit zu sterben«, sagte meine Großmutter. »In Chao-Chou wäre sie im Feuer gestorben.«

Das waren keine leeren Worte. Tatsächlich wurde in Chao-Chou eine Ehefrau, die des Ehebruchs überführt war, in eine Hütte gesperrt, die man anzündete und worin sie lebend verbrannte. Das mag unglaubwürdig klingen, und dennoch wurde diese Maßnahme noch praktiziert, und niemand kam darauf, in einer Strafe, die ganz natürlich schien, irgend etwas Unmenschliches zu sehen.

6. Kapitel

Ich bereite mich auf das Konservatorium vor / Mein Vater macht Ching Son Vorwürfe, weil er sich seltsam benimmt / Eine Schulkameradin erzählt mir von der Verhaftung ihres Bruders / Was ist ein heimlicher Revolutionär? Ching Son vertraut mir sein Geheimnis an / Zum erstenmal erwähnt mir gegenüber jemand den Namen Mao Tse-tungs.

In der Oberstufe meiner Schule, in die ich mit zehn Jahren eintrat, nahmen zwei Fächer, Englisch und Musik, vor allem aber die Musik, innerhalb meines Lehrprogramms einen besonderen Platz ein. Am Klavier machte ich sehr große Fortschritte. Und welches Fieber überkam mich, als ich mich in der Zahl der Auserwählten sah, die zum Vorspielen beim jährlich stattfindenden Schulkonzert bestimmt waren! Kann man das erste Stück vergessen, das man in der Öffentlichkeit gespielt hat? Es handelte sich um Glinkas* »Lerche«, die ich allein auf der Bühne vorspielen sollte, wie jenes schöne junge Mädchen, das ich unter denselben Scheinwerfern mit großer Verwunderung hatte spielen sehen. Wenn ich sage, daß ich bewegt war, so ist das eine dürftige Beschreibung meiner Empfindungen. Schließlich spielte ich jedoch mein Stück bis zum Ende durch und wurde mit Beifall und Anerkennung belohnt.

Wenige Tage nach dem Konzert wurden meine Eltern von der Direktorin in die Schule bestellt. In Gegenwart meiner Klavierlehrerin sagte sie zu ihnen: »Sie haben ein Kind, das wirklich musikalisch begabt ist. Man muß sie unbedingt schon jetzt in diese Richtung lenken.«

Zu jener Zeit mußte man sechs Jahre Oberschule hinter sich haben, ehe man sich in der Universität einschrieb, während man, um aufs Konservatorium zu gehen, nur drei Jahre brauchte. Die Direktorin war der Meinung, daß ich zwar aufs Konservatorium gehörte, daß ich fürs erste jedoch nur die Klavierlehrerin wechseln sollte. Natürlich gab es auch auf meiner Schule ausgezeichnete Klavierlehrerinnen. Doch sie erteilten Musikunterricht mehr als Liebhaberei, während man für mich eine berufliche Beschäftigung mit der Musik ins Auge fassen sollte und es deshalb einer Schulung auf dem Konservatorium bedurfte.

Mit einer Empfehlung der Direktorin und in Begleitung meiner kleinen Schwester Ching Lin fuhr ich am nächsten Tag mit dem Autobus zum Konservatorium, das sich am Stadtrand befand. Dort wurde ich von Fräulein Ling, meiner künftigen Lehrerin,

* Russischer Komponist des 19. Jahrhunderts.

empfangen. Sie stellte weit höhere Ansprüche als meine Lehrerin an der Oberschule und brachte es bald soweit, daß ich kräftigere Finger und eine gute pianistische Technik bekam. Das Honorar für die Stunden war ebenfalls weit höher als das der Oberschule, und in den Augen meiner Mutter bedeutete das eine regelrechte Verschwendung. Sie äußerte offen ihren Widerspruch, und da sie es nicht wagte, das Ganze einfach abzubrechen, entschied sie schließlich, daß zumindest meine kleine Schwester keine Stunden mehr nehmen sollte: es würde genügen, wenn ich ihr das weitergab, was ich bei Fräulein Ling lernte, und man würde auf diese Weise für den Preis einer einzigen in den Genuß zweier Unterrichtsstunden kommen. Das wurde dann, sehr zum Schaden meiner Schwester, der ich ganz offensichtlich keinen so guten Klavierunterricht erteilen konnte, wie ich ihn erhielt, tatsächlich gemacht. Als Fräulein Ling davon erfuhr, tat es ihr für Ching Lin leid. Sie beschloß, daß sie weitermachen sollte, und verlangte für zwei Unterrichtsstunden nur das Honorar einer einzigen. Fräulein Ling gewann damit in den Augen meiner Mutter gewaltig an Ansehen.

Während ich mich meinem elften Geburtstag näherte, war mein Bruder Ching Son fast siebzehn Jahre alt. Er war mittlerweile ein hübscher Junge geworden, hochgewachsen und sportlich, ein guter Fußballspieler, der kurz zuvor in die juristische Fakultät der Universität eingetreten war. Er entzog mir deswegen keineswegs seine Aufmerksamkeit, und wenn ich ihn von jeher meinen Brüdern und Schwestern vorgezogen hatte, so betrachtete ich ihn jetzt auch als meinen zweiten Vater und meinen Beschützer. Das erklärt, weshalb das Geheimnis, das er mir in diesem Jahr 1947 mitteilte, mich so bestürzte.

Eines Abends nach dem Abendessen forderte mein Vater Tsong Hai und die Kinder auf, den Salon zu verlassen. Er wollte mit seinem ältesten Sohn allein bleiben, weil er mit ihm zu reden hatte. Alle verließen das Zimmer und gingen mit meiner Mutter nach unten. Ich entfernte mich als einzige nicht. Ein Gefühl der Besorgnis und auch Neugierde brachten mich dazu, durchs Schlüsselloch zu spähen. Wei Hi hatte seinen Sohn aufgefordert zu bleiben, weil er ihm Vorwürfe machen wollte. Sein Respekt vor den Kindern gebot jedoch, daß diese Aussprache ohne Zeugen stattfand. Ching Son stand, und sein Vater saß auf dem Sofa. Da das Sofa in der Nähe der Tür stand, hörte ich alles.

»Ich habe mir gerade deine Trimesternoten von der Universität angesehen«, sagte mein Vater mit ernster Stimme. »Sie sind sehr schlecht. Außerdem ist dein Verhalten in letzter Zeit sonderbar. Ich will dir also zwei Fragen stellen. Weshalb arbeitest du nicht zufriedenstellend? Weshalb kommst du abends so spät heim? Ich weiß, daß du Fußball spielen gehst. Aber doch wohl nicht in der Nacht, nehme ich an?«

Mein Bruder war verlegen und antwortete nicht. Wei Hi wiederholte seine beiden Fragen vergeblich. Daraufhin erhob er ärgerlich die Stimme: »Hast du vor, mir nicht zu antworten?«

Ich hatte niemals erlebt, daß mein Vater eines seiner Kinder geschlagen oder ihm gegenüber auch nur die Stimme erhoben hatte, und nun sah ich sein Gesicht rot vor Zorn und Ching Son erbleichen. Da es mir unerträglich war, meinen Bruder unglücklich zu sehen, begann ich hinter der Tür leise zu weinen, hielt dabei aber weiter das Auge ans Schlüsselloch gepreßt. Und da Wei Hi fortfuhr zu fragen und sein Sohn sich hartnäckig weigerte zu antworten, begann ich schließlich zu schluchzen. Mein Vater spitzte die Ohren, öffnete die Tür und erblickte mich.

»Was machst du denn da, Mi Mi?«

Ich stellte mich an die Seite meines Bruders, als wollte ich ihn in Schutz nehmen, und wagte, meinem Vater zu erwidern: »Du bist böse zu meinem Bruder!«

»Ich bin nicht böse zu deinem Bruder. Und außerdem geht dich das nichts an.«

»Es geht mich wohl etwas an! Ich liebe Ching Son.«

Ich spürte, daß mein Vater entwaffnet war. Dank meiner Indiskretion war das Verhör Ching Sons unterbrochen worden, und ich war mit diesem Ergebnis höchst zufrieden. Wei Hi wandte sich dennoch ein letztes Mal an seinen Sohn und sagte ihm abschließend mit ruhiger, aber strenger Stimme: »Ich verlange, daß du zu normalen Zeiten nach Hause kommst. Ich hoffe außerdem, daß du nun anfängst, besser zu arbeiten.«

Aber Ching Son arbeitete im zweiten Trimester noch schlechter als im ersten, so daß die Fakultät schließlich eine Strafmaßnahme ergriff und ihm für ein Trimester die Teilnahme an den Kursen untersagte.

Mein Vater war niedergeschmettert, Ching Son verlegen, aber sehr ruhig. Ich hingegen konnte infolge der hohen Vorstellung, die ich von der Intelligenz meines Bruders hatte, eine solche Strafmaßnahme schlechthin nicht begreifen. Jedesmal, wenn mein Vater ihm Vorwürfe machte, mußte ich weinen. Am meisten quälte mich jedoch, daß diese Vorwürfe berechtigt waren und daß ich meinen Bruder, der für mich ein Held war, aus der Universität ausgeschlossen sah. Irgend etwas an seinem Verhalten blieb mir rätselhaft. Ching Son merkte das wohl. Eines Tages unternahm er den Versuch, mit mir zu sprechen.

»Weine nicht, Schwesterchen. Dein Bruder wird niemals ein Strolch werden. Im Gegenteil, ich bin dabei, den Weg des chinesischen Geistes zu gehen und zum Wohl des Volkes und des Staates zu arbeiten. Ich werde das Ansehen unserer Familie niemals beschmutzen. Du kannst Vertrauen zu mir haben ... «

Obwohl seine Worte ehrlich klangen, konnte ich sie nicht begreifen. Ich wußte allerdings vage, daß die Gesellschaft in jener Zeit (unter der Regierung Chiang Kai-sheks) durch und durch korrupt war. Die jungen Leute gaben sich allen Vergnügungen hin, die im Westen Mode waren und mit denen sich die »fremden Teufel« unterhielten, und in Shanghai waren Zechgelage, Schlägereien und Mordfälle an der Tagesordnung. Das beunruhigte meinen Vater und beunruhigte auch mich. Deshalb waren Ching Sons Worte kein Trost für mich.

»Wenn du zum Wohl des Staates arbeitest, weshalb wirst du dann von der Fakultät bestraft?«

»Du bist noch zu jung, um das zu begreifen. Wenn du größer bist, sage ich dir alles.«

Drei Monate später kehrte Ching Son zur Universität zurück. An seinem Verhalten änderte sich ganz offensichtlich nichts. Ich fand ihn immer noch sonderbar und verschlossen. Da ich trotz allem Vertrauen zu ihm hatte, hörte ich schließlich auf, ihn mit Fragen zu behelligen. Eines Tages traf ich dann in der Mac Intyre School, die ich weiter besuchte, eine kleine Schulkameradin, deren Miene von einem so tiefen Kummer zeugte, daß ich nicht eher von ihr abließ, bis sie mir den Grund ihrer Qual genannt hatte.

»Mein Bruder«, sagte sie, »ist von Chiang Kai-sheks Polizei verhaftet worden. Wir wissen seit einer Woche nicht, wo er ist. Man wird ihn sicher foltern ... «

Und meine Freundin schilderte mir eindringlich, was sie gehört hatte, nämlich, daß man Leute auf der Straße oder zu Hause verhaftete, sie an einem Stuhl festband und ihnen mit Zangen die Fingernägel ausriß.

»Aber weshalb ist er denn verhaftet worden?« fragte ich sie. »Weshalb wird man ihn foltern?«

»Weil er ein heimlicher Revolutionär ist.«

Als sie diese Worte, deren Sinn ich nicht völlig begriff, aussprach, durchfuhr mich ein eisiger Schreck, und ich begann zu zittern. Ich dachte sogleich, daß womöglich auch mein Bruder ein »heimlicher Revolutionär« sei, denn ich erinnerte mich an seine geheimnisvollen Worte: »Was ich tue, ist zum Wohl des Volkes und des Staates ...« Ich schwitzte vor Angst. Ich hatte viele Gespräche mit angehört, in denen von allen möglichen Gewalttaten die Rede war. Wenn mein Bruder in diese Dinge verwickelt war, konnte auch er verhaftet und gefoltert werden. Aber war das überhaupt der Fall? Ich mußte unbedingt Klarheit haben.

Ich zählte die Stunden bis zum Abend, und als die Dunkelheit hereinbrach, war mein Bruder immer noch nicht zurückgekehrt. Ich setzte mich auf die Treppenstufen vor der Tür und beobachtete, von düsteren Ahnungen bewegt, das Portal am anderen Ende des Gartens. Ich spürte, daß ich die zweite große Leidenszeit meines Lebens nach derjenigen, die auf die Abreise meines Vaters nach Chungking gefolgt war, vor mir hatte. Jemanden zu lieben, das hieß, daß man zum Leid verurteilt war. Als die Abenddämmerung den Horizont rötlich färbte, überkamen mich wieder die Tränen, denn ich erkannte die rote Sonne meines Kummers wieder, die ich damals hatte untergehen sehen, als die Abwesenheit meines Vaters mir jede Lebenslust geraubt hatte. Die Nacht kam, ich bat Gott, meinen Bruder zu beschützen. Es wurde kühl, doch ich wollte noch warten und das Portal nicht aus den Augen lassen.

Endlich kam er, mit den Büchern unter dem Arm und mit seinem marineblauen Pullover, auf den sein Hemdkragen herabfiel. Er war schön und stark. Ich lief auf ihn zu und vergoß dabei Freudentränen, so sehr hatte mich das Bild seiner Verhaftung geplagt.

Man kann sich vorstellen, daß mein Bruder höchst überrascht war, mich in so einem Zustand zu sehen.

»Was hast du denn, Schwesterlein? Weshalb weinst du?«

Er legte seine Hand auf meinen Nacken, wie er es seit meiner frühen Kindheit immer getan hatte, solange ich denken kann. Ich umklammerte seine Hand mit aller Kraft, als wollte ich verhindern, daß man mir meinen Bruder wegnahm. Ich hatte einen Tag der Furcht erlebt und konnte nun nicht mehr aufhören zu schluchzen. Ich zog Ching Son in mein Zimmer und verschloß sorgfältig die Tür. Als ich mich schließlich beruhigt hatte, stellte ich meinem Bruder mit leiser Stimme, damit niemand von den Kindern oder den Dienstboten mich hören konnte, die Frage, die mich seit Stunden quälte.

»Bist du ein ›heimlicher Revolutionär‹?«

Ching Son schaute mich fassungslos an.

»Was erzählst du da? Wie kommst du darauf?«

Ich blieb hartnäckig und ließ nicht locker. Ich flehte ihn an, mir die Wahrheit zu sagen.

»Wenn du mich liebst, mußt du mir alles sagen... Ich kann es nicht mehr ertragen, nicht zu wissen, was du tust. Ich ängstige mich zu sehr!...«

Ching Son wurde ernst.

»Schwesterchen, ich werde dir etwas anvertrauen. Aber du mußt mir versprechen, daß das ein Geheimnis zwischen uns bleibt, denn ich will unsere Eltern nicht beunruhigen. Kannst du mir schwören, dieses Geheimnis für dich zu behalten?«

»Ich schwöre es!«

»Also, dann hör jetzt erst einmal auf zu weinen.«

Das tat ich sofort. Ching Son sagte mir dann die ganze Wahrheit: Ja, auch er war ein heimlicher Revolutionär, und er fügte hinzu: »Wenn du redest, werde ich verhaftet.«

»Ich werde nicht reden.«

Ich konnte jedoch nicht verhindern, daß ich wieder zu zittern anfing. Mein Bruder konnte nun jeden Augenblick verhaftet, gefoltert und sogar getötet werden.

»Du bist verrückt! Du bist verrückt!« schrie ich. »Weshalb tust du so etwas?«

Ich war auch deshalb über Ching Sons Geständnis zutiefst betrübt, weil die Gerüchte, die über die Kommunisten umliefen, nicht gerade die besten waren. Mein Bruder wollte sich also für Leute opfern, von denen es hieß, sie seien blutrünstige Banditen, Gangster, die Häuser plünderten und Frauen vergewaltigten.* Diese Verleumdungen überraschten meinen Bruder keineswegs.

»Solche Ansichten sind bezeichnend für Kinder, die eine Luxusschule besuchen. Das sind kapitalistische Ansichten. Du wohnst in einem schönen Haus, Schwesterchen, und hast alle Tage zu essen, das ist auch gut so. Aber hast du schon jemals daran gedacht, daß es Millionen Elende gibt, die nichts zu essen, die kein Haus haben, in einem Loch schlafen und sich mit Stroh zudecken? Du gehst zur Schule: Tausende von Kindern können sich nicht satt essen und sind niemals in eine Schule gegangen. China hängt völlig

* Die Erzählerin spricht hier von der Zeit um 1947. Doch waren bereits seit 1930, dem Gründungsjahr der Räterepublik Chiang-Hsi, der ersten kommunistischen Bastion in China, Gerüchte im Umlauf, die unter dem Einfluß Chiang Kai-sheks von der Propaganda der Kuomintang geschickt am Leben gehalten wurden und die Kollektivierung der Frauen durch die »roten Banditen« betrafen. Die Zeitungen sprachen immer wieder von der kommunistischen Praktik der Vergesellschaftung der Frauen, und während des »Langen Marsches« setzte man sogar das Gerücht in die Welt, daß Mao Tse-tung sich in jedem Dorf eine Jungfrau ausliefern lasse.
Wie es sich nun wirklich mit der Befreiung der Frau verhielt, wie sie die Gesetze vorsahen, die Mao unmittelbar nach der Machtergreifung verkündete und die er in Chiang-Hsi bereits zwanzig Jahre früher angewendet hatte, wird weiter unten (S. 249) berichtet.

vom Ausland ab, es kann sich nicht aus eigener Kraft entwickeln. Die Ausländer beuten uns aus und beleidigen uns. In der Französischen Konzession gab es einen Garten, in dem eine Tafel mit den Worten stand: ›Für Chinesen und Hunde verboten.‹ Mein Land erniedrigt sich und verkommt, und ich kann das nicht länger ertragen. Durch Mao Tse-tung und seine Revolution können wir im Land bessere Verhältnisse herstellen und es wiederaufrichten. Es wäre eine Schande für mich, an der Revolution nicht teilzunehmen. Wenn du tapfer bist, mußt du mich ermutigen und der großen Bewegung, die China retten soll, ebenfalls beistehen.«

Mein Bruder nannte mehrmals den Namen Mao Tse-tung, den ich zum erstenmal hörte. Er sprach von ihm, als handelte es sich um den Retter Chinas. Dann sagte er noch, daß es bald keine Reichen und keine Armen mehr geben und daß man Geld nur noch für seine Arbeit erhalten würde. Alle Kinder würden zur Schule gehen, und die Frauen hätten dann die gleichen Rechte wie die Männer.

»Hat die alte Gesellschaft nicht genug Frauen getötet?« rief Ching Son. »Sieh dir doch an, wie deine beiden Tanten, die Frauen Wei Hings, gestorben sind! Und denk an diese Mädchen, die noch nicht einmal so alt sind wie du und die man kauft, um sie wie Tiere arbeiten zu lassen ... Ja, unsere neue Gesellschaft wird rein sein, mächtig und unabhängig vom Ausland ... «

Ching Son hatte sich dicht vor mir niedergekauert und fuhr, indem er seine Arme um mich legte, mit einem Lächeln fort:

»Schwesterchen ... Wenn alle Angst davor hätten, von Chiang Kai-shek gefoltert zu werden, wer würde dann die Revolution machen? Wann soll China denn stärker und größer werden? Wenn ein junger Mensch in der Epoche, in der wir leben, Angst hat, dann ist er ein Feigling, und sein Leben ist eine Schande ... Also solltest du, statt zu weinen, besser glücklich und stolz sein, einen Bruder zu haben, der Revolutionär ist.«

Ching Son gab mir ein Taschentuch, damit ich mir die Augen trocknen konnte. Ich mußte jetzt aufhören zu weinen und zu zittern. Seit der frühesten Kindheit war ich der Meinung, daß mein Bruder immer recht hatte und daß alles, was er sagte und tat, gut war. Jetzt respektierte ich ihn noch tausendmal mehr. Ich wagte nicht, ihn zu kritisieren oder ihm dreinzureden. Alles, was er mir gesagt hatte, besaß einen so überzeugenden Klang, war so heldenhaft und aufrichtig ... Und doch würde ich mir von jetzt an seinetwegen Sorgen machen und leiden. Gott war meine einzige Stütze. Seit ich die Hellseherin kennengelernt hatte, die die Rückkehr meines Vaters vorhergesehen und mir das Beten empfohlen hatte, war ich gläubig. Jetzt aber betete ich täglich.

Ich habe es mir zur Pflicht gemacht, in diesem Lebensbericht ganz aufrichtig und wahrhaftig zu sein. Alles daran ist wahr, selbst das Unwahrscheinlichste. Die Worte meines Bruders über die Revolution sind für mich wie ein Schriftstück: wenn ich die Augen schließe, höre ich sie, als wären sie in mein Gedächtnis ein für allemal eingeschrieben; ich sehe den Blick meines Bruders, der tröstlich und entschlossen zugleich ist. Ich will keineswegs sagen, daß ich mich durch seine Überzeugung hätte mitreißen lassen: ich war ja noch nicht einmal elf Jahre alt... Es genügte mir zu wissen, daß mein Bruder derselbe geblieben war. Ansonsten hatte ich nur jeden Tag mit dieser Angst eines Kindes oder eher einer Frau zu leben, die sich um dessentwillen quält, den sie liebt. In unserem kleinbürgerlichen Milieu hatte man von den Kräften, die wie eine Springflut auf uns zukamen, nur eine äußerst beschränkte Vorstellung. China war weit. Shanghai drehte sich mit seinen Vergnügungen auch weiter wie ein Karussell im Kreise. Immer mehr Buicks und Citroëns knatterten über den Bund oder die Nanking Road. Und wenn am Fuße dieser Wall Street, die da ins alte China gepflanzt worden war, Millionen Elende in Dschunken lebten und im Freien schliefen, dann war das Teil eines ganz selbstverständlichen Zustands.

Zu der Zeit, da mein Bruder mir sein Vertrauen schenkte, griff die Rote Armee nach zwanzigjährigem Kampf entschlossen die Armeen Chiang Kai-sheks an. Noch konnten die Nationalisten Erfolge verzeichnen und im Norden sogar die Stadt Yenan, den Hauptsitz der Kommunisten, an sich bringen. Das Jahr 1948 brachte jedoch die Wende zum endgültigen Sieg Mao Tse-tungs im darauffolgenden Jahr, als ich zwölf Jahre alt wurde.

Im Frühjahr 1948, genau gesagt zu Ostern, organisierte meine Schule für die Schülerinnen zwei Reisen, von denen die Mädchen bereits Wochen vorher sprachen, als handele es sich um das aufregendste Ereignis der Welt. Nacheinander sollten Su-Chou und Hang-Chou besichtigt werden, zwei sehr alte und berühmte Städte, die immer noch die prächtigsten Schätze Chinas beherbergten. Ein altes Sprichwort besagte: »Im Himmel, da gibt es das Paradies, und auf Erden Su-Chou und Hang-Chou.«

Die erste Reise war die kürzere. Su-Chou liegt nur anderthalb Bahnstunden südwestlich von Shanghai. Man konnte also morgens losfahren und noch am selben Abend zurück sein. Immerhin bedurfte es jedoch, was mich betraf, der Genehmigung meines

Vaters. Er willigte ein, aber nur unter einer Bedingung: daß mein älterer Bruder Ching Son mich begleitete. Keinen Augenblick sollte er mich aus den Augen lassen, er war verantwortlich für meine kostbare kleine Person. Armer Ching Son! Nicht nur, daß er als einziger Junge mit einer Gruppe von etwa fünfzehn Mädchen reisen mußte, er mußte, da es ihm nicht erlaubt war, sich mitten unter uns aufzuhalten, die Fahrt zudem noch auf unbequeme und langweilige Weise verbringen.

So kam es also, daß wir unter der Führung einer Lehrerin Su-Chou, den Hügel des Tigers und die sieben Pagoden besichtigten. In dieser Stadt mit ihren schönen Bauten, die einst der Treffpunkt der reichen Müßiggänger, sinnenfroher Literaten und der Frauen mit dem hübschesten Wuchs und den kleinsten Füßen gewesen war, gab es immer noch zahlreiche berühmte und wundervoll angelegte Gärten – wie etwa den Garten vom Wald des Löwen mit seinen Pavillons und seinen Kaskaden –, die von der generationenlangen Meditation der Mönche und Mandarins erfüllt schienen. Ich war noch zu jung, um diese Wunder so zu würdigen, wie sie es verdienten. Ich interessierte mich nicht einmal für die große Bonbonverteilung, die in einem Süßigkeitengeschäft stattfand, denn ich machte mir nichts aus Süßigkeiten. Und so kehrten wir sehr spät am Abend nach Hause zurück, ohne daß meine erste Reise mir einen unauslöschlichen Eindruck hinterlassen hätte. Meine zweite Reise fand im Herbst statt. Für diesen dreitägigen Ausflug nach Hang-Chou die Erlaubnis meines Vaters zu erhalten, schien zunächst gänzlich unmöglich. Man stelle sich vor, drei Tage sollte seine kleine Mi Mi abwesend sein! Jedoch kam es selten vor, daß mein Vater mir etwas abschlug, und so war es auch diesmal. Er war aber so nervös, als würde ich ans Ende der Welt aufbrechen. Er ließ mir in jedes Kleidungsstück, das ich trug, Geldstücke einnähen, damit ich, wenn ich das eine verlor, das andere nehmen konnte und, sollte ich mich verirren, es mir auf diese Weise immer möglich wäre, nach Hause zurückzukehren. Für diesen Fall steckten in meinen Taschen kleine Zettel, auf denen meine Adresse geschrieben stand. Es war im übrigen recht unwahrscheinlich, daß ich überhaupt in Gefahr geraten würde, mich zu verirren, da mein Bruder mich auch dieses Mal wieder begleiten mußte. Der unglückliche Ching Son lebte drei Tage lang wieder einsam, schlief im Hotel, während die Mädchen in einer Schule schliefen, und bewachte mich aus der Ferne. Er beklagte sich jedoch niemals, und seine »Mission« schien ihn durchaus zufriedenzustellen. Ich hatte die Schönheit Su-Chous zwar nicht zu würdigen gewußt, die der Stadt Hang-Chou hingegen beeindruckte mich sehr.* Wir besichtigten den Westsee, die Moschee, den Tempel des großen Buddha, die Quelle des Gelben Drachen, die Grotte der Purpurwolken, wohin die Einwohner im Sommer kamen, um sich in ihrer Kühle zu erfrischen, die Pagode der Sechs Harmonien und ich weiß nicht, was noch alles für Monumente und Gräber, die das Entzücken von Tausenden von Touristen waren. Ich erinnere mich außerdem daran, daß das Essen hervorragend war; es bestand aus gesalzenen Gemüsen, aus vielen Muschel- und Langustengerichten, ganz zu schweigen von dem Tee von Hang-Chou, der der beste Tee in ganz China ist. Onkel Hsiao, der aus der Gegend stammte, hatte nicht versäumt, mich vor meiner Abreise darauf hinzuweisen.

Am dritten Tag, dem der Rückkehr, nahm unsere kleine Gruppe den Zug nach Shanghai. Infolge einer Verspätung kamen wir erst um ein Uhr morgens an. Es gab also keinen Autobus mehr, mit dem man hätte nach Hause fahren können. Die Lehrerin, die uns begleitete, war der Meinung, daß wir zu zahlreich seien, um Taxen zu nehmen, und daß das nicht praktisch sei. Sie hatte eine Idee: eine der Schülerinnen wohnte in der Nähe des Bahnhofs; weshalb sollten wir nicht alle zu ihr gehen und dort warten, bis es Morgen wurde? Wir gingen also dorthin, in einiger Entfernung gefolgt von meinem Bruder, und die Nacht verging weniger damit, daß wir uns ausruhten, als mit Schallplattenmusik und Schwatzen. Sobald es Morgen war, nahm mein Bruder mich bei der Hand und führte mich nach Hause. Dort fanden wir meine Mutter allein im Gemeinschaftsraum. Bei unserem Anblick stieß sie einen Schrei aus.

»Weshalb kommt ihr erst heute morgen?«

Sie hatte die ganze Nacht über auf uns gewartet und war bleich und erschöpft vor Sorge. Mein Bruder und ich erklärten ihr, was vorgefallen war. Sie machte uns lebhafte Vorwürfe, weil wir nicht angerufen hatten. Daran hatten wir nicht gedacht. Und dann sagte sie plötzlich zu mir: »Dein Vater ist seit gestern abend um elf Uhr auf dem Bahnhof und wartet auf dich! ... Der Zug sollte um Mitternacht ankommen! ... Er ist immer noch dort! ... «

Wir hatten nicht den Hauptausgang benutzt, sondern einen Nebenausgang, und so hatten wir uns dummerweise verfehlt. Von Gewissensbissen geplagt, machte ich mich mit meinem Bruder sofort zum Bahnhof von Shanghai auf. Ich sah Wei Hi schon von weitem auf dem Bahnsteig hin und her laufen. Ich stürzte auf

* Wie sie auch Marco Polo beeindruckt hatte, der die Stadt am Ende des 13. Jahrhunderts besuchte.

ihn zu, warf mich in seine Arme und küßte ihn ab. Es schickte sich für ein Kind meines Alters zwar nicht, die Eltern abzuküssen, aber an jenem Morgen scherte ich mich wenig um die Anstandsregeln! Statt uns zu grollen, wie es jeder andere zweifellos getan hätte, lächelte mein Vater und kehrte mit uns nach Hause zurück.

Seit der Zeit sollte mein Bruder mich auf jeder meiner Reisen begleiten. Die ersten beiden waren ohne Bedeutung, die dritte hingegen sollte Ching Sons Schicksal in entscheidender Weise verändern. Doch davon später.

Wei Hi ging es geschäftlich immer besser. Tsong Hai konnte sich, da ihr nun zwei Hausangestellte zur Hand gingen, mehr sich selbst widmen. Was ihr am meisten am Herzen lag, war, im Haus einen Altar mit der Statuette des Buddhas Kuan Yin aufzustellen, vor dem sie, nachdem die drei Räucherstäbchen sowie die Tasse Tee bereitet und der Docht des Öllämpchens angezündet war, morgens und abends niederkniete, um zu beten. Als Vegetarierin verzichtete sie am ersten und fünfzehnten Tag des Monats auf Fleisch und Fisch, wie es gewöhnlich jeder Buddhist tut. Sie fügte dann noch zehn weitere Tage der Enthaltsamkeit hinzu, die über den Monat verteilt waren. Der Strenggläubige ißt dann weder Fleisch noch Fisch, ja noch nicht einmal Eier, sondern nur Obst und Gemüse.

Wir erinnern uns, daß Tsong Hai zu ihrem Glauben gekommen war, als sie mit mir schwanger ging. Die Leiden ihrer Jugendzeit, die Armut, der Verlust mehrerer Kinder, die Härte ihrer Schwiegermutter, das alles hielt sie dazu an, Buddha jetzt, da sich ihr Leben verändert hatte, ihren Dank abzustatten. Selbst meinen Großvater Tsou Hon ließ soviel ernsthafte Überzeugung nicht ungerührt. Er kam öfter als sonst zu uns nach Hause und begann zu beten, ohne allerdings gleich zu vegetarischer Kost überzugehen, denn dazu aß er zu gern. An den buddhistischen Festtagen ging meine Mutter in einen kleinen Tempel unweit unseres Hauses, wo der Gottesdienst von Priesterinnen versehen wurde. Die Oberpriesterin, eine weise Frau von großer Frömmigkeit, verstand sich im Unterschied zu vielen anderen, die sich damit begnügten, Geld einzusammeln, auch darauf, den Gläubigen ihr Schicksal vom Gesicht abzulesen. Tsong Hai ging oft zu ihr; sie betrachtete sie als ihre eigentliche Mutter und erhoffte sich zudem für ihre Kinder ein besseres Schicksal. Sie überbrachte uns dann ihre von Weisheit erfüllten Worte.

Im übrigen ließ unsere Mutter uns eine gute buddhistische Erziehung angedeihen. So wußten wir alle, daß der Mensch mehrmals lebt und als Reinkarnation auf die Erde zurückkehrt, um für seine Sünden zu leiden, und daß alles, was wir an Gutem und Schlechtem getan haben, unser darauffolgendes Leben bestimmt. Eine Ausnahme war es, wenn man ins Paradies kam, im Westen des Himmels, wo alle Buddhas sind. Nur dann war man für immer erlöst und davon befreit, auf diese Erde zurückzukehren. Denn hier unten entging man dem Gesetz von Ursache und Wirkung nicht. Diejenigen, die in einem vergangenen Leben viele Tiere getötet hatten, würden in dem darauffolgenden von Krankheiten geplagt sein. Wer Tiere ihrer Mutter weggenommen hatte, würde innerhalb seiner Familie Trennungen erleben. Warum waren manche taubstumm? Weil sie in einem anderen Leben üble Nachrede und Verleumdungen verbreitet hatten. Wer den Armen Geld gestohlen hatte, würde seinerseits arm sein. Die Heirat in dem einen Leben war der Preis für den Haß und die Liebe in einem anderen, und es geschah nicht ohne Grund, daß man Tochter, Mutter, Sohn oder Vater wurde. Wir kamen mit der Aussicht auf vier große Leidensstationen auf die Welt: die der Geburt, die der Krankheit, die des Alters und die des Todes. Man mußte nicht nur um ein besonderes Leben beten, sondern vor allem darum, daß man nicht noch einmal geboren wurde.

Das war der Katechismus meiner Mutter, und so lautet in groben Zügen auch die buddhistische Lehre. Dies alles wäre nun recht einfach gewesen, wenn man uns in der Schule nicht gleichzeitig einen protestantischen Religionsunterricht hätte angedeihen lassen, in dem ausschließlich von Jesus Christus die Rede war.

Alles hatte eines Tages im Konzertsaal, wo man die Mädchen der Schule hatte zusammenkommen lassen, angefangen. Auf der Estrade erwartete uns ein sorgfältig und nach europäischer Manier gekleideter Chinese von etwa fünfzig Jahren, ein protestantischer Pastor. Im Verlauf einer langen Erzählung – denn für uns war es, als erzählte er uns eine schöne Geschichte – schilderte er das Leben von Jesus Christus, seine Geburt, seine Kindheit, seine Wundertaten und wie er am Kreuz starb, als er sich opferte, um die Welt zu retten. Am Ende seiner Erzählung war seine Stimme vom Schluchzen nahezu erstickt. Auch ich war unbeschreiblich gerührt. Ich weiß nicht, wie die Reaktion der anderen aussah, mir scheint jedoch, daß alle mehr oder minder bewegt waren. Das Schweigen dauerte noch keine Minute, als die Stimme des Pastors, der eben so herzergreifend gesprochen hatte, erneut laut wurde, diesmal allerdings in einem ganz anderen Ton.

»Meine lieben Kinder! Wer von euch hat den Wunsch, protestantisch zu werden? Hebt den Finger.«

Ohne mich eine Sekunde zu besinnen, hob ich den Finger.

Durch mein Beispiel ermutigt, tat meine Schwester Ching Lin das gleiche. Man rief uns zusammen und erklärte uns, daß man, um christlich zu werden, an einer Zeremonie teilnehmen müsse, der Taufe. Dieser Vorgang sollte mittels Wasser stattfinden und wir sollten am ersten Dezember in einem Gotteshaus in der Nähe der Schule durch Eintauchen getauft werden.

Sobald ich die Schule verlassen hatte, wurde mir klar, daß es im Falle meiner neuen Berufung in der Familie nicht ohne Konflikte abgehen würde. Gehorsam, wie ich war, wäre ich jedoch nie auf die Idee gekommen, meiner Mutter meine Entscheidung zu verheimlichen. Als Tsong Hai erfuhr, daß meine kleine Schwester und ich die Absicht hatten, zum Christentum überzutreten, runzelte sie zunächst die Brauen. Dann versuchte sie, uns durch Vernunftgründe zu überzeugen. Ihre beiden Hauptargumente gegen unsere Bekehrung waren folgende:

1. Ein Chinese muß der buddhistischen Religion angehören, sonst kann ihm nur Unheil widerfahren. Der Beweis: die Affäre mit den Grabsteinen in der Familie der Großmutter und der darauf in kurzen Abständen unvermittelt eingetretene Tod unserer Großonkel.

2. Der chinesische Brauch will es, daß die Kinder in jedem Jahr am Todestag der Eltern eine Feier veranstalten, das heißt vor den Fotos der Verstorbenen Gebete sprechen und ein Festmahl abhalten, damit die Eltern nicht ein zweites Mal sterben, und zwar diesmal vor Hunger.

Das erste Argument hatte unser Wohl im Auge, das zweite war egoistischer. Darüber hinaus fügte meine Mutter seufzend hinzu: »Wollt ihr beide denn, daß nach meinem Tod ein von Hunger geplagter Geist aus mir wird?«

Meine neue Überzeugung legte mir eine absolut logische Antwort nahe: »Aber Mama, du wirst, wenn du gestorben bist, keinen Hunger haben, denn wenn du protestantisch wirst, kommst du ins Paradies. Alle Christen gelangen ins Paradies.«

Doch dieses Argument verfing nicht. Tsong Hai sagte nochmals, daß sie es uns verbiete, uns taufen zu lassen, und daß sie uns, wenn wir das jemals täten, aus dem Hause jagen würde: »Dann seid ihr nicht länger meine Töchter!«

An den folgenden Tagen hoffte ich immer noch, daß sie sich überzeugen lassen würde. Davon war jedoch keine Rede, und jedesmal, wenn ich das Thema anschnitt, wurde Tsong Hai furchtbar ärgerlich. Wir hatten ihr nur eine Kleinigkeit nicht verraten: das vorgesehene Datum der Taufzeremonie. Nun rückte der 1. Dezember immer näher. Was sollten wir tun? Die Zeremonie ausfallen lassen? Das wäre nicht anständig gewesen: ich hatte ein Versprechen gegeben, und ich hielt immer Wort. Das war ein Grundsatz, den mir Vater und Bruder eingeschärft hatten. Das mißlichste an dieser Angelegenheit war, daß der Verzicht auf das Paradies, wenn man dem Pastor glauben wollte, zugleich bedeutete, daß man geradewegs in die Hölle kam, und zwar nicht nur meine Schwester und ich, nein, ebenso mein Vater und meine Mutter und die ganze Familie. In dieser Hinsicht war mit den Protestanten nicht zu scherzen. Wenn ich also protestantisch würde, könnte ich die ganze Familie auf einmal retten. Würde meine Mutter mich jedoch aus dem Haus jagen, was würde dann aus mir? Man kann sich vorstellen, welche Qualen ich durchlitt.

Der Abend vor dem schicksalentscheidenden 1. Dezember brach an. Meine Schwester Ching Lin war im Gegensatz zu mir vollkommen ohne Angst und schien mir absolut gelassen. Sie war ein Jahr jünger als ich und zeigte zum erstenmal eine Charakterstärke, die ich nicht besaß und die bald unter weit schwierigeren Umständen mein Erstaunen und meine Bewunderung erregen sollte. Sie hatte insgeheim in einem Beutel die Dinge zurechtgelegt, die sie zur Taufe benötigte: zwei große Handtücher und Kleider, damit wir uns nach der Taufe umziehen konnten, denn es verstand sich von selbst, daß wir während der Zeremonie bekleidet sein würden. Am anderen Morgen fragte Ching Lin mich zu früher Stunde, ob ich fertig sei.

»Aber ich sage dir doch, es ist nicht möglich ... Wir werden aus dem Haus gejagt ... «

Sie schaute mich mitleidsvoll an.

»Wie dumm du doch bist! Glaubst du vielleicht, daß wir Mama unbedingt sagen müssen, daß wir uns taufen lassen? Und wenn sie es je erführe, du glaubst doch wohl nicht, daß sie uns wirklich davonjagt? Mama soll dich und mich auf die Straße setzen?«

Soviel Entschlossenheit mußte meine Befürchtungen hinwegfegen. Außerdem ließ Ching Lin mir keine Zeit zum Nachdenken. Ehe ich recht wußte, wie mir geschah, befand ich mich mit meiner Schwester in einer kleinen protestantischen Kirche, und schon wurden wir beide untergetaucht und vorschriftsmäßig getauft.

Als wir wieder zu Hause waren, steckte Ching Lin das Paket mit unseren durchnäßten Kleidern unauffällig dem jüngeren unserer beiden Hausmädchen zu, von dem sie wußte, daß es uns nicht verraten würde. So waren wir also ohne Wissen meiner Mutter protestantische Christen geworden. Sie war in diesem Punkt auch um so weniger wachsam, als wir in der Schule zwar mit Jesus zu tun hatten, zu Hause jedoch weiterhin Buddha unsere Verehrung bezeigten. Nur mein Bruder wurde von unserer Bekehrung unterrichtet. Sie schien ihn gleichgültig zu lassen: sein ganzes Denken und Trachten war völlig von der Revolution in Anspruch genommen. Mein Vater hingegen war vorwiegend damit beschäftigt, Geld zu verdienen, und es blieb ihm wenig Zeit, sich mit den geistlichen Neigungen seiner Töchter zu befassen.

Es war das Jahr 1947, und ich absolvierte das zweite Schuljahr auf der Oberstufe der Mac Intyre School, als ich für den Klavierwettbewerb gemeldet wurde, an dem Vertreter sämtlicher Schulen Shanghais teilnahmen. Zwei Mädchen wurden dazu bestimmt, die Schule zu vertreten: ein älteres aus der Abschlußklasse und ich. Der Wettbewerb fand im Festsaal eines öffentlichen Gebäudes in Gegenwart eines großen Publikums statt, unter dem sich auch die Musikkritiker Shanghais befanden. Die Jury setzte sich aus Lehrern des Konservatoriums zusammen. Die Veranstaltung wurde zum Triumph der Mac Intyre School, denn meine Mitschülerin aus der Abschlußklasse gewann den ersten Preis und ich mit einem Impromptu von Chopin und Beethovens »Mondscheinsonate« den zweiten. Mehrere Kritiker stellten in ihren Artikeln fest, daß ich nur deshalb den zweiten Preis gewonnen hätte, weil ich erst elf Jahre alt sei, während die erste bereits siebzehn war, und daß man mich schon jetzt mit Fug und Recht als »Pianistin mit Zukunft« betrachten könne. Meine Lehrerin, Fräulein Ling, sagte immer wieder: »Diese Kleine muß jetzt unbedingt auf das Konservatorium.«

Das Schuljahr 1948 kam heran, das dritte meiner Oberstufenzeit, und damit zugleich der Zeitpunkt, an dem ich mich, wenn ich ernsthaft ans Konservatorium dachte, darauf vorbereiten und vor allem zur Aufnahmeprüfung anmelden mußte. Sollte ich angenommen werden, würde das mein ganzes Leben verändern, denn das Konservatorium lag außerhalb der Stadt, und zwar so weit draußen, daß die Schüler dort wohnen mußten. Sie wurden zu Internatsschülern und konnten nur sonntags nach Hause fahren. Wie immer stand ich vor der Aufgabe, mit meiner Mutter darüber zu sprechen. Tsong Hai war nicht nur äußerst ablehnend, sondern fragte mich wütend, wie ich auch nur einen Augenblick daran denken könne, in einem Konservatorium voller verrückter Jungen, Künstlern mit langen Haaren, zu leben. Ich begriff nicht, was das alles mit mir zu tun haben sollte. Meine Mutter zögerte nicht, deutlicher zu werden.

»Ja, das kann ich mir vorstellen«, sagte sie, »ein hübsches Mädchen wie du in diesem zwielichtigen Milieu ... Da wird sich sofort jemand finden, der dich verführt... Du liebst die schönen Redensarten, ich kenne dich... Du wirst dann nicht widerstehen können.«

Es war dies das erstemal, daß meine Mutter mich auf meine Empfänglichkeit für »schöne Redensarten« ansprach, aber es war nicht das erstemal, daß ich eine seltsame Besorgnis an ihr bemerkte. Ich habe schon erwähnt, daß sie bereits seit einiger Zeit ein Auge auf mich hatte. Ihrem mütterlichen Blick waren die ersten Anzeichen meiner Weiblichkeit sogleich aufgefallen, und seitdem hatte sie ständig Angst davor, daß ich in Abenteuer verwickelt werden und im Unglück, vor allem in Armut, ihrer Zwangsidee, enden würde. Vielleicht schoß ihre Einbildungskraft dabei ein wenig zu sehr ins Kraut, aber man muß sich in ihre Lage versetzen, um sie zu begreifen; sie war schließlich im damaligen China aufgewachsen. Mir aber waren alle Drohungen, mit denen sie mir in den Ohren lag, gänzlich unbegreiflich, und ich verstand nur eines, nämlich, daß man mir nicht erlaubte, mich zur Aufnahmeprüfung des Konservatoriums anzumelden. Tief enttäuscht sah ich ein, daß ich diesen Gedanken ein für allemal aufgeben mußte.

Ein Jahr nach dieser abschlägigen Antwort, die ich nicht verwunden hatte, mußte ich jedoch eines Morgens erleben, wie meine jüngere Schwester Ching Lin in unserem Zimmer ein Bündel, das auf dem Bett bereitlag, mit einem großen Knoten zuschnürte. Meine Mutter stand neben mir. Auf unseren fragenden Blick hin antwortete Ching Lin einfach: »Ja, ihr seht ganz richtig, ich gehe weg... Ja, ich gehe aus dem Haus.«

Wir begriffen nicht.

»Bist du verrückt geworden, oder ist das dein Ernst?« fragte meine Mutter. »Wo gehst du hin?«

»Aufs Konservatorium. Ich habe an der Aufnahmeprüfung teilgenommen. Und da ich angenommen worden bin, brauche ich jetzt nur noch dort hinzuziehen.«

Das stimmte, und Ching Lin hatte alles heimlich geregelt. Tsong Hai verschlug es die Sprache.

»Warum«, brachte sie schließlich heraus, »hast du mir davon niemals etwas gesagt?«

»Weshalb hätte ich das tun sollen? Damit du mir wie meiner Schwester eine Szene machst und mich daran hinderst, mich anzumelden?«

Das tollste war, daß meine Mutter nicht nur nichts mehr zu sagen wußte, sondern sich auch noch die Beschwerlichkeiten einer solchen Reise auszumalen begann (Ching Lin mußte mit dem schweren Bündel, in dem sich ihre Sachen befanden, einen Autobus nehmen) und schließlich meinen Vater bat, meine Schwester vom Chauffeur in einem der Wagen hinbringen zu lassen. Man kann sich vorstellen, wie mir angesichts einer so unterschiedlichen Behandlung, wie sie meiner Schwester und mir zuteil wurde, zumute war. Als Ching Lin losgefahren war, konnte ich es mir nicht länger verkneifen, meiner Entrüstung und meinem Groll Luft zu machen.

»Wie?« sagte ich zu meinen Eltern. »Das soll Gerechtigkeit sein? Meine Schwester verheimlicht euch, was sie tut, und schon ist sie auf und davon. Ich, die ich mich gehorsam dem Willen der Eltern unterwerfe, ihnen alles sage, werde dafür bestraft und habe nicht das Recht, aufs Konservatorium zu gehen!«

Die Eltern haben jedoch immer das letzte Wort. Bei dieser Gelegenheit waren mein Vater und meine Mutter sich völlig einig, als sie ihre Haltung rechtfertigten.

»Du bist ein zu einfältiges, zu gutgläubiges Mädchen ... Das Konservatorium ist zu gefährlich für dich ... Deine Schwester ist jünger, aber reifer; sie steht mit beiden Beinen auf der Erde. Du bist eine Träumerin. Du brauchst uns, es geht nicht anders, als daß du bei deinen Eltern bleibst.«

Ganz so unrecht hatten sie damit nicht. Meine Schwester und ich waren von völlig verschiedenem Charakter, und ebenso unterschiedlich sollte unser Schicksal verlaufen.

Vom Bürgerkrieg, der nun fast zwanzig Jahre andauerte, spürte man in Shanghai noch nichts. Ende 1948 jedoch ergriff die Spekulanten ein gewisses Fieber, und sie versuchten, das Papiergeld für harte Dollars loszuschlagen. Im Dezember gestattete die Kuomintang-Regierung den Ankauf von 40 Gramm Gold pro Person. Seitdem drängte sich alles vor den Banken am Bund. Die Schlägereien unter den oft zehn, ja zwanzig Stunden Wartenden forderten zahlreiche Todesopfer.

Während die Rote Armee und die Truppen Chiang Kai-sheks einander weiter bekämpften und die Zukunft Chinas in Yenan und am Gelben Fluß auf dem Spiel stand, galt das Hauptinteresse der Shanghaier Jugend weder dem immerhin nur 200 bis 300 Kilometer entfernten Kriegsgeschehen noch den revolutionären Ideen, mit denen sich nur wenige befaßten, die wie mein älterer Bruder dachten. Nein, die Jugend hatte nur das amerikanische Kino und die Hollywood-Stars im Kopf, die man jeden Abend auf der Leinwand sehen konnte: Clark Gable, Tyrone Power, Bing Crosby, Mickey Rooney oder auch Esther Williams. In einem Land, wo man von Jungen und Mädchen größte Zurückhaltung erwartete, erlebte man nun, wie sich die jungen Leute auf der Straße mit amerikanischen Namen anriefen, mit gespreizten Beinen einhergingen wie die Cowboys, den Mädchen nachpfiffen, sich in den Kneipen prügelten und Gläser zerschlugen.

Selbstverständlich war für mich, zumal in meinem Alter, häufiger Kinobesuch undenkbar. Als mein Vater mich zum erstenmal in einen amerikanischen Film mitnahm, setzte uns der Chauffeur vor dem Roxy Theatre ab. Zwei Dinge beeindruckten mich besonders: der Löwe von Metro Goldwyn Mayer, der zu Beginn des Films brüllte, und dann das merkwürdige Verhalten der ausländischen Schauspieler. Es kam immer wieder ein Moment, wo der weibliche Star und ihr Partner sich innig anschauten. Dann näherten sich ihre Gesichter, und ihre Münder hafteten aneinander wie Saugnäpfe. In meinem ganzen Leben hatte ich niemals gesehen, wie Leute sich auf den Mund küßten. Dieser Anblick, den ich zum erstenmal im Roxy Theatre erlebte, beeindruckte mich mehr als der ganze Film.

Die Amerikaner, die die nationalchinesische Regierung unterstützten, hatten uns nicht nur mit Filmen überschwemmt, sondern auch mit Zigaretten, mit Nylonstrümpfen und Vitaminen. Nylonstrümpfe trug ich noch nicht, aber was die Vitamine angeht, so weiß ich nicht, ob es außer mir noch viele Chinesen gibt, die davon solche Mengen geschluckt haben. Stets um meine anfällige Gesundheit besorgt, hatte Wei Hi ein ganzes Lager davon gekauft, und im Haus gab es einen Schrank, der voll davon war. Mein Vater zwang mich, den ganzen Tag über Vitamin A, B, C, D, E einzunehmen. Kein Buchstabe wurde ausgelassen. Bei jeder Gelegenheit steckte er mir Vitaminpillen in den Mund wie einem Vogel, der unablässig den Schnabel gestopft bekommt. Ich weiß nicht, ob es darauf zurückzuführen ist, daß ich kurz vor meinem zwölften Geburtstag plötzlich so sehr zu wachsen begann, daß ich bald sämtliche Mädchen in meiner Klasse an Größe überholt hatte. Ich muß dazu noch sagen, daß mir mein Vater, nachdem wir umgezogen waren und mit der Familie von Onkel Hsiao in dem großen Haus zusammen lebten, ein Fahrrad gekauft hatte. Das Radfahren trug sicherlich dazu bei, daß ich kräftige, lange Beine bekam. Wenn sie mich auf meinem Fahrrad mit Blue jeans, Pullover, langen schwarzen Zöpfen und meiner hellen Haut vorbeifahren sahen, begannen die Jungen mir zu Fuß oder mit dem Fahrrad zu folgen. Das waren Sitten wie in den amerikanischen Filmen. Wenn sich einer von ihnen mir näherte, warf ich ihm einen wilden Blick zu, ohne auch nur ein Wort mit ihm zu reden. Ich hielt mich daran, wie man mich erzogen hatte, folgte aber auch meinem Instinkt.

So diskret man im Hinblick auf das Sexualleben in China ist, so sehr wird das Gefühl nach außen gekehrt. Das Gefühl zählt mehr als alles andere. Um sich davon einen Eindruck zu verschaffen, brauchte man nur das Radio anzustellen, das fast ausschließlich Liebesschlager spielte, die von Bing Crosby, Frank Sinatra und anderen gesungen wurden. Die verliebten Jungen riefen beim Sender an und baten um dieses oder jenes Lied, das für die Ohren ihrer Angebeteten bestimmt war. Auf diesem Wege erreichten mich auch die ersten Liebesgrüße: »Von John Wang an Julie Chow« (das war ich). »I love you truly«, so lautete die Botschaft, die ich eines Tages von einem Jungen erhielt, mit dem ich noch nie ein Wort gesprochen hatte, dem es jedoch gelungen war, meinen Namen zu erfahren.

Damals bekam ich auch die ersten Liebesbriefe. Seit ich heimlich Protestantin geworden war, begleitete ich in der Kirche gelegentlich den Gesang auf dem Klavier. Der Bruder eines Mädchens aus meiner Klasse, der einige Jahre älter war als ich, war auf mich aufmerksam geworden. Er schickte mir einen Brief, in dem Dinge standen wie: »Du bist so schön, daß ich nicht mehr schlafen kann, seit ich Dich gesehen habe. Dein Bild verfolgt mich Tag und Nacht. Beim ersten Sonnenstrahl denke ich schon an Dich, usw. usw.« Ich erinnere mich sehr gut daran, denn da der Brief an Chow Ching Lie adressiert war, öffnete meine Mutter ihn selbstverständlich und schlug gehörig Lärm. Sie hielt mir die Zeilen unter die Nase, zwang mich, sie zu lesen, und forderte eine Erklärung. Ich schwor ihr bei allem, was mir heilig war, daß ich diesen Jungen gar nicht kannte. Das war die reine Wahrheit. Zwar mußte er mich bemerkt haben (ich sagte nicht, wo, da mein Religionswechsel ja geheim war), doch hatte ich ihn noch nicht einmal gesehen, und ich erfuhr erst nachträglich, daß es sich um den Bruder einer meiner Freundinnen handelte. Ich mochte mich verteidigen, soviel ich wollte, der Zorn meiner Mutter legte sich nicht. Im Gegenteil, sie schlug sogar drohende Töne an.

»Wehe, wenn du dich mit Jungen abgibst, ohne es mir zu sagen! Wehe, wenn du mir etwas verheimlichst!«

Ich begriff überhaupt nichts. Ich hatte den Eindruck, daß der Brief, den ich gerade gelesen hatte, an jemand anderen gerichtet war. Den Liebesschnulzen, die aus dem Radio kamen, hörte ich nur mit halbem Ohr zu, wenn sie mir gewidmet waren. Obwohl ich bald dreizehn wurde, wußte ich von den Dingen, von denen meine Mutter sprach, nicht mehr als ein Säugling in der Wiege. Tsong Hai, die ohnehin schon jede meiner Gesten überwachte, geriet prompt in Panik. Es hätte ja noch angehen mögen, daß *ein*

Junge mir den Hof machte. Es schrieben mir jedoch mehrere, und das war zuviel; sie schwebte in tausend Ängsten.

Trotz meiner Naivität konnte es mir auf die Dauer nicht verborgen bleiben, daß die Jungen auf der Straße oder in der Schule immer mehr auf mich aufmerksam wurden. Bald waren es dann nicht mehr nur die Jungen: Tante Ma, die berüchtigte Heiratsvermittlerin aus Chao-Chou, dieselbe, die meinen verwitweten Onkel Wei Hing so großartig verheiratet hatte, kam unter dem Vorwand, mit meiner Mutter plaudern zu wollen, häufiger ins Haus. Ihr professionelles Auge taxierte mich begehrlich, sie sah in mir schon jetzt ein Objekt für ihren Broterwerb. Ich erinnere mich noch genau an den Tag, als ich mit dem Fahrrad von der Schule nach Hause kam und mit geröteten Wangen abstieg.

»Wie ist sie doch schön!« rief Tante Ma von der Türschwelle aus. »Oh, diese kleine Perle! Man traut sich gar nicht, ihre Haut zu berühren, so zart ist sie! Seht euch das an: das ist ja schöner als die Vier Schönheiten!«

Tante Ma spielte damit auf die vier berühmten Schönheiten an, die die Herrscherdynastien vorstellten. Derartige Komplimente ließen mich kalt. Ich hörte sie seit der frühesten Kindheit. Den zahnlosen Mund zu einem Lächeln verzogen, fuhr die alte Hexe fort, in der Art dieser Klatschbasen vor sich hin zu reden.

»Du hast so große Augen wie Phönix ... Du hast eine Nase, die ganz gerade bis zur Stirn hinaufgeht ... Wenn du lächelst, bildet dein Mund einen wundervollen Bogen ... Deine Haut ist weich wie Seide, duftet wie eine Blume ... Ganz sicher wirst du eine große Dame werden ... Ich muß dir einen guten Mann suchen ...«

Sie schob die Suche nicht etwa auf die lange Bank, sondern trieb innerhalb weniger Wochen eine ungeheuer reiche Familie aus Chao-Chou auf, die jetzt in Shanghai wohnte. Es handelte sich um keine geringere als die Familie des berüchtigten Ko, eines in Shanghai wohlbekannten Opiumhändlers, der während des Krieges ein riesiges Vermögen angehäuft hatte. Tante Ma erzählte meinen Eltern, daß Ko genug Geld habe, um seinen vier Kindern bis zum Ende ihrer Tage ein aufwendiges Leben zu ermöglichen, selbst wenn sie hundert Jahre alt würden. Das war sogar noch untertrieben. Ko hatte sich in Shanghai inmitten von riesigen Gärten ein prachtvolles Haus gebaut. Infolge seiner Angst vor Einbrechern war es von Gittern und doppelten Eisentüren umgeben, so daß es wie ein Panzerschrank aussah. Kos Kinder gingen nicht zur Schule, weil er Angst hatte, daß sie entführt würden – in diesem Punkt hatte er nicht ganz unrecht, denn die Entführung von Kindern reicher Eltern kam in Shanghai immer häufiger vor. Diese Familie lebte mit ihren Kindern abgeschnitten von der Welt; sie waren wie Puppen, die nichts anderes taten, als zu essen und zu schlafen, so daß sie schließlich völlig stumpfsinnig wurden.

Die beiden Söhne waren achtzehn und zwanzig Jahre alt. Tante Ma war der Ansicht, daß man mich nicht mit dem Älteren verloben sollte. Dieser war nicht nur unmäßig dick, sondern obendrein strohdumm. Der jüngere war zwar auch keine geistige Leuchte, aber immerhin noch zu ertragen. Selbstverständlich war ich in diese finsteren Machenschaften nicht eingeweiht. Seit meine Mutter jedoch sah, daß die Jungen mir nachliefen, war sie in Angst, ich könnte durch »schöne Redensarten« verführt werden und vor allem, mein Verführer könnte ein armer junger Mann sein, mit dem ich ein Leben in Sklaverei und Leid führen müßte. Und so sagte sie eines Tages:

»Es wäre wirklich zu ungerecht, wenn ein Mädchen wie du eine Sklavin ihres Gatten und ihrer Kinder würde und dauernd in Geldsorgen leben müßte! Wenn du also die Chance erhältst, den Sohn Kos zu heiraten, dann müssen wir zugreifen. Die Kos sind ungeheuer reich!«

Mein Bruder Ching Son und ich dachten, Tsong Hai hätte den Verstand verloren. Zunächst wußte ich gar nicht genau, was es eigentlich bedeutete zu heiraten. Für mich hieß heiraten, das Haus zu verlassen und anderswo zu leben – in diesem Fall in einem Gebäude, das einem Panzerschrank ähnelte, in dem ich nur essen und schlafen und aus dem ich mein Leben lang nicht herauskommen würde. Es war ein Alptraum! Dabei dachte ich an Wei Hi und die Nachbarstochter, mit der ich mich geprügelt hatte, weil sie es gewagt hatte zu behaupten, daß mein Vater Opiumhandel triebe. Und jetzt wollte man mich zwingen, den Sohn eines der größten Opiumhändler Shanghais zu heiraten! Nun, in Wirklichkeit sagte ich das alles natürlich nicht – ich beschreibe nur, was ich empfand. Mein Sprachrohr war mein Bruder Ching Son, der meine Geheimnisse kannte wie ich die seinen und der sich nun mit aller Kraft bemühte, mich zu beschützen. Er belagerte Tsong Hai mit aller Beharrlichkeit, und seinen Argumenten war es zu verdanken, daß meine Mutter unsicher wurde und schließlich nachgab. Sie sah am Ende ein, daß er nicht unrecht hatte. Vor allem kam sie zu der Überzeugung, daß ich letzten Endes noch viel zu jung war. So wurde dieser Plan aufgegeben und die schreckliche Tante Ma vor die Tür gesetzt. Ich war noch einmal um Haaresbreite davongekommen, hatte aber nur etwas Zeit gewonnen, wie sich bald zeigen sollte.

7. Kapitel

Man spricht von der Volksbefreiungsarmee / Der Fall Shanghais / Ich sehe die Soldaten der Roten Armee / Begegnung mit einem mysteriösen Herrn / Man schneidet mir die Zöpfe ab / Teestunde im »Grünen Pavillon« / Die einzigartige Familie Liu / Begegnung mit Louis Ho / Mein erstes Rendezvous / Man findet eine »Schwiegerfamilie« für mich / Herr Ch'en kommt Herrn Yüan zu Hilfe / Krabbenfangzeit / Erster Konflikt in meiner Familie.

Im Januar 1949 marschierten Maos Truppen in Peking ein, ein Ereignis, das sich fast gänzlich unbemerkt von jenem kleinbürgerlichen Milieu Shanghais vollzog, in dem wir zu Hause waren. Auf der Flucht vor den Kommunisten hatten sich bereits mehr als 300 000 nationalistische Soldaten auf die Insel Formosa zurückgezogen. Der gewaltige Kampf war in die entscheidende Phase eingetreten.

Im letzten halben Jahr hatte Maos »Volksbefreiungsarmee« ein Gebiet erobert, das zehnmal so groß war wie ihre Ausgangsbasis. Chiang Kai-shek, der immer noch auf die zahlenmäßige Überlegenheit seiner Truppen baute, mußte mit ansehen, wie seine Armee von Tag zu Tag immer mehr abbröckelte und seine Leute reihenweise zur Roten Armee überliefen. Deren Größe nahm aber auch beständig zu, weil sich ihre Truppen im Volk »wie ein Fisch im Wasser« bewegten.

Im Monat April war die Volksbefreiungsarmee am Ufer des Gelben Flusses angelangt. General Ch'en Yi nahm Nanking, seine Truppen erreichten bald darauf die Stadt Hang-Chou, die wir vor gar nicht langer Zeit mit den Mädchen meiner Schule besichtigt hatten. Und Hang-Chou liegt nur drei Eisenbahnstunden von Shanghai entfernt. Jetzt begannen sogar die bis dahin völlig uninteressierten Shanghaier aufzuwachen. Der Generalissimus gab vergeblich wohltönende Erklärungen über den »vollständigen Sieg über die Kommunisten« ab, die Bevölkerung der eingekreisten Stadt machte sich keine großen Illusionen mehr.

Sie sah sich vielmehr mit unzähligen Fragen über die Zukunft konfrontiert. Viele hatten Angst und glaubten, die Kommunisten würden sofort alles an sich nehmen, das Eigentum, ja selbst die Frauen aufteilen, und es würde weder Privateigentum noch Familien mehr geben.

Als Mitglied der im Untergrund existierenden Partei machte mein Bruder Ching Son die aufregendsten Stunden seines Lebens durch. Was das Geheimnis anging, das ich allein mit ihm teilte, so hatte er allmählich den Schleier gelüftet, weil es ihn drängte, seine Eltern, ohne sie zu erschrecken, zu informieren. Er war häufig nicht zu Hause und brachte dann Neuigkeiten über eine

Situation, die uns, wie man sich denken kann, nur entstellt oder sehr unzulänglich bekannt war. Im April hatte Mao Tse-tung die Parole ausgegeben: »Rückt überall vor, befreit China!« Anfang Mai fielen die kleinen Städte in der Umgebung von Shanghai eine nach der anderen an die Volksbefreiungsarmee. Die Nationalisten brachten das Gerücht in Umlauf, daß Shanghai wie Stalingrad standhalten würde.

Ching Son lachte dazu nur. »Der Sieg ist ganz nahe«, sagte er. »Die Nationalisten haben keine andere Wahl, als wie die Hasen davonzulaufen.« Er täuschte sich nicht. Die letzten Handlungen Chiang Kai-sheks – dessen Polizei noch immer Massenverhaftungen vornahm – zeugten nur von Angst. Furcht breitete sich auch unter den hohen Staatsbeamten und Militärs aus, die nach Formosa flohen, während ein Teil der Großkapitalisten nach Hongkong ging.

Im nun gänzlich eingeschlossenen Shanghai gab es hinhaltende Gefechte. Man bemerkte sie nicht einmal. Das einzige, was man sah, waren die nationalistischen Offiziere am Hauptbahnhof, die, mit Gepäck beladen, den rettenden Zug erwarteten.

Onkel Hsiao, der Freund meines Vaters, dessen Familie das Haus mit der meinen teilte, machte keinen Hehl aus seiner Absicht, Shanghai zu verlassen. In Chungking, wo er herkam, hatte er zu enge Kontakte zu den Anhängern Chiang Kai-sheks, um jetzt Interesse an der Bekanntschaft mit den Kommunisten zu haben. So faßte er den Vorsatz, so bald wie möglich nach Hongkong zu ziehen. Mein Vater hingegen zeigte auch nicht einen Augenblick lang irgendwelche Besorgnis und dachte gar nicht daran wegzugehen, obwohl er doch zum wohlhabenden Bürgertum gehörte. Ich war zu klein, um diese Vorgänge beurteilen zu können, und es ist mir nicht möglich, genau über seine damalige Verfassung Auskunft zu geben. Ich bin der Meinung, daß mein Vater, sei es durch meinen Bruder, sei es aufgrund der offiziellen Erklärungen der Kommunisten in den befreiten Gebieten, davon überzeugt war, daß die neuen Machthaber nicht die Absicht hatten, überstürzt zu handeln, und insbesondere nicht das Privateigentum antasten würden. Ich selbst mußte mich natürlich unter dem Einfluß meines Bruders zu denen hingezogen fühlen, deren Eintreffen jeden Tag erwartet wurde. Bei uns zu Hause ebenso wie bei den anderen gab es eine unauffällige Erwartungshaltung. Im Haus herrschte keineswegs ungewöhnliche Aufregung, und die Kinder gingen wie gewöhnlich zur Schule. Schließlich verkündete das Radio am 25. Mai nach Einbruch der Nacht: »Unsere Befreiungsarmee ist in Shanghai einmarschiert.«

Damit war nun auch der Rundfunk in andere Hände übergegangen. Die Straßen der Stadt waren ruhig; man meldete zwar einige Scharmützel in den Vororten, doch die meisten nationalistischen Streitkräfte waren geflohen.

Trotzdem lag plötzlich Kriegsstimmung über der Stadt, die in großer Spannung verharrte. Alles wartete auf neue Meldungen, niemand schlief. Auch meine Familie war wie die anderen wach und hörte Radio. Man spielte Musik, die von Zeit zu Zeit von einer Durchsage unterbrochen wurde. Darunter war eine, die mehrfach wiederholt wurde und ungefähr folgenden Wortlaut hatte: »Einwohner von Shanghai, habt keine Angst... Mißtraut allen Gerüchten und Verleumdungen. Die Volksbefreiungsarmee wird dem Volk nichts wegnehmen, nicht einmal eine Stecknadel. Die Rote Armee ist eure Familie...«

Plötzlich war es überflüssig, weiter Nachrichten zu hören: von der Türschwelle und allen Fensteröffnungen aus sah die Bevölkerung mit eigenen Augen jene Kämpfer der Roten Armee, die die Nationalisten als Banditen bezeichnet hatten und in deren Reihen sich die Veteranen des legendären Langen Marsches befanden. Auch in unserer Straße waren sie eingetroffen. Sie rückten vorsichtig, das Gewehr mit aufgepflanztem Bajonett in der Hand, im Gänsemarsch vor. Diese Männer hatten nicht die geringste Ähnlichkeit mit den Soldaten Chiang Kai-sheks. Sie waren zwar viel schlechter gekleidet, aber die Schlichtheit ihrer Molton-Uniform, ihrer Kopfbedeckung und ihrer Stoffschuhe machte auf mich unmittelbar den Eindruck, daß sie uns näherstanden als die anderen. Als ich klein war, sagte man, um mir Angst zu machen: »Wenn du nicht artig bist, bringen wir dich zu den Soldaten.« Die, die ich jetzt sah, machten mir keine Angst.

Ich erinnere mich auch daran, daß Ching Son, meinem großen Bruder, beim Anblick der Soldaten Tränen in die Augen schossen und er uns eine lange, begeisterte und von aufrechter Überzeugung getragene Rede hielt über die Vereinigung der Bauern, der Arbeiter und der Soldaten und über die Zukunft, die für China nun beginnen würde.

Gleich nach dem Einmarsch der Truppen der Volksbefreiungsarmee brach über Shanghai ein Taifun von außergewöhnlicher Heftigkeit herein, der die Elendsquartiere der Unterstadt hinwegfegte, Dächer von Wohnhäusern riß und die Straßen überschwemmte, so daß die Rikschas bis zu den Achsen im Wasser standen. Neben der Versorgung der Bevölkerung war dieses Unglück eine der Hauptsorgen des neuen Bürgermeisters von Shanghai, des Generals Ch'en Yi, der eine lange Ansprache an die Bevölkerung hielt.* Auf den Kais im Hafen warteten Ausländer aus den Konzessionen inmitten ihres Gepäcks auf einen Platz an Bord des Schiffes. Die meisten von ihnen waren jedoch noch nicht abgereist, und der Verkehr auf dem Bund und in der Nanking Road war unvermindert stark. Die rote Fahne mit den fünf Sternen wehte nun auf den Wolkenkratzern. Gruppen von Studenten und Schülern, Jungen und Mädchen, zogen singend durch die großen Prachtstraßen. Andere tanzten den Yang Ke, einen traditionellen Bauerntanz, der bei den Kommunisten sehr beliebt war. Es war das Frühjahr 1949. Im September, nach der Proklamation der Volksrepublik China, sollte man auf den blumenbekränzten Straßenbahnen Shanghais die Porträts des Vorsitzenden Mao, des Regierungschefs Chou En-lai und Chu Tes, des Oberkommandierenden der Armee, sehen. Jetzt, im Frühjahr, stand Mao Tse-tung jedoch bis zum endgültigen Sieg über Chiang Kaishek noch ein Jahr des Kampfes bevor.

Von diesen Tagen, die das Gesicht Chinas verändert und das Ende einer Welt markiert haben, kann ich dem Leser nur einige wenige Bilder mitteilen, wie sie, aufgrund der Gerüchte, die bis in unser Haus drangen, von einem Kind wahrgenommen wurden. Ich beschränke mich daher darauf, meine Lebensgeschichte mitzuteilen, und um bei der Wahrheit zu bleiben, muß ich sagen, daß der Lärm dieser so schwerwiegenden Ereignisse nach einigen Tagen der Aufregung nicht länger durch die Umfriedung unseres Hauses drang. Eine Zeitlang war es, als ob nichts geschehen wäre. Denn unser Haus wurde sehr bald zum Schauplatz eines Familiendramas, das meine ganze Aufmerksamkeit und die der Familienangehörigen in Anspruch nahm. Daß dieses Drama sich ausgerechnet zu jener Zeit abspielen konnte, zeigt übrigens deutlich, daß China nicht von heute auf morgen mit einem Schlage mehrere Jahrhunderte überspringen konnte.

In China hatte sich ebensowenig wie in Shanghai etwas verändert, und der Alltag meiner Familie lief ab wie gewöhnlich. Eines Tages war ich länger als üblich in der Schule geblieben, weil die christlichen Schülerinnen eine zusätzliche Religionsstunde hatten. Ich würde also eine Stunde zu spät nach Hause kommen, und das konnte meiner Mutter unmöglich entgehen ... Ich sprang folglich rasch auf mein Fahrrad und fuhr so schnell wie möglich heim. Keuchend und schweißüberströmt kam ich vor der Tür un-

* Der General Ch'en Yi hatte sich während seiner Jugend eine Zeitlang in Frankreich aufgehalten, wo er wie Chou En-lai in den Renaultwerken gearbeitet hatte.

seres Hauses an und bemerkte einen Mann, der gerade klingeln wollte. Er war im Alter meines Vaters, trug europäische Kleidung und sah im übrigen unbedeutend aus. Bei der Ankunft dieses Meteors zu Rad, der wenige Zentimeter neben ihm bremste, schrak er ein wenig zusammen.

»Machen Sie sich nicht die Mühe zu klingeln, mein Herr«, sagte ich zu ihm, »ich habe einen Schlüssel.«

Und indem ich überall nach meinem Schlüsselbund suchte, fragte ich ihn, wer er sei.

»Ich bin ein Freund von Herrn Hsiao«, sagte er. »Und du, du bist, glaube ich, die Tochter von Chow Wei Hi... Du bist Ching Lie...«

Das bejahte ich und fuhr fort, meine sämtlichen Taschen nach den Schlüsseln abzusuchen. Währenddessen fiel mir auf, daß der Unbekannte mich mit einem seltsamen Lächeln aufmerksam betrachtete. Schließlich hatte ich meine Schlüssel gefunden; ich öffnete die Tür, und er folgte mir durch den Garten. Vor dem Haus trennte ich mich von ihm, da er ja zu den Hsiaos wollte. Ich wandte mich zur anderen Tür, stellte mein Fahrrad ab und ging nach oben. Ich wußte nicht, daß der seltsame und indiskrete Blick dieses Unbekannten unausweichlich über den weiteren Verlauf meines Schicksals entschieden hatte.

Zwei oder drei Wochen nach diesem Vorfall trat meine Mutter eines Nachmittags in das Zimmer, das ich mit meiner jüngeren Schwester Ching Lin teilte. An jenem Tag war ich allein. Meine Mutter setzte sich neben mich, nahm meinen Kopf zwischen ihre Hände und sah mich lange an.

»Ich habe mit dir zu sprechen, Mi Mi.«

Dann sagte sie in einem bewegten Ton, der mich überraschte: »Du bist nun ein junges Mädchen. Diese Kinderzöpfe passen nicht länger zu dir. Wir werden sie abschneiden müssen. Deshalb werde ich dich zum Friseur mitnehmen. Du wirst eine Dauerwelle bekommen.«

Ich war entgeistert und entzückt zugleich und glaubte meinen Ohren nicht zu trauen. Ich hatte schon eine ganze Weile die Mädchen meines Alters beneidet, die modisch frisiert waren, das heißt ondulierte Haare hatten wie die Europäerinnen, was der letzte Schrei war. Schon mehrmals hatte ich um eine Dauerwelle gebeten, man hatte es mir jedoch stets abgeschlagen. Besonders Ching Son war dagegen. »Ein Mädchen soll einfach sein, sauber und bescheiden«, meinte er. »Kümmere dich darum, daß du etwas lernst, und nicht um deine Frisur.«

Da alles, was mein Bruder sagte, für mich das Evangelium

bedeutete, sprach ich nicht mehr davon. Wer hätte gedacht, daß ausgerechnet meine Mutter mir eines Tages befehlen würde, zum Friseur zu gehen und die Zöpfe abschneiden zu lassen? Dieses Mal konnte mein Bruder keinen Einwand geltend machen, da ich ja damit nichts zu tun hatte und man Mama selbstverständlich gehorchen mußte.

Eines Tages führte mich Tsong Hai also zu einem Friseur in der Französischen Konzession. Zum erstenmal in meinem Leben sah ich ein derartiges Geschäft von innen. Gegenüber den prächtigen Sesseln befand sich eine Reihe symmetrisch angeordneter großer Spiegel, und in ihnen sah man die vielen Gesichter im Licht des Salons und um sie das Bataillon von Frauen in weißen Kitteln, die manikürten, die Köpfe wuschen und frisierten. Mir schwirrte der Kopf. Meine Mutter aber erklärte dem Friseur ohne Umschweife, indem sie auf mich zeigte: »Machen Sie ihr eine Dauerwelle!«

Sobald ich auf einem der Stühle saß, wie auf einem Thronsessel, legte der Friseur mir ein großes weißes Leinentuch um und griff zur Schere. Bis jetzt war ich begeistert. Doch als ich nun plötzlich sah, daß man mir die beiden bis zur Hüfte reichenden Zöpfe, meine schönen langen Haare, abschneiden wollte, widerstrebte mir das doch. Rasch griff ich nach meinen Zöpfen, um den Friseur zu hindern. Er lächelte mir jedoch zu und versuchte, mich zu beruhigen.

»Haben Sie keine Angst, Mademoiselle ... So hübsch, wie Sie sind, können Sie nur schöner werden ... Wenn Ihr Haar erst einmal onduliert ist, werden Sie ganz wie eine echte Europäerin aussehen!« Dann wandte er sich mit übertriebener Höflichkeit an meine Mutter: »Madame«, sagte er, »was haben Sie da für ein reizendes Kind!«

Und nachdem er mich mit dem Gegurre seiner schönen Redensarten eingelullt hatte, ergriff er einen meiner Zöpfe. Ich sagte mir: »Man kann nicht alles haben« und ließ ihn gewähren. Bald war auch der zweite Zopf gefallen, und ich fühlte mich seltsam erleichtert, anders als vorher. Meine Mutter nahm pietätvoll meine beiden Zöpfe an sich und steckte sie in ihre Handtasche. Da sie eher dünnes Haar hatte, wollte sie sie von nun an als Knoten tragen und, wenn sie ausging, mit den Haaren ihrer Tochter geschmückt sein.

Nun aber setzte die große Prozedur ein. Ich mußte den Kopf gegen das Becken zurücklehnen, das mir in den Hals drückte; die Hände des Friseurs, die mich einseiften, rüttelten meinen Kopf hin und her, und ich begriff, daß wer schön sein will, leiden muß.

Der zuvor so höfliche Friseur entpuppte sich als rabiater Kerl. Man rieb mir schließlich den Kopf mit einem mir unbekannten Zeug ein, das nach Ammoniak roch, und die einzelnen Haarsträhnen wurden auf Lockenwickler gerollt. Ich erblickte im Spiegel ein bizarres Gebäude, das meinen Kopf krönte: einen enormen Helm mit Drähten und Nadeln, die aus jeder Rolle herausragten, die wiederum in Papier eingewickelt war. Dämpfe stiegen von meinem Kopf auf, ich hörte es knistern, weil mein Haar elektrisch aufgeladen war. Ich war entsetzt und wagte nicht, mich zu rühren. Mit der Miene eines Arztes überwachte der Friseur das Papier der Lockenwickler: wenn es sich bräunlich zu verfärben begann, mußte man sofort abstellen. Meine Mutter ließ mich keinen einzigen Augenblick aus den Augen. Sie verfolgte die einzelnen Phasen meiner Dauerwelle mit der Ernsthaftigkeit, die einer magischen Operation angemessen ist. Was für eine Erleichterung, als alles beendet war und man mich von diesem Helm befreite! Mein Kopf war bedeckt von kleinen dunklen Locken, aber damit war es noch keineswegs getan: Wellenlegen, neue Lockenwickler, Trockenhaube ...

Nach zwei langen Stunden schaute ich mich an und erkannte mich nicht wieder. Gewiß, ich hatte nun meinen kindlichen Kopf nicht mehr. Aber war ich jetzt hübscher? Ich hatte meine beiden Zöpfe gern gehabt. Nun fand ich mich merkwürdig. Zwar ähnelte ich einer Europäerin, und da das ja als schick galt, mußte ich wohl zufrieden sein. Vor allem aber hatte ich jetzt das Gesicht eines jungen Mädchens. Man würde mich nun anders, das heißt noch ein wenig mehr anschauen. Und Tsong Hai würde nur um so wachsamer und besorgter sein. Aber schließlich hatte sie es so gewollt.

Einige Tage später kam ich gegen drei Uhr aus der Schule nach Hause. An solchen Tagen widmete ich einen Teil des Nachmittags der Musik, weil ich dann nicht bis in den späten Nachmittag hinein Schularbeiten machen mußte. Kaum hatte ich mich vor meinem Klavier niedergelassen, als meine Mutter mich aufforderte, in mein Zimmer hinaufzugehen, um mich umzuziehen. Da ich sah, daß sie ganz aufgeregt war, fragte ich sie nach dem Anlaß.

»Du mußt dich umziehen, damit du einen guten Eindruck machst: wir werden mit sehr wichtigen Leuten in der Stadt Tee trinken.«

»Aber ... jetzt gleich?«

»Ja, sofort.«

Bei der vielen Arbeit, die ich hatte, war mir dieser unerwartete

Ausgang äußerst lästig. Es war sogar schon so weit gekommen, daß ich es häufig ablehnte, meinen Vater zu begleiten, der es sich zur Gewohnheit gemacht hatte, mich wie eine Puppe überallhin mitzuschleifen. Übelgelaunt erklärte ich meiner Mutter, daß ich eine Menge schriftlicher Hausaufgaben zu erledigen hätte und daß mir das niemand abnehmen könne.

»Das verstehe ich durchaus, mein Liebling«, sagte sie, »aber ich habe diesen Leuten versprochen, daß wir kommen. Ich muß Wort halten. Zieh dich rasch an. Die Sachen liegen in deinem Zimmer auf dem Bett bereit. Dein Vater erwartet uns unten.«

Zwar war ich wütend und sah überhaupt nicht ein, inwiefern diese ganze Teetrinkerei mich betraf, aber ich war dennoch gezwungen zu gehorchen. Ich ging also nach oben. Doch ich traute meinen Augen nicht, als ich sah, was meine Mutter mir auf dem Bett zurechtgelegt hatte. Da lag ein chinesisches Kleid, das ich noch nie gesehen und wie ich in meinem ganzen Leben noch nie eins getragen hatte, ein strahlendes Gebilde aus weißer Seide mit großen roten Blumen, sehr auf Figur gearbeitet und an der Seite geschlitzt. Neben dem Kleid lag ein Paar Nylonstrümpfe. Und dann entdeckte ich das Überraschendste: einen Büstenhalter.

»Aber das ist unmöglich!« sagte ich zu meiner Mutter. »So etwas kann ich nicht tragen!«

»Sei still«, erwiderte Tsong Hai, »und zieh dich an. Du willst doch nicht wie eine Wilde in diesem Aufzug ausgehen? Vergiß nicht, daß du ein junges Mädchen bist, und zwar ein junges Mädchen aus guter Familie. Du mußt elegant sein. Vor allem heute, wo es sich um so wichtige Leute handelt.«

Was die Eleganz betraf, so fehlte es an nichts: neben dem Kleid und der Unterwäsche gab es noch ein Paar weiße leichte Schuhe und eine Handtasche in derselben Farbe, die ausgezeichnet zur Jahreszeit paßten, denn es war Sommer. Vergessen wir nicht, daß meine Mutter eine Bauerntochter war. Deshalb hatte sie auch eine gebildete Cousine, eine Studentin der amerikanischen Saint-John-Universität, um Rat gebeten, als es um den Einkauf meiner neuen prächtigen Garderobe ging. Tsong Hai half mir, mich anzuziehen. Das fiel mir keineswegs leicht. Denn alles drückte mich, der Büstenhalter, das chinesische Kleid mit dem engen Kragen, die Schuhe. Ich begutachtete mich vor dem Spiegelschrank und fand mich seltsam. Dieses große schlanke Mädchen, das durch seinen Aufputz vorteilhaft zur Geltung gebracht wurde, schien eine andere Person zu sein. Hinzu kam, daß mir meine Mutter, um die Verwandlung vollkommen zu machen, die Lippen angemalt hatte.

»Komm schnell, wir müssen los!« sagte sie.

Das war leicht gesagt. Mein Kleid behinderte mich bei jeder Bewegung. Ich tat jedoch, was ich konnte.

»Nicht so wild!« rief meine Mutter entsetzt und sah mich mit meinen großen Schritten schon das Kleid zerreißen. Ich wußte nichts mit der Handtasche anzufangen, die lästig hin und her baumelte. Ich hätte mich hinsetzen und vor allen Dingen nicht mehr laufen mögen. Auf der Treppe ließ Tsong Hai mir wie eine Schulmeisterin mit zusammengepreßten Lippen ihre letzten Ratschläge zuteil werden.

»Du wirst zwei Stunden in der Öffentlichkeit verbringen. Ich möchte, daß du die größte Aufmerksamkeit auf deine Haltung verwendest, auf deine Gesten, auf die Art, wie du die Handtasche hältst. Es hängt von dir ab, ob dein Vater völlig das Gesicht verliert oder nicht. Ich hoffe, du hast mich verstanden.«

Ein Glück, dachte ich, daß mein Bruder mich nicht sieht. Er hätte sicherlich gesagt, daß ich wie eines jener Luxusweiber aussähe, die im Müßiggang lebten. Ich war sicher, daß ich ihm nicht gefallen hätte.

Unter unendlichen Vorsichtsmaßnahmen für mein Kleid, das eine etwas heftige Bewegung jeden Augenblick in zwei Teile reißen konnte, stieg ich ins Erdgeschoß hinab. Die gesamte Familie Hsiao war dort versammelt: Onkel Hsiao, seine zwei Frauen, die Kinder und die Hausangestellten. Bei meinem Anblick setzte ein Konzert von Ausrufen und Komplimenten ein. Onkel Hsiao begutachtete mich mit unverwandtem Blick. (Am selben Abend noch konnten wir dem üblichen Geschrei entnehmen, daß er seiner ersten Frau und seiner Tochter eine heftige Szene machte, weil sie weder mein Auftreten noch meine Schönheit besaßen.) Der Chauffeur erwartete uns neben meinem Vater bei der Garage. Wei Hi, der mich in meiner neuen Kleidung noch nicht gesehen hatte, betrachtete mich mit Entzücken. Meine Eltern und ich stiegen in den Wagen, und los ging es zu diesem wichtigen Tee.

Dieses Ereignis spielte sich im Zentrum Shanghais ab. Wir waren in einem bekannten Restaurant verabredet, das den Namen »Der Grüne Pavillon von Yang-Chou« trug (Yang-Chou ist eine Stadt im Gebiet von Nanking). Es war etwa vier Uhr nachmittags. Als wir den Raum von bescheidenen Ausmaßen betraten, saßen dort etwa zehn Leute, die bei meinem Anblick nicht nur anfingen, mich anzustarren, sondern auch noch mit erstaunlicher Ungeniertheit miteinander zu flüstern begannen, ohne mich aus den Augen zu lassen. Ich fragte mich, ob ich irgend etwas am

Kleid oder im Haar hängen hatte. Mir blieb jedoch keine Zeit, darüber nachzudenken. Mein Vater wandte sich an den Chef des Hauses: »Wir werden von Herrn Liu erwartet.«

»Im ersten Stock, bitte«, sagte der Chef und zeigte uns den Weg.

Tsong Hai kam ganz nah an mein Ohr: »Achte auf deine Haltung, vergiß es nicht! Halt deine Handtasche ordentlich!«

Was meine Haltung anging, so war ich wegen der Gaffer, die im Erdgeschoß flüsterten, ohnehin peinlich darauf bedacht, keinen Fehler zu machen. Ich spürte, als ich die Treppe hinaufging, daß sie mich immer noch nicht aus den Augen ließen. Im ersten Stock saßen einige Leute um einen Tisch herum. Einer von ihnen stürzte auf uns zu, um uns zu begrüßen, und ich erkannte den Mann sofort: es war der mysteriöse Herr, den ich eines Nachmittags vor unserem Haus getroffen und dem ich die Tür geöffnet hatte. Er hieß Yüan. Aufgeregt führte er uns auf den Tisch in der Mitte zu. Dort saß bereits ein imponierend wirkendes Paar in den Fünfzigern, neben ihnen ein junger Mann. Die gegenseitige Bekanntmachung begann:

»Herr und Frau Chow und ihre Tochter.«

»Herr und Frau Liu und ihr Sohn.«

Die Familie war chinesisch gekleidet. Herr Liu trug ein beigefarbenes Seidengewand, seine Frau ein dunkles, schlichtes Kleid, einen Knoten und bestickte Stoffschuhe, die an sehr kleinen Füßen saßen. Der junge Mann – er mochte sechsundzwanzig oder siebenundzwanzig sein – trug eine Jacke mit Knöpfen und eine weite Hose. Er hatte einen kränklichen Gesichtsausdruck, sein Gesicht war wachsgelb, und er trug eine Brille. Zwar war er nicht häßlich, aber er machte den Eindruck, als sei er gerade aus dem Krankenbett aufgestanden und als würde ein Windstoß ihn umpusten. Bei unserem Anblick hatte die Familie Liu sich erhoben. Obwohl wir einander bereits vorgestellt waren, zeigte Herr Liu auf seinen Sohn und wandte sich an meinen Vater: »Das ist Hündchen . . . «

Ich hörte diesen Ausdruck zum erstenmal. Im alten China stellte man sein Kind stets auf diese Weise vor, das heißt, man sagte nicht »mein Sohn«, sondern »Hündchen«, eine Bezeichnung, die nichts Abfälliges hatte und nur Bescheidenheit gegenüber den Freunden ausdrückte. Daraus ließ sich gleich zu Beginn entnehmen, wie wenig modern die Familie Liu eingestellt war.

Sobald wir alle miteinander bekannt gemacht worden waren, nahmen wir Platz. In China ist dabei der wichtigste Platz der dem Süden zugewandte. Diesen Ehrenplatz wollte Herr Liu nun unbedingt meinem Vater zusprechen. Der lehnte jedoch ab und bestand darauf, daß Herr Liu ihn einnahm. Jeder wollte dem anderen die Ehre zukommen lassen, und so dauerte das kleine Spiel eine gute Minute. Schließlich setzten sich dann mein Vater und Herr Liu nebeneinander, und jeder hatte seine Frau zur Seite. Diesen vier Personen gegenüber hatte sich Herr Yüan hingesetzt. Zu seiner Linken saß der junge Liu, zu seiner Rechten saß ich. Der Imbiß begann mit Tee aus Hang-Chou. Dann servierte man uns eine Menge kleiner Gerichte, ganz wie bei einem Abendessen: Kaiser-Pastete, gefüllte Nudeln und vor allem Nudeln, die mit Hühnerfleisch zusammen gekocht wurden, eine Spezialität des »Grünen Pavillons«, die ich besonders köstlich fand.

Da ich ja erst vor kurzem aus der Schule gekommen war, war ich wirklich ausgehungert, und da mich andererseits die Unterhaltung um mich herum nicht interessierte, hob ich kaum einmal die Nase aus meinem Napf, leerte die Teller bis auf das letzte Bröckchen, sowie man sie vor mich hinsetzte. Das war allerdings nicht sehr schicklich, und die strengen Blicke meiner Mutter gaben mir das auch zu verstehen. Frau Liu gefiel mein Appetit hingegen sehr, wie man mir später erzählte. Er bewies ihr, daß ich einfach und naiv war und auch keinen Sinn für Verschwendung hatte, eine bei einer Chinesin sehr wesentliche Eigenschaft.

Immerhin zwangen mich einige sehr heiße Gerichte gelegentlich zu einer kleinen Pause und ließen mir Zeit, meine Nachbarn zu beobachten. Bei dieser Gelegenheit musterte ich vor allen Dingen Herrn Liu. Seine Handballen waren von rötlicher Farbe, eine Eigentümlichkeit, deren Bedeutung meine Mutter mir später erklärte. Ebenso merkwürdig war, daß seine Stirn wie ein Spiegel blinkte, in dem das Licht der Glühlampen reflektiert wurde. Abgesehen von dem chinesischen Gewand, das ihn so sehr von meinem Vater unterschied, hatte er im Ganzen irgend etwas, das mich interessierte und beeindruckte. Dasselbe galt im übrigen für seine Gemahlin, die mit ihren sehr strahlenden Augen voller Tatkraft und Aufrichtigkeit den Eindruck einer wirklich großen Dame machte. Was den Sohn anging, von dem ich durch Herrn Yüan, den mysteriösen Freund meines Vaters, getrennt war, so sah ich ihn als einen Hampelmann an, der ausschließlich von seiner Mutter beherrscht und nur von ihr zu irgendwelchen Regungen animiert wurde. Im Verlauf dieser Mahlzeit bemerkte ich mehrfach, daß er mich ansah, doch tat er das stets aus dem Augenwinkel.

Mein Vater gab das Signal zum Aufbruch ausgerechnet in dem ungünstigen Augenblick, da ich die leckeren Hühnernudeln in Angriff nahm. Ich mußte also meinen Napf stehenlassen, um mich zu verabschieden. Herr Yüan und die Familie Liu begleiteten uns bis zur Treppe. Man tauschte die Abschiedsgrüße auf die alte Weise aus, indem sich einer vor dem anderen verneigte. Es war das erstemal, daß ich meinen Vater in dieser Haltung sah. Ich imitierte ihn, so gut ich konnte, obwohl diese Übung für mein Kleid höchst bedrohlich war.

Als wir wieder im Erdgeschoß angekommen waren, saßen hier noch immer diese ekelhaften Gaffer, die mich vor einer Weile so angestarrt hatten. Und tatsächlich fing einschließlich des Geflüsters alles wieder von vorne an! Empört machte ich, daß ich hinauskam. Wenig später sollte ich erfahren, um was für Leute es sich da gehandelt hatte.

Der Chauffeur erwartete uns draußen. Erst als wir im Wagen saßen, begann ich über die seltsame Mahlzeit und die daran Beteiligten nachzudenken, insbesondere über Herrn Liu, den imponierenden Mann mit den roten Handballen und der Stirn, in der sich die Lampen des Restaurants spiegelten. Niemals hatte ich eine so zutiefst chinesische Familie mit konfuzianischen Manieren gesehen, die noch ausgeprägter waren als bei unserem Nachbarn Onkel Hsiao. Ich war sehr neugierig zu erfahren, weshalb mein Vater mit solchen ungewöhnlichen Leuten zu tun hatte. Das war auch der einzige Grund, weshalb ich anfing, Fragen zu stellen. Denn ich hatte nicht die geringste Ahnung von der wirklichen Bedeutung dieser Teemahlzeit und wäre im Traum nicht auf die Idee gekommen, daß sie irgend etwas mit mir zu tun haben könnte.

»Herr Liu«, antwortete mein Vater, »ist ein wichtiger und berühmter Geschäftsmann, einer der zehn reichsten Männer Chinas. Er besitzt Grundstücke in Shanghai, in Hang-Chou, in Ning-Po, seiner Geburtsstadt. Er besitzt auch Banken und Fabriken, und kein Mensch weiß, wie groß sein Vermögen wirklich ist. Herr Liu ist aber nicht nur ein Millionär, er ist auch ein Menschenfreund, der ebenso wohltätig wie reich ist; einen großen Teil seiner Einnahmen gibt er an Waisen und Witwen und an Krankenhäuser.«

Aber mich interessierte eigentlich nur, was es mit den roten Handballen und der wie ein Spiegel glänzenden Stirn auf sich hatte, und so fragte ich danach.

»Es handelt sich dabei um zwei sehr seltene Zeichen«, erklärte meine Mutter, »die, was das Schicksal eines Menschen betrifft, zugleich großen Reichtum und bedeutende Macht anzeigen.«

Nach dieser Auskunft war mein Interesse an der Persönlichkeit Herrn Lius ebenso schnell erloschen, wie es entstanden war. Wir waren noch nicht nach Hause zurückgekehrt, als ich ihn schon vergessen hatte.

Etwas viel Interessanteres geschah kurze Zeit danach an einem Samstagnachmittag, als ich nicht zur Schule mußte. Eine Klassenkameradin hatte mich zusammen mit mehreren Freundinnen zum Tee eingeladen. Wir hatten gerade angefangen, Platten zu hören – selbstverständlich ausschließlich europäische Musik, Schlager und Wiener Walzer –, als es klingelte. Meine Freundin ging aufmachen. Sie kam mit einem jungen Mann zurück, den ich einige Sekunden lang für meinen Bruder hielt. Die Ähnlichkeit war verblüffend: derselbe hohe Wuchs, dasselbe Gesicht. Wie um meine Verwirrung noch zu steigern, trug er einen marineblauen Pullover und Blue jeans, die gewöhnliche Kluft meines Bruders. Ich ließ den Neuankömmling nicht aus den Augen, so erstaunt war ich, daß eine solche Ähnlichkeit möglich war. Dem jungen Mann konnte meine Fassungslosigkeit nicht verborgen bleiben. Er kam daher mit einem freundlichen Lächeln auf mich zu.

Da mir mein Benehmen höchst peinlich war, gab ich ihm hastig die Erklärung: »Du siehst meinem Bruder dermaßen ähnlich, daß ich geglaubt habe, er sei es.«

»Wenn ich eine Schwester hätte wie dich«, erwiderte er ohne Zögern, »wäre ich der glücklichste Junge der Welt.«

Irgend etwas an diesen Worten versetzte mich in Verwirrung. Als das Grammophon einen Strauß-Walzer spielte, forderte er mich zum Tanzen auf. Nun tanzte ich sehr gut, und zwar seit meiner frühesten Kindheit, und hatte sogar einen Tanzkurs an der Schule mitgemacht. Auch mein Kavalier war ein guter Tänzer, er tanzte viel und immer mit mir. So erfuhr ich schließlich auch seinen Namen. Wie damals viele junge Leute hatte er einen amerikanischen Namen, der mit einem chinesischen kombiniert war. Er hieß Louis Ho. Mittlerweile hatte ich meine Fassung wiedergefunden, und Louis' Ähnlichkeit mit meinem Bruder machte auf mich den seltsamen Eindruck, als würde ich ihn seit eh und je kennen. Dazu kam, daß er auch noch so alt war wie Ching Son, nämlich neunzehn Jahre. Eine Platte folgte der anderen, Walzer auf Walzer wurde gespielt, ich merkte nicht, wie die Zeit verging, bis ich plötzlich eine Standuhr sechsmal schlagen hörte. Ich mußte sofort losgehen und mich sehr beeilen! Ich hatte meiner Mutter versprochen, um sechs Uhr zu Hause zu sein. Nie wieder würde sie mich ausgehen lassen, wenn ich jetzt zu spät kam. Alle beschworen mich, noch ein wenig zu bleiben, und Louis Ho mehr als die anderen. Aber es war unmöglich, und obwohl ich Lust hatte zu bleiben, verabschiedete ich mich von meinen Freundinnen. Louis wollte mich nach Hause begleiten, und da es bis dahin nicht weit war, gingen wir zu Fuß.

Ehe er sich von mir trennte, bat er mich noch um meine Telefonnummer. Er wollte mich anrufen, um mich ins Kino einzuladen. Ich sagte ihm, daß ich zwar sehr gern ins Kino ginge, daß ich dazu jedoch die Erlaubnis meiner Mutter brauchte. Louis schien überrascht.

»Ich hätte nicht gedacht«, sagte er, »daß du noch ein kleines Kind bist.«

Tatsächlich war ich fast dreizehn Jahre alt, und viele Familien ließen in der damaligen Zeit und zumal in Shanghai ihren Kindern viel Freiheit. Louis konnte nicht wissen, wie sehr meine Mutter mich an der Kandare hatte und bis zu welchem Grad mein Vater in seiner maßlosen Zuneigung zu mir davor zurückscheute, mich allein irgendwohin gehen zu lassen.

Am nächsten Samstagnachmittag rief Louis mich an. Er wollte wissen, ob ich mit ihm ausgehen durfte. Das Telefon befand sich im Erdgeschoß, und meine Mutter hielt sich in diesem Augenblick im zweiten Stock auf. Ich ließ den Hörer einen Augenblick los und rief mit emporgerecktem Kopf: »Mama! Kann ich ins Kino gehen?«

Ich weiß nicht, was meine Mutter hörte und ob sie meine Frage überhaupt verstand. Immerhin neigte sie sich über das Treppengeländer und rief: »Ja!«

Ich traute meinen Ohren nicht, stürzte in den Garten hinaus und auf die Straße, vor lauter Angst, sie könnte herunterkommen, mir Fragen stellen oder ihre Meinung ändern.

Ehe ich den Hörer auflegte, hatte ich mir gerade noch die Zeit genommen, Louis zu sagen, daß ich ihn vor der amerikanischen Kirche gegenüber unserem Haus erwarten würde. Fünf Minuten später war er da und führte mich ins Kino. Außer der Tatsache, daß es sich um einen amerikanischen Film handelte, habe ich vergessen, was an dem Tag gespielt wurde, und es interessierte mich, ehrlich gesagt, auch nicht sehr. Ich erlebte mein erstes Rendezvous mit einem Jungen. Wir waren beide sehr ernst. Die Begegnung verlief nicht im westlichen Stil. Wir hielten nicht einmal Händchen. Bei jungen Chinesen brauchte es mindestens drei Monate der Bekanntschaft, bis man begann, sich bei der Hand zu halten.

Als wir aus dem Kino kamen, überfiel mich bei dem Gedanken, daß ich meiner Mutter eine Erklärung würde liefern müssen, sofort das bare Entsetzen. Ich bat Louis, mich nach Hause gehen zu lassen, und er besaß genug Zartgefühl, mich nicht aufzuhalten. Ich hatte Angst, und zwar nicht davor, ein Donnerwetter zu erleben, sondern meiner Mutter Kummer zu machen und insbesondere meinem Vater Anlaß zur Besorgnis zu geben.

Ich ging sofort auf mein Zimmer, als könnte ich auf diese Weise den Fragen meiner Eltern entgehen. Selbstverständlich erregte diese Art, mich zu verstecken, das Interesse meiner Mutter um so stärker.

»Wo kommst du her?«

Ich hätte ihr ja wenigstens antworten können, daß ich mit einem Mädchen ausgegangen sei, aber ich brachte es nicht fertig. Meine Erziehung verbot mir, die Eltern zu belügen, und meine christliche Erziehung bestärkte mich darin noch. Ich antwortete also: »Ich bin mit Louis Ho ins Kino gegangen.«

Das war nun eine Katastrophe. Tsong Hai geriet außer sich. Zunächst bombardierte sie mich mit Fragen über diesen Louis: wer sein Vater und wer seine Mutter seien. Ich hätte eigentlich bis ins dritte Glied Rede und Antwort stehen müssen. Doch ich wußte nichts von diesem Louis, außer daß er der Freund eines Mädchens von der Schule war, bei dem ich ihn auch getroffen hatte. Diese Unkenntnis trug nicht gerade zur Erleichterung meiner Lage bei.

»Wie?« sagte Tsong Hai. »Du gehst mit einem Jungen aus und weißt nicht einmal, wer sein Vater und seine Mutter sind? Und wenn er dich nun entführt und verkauft hätte?«

Nun kam es zwar damals nicht selten vor, daß ein junges Mädchen meines Alters entführt, verkauft und auf die Straße geschickt wurde. Trotzdem fand ich die Reaktion meiner Mutter übertrieben. Die Tirade war lang und nahm nur vorübergehend ein Ende. Am nächsten Tag rief Louis mich an, um mir guten Tag zu sagen. Naiv wie immer wußte ich nichts Besseres, als ihm sogleich die Fragen zu wiederholen, die meine Mutter mir im Hinblick auf ihn gestellt hatte. Ich spürte, wie er am anderen Ende der Leitung verblüfft, ja peinlich berührt reagierte.

»Louis«, sagte ich zu ihm, »wenn du willst, daß ich wieder mit dir ausgehe, mußt du mir sämtliche Erklärungen geben, die meine Mutter von mir verlangt. Versetze dich in meine Lage. Wie soll ich ihr antworten, wenn ich nichts weiß?«

Nett, wie er war, ließ er mich alles wissen, was ich wissen wollte. Um es zusammenzufassen: sein Vater hatte eine Geliebte gehabt, seine Eltern hatten sich infolgedessen scheiden lassen, und jeder Elternteil hatte sich neu verheiratet. Von beiden verlassen, lebte Louis nun bei einem Onkel. Die Hälfte dieser Biographie genügte bereits, und meine Mutter war entgeistert. Es fehlte in der Tat nichts: eine geschiedene Frau, was in China nicht gerade sehr geschätzt wurde, und noch dazu eine wiederverheiratete Frau, was nun allerdings die Höhe war. Daß ich ausgerechnet mit einem

Jungen aus einer solchen Familie Umgang hatte, das war zuviel. Tsong Hai warnte mich mit allem Nachdruck:

»Ich verbiete dir, noch einmal mit diesem Louis auszugehen! Und ich rate dir, mir weder ungehorsam zu sein, noch mir irgend etwas zu verschweigen! Ich will nie mehr ein Wort von diesem Jungen hören!«

Einige Tage später kam wieder ein Anruf von Louis, und ich teilte ihm schlicht und einfach mit, was meine Mutter beschlossen hatte: »Louis, du kannst mich anrufen, um dich zu erkundigen, wie es mir geht, aber ich kann nicht mehr mit dir ausgehen.«

Er wollte mich jedoch unbedingt sehen. Daß wir nicht mehr ins Kino gehen konnten, das mochte noch angehen. Aber uns überhaupt nicht mehr zu treffen, das war unmöglich. Er studierte an der amerikanischen Saint-John-Universität, ganz in der Nähe der Mac Intyre School. Warum sollte er mich nicht gelegentlich von der Schule abholen? Ja, weshalb eigentlich nicht? Ich sagte, ja, das ginge, ohne auch nur daran zu denken, daß ich meinen Eltern zum erstenmal in meinem Leben etwas verheimlichte, denn sie durften das niemals erfahren.

Louis Ho holte mich nun öfter von der Schule ab, um mich bis zur amerikanischen Kirche zu begleiten. Nachdem ich mich von ihm getrennt hatte, stieg ich rasch in mein Zimmer hinauf und machte ihm vom Fenster aus, von wo ich die Kirche sehen konnte, ein Abschiedszeichen, das er abwartete, um dann ebenfalls nach Hause zu gehen. Das war unser kleines Zeremoniell, das wir uns zur Gewohnheit gemacht hatten. Wenn er zu sehr beschäftigt war, um mich abzuholen, oder wenn wir uns verfehlt hatten, rief er an. Unsere Beziehung war ganz unschuldig, ja, rein geblieben, und das in einer Stadt, wo die Jungen und Mädchen unseres Alters bereits »Paare« bildeten, die einander besuchten. Die neueste Mode von Shanghai – eine dieser Sitten, die dazu angetan waren, bald wieder zu verschwinden – waren die »Parties«, und die Hauptsorge war, Partner zu finden, die man einladen konnte. Ich wurde oft eingeladen, scheiterte jedoch stets am Verbot meiner Eltern. Ich kam mir in den Augen der anderen allmählich lächerlich vor. Meine Mutter fing jedoch, während ich mich unschuldig wie ein Kindlein in der Wiege fühlte, an, sich ernsthaft um mich Sorgen zu machen. Und jetzt begannen, als die Ereignisse sich überstürzten, die Hintergründe mancher Dinge klar zu werden.

Eines Abends nach dem Abendbrot wandte sich Tsong Hai im Eßzimmer an mich.

»Wir beide müssen nun ein ganz ernstes Gespräch miteinander führen.«

Meine kleine Schwester Ching Lin war dabei und ebenso mein älterer Bruder Ching Son. Mama sagte, sie sollten bleiben, und wandte sich wieder an mich.

»Seit einiger Zeit«, sagte sie, »gibt es zu viele Jungen, die dir nachlaufen. Ich sterbe fast vor Sorge. Ich kann kein Auge mehr zutun!«

Und schon ging die alte Leier wieder los: Ich sei zu empfänglich für »schöne Redensarten«, ich würde schließlich von einem armen jungen Mann verführt werden, ich würde wie eine Sklavin zwischen Küche und Kindern enden...

»Und dabei bist du so zart wie eine Blume. Wie solltest du diese Hölle ertragen können ... «

Doch dieses nun schon übliche Gejammer war nur eine Einleitung, ehe sie richtig zur Sache kam. Denn an jenem Abend sprach meine Mutter die verhängnisvollen Worte aus, die meinem Leben die entscheidende Wende gaben:

»Ich sehe nur eine Lösung«, fuhr sie fort. »Ich werde eine Schwiegerfamilie für dich finden müssen. Erst dann wird alles in Ordnung kommen, erst dann kann ich aufhören, mich zu sorgen und zu ängstigen.«

»Eine Schwiegerfamilie suchen«, das ist in China ein ganz eindeutiger Ausdruck; er bedeutet: sich verloben und anschließend heiraten. Und einen Mann heiraten, das heißt zugleich auch seine Familie heiraten.

»Mama«, antwortete ich sehr ruhig, »wir können doch über das alles in drei Jahren noch einmal sprechen, wenn es dir recht ist.«

Ich war kaum dreizehn Jahre alt. In drei Jahren wäre ich sechzehn, und das war ein angemessenes Alter, um ein Mädchen zu verheiraten. Viel länger durfte man nicht warten, denn mit zwanzig Jahren wurde ein unverheiratetes Mädchen bereits als alte Jungfer angesehen. Aber früher sollte es auch nicht sein: ich wollte erst die Schule beenden.

»Daran soll es nicht liegen«, sagte meine Mutter. »Die Schule kannst du in jedem Fall beenden. Das ist übrigens etwas, das wir mit ihnen bereits ausgemacht haben.«

Dieses *ihnen* ließ mich hochfahren, als hätte ich mich verbrannt. Ich schrie: »Was heißt das, mit *ihnen*? Von wem sprichst du, Mama?«

»Ich spreche von der Familie Liu. Erinnerst du dich nicht an Herrn Liu und an seinen Sohn, die uns von Herrn Yüan, dem Freund deines Vaters, vorgestellt worden sind?«

»Welcher Liu?«

»Welcher Liu!« wiederholte meine Mutter ärgerlich. »Aber natürlich doch der, mit dem wir im ›Grünen Pavillon von Yang-Chou‹ Tee getrunken haben!«

Dieser Tee lag schon zwei Monate zurück, und ich hatte ihn längst vergessen. Immerhin wußte ich jetzt, worum es ging. Vor meinen Augen stand plötzlich »Hündchen«, der Sohn von Herrn Liu, gelb und kränklich, so daß man dachte, ein Windstoß könne ihn umblasen. Mit ihm also wollte man mich verheiraten! Ich fing plötzlich wie verrückt an zu lachen und konnte überhaupt nicht mehr aufhören. Mama dachte doch nicht etwa ernsthaft daran, mich mit diesem Hampelmann zu verheiraten? War das ein Witz oder ein Spiel, um mir Angst einzujagen?

Zu meinem Bruder und meiner Schwester gewandt, beschrieb ich in allen Einzelheiten die Teeveranstaltung und die Beteiligten, indem ich einen nach dem anderen imitierte und dabei immer wieder schallend lachte.

»Sei still!« schrie meine Mutter plötzlich.

Sie war verletzt, weil ich mich über sie lustig machte. Was sie mir zu sagen hatte, war kein Scherz. Das wurde mir vollends klar, als sie fortfuhr:

»Weißt du, wie viele Familien ihre Töchter mit ihm verheiraten wollen, seit der junge Liu siebzehn Jahre alt ist? Dutzende! Er hat sämtliche Kandidatinnen abgelehnt. Keine gefiel ihm. Und darunter waren reiche Mädchen, die zu den besten Familien gehörten. Herr Liu hat daraufhin angefangen, sich Sorgen zu machen, denn dieser Sohn ist sein Ältester. Als der Freund deines Vaters, Herr Yüan, von dir erzählte und darauf bestand, daß unsere Familien sich kennenlernen sollten, war Herr Liu keineswegs begeistert, denn er fürchtete eine neue Ablehnung seitens seines Sohnes, einen neuen Fehlschlag. Doch Herr Yüan hat so hartnäckig darauf bestanden, hat geschworen und seine Hand dafür ins Feuer gelegt, daß er ihm diesmal ein Mädchen vorstellen könnte, das seinem Sohn gefallen würde, daß Herr Liu schließlich nachgegeben hat. Und dann ist alles so gekommen, wie Herr Yüan es vorausgesagt hat. Zum erstenmal ist der junge Liu Yu Wang – er ist mittlerweile sechsundzwanzig Jahre alt – einverstanden: das Mädchen hat ihm auf den ersten Blick gefallen. Und dieses Mädchen bist du! Begreifst du jetzt?«

Ich zuckte nicht mit der Wimper. Meine Mutter wartete meine Antwort nicht ab und fuhr fort:

»Und jetzt hör mir gut zu. Der junge Liu Yu Wang will dich heiraten. Er will es um jeden Preis. Seine Entscheidung hat seinen Vater und seine Mutter außerordentlich froh gestimmt. Herr Yüan ist sofort gekommen, um im Auftrag von Herrn Liu um deine Hand anzuhalten. Seitdem kommt Herr Yüan jeden Tag zu deinem Vater, weil er unter dem Vorwand, du seist viel zu jung, seine Einwilligung noch nicht gegeben hat. Was soll ein Mann wie Herr Liu vom Zögern deines Vaters halten, wo doch sämtliche jungen Mädchen Shanghais davon träumen, Mitglied seiner Familie zu werden? Selbst Onkel Hsiao, der beste Freund deines Vaters, war gekränkt: er ist reicher als wir, er hat ebenfalls eine Tochter, und dennoch hat Herr Yüan ihn niemals aufgefordert, seine Tochter Herrn Liu vorzustellen. Auf Verlangen von Herrn Liu drängt Herr Yüan deinen Vater immer noch. Und jetzt tadelt Onkel Hsiao, der seine Kränkung vergessen hat, deinen Vater und fragt ihn, wie er zögern kann, seine Tochter einer Familie wie der von Herrn Liu zu geben. Sie ist schließlich nicht nur reich, sondern auch ehrenwert und tugendhaft.«

Damit war alles klar, und es blieb kein Zweifel mehr. Um mich hatte man ein richtiges Komplott geschmiedet. Nun begriff ich auch die Ursache all der Ereignisse, die mich, naiv, wie ich war, so erstaunt hatten: daß man mir die Zöpfe abgeschnitten hatte, die Dauerwelle, das schöne Kleid und all die hübschen Dinge, die dazu gehörten, die Teegesellschaft im »Grünen Pavillon« und selbst die Gaffer im Erdgeschoß des Restaurants: Himmel, das waren die Verwandten und Freunde der Lius gewesen, und sie waren gekommen, um das kleine, seltsame Tier anzuschauen, von dem es hieß, daß es so hübsch sei.

Meine Mutter hatte ernsthaft gesprochen. Ich wollte ihr ebenso ernsthaft antworten, und vor allem wollte ich ihr sagen, was ich von meinem »Verlobten« hielt.

»Mama, hast du dir Liu Yu Wang genau angeschaut? Er ist quittegelb, schwächlich und kränklich. Mein Bruder Ching Son könnte mit ihm spielen wie mit einem Ball. Mama, dieser Junge gefällt mir nicht. Hast du gesehen, wie er gekleidet ist? Er hat überhaupt keine Bildung und ist so altmodisch wie irgend etwas!«

»Du weißt nicht, wovon du sprichst!« schrie meine Mutter. »Du redest einfach so daher! Dein Vater und ich haben uns die Mühe gemacht, Herrn Yüan über seine Gesundheit zu befragen. Wenn Liu Yu Wang schlecht aussah, so war das Zufall: er hatte Typhus und war davon gerade wieder genesen, als du ihn gesehen hast. Deshalb war er so gelb und dürr! Was seine Bildung angeht, so kann ich dir sagen, weshalb er sie nicht vervollkommnet hat. Weil sein Vater so zahlreiche und bedeutende Geschäfte führt, daß sein Sohn ihm dabei behilflich sein mußte. Gleich nach Abschluß der

Oberschule ist er in eine der Banken seines Vaters eingetreten. *Das* ist die Wahrheit!«

Das stimmte nun keinesfalls, sondern sie erzählte nur die Lügen wieder, die Herr Yüan, der schamlose Kuppler, sich ausgedacht hatte. Anständig, wie sie waren, hatten meine Mutter und mein Vater ihm vertraut und ahnten nichts. Als ich dann zusammen mit ihnen die Wahrheit entdeckte, war es zu spät.

»Außerdem«, fügte meine Mutter hinzu, »weshalb sollte Liu Yu Wang, reich, wie er ist, endlos studieren? Nimm zum Beispiel Herrn Yüan, nimm auch Onkel Hsiao: sie haben beide viel weniger gelernt als dein Vater. Und wer ist der am wenigsten wohlhabende von den dreien? Dein Vater, der so lange studiert hat!«

Mein Bruder Ching Son, der seit Beginn der Sitzung den Mund nicht aufgemacht hatte, griff in diesem Moment ein.

»Mama«, sagte er, »ich bin der Meinung, daß du unrecht hast. Das Studieren ist eine sehr wichtige Sache. Herr Yüan und Onkel Hsiao gehören einer anderen Epoche, der Vergangenheit an. Aber die Zeiten ändern sich. Eine Revolution steht bevor, und bald wird die Zeit kommen, wo man nicht mehr betrügen kann wie heute, eine Zeit, wo jeder das haben wird, was er verdient, und nicht mehr.«

Mein Bruder kam mir mit den Argumenten zu Hilfe, die ihm die Ideen der Kommunisten lieferten, die damals allmählich allgemein bekannt wurden, seit fast ganz China befreit war, obwohl die Rote Armee noch kämpfte und in Shanghai das Leben trotz der neuen Machthaber sich so wenig gewandelt hatte, daß man sich vor allem unter den Geschäftsleuten über nichts Gedanken machte und wie in einem Traum lebte. Ching Son fügte hinzu:

»Ein Junge wie Liu Yu Wang ist wie ein verwöhntes Kind, das für das Leben nicht gewappnet ist. Wenn sich die Verhältnisse ändern, ist er verloren, und er, der heute so reich ist, wird womöglich nicht einmal mehr das Nötigste zum Leben haben.«

Nun griff auch meine kleine Schwester Ching Lin ein.

»Ich möchte zu gern, daß man diesen Herrn Yüan das nächste Mal, wenn er wieder hierherkommt, um meinen Vater zu plagen, vor die Tür setzt! Haben wir einen solchen Heiratsvermittler nötig, dessen einziges Ziel darin besteht, der Familie Liu zu gefallen und dafür belohnt zu werden? Brauchen wir so einen Menschen? Braucht man eine Familie Liu, wenn man schön und intelligent ist wie meine Schwester Ching Lie? Gibt es nicht Hunderte von Jungen, die sie gerne heiraten würden und ihrer würdig sind?«

»Genauso ist es!« schrie meine Mutter. »Gerade weil Jungen vom Schlage eines Louis Ho um sie herumstreichen, stehe ich

Todesängste aus und schlafe keine Nacht mehr! Denn ich bin sicher, daß es schließlich irgendeinem armen Jungen gelingen wird, sie zu verführen! Während ich, wenn ich weiß, daß sie von nun an verlobt ist, keine Sorgen mehr haben werde und wir alle endlich wieder ruhig schlafen können!«

Seit einer Stunde sprachen wir miteinander. Die Spannung war unerträglich, niemand war bereit nachzugeben. Schließlich entstand ein langes Schweigen. Für diesen Abend mochte es mit dem leidigen Thema sein Bewenden haben, und endlich gingen wir schlafen.

Herr Yüan kam weiter täglich zu uns. Mein Vater wollte noch immer keine endgültige Antwort erteilen. Die Familie Liu wurde ungeduldig und verfiel nun auf einen neuen Abgesandten, einen gewissen Herrn Ch'en, der ein persönlicher Freund von Herrn Liu war. So kamen jetzt also jeden Tag zwei Männer, um meinen Vater zu belagern, und das ging über seine Kräfte.

Wie war es damals um Wei His wahre Empfindungen bestellt? Ich glaube, sie zu kennen. Es gab keinen Zweifel, daß er mich zu jung fand und daß es ihm widerstrebte, mich der Familie Liu zu geben, einer Familie, der ich vom Hochzeitstag an ausschließlich zugehören würde. Vielleicht war es für einen so zärtlichen Vater wie ihn auch noch zu früh, schon jetzt die Tochter zu verlieren. Aber davon einmal abgesehen, hatte die Aussicht auf eine Verbindung mit einer so reichen Familie, die einen so bedeutenden Ruf besaß, etwas Schmeichelhaftes, und das konnte ihn nicht kalt lassen. Wenn er mir nun aus Egoismus eine Chance verdarb, die sich nie wieder bieten würde? Auch das mußte er bedenken. So kam es, daß er, vom Widerstreit der Empfindungen zerrissen, sich nicht entschließen konnte, den Abgesandten eine Antwort zu erteilen.

Inzwischen war es Herbst geworden. Das ist die Zeit der großen Süßwasserkrabben, auf die die Chinesen so versessen sind. Das galt vor allem für meinen Großvater Tsou Hon. Obwohl sie recht teuer waren, hatte meine Mutter eines Tages eine große Menge davon gekauft, und nachdem sie sie zubereitet hatte, schickte sie den Chauffeur zu meinem Großvater, dessen Eßlust ihr bekannt war, um ihn abzuholen und ihm zu sagen, daß er während der Krabbenzeit mit seiner Frau bei uns wohnen könne. Diese Krabben sollten mich teuer zu stehen kommen.

Es gab da also einen Mann, der meinen Vater seit zwei Monaten ergebnislos plagte, um ihm seine Einwilligung zu entreißen. Dieser Mann war Herr Yüan. Die Ankunft meines Großvaters in unserem Haus war für ihn wie ein Hoffnungsschimmer. Im Einverständnis mit seinem Spießgesellen, Herrn Ch'en, beschloß er, die Stoßrichtung zu ändern. Man mußte sich auf Tsou Hon werfen. Die beiden Männer besaßen das richtige Gespür und bewegten sich diesmal auf günstigem Gelände.

Weder von der Begegnung im »Grünen Pavillon« noch von den Projekten, die man im Hinblick auf mich hegte, hatte Tsou Hon bis dahin irgend etwas erfahren. Die Herren Yüan und Ch'en waren die ersten, die ihn darüber informierten. Als mein Großvater den Namen der Familie Liu hörte, den jedermann in Shanghai kannte, und erfuhr, daß diese Familie sich mit unserer verbinden wollte, war er buchstäblich berauscht. Das überstieg für ihn alles, was er sich an Großartigem, Unerreichbarem hätte erträumen können. Als die Herren Yüan und Ch'en ihn wissen ließen, daß sein Sohn Wei Hi seine Zustimmung zur Heirat noch nicht gegeben hatte, schrie er wütend: »Was sagen Sie da? Hat mein Sohn den Verstand verloren?«

Zunächst geriet er in Zorn, dann aber schüttelte er mitleidig den Kopf: Wei His Meinung hatte nicht die geringste Bedeutung. Er ließ ihn sofort zu sich kommen und fegte seine Einwände mit einer Geste vom Tisch. Und wie stets erwies Wei Hi seinem Vater absoluten Gehorsam. Außerdem hatten ihn die Wochen des Zögerns und des inneren Kampfes erschöpft, und so überließ er Tsou Hon gänzlich die Verantwortung in dieser Angelegenheit. Für Großvater gab es keinen Anlaß zu längeren Ausflüchten. Am nächsten Tag gab er seine Entscheidung bekannt, daß ich die Frau Liu Yu Wangs würde, und er bat die Herren Yüan und Ch'en, die Familie Liu zu fragen, welches Datum sie für die Verlobung vorschlüge.

Mehrere Tage nach dieser Entscheidung, die mir nicht mitgeteilt wurde – man schrieb den 20. September –, waren mein Bruder, meine Schwester und ich dabei, unsere Hausaufgaben zu erledigen, als meine Mutter mit einem ungewohnten Ausdruck der Zufriedenheit ins Zimmer trat.

»Kinder«, sagte sie lächelnd, »ich verkünde euch eine große Neuigkeit: Großvater hat entschieden, daß Mi Mi verlobt werden soll. Der dafür festgesetzte Tag ist der 28. Oktober.«

Meine Mutter hatte kaum zu Ende gesprochen, als mein Bruder Ching Son heftig mit der Faust auf den Tisch schlug.

»Ihr seid alle verrückt!« schrie er.

Diese brutale Neuigkeit, der Faustschlag meines Bruders, der doch stets so selbstbeherrscht war, das alles war so befremdlich, daß ich, statt bestürzt zu sein, den Eindruck hatte, dieser Lärm um mich herum beträfe mich gar nicht. Mein Bruder wurde immer heftiger.

»Das ist doch nicht möglich! Ihr habt nicht das Recht, das Leben dieses Kindes zu zerstören! Ihr habt nicht das Recht, Hand an ein Mädchen zu legen, wie meine Schwester es ist!«

Ching Lin, meine kleine Schwester, die immer sehr ruhig war, unterbrach meinen Bruder.

»Reg dich nicht auf«, sagte sie zu ihm, »da es ja Großvater ist, der diese Entscheidung getroffen hat, werden wir Großvater sagen, daß er selbst hingehen und die Familie Liu heiraten kann! Wir jedenfalls werden unsere Schwester behalten.«

In diesem Moment merkte ich, daß Tsong Hais Gesicht sich verändert hatte. Das Gesicht meiner Mutter war von einem so tiefen Schmerz gezeichnet, daß sie mir leid tat. Entschlossen, sie um keinen Preis zu verletzen, sagte ich sanft: »Mama, wir werden über alles nachdenken, wenn es dir recht ist. Ein anderes Mal sprechen wir dann wieder davon. Laß uns erst unsere Aufgaben machen.«

Sie war so niedergeschlagen, daß sie das Zimmer verließ, ohne noch ein Wort zu sagen. Sowie sie die Tür geschlossen hatte, wandte Ching Lin sich zu meinem Bruder und mir.

»Wir müssen handeln«, sagte sie, »um zu verhindern, daß so etwas geschieht. Es darf einfach nicht dazu kommen.«

»Ja«, versetzte Ching Son, »wir sind gehorsame Kinder und lieben unsere Eltern. Aber um Ching Lie zu helfen, müssen wir kämpfen bis zum bitteren Ende. Wir müssen ihr Leben retten.«

8. Kapitel

Der Krieg des Schweigens / Meine Familie in Aufruhr meinetwegen / Eine Sensationsmeldung aus Szechwan / Die Tragödie von Liang und Tsu / Meine Alpträume und meine Unterwerfung / Das Fest des kleinen Gottes des Reichtums / Ein Schildkrötenrezept / Allein mit Liu Yu Wang / Liebe und Mitleid / Ein juwelenbedeckter Tisch / Wiedererscheinen von Louis Ho in der Nacht / Unser Abschied / Der bewußte 28. Oktober 1949.

Die Worte meines Bruders hatten wie eine Kriegserklärung geklungen. Sie waren eines ritterlichen Helden der alten Zeiten würdig, von denen er mir so oft erzählt hatte. Aber mein Bruder mochte zehnmal ein Revolutionär sein: in diesem Falle war er nur ein respektvoller Sohn. Welches Gewicht konnte damals das Bündnis eines jungen Mannes von neunzehn Jahren mit zwei Mädchen von dreizehn und zwölf angesichts des unbedingt erforderlichen Gehorsams schon haben? Was wollten wir also tun?

Unser erster Angriff bestand im Schweigen. Wir hatten von jeher die Gewohnheit, unsere Mutter morgens nach dem Aufstehen zu begrüßen und uns ebenso vor dem Aufbruch in die Schule zu verabschieden. Seit dem Morgen nach der peinlichen Familienszene sagtc keiner von uns dreien mehr guten Tag; morgens ebensowenig wie abends, wenn wir von der Schule heimkehrten, richteten wir auch nur das geringste Wort an sie.

Am ersten Abend waren wir recht zufrieden mit uns. Ching Son blieb lange Zeit in dem Zimmer, das ich mit meiner Schwester Ching Lin teilte. Mein Bruder und meine Schwester hatten noch eine andere Idee:

»Du mußt dich unbedingt öfter mit Louis Ho treffen«, sagte Ching Lin zu mir. »Du mußt mit ihm ausgehen. Dieser Junge scheint mir sehr sympathisch zu sein.«

Ebenso wie mein Bruder kannte sie ihn nur aus meinen Erzählungen, denn ich hatte selbstverständlich von meiner Begegnung mit Louis bei der Schulkameradin ebenso wie von unserem Kinobesuch und unseren Spaziergängen erzählt. Ich wäre gern weiter mit Louis Ho ausgegangen. Leider hatte ich nichts mehr von ihm gehört. Seltsamerweise hatte er sich seit drei Wochen nicht mehr gezeigt, war weder zur Schule gekommen, noch hatte er gewagt anzurufen, was mir unerklärlich blieb.

Unser Schweigen dauerte nicht lange, bis meine Mutter begriff, was es bedeutete. Sie geriet darüber so außer sich, daß das Haus von neuen Ausbrüchen bebte. Doch mein Bruder und meine Schwester antworteten ihr regelmäßig: »Du hast nicht das Recht, unsere Schwester zu verkaufen. Du hast einfach kein Recht dazu!«

Die Atmosphäre in unserem Haus, in dem wir selbst in den dunkelsten Zeiten nie etwas anderes kennengelernt hatten als Wärme und Herzlichkeit, war schrecklich. Auf das Schreien und die heftigen Streitereien folgte gespanntes und eisiges Schweigen. In Wirklichkeit waren wir sehr unglücklich, und Mama war es sicherlich mehr als wir, da ihr nun ihre miteinander verbündeten Kinder die Stirn boten und sie sich erniedrigt sah. Das ging über ihre Kräfte, und so war es verständlich, daß sie sich bei unserem Vater beklagte. Wenn ich an die Folgen denke, zittere ich noch heute, und dies trotz der vielen Jahre, die inzwischen vergangen sind.

Eines Morgens waren wir alle drei, mein Bruder, meine Schwester und ich, gerade im Aufbruch; Ching Son wollte zur Universität, meine Schwester und ich mußten zur Schule, als Wei Hi auf der Treppe erschien und uns aufhielt. Sein Ausdruck war kalt, seine Augen blitzten vor Zorn. Er ließ meinen Bruder und meine Schwester ins Zimmer treten, in dem sich bereits meine Mutter befand, und befahl mir, draußen zu bleiben. Als sich die Tür schloß, befiel mich eine düstere Ahnung, und ich näherte mich, wie damals, als mein Vater Ching Son Vorwürfe gemacht hatte, der Tür und drückte das Auge ans Schlüsselloch.

Was ich sah, konnte einem Grauen einflößen. Mein Vater nahm den Gürtel von seiner Hose und näherte sich mit einem Gesichtsausdruck, den ich an ihm nicht kannte, meinen Geschwistern.

»Ich will wissen, aus welchem Grunde ihr mit eurer Mutter nicht mehr sprecht!«

Mir wurde fast schlecht, als ich hörte, wie meine kleine Schwester es wagte zu antworten und dabei fast so laut schrie wie er: »Weißt du etwa nicht, weshalb? Weißt du nicht, daß Mama Ching Lie zwingen will, den jungen Liu zu heiraten? Aber ihr habt nicht das Recht, meine Schwester zu zerstören!«

Mein Vater schwang seinen Gürtel über dem Kopf von Ching Lin.

»Wer erlaubt dir, so zu sprechen? Bist du von Sinnen? Mama liebt euch alle von ganzem Herzen und deine Schwester ganz besonders, das weißt du sehr wohl! Ihr Leben lang hat sie ihre Kraft darauf verwendet, euch fünf Kinder großzuziehen! Sie hat euch alles gegeben, jeden Tag, seit ihr geboren seid, und jetzt, da ihr groß seid, wendet ihr euch gegen sie! Weißt du eigentlich, wovon du sprichst? Weißt du, weshalb deine Mutter deine Schwester verheiraten will? Aus Liebe zu ihr! Das ist der einzige Grund! Und statt sie zu begreifen, tut ihr alles, um sie zu kränken! Ihr verdient alle eine Züchtigung. Noch ist es Zeit, mich daran zu hindern. Aber daß ihr mich richtig versteht: ich werde euch nur verzeihen, wenn ihr eure Mutter augenblicklich mit ihrem Namen anredet!«

Von den beiden Kindern, die anwesend waren, war Ching Son, mein großer Bruder, der weichere Charakter. Ich sah, daß er bereits von Gewissensbissen geplagt wurde. Er wandte sich meiner Mutter zu und sagte: »Mama ... «

Vater wandte sich Ching Lin zu.

»Und jetzt zu dir. Sprich mit deiner Mutter!«

Doch ach! Meine kleine Schwester riß die Augen weit auf, richtete sie nacheinander auf Vater und Mutter und sagte mit fester Stimme: »Nein! Solange Mama meine Schwester zwingen will, sich zu verheiraten, werde ich nicht mehr mit ihr sprechen! Und das bis zu dem Tage, wo sie ihren gräßlichen Plan aufgibt!«

Man kann sich nicht vorstellen, was es bedeutete, wenn ein chinesisches Kind seinen Eltern, und noch dazu den sanftesten und duldsamsten, in diesem Ton antwortete. Ching Lin hatte jedes Maß verloren. Wei Hi hob den Gürtel gegen sein Kind, das er nicht wiedererkannte. Da öffnete ich die Tür und stürzte hinein, um sie zu verteidigen. Zu spät: der Gürtel war schon herabgesaust und hatte die Kleine schmerzhaft getroffen. Doch Ching Lin biß, obgleich ihr Tränen des Schmerzes in den Augen standen, die Zähne zusammen, um nicht zu weinen, und schaute ihre Mutter mit haßerfüllten Augen an. Dieser Blick war mir ebenso unerträglich wie das Verhalten meines Vaters, den ich bisher erst ein einziges Mal mit seinem Sohn hatte schimpfen sehen, und selbst dabei hatte er nicht einmal die Stimme erhoben. Und jetzt schlug er meinetwegen seine Tochter! Meine arme kleine Schwester verdiente das nicht. Ich allein war schuld an dem, was sie auszustehen hatte.

Mein Vater hatte jetzt bemerkt, daß ich ins Zimmer getreten war, und wandte sich mir zu.

»Du kommst gerade recht! Ich wollte dich eben rufen. Sprich sofort mit deiner Mutter!« Und dabei bedrohte er auch mich mit dem Gürtel.

»Papa«, antwortete ich schluchzend, »schlag mich, wenn du willst, aber laß meinen Bruder und meine Schwester zufrieden, ich flehe dich an!«

Mein Vater schaute mich an, seufzte tief auf und ließ den Arm sinken.

»Ich habe euch gern, das wißt ihr«, sagte er sanft. »Aber ihr habt euch alle schlecht betragen ... Und ihr habt eine Lektion verdient ... «

Meine kleine Schwester wollte gerade den Mund auftun und mit dem Streit von vorn beginnen, doch glücklicherweise sagte mein Bruder rasch: »Ihr müßt jetzt zur Schule.« Und da wir ja alle wirklich im Aufbruch begriffen waren, gingen wir los.

Während des Unterrichts hatte ich die schreckliche Szene wieder vor Augen und hörte kaum, was der Lehrer sagte. Vor allem verfolgte mich eine Person: Herr Yüan, den ich zu meinem Unglück eines Nachmittags vor unserer Haustür getroffen hatte, dessen Blick auf mich gefallen war und der mich ins Unglück gestürzt hatte. Seinetwegen ist es dazu gekommen, sagte ich mir, er hat unsere Familie zerstört.

Zu Hause wurde die Atmosphäre jeden Tag bedrückender. Wir sagten zwar unserer Mutter guten Tag, aber das geschah nur aus reiner Höflichkeit. Jede Heiterkeit war dahin, wir sprachen nicht mehr miteinander, jeder brütete in seiner Ecke über seinen Gedanken, und es herrschte ein tödliches Schweigen.

Der festgesetzte Verlobungstag rückte näher, und Wei Hi hatte Herrn Liu noch immer nicht seine Einwilligung gegeben. Großvater machte ihm jeden Tag Szenen und sagte zu Herrn Yüan, der ihn belagerte:

»Mein Sohn ist ein Dummkopf und ein Schwächling. Jetzt ist es schon so weit mit ihm gekommen, daß er auf die Meinung seiner Kinder Wert legt! Das beweist, daß er nicht die geringste Autorität über seine eigenen Kinder hat!«

Ich hörte das alles und wußte sehr wohl, wie mein Vater litt. Ich erinnerte mich an seine Reise nach Chungking. Hatte er damals nicht für uns sein Leben aufs Spiel gesetzt? Hatte er die japanischen Linien nicht einzig deshalb überschritten, um besser für uns sorgen zu können? Hatte er mir später nicht einen Liebesbeweis ohnegleichen gegeben, als er die Frau verließ, die er liebte? Denn das war schließlich nur meinetwegen geschehen: erst als meine Mutter gedroht hatte, mich für immer mitzunehmen, hatte er nachgegeben. Indem ich mir dies vergegenwärtigte, sagte ich mir: müßte ich nicht jede Gelegenheit wahrnehmen, ihn glücklich zu machen? Und was tue ich dafür? Nichts. Ich mache mich schuldig, weil ich ihn meinetwegen leiden lasse ... In meinem kleinen Hirn, in meinem Kinderherzen begann ein gnadenloser Kampf zwischen meinen verschiedenen Empfindungen. Ich sagte nein zur Heirat, und ich sagte ja zu meinem Vater. Und mein ganzes Schicksal schwankte zwischen diesem Ja und Nein.

Damals erreichte uns eine grausige Sensationsmeldung, die in den Zeitungen Schlagzeilen machte und mir durch das Gerede in unserem Stadtviertel zu Ohren kam. Die Meldung konnte ein

Kind wie mich nur in Angst und Schrecken versetzen: Die jüngste Tochter einer reichen Familie der Provinz Szechwan hatte sich in einen armen jungen Mann verliebt, während ihr Vater sie mit dem Sohn einer wohlhabenden Familie der Stadt verlobt hatte. Das Mädchen war schließlich mit seinem verliebten Habenichts geflohen. Der Vater, der nicht ohne Einfluß war, hetzte dem jungen Paar die Polizei auf die Fersen, was um so leichter ging, als die öffentliche Meinung und die Moral der Chinesen damals Klassenvermischung und Mesalliancen mißbilligten. Dies alles geschah wenige Wochen vor dem Eintreffen der Volksbefreiungsarmee. Man fand die jungen Leute. Der Junge wurde ins Gefängnis gesteckt, das junge Mädchen nach Hause gebracht. Da sie von ihren Eltern verlobt worden war, konnte sie der Heirat nicht mehr entgehen. Dennoch sträubte sie sich weiter dagegen. Für den Vater kam es überhaupt nicht in Frage, sein Wort zurückzunehmen, aber andererseits war es ihm unmöglich, seine Tochter zu überzeugen. Da er kein Mittel sah, sich auf ehrenvolle Weise aus der Affäre zu ziehen, erklärte er unvermittelt, daß seine Tochter an den Folgen einer Krankheit gestorben sei. Um ihren Tod zu beweisen, wurde sie einfach lebend in einen Sarg gesperrt und dieser zugenagelt. Als der Sarg zum Friedhof getragen wurde, spürten die Träger, daß sich drinnen etwas bewegte, und hörten sogar schwache Schreie. Niemand rührte sich jedoch, und der Sarg wurde in Anwesenheit der Familie in die Erde gesenkt, als ob nichts geschehen sei.

Diese Geschichte, die sich in der Provinz Szechwan zugetragen hatte, stand nun in den Shanghaier Zeitungen. Dennoch brauchte sich der Vater, der zum Mörder geworden war, nicht die geringsten Sorgen zu machen. Er war kraft seines Vermögens unantastbar, und im übrigen war er nur dem Ungehorsam der Tochter entgegengetreten. Wer hätte ihm das vorwerfen wollen? Lieber tötete man seine Tochter, als das Gesicht zu verlieren. Meine Mutter nahm diese Affäre zum Anlaß, um sich selbst als gutes Beispiel hinzustellen.

»Siehst du«, sagte sie zu mir, »die anderen sind viel strenger als deine Eltern. Wir, wir müssen dich anflehen ... «

Ich konnte ihr damals nicht antworten, daß dieses unglückliche Mädchen, wäre es nur ein Jahr später geboren, überlebt und sich nach der Wahl ihres Herzens verheiratet hätte, da China dann bereits durch Mao Tse-tung von diesen gewalttätigen und anachronistischen Bräuchen gereinigt gewesen wäre. Die Meldung aus Szechwan wurde mehr als nur ein Gesprächsthema zwischen alten Klatschbasen. Sie wurde später von den Politkommissaren als Beispiel für die vorsätzlich von den Kapitalisten aufrechterhaltenen Mißbräuche der Vergangenheit hingestellt, als einer jener Skandale, denen die Kommunisten ein Ende machen wollten. Man muß anerkennen, daß sie das getan haben.*

Man stelle sich vor, was für einen Schock das Drama, das meiner eigenen Situation so nahe kam, in einem Mädchen von dreizehn Jahren auslösen mußte. Die andere war tot, aber ich lebte, und mein Vater ließ mich noch um mein Leben feilschen: das war der einzige Unterschied, den ich zwischen diesem armen Opfer und mir zu sehen vermochte. Die Geschichte plagte mich nächtelang. Ich stellte mir immer wieder vor, wie das Mädchen hilflos im Sarg lag, und ich erinnerte mich an den meiner Tante, den man vor meinen Augen zugenagelt hatte. Ich hatte schreckliche Alpträume, in denen die Leichenhalle mit dem ungelöschten Kalk und der Tee im »Grünen Pavillon« mit Herrn Yüan, dem abscheulichen Kuppler, sich vermischten. Wenn ich schweißbedeckt aufwachte, stellte ich mir immer wieder dieselben Fragen: Wie konnte man der Spannung, die im Hause herrschte, ein Ende bereiten? Was war zu tun? Wie sollte ich mich entscheiden? Sollte ich einwilligen in das, was man von mir verlangte, damit niemand mehr etwas sagen konnte? Sollte ich mein Heim verlassen? Sollte ich fliehen wie jenes junge Mädchen aus Szechwan? Aber mit wem? Ich konnte mir nur einen einzigen vorstellen: Louis Ho. Aber liebte Louis mich denn? Und liebte ich ihn?

Wenn ich nicht an das junge Mädchen aus Szechwan dachte, dann sah ich die Tragödie von Liang und Tsu vor mir, sie ist Gegenstand einer berühmten Oper. Ein Mandarin von großem Ansehen, der alle Güter der Erde besitzt, grämt sich darüber, daß er keinen Sohn hat. Er hat statt dessen eine Tochter, die mit allen Gaben ausgestattet ist, mit Schönheit, Klugheit und Feinsinn. Sie malt ebenso schön, wie sie entzückende Gedichte schreibt. Doch alles nützt nichts. Der Mandarin ist untröstlich darüber, daß er keinen Sohn hat. Seine Tochter, die Tsu heißt, macht ihn eines Tages mit einer merkwürdigen Idee bekannt, die sie sich in den Kopf gesetzt hat. Sie verkleidet sich als Junge und tritt vor den

* Dreißig Jahre vor der hier von Ching Lie erzählten Affäre hatte sich im Jahre 1919 ein junges Mädchen aus Ch'ang-Sha, Fräulein Shao, die gezwungen worden war, einen Mann zu heiraten, den sie nicht liebte, das Leben genommen. Diese tragische Meldung hatte die Führer der Bewegung des 4. Mai, die erste Zelle der chinesischen Kommunistischen Partei und insbesondere einen davon, Mao Tse-tung, tief beeindruckt, der über diesen Gegenstand neun Artikel in der Zeitung von Ch'ang-Sha veröffentlichte, worin er mit allem Nachdruck die Doktrin von der vorher festgelegten Heirat verurteilte und die Familienrevolution beschwor, »die die Ehe und die Liebe befreien wird«.

Vater. »Vater«, sagte sie zu ihm, »du siehst, wie vollkommen diese Verkleidung ist. Du selbst hättest dich fast hereinlegen lassen. Niemand kann auch nur einen Augenblick lang daran zweifeln, daß ich ein Junge bin. In diesem Aufzug will ich mich in die Stadt aufmachen, mich bei einer Schule anmelden und ausgedehnte Studien treiben, denn ich lerne gern. Verweigere mir diesen Gefallen nicht und hindere mich nicht daran fortzugehen.« Von dieser Idee seiner Tochter überrascht, mag der Mandarin, der stets all ihren Launen entsprochen hat, sich auch dieses Mal nicht widersetzen. Aber wird es ihr gelingen, das Geheimnis für immer zu bewahren, und wird sie sich als Mädchen unter Jungen ihre Tugend erhalten können? Tsu ist so geschickt, daß es ihr gelingt, ihn zu überzeugen, und der Mandarin läßt sie schließlich fortgehen.

Die Schule, in die Tsu eingetreten ist, ist ein Jungen-Pensionat. In jedem Zimmer gibt es zwei Zöglinge, die zusammen in einem großen Bett schlafen. Derjenige, der Tsus Zimmerkamerad ist, heißt Liang. Es ist ein angenehmer und zurückhaltender Junge, der ein wenig auf dem Mond lebt. In die Mitte des Bettes hat Tsu ohne weitere Erklärung zwischen sich und Liang zwei mit Wasser gefüllte Töpfe gestellt. Obwohl er seinen Kameraden zuerst ein wenig verschroben findet, macht Liang, der kein sehr lebhafter Kopf ist, sich weiter keine Gedanken darüber. So kommt es, daß Tsu drei Jahre neben ihm schläft, ohne daß jemals auch nur ein Tropfen Wasser verschüttet wird. Der Freund hegt keinen Augenblick den Verdacht, daß sie etwas anderes sein könnte, als es den Anschein hat. Als die Studien nach drei Jahren beendet sind, heißt es, sich zu trennen. Aber Liang weiß ebensowenig wie alles übrige, daß Tsu sich während dieser Zeit unsterblich in ihn verliebt hat. Sie hat weder die Absicht, ihn zu verlieren, noch ihr Geheimnis länger für sich zu bewahren. Mit ihrem Gepäck verlassen Liang und Tsu gemeinsam die Schule, da der Weg des Jungen durch das Dorf führt, in dem die Familie Tsus wohnt. Die beiden jungen Leute überqueren die Berge und durchwandern die Wälder. Da sie nicht weiß, wie sie ihm sagen soll, daß sie ein Mädchen ist, hört Tsu den ganzen Weg nicht auf zu singen. Vielleicht wird ihm das etwas auf die Sprünge helfen. Aber Liang, der stets Zerstreute, merkt immer noch nichts. Hat er nicht drei Jahre mit diesem »Kameraden« gelebt?

Nun sind sie vor dem Haus des Mandarins angelangt. Da hat Tsu einen Einfall:

»Liang«, sagt sie, »ich habe eine Schwester, die ich dir gerne vorstellen möchte. Mein heißester Wunsch ist es, daß du sie um ihre Hand bittest und sie heiratest.«

»Wie ist sie denn, deine Schwester?« fragt Liang.

»Sie hat eine verblüffende Ähnlichkeit mit mir.«

»Wenn sie dir ähnelt«, sagt er, »dann will ich sie gern heiraten, denn ich empfinde sehr viel Freundschaft für dich.«

»In diesem Falle«, sagt sie, »komm ins Haus und warte auf mich. Ich gehe und hole meine Schwester. Danach werde ich dir meinen Vater vorstellen.«

Tsu verschwindet im Haus. Sie legt ihre Jungenkleider ab, löst ihr Haar, schmückt sich und geht, um sich Liang als Schwester seines Kameraden vorzustellen. Liang ist begeistert. Tsu gesteht ihm daraufhin die Wahrheit: drei Jahre lang haben sie Seite an Seite geschlafen. Liang brennt darauf, diese Schönheit zu heiraten. Außerdem ist ihre Familie ehrenwert. Es kann keinen Zweifel geben: es ist Liangs Schicksal, Tsu zu heiraten.

Allein unglücklicherweise hat der Mandarin in Tsus Abwesenheit ihr bereits einen Verlobten ausgesucht und sein Wort darauf gegeben. Als Liang also am nächsten Tag wiederkommt, um offiziell um die Hand Tsus anzuhalten, wird er höflich abgewiesen. Tsu wiederum lehnt energisch den Verlobten ab, den ihr Vater für sie bestimmt hat; sie wird keinen anderen Mann heiraten als Liang. Vergeblich sagt ihr Vater ihr wieder und wieder, daß ein Mandarin sein Wort nicht zurückziehen kann. Bei Tsu richtet er damit nichts aus. Liang, der verstanden hat, daß er Tsu nicht bekommen wird, erkrankt; für ihn hat das Leben jeden Sinn verloren. Tsu flieht aus dem Haus, um ihrem sterbenden Freund einen Besuch abzustatten. Zu spät. Liang ist tot, gestorben aus Kummer und Verzweiflung.

»Da nun derjenige, den du liebtest, tot ist«, sagt der Mandarin zu seiner Tochter, »wirst du ihn wohl nicht das ganze Leben beweinen wollen. Glaubst du nicht, daß du nun den Verlobten beiraten kannst, den ich für dich bestimmt habe?«

»Ich bin einverstanden«, sagte Tsu zu ihrem Vater. »Aber zuvor müßt Ihr mir einen Gefallen tun. Ehe ich hingehe, um ihn zu besuchen, möchte ich ein letztes Mal zum Grab Liangs geführt werden. Ich werde dort ein letztes Gebet verrichten, und danach könnt Ihr mich dann zu meinem Verlobten bringen.«

So geschieht es. Man bringt Tsu auf dem Tragsessel zum Friedhof. Dort fängt sie erst zu weinen, dann für ihren Heißgeliebten zu singen an. Gesang und Schluchzen wechseln in ihrer Kehle ab, bis sie sich schließlich in einem Anfall von Verzweiflung gegen den Grabstein wirft und sich absichtlich den Schädel zertrümmert. Ihr Blut fließt über den Grabstein ihres Geliebten.

Plötzlich, welches Wunder, öffnet sich das Grab, und heraus

kommt ein sehr hübscher Schmetterling. Auf zauberische Weise ist auch Tsus Leichnam vom Grabe verschwunden. Ein zweiter Schmetterling folgt dem ersten, und beide fliegen sonnenüberglänzt davon ...

Das waren also die Visionen, von denen ich, Chow Ching Lie, geplagt wurde: eine schreckliche Zeitungsmeldung und eine auf der Bühne gesungene Tragödie. Ich identifizierte mich bald mit dem jungen Mädchen aus Szechwan und dann wieder mit der Heldin Tsu. Ja, wenn ich starb, dann war ich von allem befreit. Aber konnte nicht auch ich einen Geliebten haben, dem ich mein Leben opferte, einen jungen Mann wie Liang? Doch Louis Ho, an den ich manchmal dachte, blieb verschwunden. Im übrigen war es mir unmöglich zu sagen, daß ich ihn ebenso liebte wie Tsu Liang.

Mir blieb also nichts anderes übrig, als mich meinem Schicksal zu unterwerfen. Besaß ich denn ein Recht, die Qualen meiner Angehörigen zu verlängern? Nein. Ich mußte einwilligen in das, was man von mir erwartete.

Nach meiner Entscheidung zu gehorchen blieb mir nichts mehr als ein Trost, eine letzte Hoffnung. Hatte Herr Liu nicht gesagt, daß die Hochzeit erst drei Jahre nach der Verlobung stattfinden würde, weil ich noch zu jung sei? Während dieser drei Jahre konnte doch eine glückliche Wende eintreten! Ich dachte aber auch noch an etwas anderes. Zwar durfte die Familie der Verlobten das Verlöbnis niemals lösen, aber ich konnte mich mit Liu Wang aussprechen und ihm begreiflich machen, daß es zwischen ihm und mir nicht die geringsten Bande gab. Wenn er vernünftig war, konnte er selbst seine Familie bitten, uns von unserem Versprechen zu entbinden. Und wenn Herr Liu einverstanden war, dann war ich gerettet ... Es gab noch ein weiteres Argument, das mein älterer Bruder vorbrachte. Ching Son versuchte, unsere Mutter von ihrem Plan abzubringen, indem er ihr versicherte, daß im neuen China nichts ungewisser sein würde als die Zukunft der Kapitalisten. Wäre es also nicht absurd, mich um des Geldes willen mit einem Mann zu verheiraten, der es womöglich bald verlieren würde und der nicht imstande war, sich selbst zu unterhalten? Meine Mutter ließ sich jedoch nicht erschüttern: Liu, sagte sie, hätte überall beträchtliche Besitztümer und besäße sogar in Formosa Fabriken. Ein Mann wie er würde immer mit allem fertig werden. Ich gab dennoch die Hoffnung nicht auf, daß in drei Jahren noch allerhand geschehen konnte, um die Familie Liu zu ruinieren: was mein Bruder sagte, war nicht abwegig.

Seit meiner Geburt hatte Wei Hi die Gewohnheit, jeden Abend vor dem Schlafengehen an mein Bett zu treten, um zu sehen, ob ich noch wach war oder bereits schlief. Für ihn war das ein Ritus. Er wäre nie schlafen gegangen, ohne einen letzten Blick auf seine Tochter geworfen zu haben. Im Sommer, wenn wir ohne Bettdecken schliefen, brachte er stets ein kleines Handtuch mit, das er über meinen Bauch deckte. Im Winter hatten wir eine wattierte Baumwolldecke – in China gab es keine Zentralheizung –, und Wei Hi breitete dann seinen Mantel über meine Bettdecke. Ich war das einzige von uns fünf Kindern, bei dem er das tat.

Als mein Vater an jenem Abend ins Zimmer kam, lag ich, weil es im Oktober in Shanghai bereits kalt ist, unter einer dicken Bettdecke. Das Licht war schon gelöscht. Wei Hi legte seinen Mantel sehr sanft über meine Decke, um mich nicht aufzuwecken. Aber ich schlief noch nicht, und das sah er an meinen großen geöffneten Augen, die ich auf ihn gerichtet hatte. Er flüsterte: »Mi Mi, weshalb schläfst du noch nicht?«

»Ich muß nachdenken, Papa.«

»Du mußt jetzt schlafen. Es ist schon spät.«

»Hör zu, Papa. Ich willige ein ... Ich bin damit einverstanden, mich zu verloben.«

Wei Hi war zu sehr überrascht, zu überwältigt, um auch nur ein Wort herauszubringen. Er streichelte mir lange das Gesicht und das Haar und verließ dann das Zimmer.

Am nächsten Morgen kam es mir so vor, als habe die Neuigkeit mit der Geschwindigkeit eines Lauffeuers die Runde durch Shanghai gemacht. Sie war im Haus von Herrn Liu bekannt, in unserem eigenen und in der ganzen Nachbarschaft. Meine Großeltern, die Freunde, die Hausangestellten kamen vorbei, um mich zu beglückwünschen: »Du bist unter einem guten Stern geboren! Was für eine großartige Heirat! Ah, gewiß, du mußt unter einem guten Stern geboren sein ... «

So sprachen alle mit Ausnahme von Ching Son und Ching Lin, die meinten: »Ching Lie muß einem Geist begegnet sein, wie hätte sie sonst ihre Einwilligung geben können! Ein Geist hat ihr bestimmt den Verstand geraubt ... «

Aber die Entscheidung stand fest. Weder mein Bruder noch meine Schwester konnten daran etwas ändern.

Als ich, wenige Tage später, nachmittags nach Hause kam, sah ich durch die Fenster des Erdgeschosses, wie die Hausangestellten den großen Tisch deckten: das Tischtuch war aus Organdy und das Geschirr aus Silber. Mama stand in der Küche und schlachtete eine Ente und ein Huhn nach dem anderen. Eine Dienerin schwitzte vor den Öfen. Neugierig fragte ich sie: »Gibt es heute ein Fest?«

Sie antwortete mir mit breitem Lächeln: »Das will ich meinen, daß es ein Fest gibt! Dein Verlobter ist heute zum erstenmal bei uns zu Gast.«

Panik überfiel mich. Ich rannte hinauf und schloß mich in mein Zimmer ein.

Um sieben Uhr abends klingelte Liu Yu Wang an der Tür. Er war allein. Mein Vater, meine Mutter und meine Großeltern schwänzelten, sowie er im Salon im Erdgeschoß erschien, um ihn herum und rührten Kopf und Arme, als sei da nicht ein junger Mann wie alle anderen, sondern der einzige Sohn des Gottes des Reichtums eingetreten. Mein großer Bruder und meine jüngere Schwester kamen herunter und gesellten sich dazu. Mir blieb nichts übrig, als ihnen zu folgen.

Die Diener trugen vier große Schüsseln mit Vorspeisen herein, vier warme Gerichte, dann vier Schüsseln mit Huhn, mit Ente, einem ganzen Fisch und Schweinshaxen. Es blieb gerade noch Platz für die Schälchen mit der Nachspeise.

Liu Yu Wang war immer noch so gelb wie früher und saß mit dem Gesicht nach Süden zwischen meinem Vater und meinem Großvater. Auf der anderen Seite des Tisches saßen, mit dem Gesicht nach Norden, wir Kinder. Der einzige Gesprächsgegenstand während der gesamten Mahlzeit war das Essen. Es ging um die Vielfalt der Bambusgerichte, die man im Frühling essen konnte, um die Wasser- und die Honigmelone im Sommer, die Krabben im Herbst, den Lachs und die Schildkröten im Winter. Liu Yu Wang selbst erläuterte die beste Art, Schildkröten zuzubereiten, ein raffiniertes Rezept, das meine Eltern nicht kannten und das nur bei sehr reichen Leuten verwendet wurde. Man brauchte dazu eine spezielle Kasserolle, die oberhalb des Wassers einen Rost hatte. Darauf setzte man die Schildkröte, die langsam über Dampf gegart wurde. Das Tier wurde durch einen kuppelförmigen Deckel festgehalten, der in der Mitte ein Loch hatte. Wenn das Wasser zu kochen anfing, steckte die Schildkröte, um Luft zu schnappen, den Kopf mit offenem Maul durch dieses Loch, da sie Angst hatte zu ersticken. Das nutzte man aus, um ihr einen Löffel pikanter Soße, die man gesondert zubereitet hatte, ins Maul zu gießen. Darauf zog sie sofort den Kopf ein, und wenn sie ihn aufs neue herausstrecken mußte, wurde ihr wieder ein Löffel Soße eingeflößt. So ging es fort, bis die Schildkröte sich nicht mehr rührte und gleichzeitig gar und von innen gewürzt war. Im übrigen hätten Tiere, die bei lebendigem Leibe gekocht würden, stets einen delikateren Geschmack, und ihr Fleisch sei zarter. Deshalb hüllten Kenner den lebenden Hahn, mit Ausnahme des Kopfes, in Ton, ehe sie ihn auf den Bratspieß steckten. Wenn er dann gar sei, genüge es, den Ton abzunehmen, und da die Federn daran haftenblieben, komme der Hahn gewissermaßen völlig gerupft heraus. Liu Yu Wang erörterte ausgiebig diese Details, ohne mich während des ganzen Abendessens auch nur ein einziges Mal anzuschauen. Im damaligen China tat man so etwas nicht.

Mein älterer Bruder und meine jüngere Schwester öffneten den Mund nur, um zu essen. Als ich, verärgert über dieses Geschwätz über Nahrungsmittel und nachdem ich geduldig bis zum Ende der Mahlzeit ausgeharrt hatte, Miene machte, mich zu erheben, um mich zu verabschieden, wandte Liu, dem das nicht entging, sich sofort an meine Mutter.

»Darf ich Fräulein Ching Lie für Samstag nachmittag ins Kino einladen?« fragte er.

Ohne daran zu denken, mich zu fragen, antwortete meine Mutter sofort: »Aber selbstverständlich ... Und das trifft sich sehr gut, denn am Samstag nachmittag hat sie frei. Da ist keine Schule.«

Ich kochte innerlich. Aber da meine Mutter bereits ihre Einwilligung gegeben hatte, konnte ich nicht vor allen anderen ablehnen, ohne einen Skandal zu riskieren. Und überhaupt, was hätte das genützt? Liu dankte meiner Mutter lebhaft; er war höchst zufrieden.

Als er Samstag nachmittag zu uns kam, saß ich gerade im zweiten Stock vor meinem Klavier und übte. Es war ungefähr drei Uhr, Zeit, um ins Kino zu gehen. Liu kam und begrüßte mich. Ich hob kaum den Blick von meiner Partitur und teilte ihm ziemlich barsch mit, daß ich meine Übungen nicht unterbrechen könne, also nicht mit ihm ins Kino gehen und nur abends mit ihm essen gehen würde. Tsong Hai verbarg ihren Zorn, so gut sie konnte. Ich sah, wie sie sich auf die Lippen biß. Liu dagegen ging, ohne die geringste Verlegenheit zu zeigen, ins Nebenzimmer und verbrachte in Gesellschaft meiner Mutter dort den Nachmittag, indem er sich mit meiner kleinsten Schwester Ching Chin unterhielt und geduldig auf die Essenszeit wartete. Gegen halb sieben teilte ich ihm mit, daß ich fertig sei.

Es war das erstemal, daß ich mit meinem »Verlobten« allein war, das erstemal auch, daß ich, als ich neben ihm durch die Straßen ging, bemerkte, daß er ein wenig größer war als ich. Er schlug vor, mit mir in den »Grünen Pavillon« zu gehen, wahrscheinlich, weil dieses Lokal für ihn mit angenehmen Erinnerungen verbunden war. Mich persönlich ließ das ebenso kalt wie die leckeren Gerichte, die er für mich bestellte, als wir uns gesetzt hatten. Wir hatten noch keine drei Worte gewechselt. Hinter meiner eisigen Fassade hegte ich eine wahnsinnige Hoffnung und brannte wie ein Kind vor Ungeduld. Das Essen stand noch nicht auf dem Tisch, als ich nicht länger an mich halten konnte und beschloß, mit ihm zu sprechen.

»Meine Mutter hat mir gesagt, daß wir uns am 28. Oktober verloben sollen. Was mich betrifft, so lege ich Wert darauf klarzustellen, daß ich mich weigere.«

Liu Wangs Gesicht verriet die größte Verblüffung.

»Aber weshalb denn?«

»Ich habe gehört, daß, wenn zwei Menschen heiraten, es Liebe zwischen ihnen geben muß und daß ihre Verbindung auf nichts beruht, wenn das nicht der Fall ist. Und soweit ich weiß, gibt es zwischen uns keine Liebe.«

Liu schwieg ein Weilchen, und dann wandte er sich mir zu.

»Das ist nicht schlimm«, sagte er sanft, »die Liebe ist wie eine Pflanze: man muß sie säen, und sie wird wachsen.«

Ich schüttelte energisch den Kopf.

»Daß das zwischen dir und mir geschehen kann, glaube ich nicht. Einmal bist du absolut nicht mein Typ. Ich mag gebildete und kräftige Männer wie meinen Bruder, während du den Eindruck machst, als würdest du beim ersten Windstoß umfallen. Außerdem sind unsere Familien zu verschieden. Bei uns ist es so, daß wir, obwohl auch wir im Geschäftsleben stehen, schöne Dinge lieben: wir lieben Musik, wir haben Geschmack. Bei euch zählen nur die Geschäfte.«

Obwohl meine Worte für ihn hart und demütigend waren, sprach Liu Yu Wang weiter in ausgeglichenem und ruhigem Ton.

»Das alles ist nicht schlimm«, sagte er. »Wenn du Musik liebst, nun gut, dann werde ich dich ins Konzert begleiten. Wenn du Klavier spielen willst, ich werde dich nicht hindern. Wenn du meine Manieren nicht magst, werde ich sie ändern. Und wenn du meine Familie nicht liebst, dann werden wir eben woanders wohnen. Also weshalb sollen wir es nicht versuchen?«

»Davon kann keine Rede sein. Wenn eine Ehe scheitert, bleibt nur noch die Scheidung. Nein, ich will in einer so wichtigen Sache keinen Versuch machen.«

Man konnte nicht aufrichtiger und schärfer sein. Ich hatte alles gesagt, was ich auf dem Herzen hatte. Ich fühlte mich jetzt erleichtert und wie befreit. Der Kellner brachte die Gerichte. Ich aß, Liu hingegen, der noch bleicher aussah als gewöhnlich, hatte keinen Appetit und begnügte sich damit, mir beim Essen zuzusehen. Wir hatten uns nichts mehr zu sagen. Wie schon zu Beginn des Abends herrschte wieder Schweigen. Als wir das Restaurant verließen und er mich nach Hause begleitete, ergriff ich wieder das Wort, um ihm zu sagen, wie mein Familienleben all die Jahre ausgesehen hatte und was nun durch seine Schuld daraus geworden war.

Schließlich hatte ich meinem Vater gegenüber nur eingewilligt, um meiner Familie den Frieden wiederzugeben und einer unerträglichen Spannung ein Ende zu bereiten. Im Inneren hatte ich jedoch nie meine Meinung geändert. Es galt, Liu begreiflich zu machen, daß ich das Ganze hinter mich bringen wollte. Ich bat ihn also inständig, nicht mehr zu uns zu kommen und die für den 28. Oktober festgesetzte Verlobung selbst zu lösen. In meiner Angst wurde ich dringlich, unerbittlich. Ich mußte ihm dieses Versprechen auf der Stelle entreißen. Ich geriet dabei so in Fahrt, daß er außerstande war, sich zu widersetzen, und schließlich mit schmerzverzerrtem Gesicht tief aufseufzend antwortete: »Also gut. Ich verspreche es dir.«

Sein unglückliches Gesicht machte mir wirklich Kummer, und als wir vor dem Zaun unseres Hauses angelangt waren, sagte ich ihm so nett wie möglich gute Nacht. Als er mich verließ, fühlte ich jedoch eine unglaubliche Erleichterung und stieg so schnell wie möglich in den zweiten Stock hinauf, um schleunigst in mein Zimmer zu gelangen, wo mein älterer Bruder und meine Schwester Ching Lin mich erwarteten. Als ich ihnen Bericht erstattet hatte, klatschten sie in die Hände und hüpften vor Vergnügen hin und her. Wir waren damals eben sehr jung und naiv genug zu glauben, daß meine Verlobung ein für allemal erledigt sei. Ich legte mich schlafen, und in der Nacht schlief ich tief und fest.

Der nächste Tag, ein Sonntag, lief im Familienkreis wie gewöhnlich ab. Am Abend ging Wei Hi aus. Er hatte ein Geschäftsessen in der Stadt. Es war kurz vor zehn Uhr, und meine Schwester und ich wollten gerade in unserem gemeinsamen Zimmer zu Bett gehen, als wir die Türglocke läuten hörten. Das überraschte uns um so mehr, als uns, wenn mein Vater nicht da war, nie jemand besuchen kam, und schon gar nicht zu solcher Stunde.

»Wer kann denn jetzt noch kommen?« fragte Ching Lin.

»Ganz gleich«, sagte ich, »ich jedenfalls lege mich jetzt hin.«

Auch meine Schwester ging ins Bett, und wir schwatzten etwa eine Viertelstunde, als ich plötzlich meine Mutter ins Zimmer kommen sah. Mit angespanntem und strengem Gesicht blieb sie vor meinem Bett stehen.

»Was hast du gestern abend zu ihm gesagt?«

»Zu wem?«

»Zu Liu Yu Wang.«

»Weshalb?«

»Weil er hier ist, unten.«

Ich sagte zu mir selbst: Dieser Schuft hält nicht Wort. Er ist trotz seines Versprechens wiedergekommen.

Und zu meiner Mutter sagte ich: »Wie kann er sich herausnehmen, zu dieser Uhrzeit hierher zu kommen?«

»Weil du ihn gestern zurückgestoßen hast«, sagte meine Mutter, »du hast ihn abgewiesen. Er hat die ganze Nacht gelitten und kein Auge zugemacht. Heute hat er Fieber. Und trotz seines Fiebers hat er unaufhörlich an dich gedacht. Er mußte einfach herkommen, um dich zu sehen. Du bist ein Dämon ohne jedes Gefühl. Dieser Junge liebt dich, und du hast keinerlei Skrupel, ihm das Herz zu brechen.«

»Aber weshalb liebt er mich?« schrie ich. »Und wenn er krank ist, was soll ich denn dann tun? Ist es überhaupt möglich, daß er, nachdem er mich zweimal im Leben gesehen hat, so krank davon ist? So leicht bekommt man kein Fieber. Ich sage dir, das ist ein Lügner und ein Komödiant. Und er hat dich hereingelegt . . . «

In meiner Wut war ich plötzlich entschlossen, den Heuchler zu demaskieren. Wenn Liu Yu Wang behauptete, Fieber zu haben, dann wollten wir das doch einmal sehen! Ich stieg aus dem Bett, bewaffnete mich mit einem Thermometer und marschierte auf die Treppe zu. Meine Mutter hielt mich am Arm zurück.

»Du bist wohl verrückt!« schrie sie. »Willst du dich mit nackten Füßen und im Nachthemd vor einem Mann zeigen?«

Nun gut! Ich schlüpfte, so schnell es ging, in eine Hose und in die Schuhe, und schon stürmte ich mit dem Thermometer in der Hand und meiner Mutter im Schlepptau die Treppe hinunter. Ich wollte diesem Lügner eine solche Lehre erteilen, daß er vor Scham fluchtartig das Haus verließ!

Als ich, unten angekommen, das leidende und niedergeschlagene Gesicht Liu Yu Wangs erblickte, legte sich mein Zorn ein wenig. Trotzdem bat ich ihn liebenswürdig, aber bestimmt, das Thermometer in den Mund zu nehmen. Er unterzog sich der Prozedur wie ein gehorsames Kind. Nach zwei Minuten ließ ich mir das Thermometer zurückgeben, was er ebenso artig tat, und las 39 Grad ab. Er hatte wirklich Fieber und also doch nicht gelogen. Draußen wehte ein schneidender und eisiger Nordwind, und trotzdem hatte sich Liu, krank, wie er war, herbegeben, um mich zu sehen! Das änderte alles: dieser Mann hatte um meinetwillen gelitten. Mein Zorn wich dem Mitleid.

»Du solltest schnell wieder nach Hause gehen«, sagte ich zu ihm, »und dich sofort hinlegen.«

Entzückt darüber, daß ich, nachdem ich vor einem Augenblick noch so drohend gewesen war, jetzt eine so sanfte Haltung an den Tag legte, stammelte Liu Yu Wang: »Kann ich morgen wiederkommen?«

Ich wagte nicht, nein zu sagen. Schlug ich es ihm ab, so konnte sein Zustand sich verschlechtern.

»Meinetwegen kannst du gern kommen, aber nur, wenn du kein Fieber mehr hast und dich vorher auskurierst.«

Glücklich verabschiedete er sich und ging nach Hause.

Drei Tage später kam er wieder, und von da an kam er jeden Tag.

Wenn er da war, blieb ich in meinem Zimmer. Meine Mutter und meine Schwester Ching Chin, die kaum vier Jahre alt war, leisteten ihm Gesellschaft. Da er der Kleinen jeden Tag ein Geschenk mitbrachte, hing sie schließlich sehr an ihm und weinte, wenn er sich verspätete. Ich hingegen verscheuchte ihn aus meinen Gedanken: dieser Mensch ging mich nichts mehr an.

Es kam ein Herbsttag, der kälter war als die anderen. Es war dämmrig und es nieselte. Durchnäßt kam ich vor dem Tor an und beeilte mich, ins Haus zu kommen. Das Licht im Salon erleuchtete einen Teil des Gartens. Ich trat ein und blieb vor Verblüffung wie festgewurzelt stehen. Allerdings bereitete man mir nicht zum erstenmal eine Überraschung dieser Art. Im Salon drängte sich um meine Eltern und Großeltern eine lachende und frohe Versammlung von Freunden und Verwandten. Mitten im Salon entdeckte ich einen großen viereckigen Tisch, dessen prächtiges rotes Seidentuch bis auf den Boden herunterfloß. Auf dem Tisch erleuchteten zwei riesige rote Kerzen zwei mit Goldfäden gestickte Worte: »GLÜCK – FREUDE.« Zwischen den Kerzen standen vier mit bestimmten Bedeutungen verbundene Gerichte: Banbao* für viele bedeutende Kinder, Datteln für eine Schwangerschaft gleich nach der Hochzeit, Pfirsiche für ein langes Leben und getrocknete Lingkangfrüchte für einen gelehrten Sohn. An der Tischkante schließlich glitzerte ein betörendes Blendwerk: in blumenverzierten Koffern aus rotem und grünem Samt lagen Ringe und Ohrringe, Broschen und Armbänder sowie goldgefaßte Jade, nichts als kostbare Metalle und Steine. Es war eine richtige Ausstellung, die durch einen Haufen von Satin-, Seiden- und Samtstoffen und

* Kleine salzig oder süß garnierte Nudeln.

mehrere Pelzmäntel, darunter einen Bisam und einen Fuchs, ergänzt wurden.

Und mit einem Schlag begriff ich. Heute war der 28. Oktober, das Datum meiner Verlobung. Wenn die Familie der Braut am Hochzeitstag die Aussteuer bereitstellt, so macht am Verlobungstag die Familie des Verlobten die Geschenke. All diese Reichtümer waren für mich bestimmt. Man hatte bei meinem Kauf gewissermaßen einiges Aufgeld bezahlt. Die Lius hatten bei den ersten Ausgaben nicht geknausert; sie verfügten über die nötigen Mittel.

Der Familienkreis öffnete sich, um mich aufzunehmen, als wollte er mich verschlucken.

»Ich hoffe, du bist zufrieden«, sagte meine Mutter und kam auf mich zu. »Alles, was du da siehst, schenkt dir Herr Liu. Ist das nicht eine schöne Verlobung?«

Ich wußte darauf keine Antwort. Ich war weder zufrieden noch unzufrieden, weder glücklich noch unglücklich und empfand nur ein Gefühl der Leere. Dieses Schauspiel war ein Trugbild, ein beängstigender Traum. Der fröhliche Lärm um mich machte mich schwindeln.

Es gelang mir, den Salon zu verlassen. Wie eine Schlafwandlerin stieg ich die zwei Treppen hinauf, die in mein Zimmer führten. Dort versuchte ich, mit meinen Schularbeiten zu beginnen, doch was ich im Erdgeschoß gesehen hatte, ließ mir keine Ruhe. Ich konnte mich auf nichts konzentrieren.

Es regnete und regnete. Der Himmel wurde immer düsterer. Ich lehnte am Fenster und schaute hinaus. Nichts um mich herum hatte sich verändert. Meine Blicke wanderten langsam die Straße hinab. Gegenüber sah ich die protestantische Kirche mit ihrem spitzen Turm und dem Kreuz darauf. Was sollte ich tun?

Und plötzlich erblickte ich in der Nacht draußen die Umrisse eines großen jungen Mannes. Es war Louis Ho, mein Freund, der erste, mit dem ich ausgegangen und mit dem ich heimlich im Kino gewesen war ...! Aber ich träumte gewiß. Das war wohl nur die Frucht meiner Einbildung. Im übrigen war die Silhouette auch schon wieder verschwunden und hatte sich in der Dunkelheit aufgelöst. Ich öffnete das Fenster. Die Kälte schnitt mir ins Gesicht und tat mir gut. Alle Visionen waren plötzlich verschwunden, ich war endlich erwacht.

Doch da war die Silhouette wieder. Es war tatsächlich Louis. Aber was machte er hier? Hatte er mich gesehen? Mit einem Griff nahm ich meinen Mantel und verließ das Zimmer. So unauffällig wie möglich ging ich nach unten. Schon war ich draußen, niemand hatte mich hinausgehen sehen. Ich lief über die Straße und geradewegs auf die Kirche zu. Dort stand Louis Ho und schaute mich wortlos an. Er war sehr mager geworden.

»Louis, bist du krank gewesen?«

»Nein, ich bin nicht krank gewesen. Ich bin nur abgemagert. Und du weißt sehr wohl, warum ... «

»Woher sollte ich denn das wissen? Seit du verschwunden bist, habe ich nichts mehr von dir gehört.«

Er schwieg.

Ich wurde ungeduldig: »Weshalb hast du mich ohne Nachricht gelassen? Sprich! Erkläre es mir!«

»Das ist ganz einfach«, erwiderte er. »Siehst du, ich habe dich vor drei Monaten angerufen. Deine Mutter war am Apparat. Sie hat mir gesagt, daß du dich am 28. Oktober verlobst. Das war ein großer Schock. Ich habe es erst nicht glauben wollen, weil du mir nie etwas davon gesagt hattest. Und dann habe ich mich fügen müssen. Da ich weder das Recht hatte, dich zu sehen, noch mit dir zu sprechen, blieb mir nur die Möglichkeit, dir zu schreiben. Ich habe erst einen Brief geschrieben, dann einen zweiten, schließlich einen dritten. Keine Antwort. Da war ich dann nicht nur traurig, sondern ich wurde sehr unglücklich. Ich habe es dir übelgenommen. Ich habe mir gesagt, daß du mir wenigstens einen Abschiedsbrief hättest schreiben können ... Jeden Tag gehe ich, um mich an unsere Begegnungen zu erinnern, an der Kirche vorbei. Heute ist der 28. Oktober. Ich bin gekommen wie gewöhnlich, bin jedoch länger geblieben. Deshalb hast du mich auch gesehen. Ich wünsche dir viel Freude und viel Glück.«

Mit diesen Worten drehte er sich auf dem Absatz um und wollte davongehen. Ich hielt ihn am Ärmel fest.

»Bleib, Louis, und hör mich an. Ich begreife nichts von alledem, was du erzählst. Ich habe niemals erfahren, daß du angerufen hast, niemals habe ich gewußt, daß du geschrieben hast. Ich fand es im Gegenteil merkwürdig, daß du verschwunden warst. Sagst du mir die Wahrheit?«

»Wenn ich dir nicht die Wahrheit sagen würde, wie könnte ich dann heute hier sein? Wie sollte ich dann wissen, daß heute dein Verlobungstag ist? Aber warum hast du mir das letzte Mal, als wir uns gesehen haben, nicht die Wahrheit gesagt?«

»Ich habe dir nichts gesagt, weil ich dachte, daß meine Verlobung nicht stattfinden würde.«

Und mitten im Regen, auf den weder er noch ich achteten, erzählte ich ihm alles, was mir widerfahren war, und daß ich bis zum letzten Moment in meiner Naivität geglaubt hatte, Herr Liu würde von selbst auf diese Verlobung verzichten, die ich nicht wollte.

»Ich begreife«, sagte Louis Ho, als ich mit meiner Erzählung fertig war. »Und nun liebst du deinen Verlobten.«

»Anfangs empfand ich für ihn nichts als Widerwillen. Heute finde ich ihn nett, das heißt, ich habe Mitleid mit ihm. Aber ihn lieben? Das ist schwer zu sagen.«

Louis dachte lange nach. Dann sagte er:

»Ich glaube, du solltest tun, was deine Mutter dir geraten hat: dich nicht mehr grämen. Sei ein braves Mädchen, gehorche deiner Mutter und liebe deinen Verlobten. Ich wünsche dir aufrichtig Glück. Ich möchte nur, daß du weißt, ehe ich dich verlasse, daß ich dich liebe, seit ich dich zum erstenmal gesehen habe. Es schien mir, daß mein ganzes Leben sich gewandelt hätte. Meine Eltern leben getrennt, ich fühlte mich seit langem allein. Die Begegnung mit dir hatte mich mit Hoffnung erfüllt. Ich sah dich nicht jeden Tag, aber schon deine Stimme am Telefon tröstete mich. Der Tag, an dem deine Mutter mir deine Verlobung angekündigt hat und ich dich nicht mehr länger hören noch sehen konnte, war der Anfang meiner Leiden. Ja, ich habe sehr gelitten.«

Seine Stimme war leise geworden. Er konnte nicht weitersprechen. Ich spürte, daß er aufrichtig war und daß er wirklich litt. Ich ließ ihn nicht aus den Augen, wußte jedoch nicht, was ich ihm antworten sollte. Da schob er mich sanft vorwärts.

»Geh schnell wieder ins Haus. Sonst ärgert sich deine Mutter noch einmal.«

Ich rührte mich nicht.

»Ich will nicht, daß du leidest, Louis. Seit ich dich gesehen habe, liebe ich dich, wie ich meinen Bruder liebe.«

»Aber ich wollte ja nicht wie dein Bruder geliebt werden.«

»Es wird trotzdem wenige Männer geben, die ich wie meinen Vater und meinen Bruder lieben werde, das heißt, daß ich dich sehr liebe. Sehr ... «

Er stieß einen tiefen Seufzer aus.

»Du bist wirklich sehr jung, Ching Lie. Aber ich liebe dich nicht wie eine Schwester.« Louis zeigte auf das Haus. »Dort gibt es einen Mann, der dich wie ein Gatte liebt.«

Ich war bewegt, voller Zärtlichkeit und sehr hellsichtig in meiner Naivität. Ich spürte sehr wohl, daß ich zu jung war, um zu wissen, von was für einer Art von Liebe Louis sprach. Auch mein Freund begriff das, und besser als ich.

»Jetzt geh«, sagte er sehr sanft. »Geh nach Hause. Wenn du nur glücklich wirst, will ich mit Freuden leiden.«

Ich hatte die Straße überquert. Louis stand unbeweglich und folgte mir mit den Augen. Bis ich am Gartentor anlangte, drehte ich mich noch mehr als einmal um. Jetzt stieg ich so schnell wie möglich ins oberste Stockwerk des Hauses hinauf, um ihm noch einmal wie früher ein Zeichen zu geben . . .

Ich stand in meinem Zimmer. Louis war noch da. Lange standen wir uns wie zwei unbewegliche Schatten gegenüber. Bisweilen raubte die Dunkelheit mir die Sicht. Ich machte alle Anstrengung, um die Nacht mit den Augen zu durchdringen. Liebte ich ihn? Litt ich darunter, daß er fortging? Ich öffnete das Fenster. Der Regen befeuchtete mein Gesicht. War es der Regen oder meine Tränen?

Mit weit aufgerissenen und wie erstarrten Augen stand ich immer noch in meinem Zimmer vor dem Fenster, als eine Stimme mich herumfahren ließ: »Fräulein! Fräulein! Die gnädige Frau wünscht, daß Sie herunterkommen!«

Mit verdutztem Gesicht blickte ich die Dienerin an. Dann ging ich wie ein Automat nach unten.

Meine Mutter erwartete mich am Fuß der Treppe.

»Was hattest du denn in deinem Zimmer zu schaffen? An einem Tag wie heute versteckst du dich? Wie wird das dann erst an deinem Hochzeitstag aussehen, wenn viel mehr Leute dabei sind? Heute siehst du nur vertraute Gesichter, und du verschwindest . . . Mach mir die Freude und bleib bei uns.«

Ich antwortete Tsong Hai nicht, sondern wollte ihr Fragen stellen. Meine Mutter aber wurde ungeduldig.

»Wirst du wohl endlich kommen?«

Ohne mich vom Platz zu rühren, fragte ich sie unvermittelt: »Hat Louis Ho bei uns angerufen?«

»Ja, einmal.«

»Hat er mir geschrieben?«

»Ja, mehrmals.«

»Weshalb hast du es mir nicht gesagt?«

»Weil ich das Recht habe, ihn daran zu hindern, dich anzurufen und dir zu schreiben. Weil ich nicht will, daß er dir den Kopf verdreht. Hast du noch irgend etwas auf dem Herzen?«

Trotzig, streitsüchtig und drauf und dran, heftig zu werden, schaute sie mich an. Ich antwortete einfach: »Nein . . . «

Wieder einmal spürte ich, daß ich zu hilflos war, um über mein Schicksal zu entscheiden. Ich kannte die Kraft der Liebe, die den Heldinnen die Stärke zum Kampf verleiht, nicht. Ich war weniger schwach als unwissend.

Ich betrat den Salon. Von neuem umgaben mich die Lichter, der Glanz des Samtes, der Seide, der Juwelen und dieser Lärm einer anderen Welt. Um mich herum aß man und beglückwünschte mich. Schließlich ging alles schlafen. Das war meine Verlobung am 28. Oktober 1949.

9. Kapitel

Mein Leben in der Zurückgezogenheit / Ich sitze in der Falle / Die gute Aussteuer der Frauen von Ning-Po / Das vierzehnteilige Kleid aus der Vierten Straße / Ich bin nicht billig verkauft worden / Tante Ma taucht wieder auf / Meine letzte Nacht zu Hause.

Mit diesem Tage begann für mich ein zurückgezogenes Leben. Kein Ausgehen mehr, keine Spiele mehr mit meinen Freundinnen, ja nicht einmal mit meinen Brüdern und Schwestern. Die aufsässige Ching Lin und selbst Ching Son hatten aufgehört, gegen meine Heirat anzukämpfen. Sie billigten sie nicht, aber da sie nicht mehr verhindern konnten, daß ich an die Familie Liu verkauft wurde, hatten sie sich wie ich in das Unausweichliche gefügt. Weshalb sollten sie auch weiterkämpfen, wo ich mich doch in mein Schicksal ergeben hatte? Den Anschein erweckte ich jedenfalls. Aber ich hatte noch drei Jahre Aufschub vor mir, und in drei Jahren konnte so viel geschehen! Es schien mir fürs erste nicht einmal mehr notwendig, auf die Mittel meiner Befreiung zu sinnen. Wenn ein Beutetier von Jägern verfolgt wird, wie ich von der Familie Liu, so war das Beste, was es tun konnte, sich nicht mehr zu rühren.

Mein Vater war nach wie vor von seinem Import-Export-Geschäft in Anspruch genommen, das er bald infolge bestimmter Umstände aufzugeben gezwungen sein sollte, und kam auch weiterhin erst abends nach Hause. Der Freund seiner Kindheit, Onkel Hsiao, der es angesichts seiner kompromittierenden Verbindungen für klug gehalten hatte, die Koffer zu packen, war überstürzt mit seinen zwei Frauen, seinen Kindern und einigen Goldbarren nach Hongkong abgereist. Mein älterer Bruder Ching Son wiederum war immer länger von zu Hause abwesend. Versammlungen und politische Diskussionen nahmen den größten Teil seiner Zeit in Anspruch. Er war jetzt nicht mehr heimlicher Revolutionär, sondern aktiver Kämpfer und wollte an den großen Veränderungen teilhaben, die sich vorbereiteten, von denen man in Shanghai – und bei uns noch weniger als anderswo – jedoch keine Vorstellung besaß. Die Truppen der Volksbefreiungsarmee hatten noch nicht ganz China befreit. Bei uns hatte es dem äußeren Anschein nach keine einschneidenden Veränderungen gegeben. Und wir, die wir in dem Viertel wohnten, das sich immer noch Französische Konzession nannte, bemerkten nichts vom Wandel einer Welt, die in den letzten Zügen lag.

Für mich gab es innerhalb meines normalen Lebens – Schule,

Klavierspiel, Lernen – nur eine Neuerung: man befand, daß ich eine Lehre durchzumachen hätte, um eine erwachsene Frau zu werden. Die Grundsätze dafür hatten sich nicht geändert: ich mußte meine Zunge hüten, nicht aus vollem Halse lachen, nicht laut sprechen und nicht zu große Schritte machen. Wenn man diese Regeln beachtete, war man, so schien es, bereits eine Frau. Ich wollte mehr tun und vor allem von meiner Mutter Kochen und Nähen lernen. Seltsamerweise war Tsong Hai dagegen.

»Mein ganzes Leben«, sagte sie, »habe ich nichts anderes getan, als zu kochen und zu nähen, zu nähen und zu kochen. Ich will nicht, daß du damit wieder anfängst. Du wirst zu einer sehr reichen Familie gehören. Trotzdem ist es gut, daß du deine persönlichen Beschäftigungen hast. Aber nicht dieselben wie ich. Das Klavier, zum Beispiel, damit bin ich einverstanden. Das ist etwas für dich ...«

Tsong Hai brauchte mir das nicht zweimal zu sagen. Und da das Klavier das war, was ich am meisten liebte, widmete ich ihm nun, nachdem ich durch den Verzicht auf Herd und Nadel, die man mir vorenthielt, Zeit gewonnen hatte, meine ganze Existenz. Mozart, Bach, Beethoven, Chopin waren die Meister und die Begleiter meiner Tage. Es fiel mir nicht schwer, in einer Kunst, die mir soviel Freude schenkte, Fortschritte zu machen. Meine Lehrerin, Fräulein Ling, war entzückt von der Begeisterung und dem Ernst, mit dem ich übte. Sie hatte damals viele Schülerinnen. Als sie feststellte, daß eine von ihnen, ein Mädchen von sieben Jahren, um das sie sich aus Zeitgründen nicht mehr kümmern konnte, in meiner Nähe wohnte, schlug sie mir vor, ihr Klavierstunden zu geben. Dieses Kind war meine erste Schülerin. Einmal im Monat nahm ich sie zur Kontrolle ihrer Fortschritte mit zu Fräulein Ling, die mich nun als ihre Assistentin betrachtete. Ich war damit um so zufriedener, als meine kleine Schülerin zu einer sehr reichen Familie gehörte, die mir meinen Unterricht großzügig bezahlte, so daß ich, obwohl ich noch nicht dreizehn Jahre alt war, am Ende des Monats, als ich mein erstes selbstverdientes Geld erhielt, eilig mein Honorar nach Hause brachte und es zu gleichen Teilen an meine Großmutter und meine Mutter verschenkte. Es war mir eine besonders große Befriedigung, der Großmutter, die während der letzten Jahre niemals aufgehört hatte, über die Kosten meiner Klavierstunden zu stöhnen, zu beweisen, daß das Geld nicht zum Fenster hinausgeworfen worden war. Da ein wenig Geld in ihren Augen das beste Argument war, hörte ich sie niemals wieder gegen die Musik wettern.

Nur einige kleine Konzerte, die ich von Zeit zu Zeit in der

Schule gab, unterbrachen den Rhythmus meines sonst eintönigen, von Arbeit erfüllten Lebens. Ich muß hinzufügen, daß ich selbstverständlich am Wochenende meinen Verlobten in ein Restaurant oder ins Kino begleitete. Wir gingen stets allein, und da sich unsere Beziehungen vollständig geändert hatten, begann ich, ihn besser kennenzulernen. Zu Beginn hatte ich ihn, schlicht gesagt, verabscheut, ohne es ihm im geringsten zu verhehlen. Aber er war sehr geduldig, und außerdem hatte er ein gutes Herz, so daß nun seine Freundlichkeit und seine Aufmerksamkeit mich dazu veranlaßten, mich freundschaftlich zu zeigen. Freundschaftlich war ich wirklich, ohne auch nur einen Augenblick lang die Idee akzeptiert zu haben, ihn zu heiraten. Trotz meiner Verlobung hoffte ich immer noch, ihn lange vor Ablauf der drei Jahre dazu zu bewegen, darauf zu verzichten. Diesmal jedoch ohne Brutalität und ohne daß irgend jemand außer mir meine geheimen Absichten kannte. Ich setzte auf die Zeit, weil ich überzeugt davon war, daß die Zeit mit mir im Bündnis stand. So vergingen nahezu zwei ruhige Monate, als etwas eintrat, das nicht wiedergutzumachende Folgen hatte.

An einem Dezemberabend kam Tsong Hai mit sorgenvollem Gesicht in mein Zimmer. Sie hatte gerade Herrn Yüan getroffen. Als ich den Namen des Mannes vernahm, dem ich zu meinem Unglück eines Nachmittags vor der Haustür über den Weg gelaufen war, der augenblicklich entschieden hatte, mich zu verheiraten, und der seitdem sozusagen mein trauriges Schicksal verkörperte, fing mein Herz nicht ohne Grund heftig an zu schlagen.

»Herr Yüan«, sagte meine Mutter, »hat mir sehr schlechte Neuigkeiten überbracht. Frau Liu ist schwer krank. Sie hat zu hohen Blutdruck, und ihr Zustand könnte sich verschlimmern. Sie denkt viel an ihren ältesten Sohn Liu Yu Wang . . .«

Die schreckliche Bedeutung dieser wenigen Worte konnte mir nicht entgehen. Die Krankheit Madame Lius war um so verhängnisvoller, als sie, die Mutter meines Verlobten, für die Organisation der Hochzeit ihres Sohnes verantwortlich war. Zwar war es ausgemacht, daß diese Hochzeit erst in drei Jahren stattfinden sollte, aber dabei hatte man die Rechnung ohne einen Brauch gemacht, der alle meine kleinen persönlichen Berechnungen über den Haufen warf. Es gibt nämlich innerhalb der chinesischen Tradition eine ganze Liste von Ereignissen, die als Glücksfälle betrachtet werden. Eins davon ist die Hochzeit, ein anderes ist die Schwangerschaft. Ein Glücksfall soll drei Unglücksfälle vereiteln können. Die Krankheit von Frau Liu war ein Unglück, und nur die Heirat zwischen ihrem Sohn und mir konnte es zunichte machen.

Für meine Mutter gab es überhaupt kein Zögern: die Krankheit von Frau Liu war mehr als ein Zeichen, sie war ein Befehl des Schicksals. Das Versprechen, drei Jahre zu warten, bereitete ihr nicht einen Augenblick lang Kopfzerbrechen. Man muß zwar der Gerechtigkeit halber sagen, daß es ihr aufrichtig peinlich war, mich so jung verheiratet zu sehen, aber da Liu und ich bereits verlobt waren, kam gar nichts anderes in Frage, als daß wir der Genesung von Frau Liu zuliebe unverzüglich heirateten.

Es war, wie gesagt, mittlerweile Dezember geworden. Sofort wurde ein Fachmann herbeigerufen, der die Horoskope erstellen und das geeignete Hochzeitsdatum festsetzen sollte: er schrieb den 3. Januar vor.

Die Neuigkeit traf mich wie ein heftiger Stockhieb. Die Welt um mich herum versank. Nun war endgültig Schluß mit meinen Plänen und Träumen, mit meinem Klavierstudium, das durch eine schöne Karriere gekrönt werden sollte. Statt dessen überkam mich die Schreckensvision einer Wirklichkeit, die ich in dem Glauben ignoriert hatte, daß sie mich niemals erreichen würde. Diese Wirklichkeit war die Familie Liu.

Das ganze Gerede, das unter den Mädchen meiner Schule in Umlauf war, fiel mir plötzlich wieder ein. Die mächtige Familie Liu war in Shanghai bestens bekannt, und einige meiner Kameradinnen wußten gut über sie Bescheid. Mein Verlobter hatte neun Brüder und Schwestern. Die Mutter, Frau Liu, stammte aus Ning-Po in Che-Kiang. Nun ist zwar die chinesische Schwiegermutter ohnehin oft sehr streng mit ihrer Schwiegertochter, doch die Bräuche von Ning-Po waren so hart wie sonst nirgends. Die Braut hatte hier eine Unmenge strikter Verpflichtungen gegenüber jedem einzelnen Mitglied der neuen Familie. Solange ich glaubte, drei Jahre Aufschub zu besitzen, um mich aus der Affäre zu ziehen, hatte mich alles, was man erzählte, völlig kalt gelassen. Nun aber erfüllte mich die Vorstellung dessen, was mich erwartete, mit blankem Entsetzen. Meine Mutter hatte mich als erste in diese Falle getrieben. Dennoch klammerte ich mich nun in meiner Verzweiflung an sie, da ich nicht glauben konnte, daß sie kein Mitleid mit mir haben würde.

»Mama«, sagte ich zu ihr, »ist es dir recht, daß ich mein Glück aufgebe, um in diese Familie einzutreten? Bist du dir darüber im klaren, daß ich die Frau des ältesten Sohnes sein werde? Daß all die Arbeiten meiner Schwiegermutter auf meinen Schultern ruhen werden, daß ich mich um Salz und Reis kümmern muß und Haushälterin, das heißt lebenslängliche Sklavin sein werde? Du hast mir doch immer gesagt, du willst nicht, daß ich lebe, wie du gelebt hast. Und nun lieferst du mich ihnen aus! Ich bin weder dumm noch faul. Ich habe viel gelernt ... Und du läßt zu, daß alles zerstört wird.«

Ich lief schluchzend von Zimmer zu Zimmer durch das ganze Haus und beschwor meine Eltern:

»Ich will nicht heiraten! Ihr sagt, daß ich euer Lieblingskind sei, aber ich bin das unglücklichste eurer Kinder! Ich werde enden wie meine Tante, die Onkel Wei Hing geopfert worden ist! Ich will nicht heiraten! Ich will nicht!«

Meine Mutter wußte nicht, was sie antworten sollte. Sie meinte, ich würde mich schon beruhigen. Schließlich war ich verlobt, hatte mein Wort gegeben, und so war kein Ausweg möglich. Schon dachte sie nur noch an die Aussteuer, die zusammengestellt werden mußte, und bis zum 3. Januar war es nicht mehr lange.

Ich schlief und aß nicht mehr und verlor meine Haare, die mir büschelweise ausfielen. Mein Vater war über meinen Zustand entsetzt, und mein Haarausfall beeindruckte ihn mehr als alles andere. Aber was tat er? Er besorgte ein Mittel, mit dem ich mir jeden Tag den Kopf einreiben sollte. Es war der reine Hohn! Als ich ihm das sagte, meinte er: »Sorge dich nicht, mein Liebling. Du täuschst dich, wenn du glaubst, daß dein Vater und deine Mutter dir für immer verlorengehen. Selbst wenn du verheiratet bist, werden wir dich immer beschützen. Du wirst deine Ausbildung beenden, weiter Klavierunterricht nehmen, alles, was du wünschst. Ich verspreche es dir.«

So durchlebte ich in einem letzten Aufbäumen meines ganzen Wesens einige Tage der Tränen und des Seufzens. Dann unterwarf ich mich dem Schicksal, das mir vorgezeichnet war, ohne Hoffnung diesmal und nur dafür betend, daß mein Weg nicht allzu grausam sein würde.

Je näher der Tag meiner Hochzeit herankam, desto nervöser wurde Tsong Hai. Schließlich war ich das erste von ihren fünf Kindern, das sie verheiratete. Andererseits fühlte sie sich durch die Vorbereitungen für das Ereignis überfordert. Die Zusammenstellung der Aussteuer der jungen Ehefrau war in China stets Gegenstand komplizierter Überlegungen und geradezu eine Kunst. Allenfalls in Orten wie Chao-Chou, der Geburtsstadt meiner Mutter, war diese Tradition verlorengegangen, weil dort zu große

Armut herrschte. Doch im allgemeinen umfaßt eine Aussteuer zahlreiche Gegenstände. Da die kurze Frist bis zur Hochzeit eine gute Ausrede dafür bot, daß die Aussteuer zu hastig zusammengestellt war, beschloß meine Mutter, so wenig Aufwand wie möglich zu treiben. Eine solche Berechnung war eines Menschen, der aus Chao-Chou stammte, durchaus würdig. So begann sie damit, Bettdecken anzufertigen, die bei uns wie Matratzen geheftet und gesteppt sind. Obendrauf wird ein Laken genäht, das in der Mitte durch ein Stück Seidenstoff verziert ist, und darauf werden ein Phönix oder ein Drachen, Blumen oder Vögel gestickt. Sie fertigte davon vier an – eine für jede Jahreszeit – und fügte noch vier Baumwollunterlagen bei, die auf dem hölzernen Boden des Bettes liegen sollten (sie ersetzen bei uns die europäischen Matratzen). Hinzu kamen noch zwei Paar Kopfkissen mit einem bestickten Seidenüberzug. Aus den Stoffen, die mir meine zukünftige Schwiegermutter geschenkt hatte, ließ sie mir mehrere Kleider machen. Dann legte sie noch einen Anhänger und zwei goldene Armbänder sowie einen Jadering dazu. (Unter den Familienschmuckstücken gab es auch ein kleines Stück grüner Jade, das ich einige Jahre zuvor, im Glauben, es sei ein Bonbon, verschluckt und dann sofort wieder ausgespuckt hatte.) Mit diesen Wäschestücken und den wenigen Schmuckstücken meinte Tsong Hai hinreichend gerüstet zu sein – »Unsere Freunde werden uns das Fehlende schenken«, sagte sie –, als wir in den buddhistischen Tempel gingen, wo die sehr verehrte und meiner Mutter freundschaftlich verbundene Priesterin tätig war, von der ich weiter oben bereits gesprochen habe.

Meine Mutter nahm mich nicht nur deshalb mit, um kundzutun, daß ich heiraten würde, sondern auch, um dort Frauen zu treffen, die imstande waren, sie zu beraten, denn sie hatte kaum jemanden gesprochen, seit sie Chao-Chou verlassen hatte, um meinen Vater zu heiraten. Angesichts ihrer Reaktion auf die Ankündigung meiner Heirat zweifelte ich nicht mehr an der Weisheit und der Scharfsichtigkeit dieser Priesterin.

»Das ist schade«, sagte sie doch tatsächlich. »Dieses Kind wird zu leiden haben. Es wäre besser für sie gewesen, wenn sie erst mit 25 oder später geheiratet hätte. Aber da Sie nun einmal so entschieden haben, müssen wir alles weitere Gott überlassen.«

Zufällig hielt sich an dem Tage gerade eine ganze Gruppe von Frauen aus Ning-Po, der vielbesprochenen Geburtsstadt Frau Lius, im Tempel auf. Selbstverständlich ließ meine Mutter es sich nicht nehmen, sie über das wichtige Kapitel Aussteuer auszufragen. Wir mußten lange ihren Ausführungen zu diesem Thema zuhören und erfuhren vermutlich mehr, als Tsong Hai hatte wissen wollen. Die erste Frau, die sich über diesen Gegenstand verbreitete, machte auf meine Mutter einen sehr starken Eindruck.

»Bei uns«, sagte sie, »ist die Aussteuer eine überaus wichtige Sache. Für die Leute von Ning-Po ist sie sogar das, was über den ganzen weiteren Fortgang des Lebens entscheidet. Denn nehmen wir einmal an, daß Ihre Tochter einen schlechten Charakter hat: wenn sie nur eine gute Aussteuer mitbringt, wird ihr Eheleben dennoch glücklich sein.«

Neugierig und irgendwie beunruhigt fragte meine Mutter: »Was verstehen Sie unter einer guten Aussteuer?«

»Bedenken Sie, daß eine so gewichtige Familie wie die Familie Liu zahlreiche Verwandte hat. Sie kann also viele Vergleiche anstellen. Und nun verheiratet sie ihren ältesten Sohn. Bei einer solchen Hochzeit, in einer solchen Familie gehört es sich, daß man ungefähr hundert Bettdecken mitbringt. Ebenso Möbel – und zwar möglichst Möbel aus Eisenholz –, Geschirr für den Alltag und für die Festtage, das heißt ein Porzellanservice und ein Silberservice. Wenn Sie nicht wollen, daß die Diener sich über Ihre Tochter lustig machen, dann brauchen Sie auch noch . . .«

Sie fuhr mit ihrer Aufzählung fort, aber meine Mutter, die sichtlich erbleicht war, hörte nicht mehr zu und fühlte sich beim Gedanken an die vier Bettdecken, die sie vorbereitet hatte, einer Ohnmacht nahe. Gewiß, sie war geizig, aber die Vorstellung, daß man sich über ihre Tochter lustig machen und sie das Gesicht verlieren würde, war ihr doch unerträglich. Die Chinesen sagen: »Beide Türen müssen aus demselben Holz sein.« Das soll heißen, daß nicht die eine aus Eiche und die andere aus Stroh sein kann. Die Franzosen sagen, daß man nicht Putzlappen und Servietten durcheinanderwerfen solle. Meine Mutter wollte nicht, daß man mich als Putzlappen betrachtete. Diese Frauen waren ernst zu nehmen, und sie wußten sicher, wovon sie sprachen. Aber wie sollte man nun eine so phantastische Aussteuer zusammenstellen? Wie sollte man überhaupt das Geld dafür auftreiben?

»Wegen des Geldes müssen Sie sich keine Sorgen machen«, sagte eine andere Alte aus Ning-Po. »An dem Tag, da die Schwiegerfamilie die Aussteuer abholen läßt, haben Sie das Recht, ›die Summe, die die Tür öffnet‹, zu verlangen, und erhalten auf diese Weise Ihre Unkosten erstattet. Die Familie Liu ist so reich . . .«

Da es diesen Brauch nur in Ning-Po gab, kannte meine Mutter ihn nicht. Sie war höchst zufrieden, davon zu erfahren, obwohl sie sich über die Höhe der Summe, die nun ausgegeben werden mußte, immer noch nicht beruhigen konnte. Es läßt sich daher denken, wie erleichtert sie war, als ihr von meinem Verlobten die Verlautbarungen der Damen aus Ning-Po bestätigt wurden. Denn Liu Yu Wang kam selbstverständlich weiter zu uns ins Haus, und dies jetzt sogar noch öfter, da er die Gewißheit hatte, daß er mich wirklich heiraten würde. Tsong Hai zeigte ihm die Aussteuer, die aus vier Bettdecken, ein wenig Kleidung und Schmuck bestand, ohne jedes Möbelstück oder irgendwelches Geschirr. Das war ganz offensichtlich zu wenig. Liu Yu Wang sprach mit seiner Mutter darüber, und schließlich willigte die Familie Liu, obwohl es nicht ganz dem Brauch entsprach, ein, meine Mutter zu beraten, und machte ihr zweifellos in versteckten Worten Zusicherungen bezüglich des Geldes. So begann in unserem Hause die Ansammlung dessen, was die Damen von Ning-Po zweifellos eine gute Aussteuer genannt hätten. Zum Auftakt wurden in Fukien, einer nahegelegenen Stadt in der Provinz Kuangtung, acht große handgenähte Koffer aus rotlackiertem Leder bestellt. Anschließend ging es an den Inhalt, und da erwarben wir zunächst sechzehn Bettdecken, vier für jede Jahreszeit. Das war freilich nicht viel, aber da sie handgestickt waren, konnten die Arbeiterinnen unmöglich in der kurzen Zeit mehr davon herstellen. Hinzu kam ein Paar mit Entendaunen gefüllte Bettdecken, die die Schwiegertochter gemäß dem Brauch von Ning-Po persönlich ihrer Schwiegermutter überreichen mußte, ferner acht Paar Kopfkissen und dann Möbel, das heißt Schränke, Betten, Nachttische und Stühle. Da es auf der Hand lag, daß die Braut nicht luxuriöser leben sollte als ihre Schwiegermutter, und da diese Möbel aus Eisenholz besaß, waren meine Möbel aus dem etwas weniger kostspieligen Rosenholz. Auch das für die Toilette nötige Zubehör schafften wir an. Da das junge Paar bei den Lius leben sollte und diese in einem alten Gebäude wohnten, das zu modernisieren der Aberglaube verbot, konnte keine Rede davon sein, daß dort Bäder eingebaut wurden. Man mußte also einen hölzernen Zuber kaufen und einen Bottich, in den man das schmutzige Wasser ausleeren konnte, ferner fünf zusätzliche Zuber für das Zimmer und die Waschräume, der erste, um ganz darin einzutauchen, der zweite, weniger tiefe für die Fußbäder, der dritte für Gesicht und Hände, der vierte, der groß war und auf drei Füßen stand, für die Niederkunft, der fünfte für die Verrichtung der Geschäfte. Bei so reichen Leuten wie den Lius waren diese Bottiche aus Gold oder doch mit Goldblättchen bedeckt. Die unseren waren dagegen aus rotlackiertem Holz. Damit nicht genug, bestand die Aussteuer noch aus Tafelgeschirr; das eine Service aus massivem Silber, um hohe

Gäste zu bewirten, das andere für alle Tage aus Chiang-Hsi-Porzellan. Jedes Service bestand aus gut 150 Teilen.

Außer den traditionellen Daunendecken, die für die Schwiegermutter bestimmt waren, mußte die junge Ehefrau jedem weiblichen Familienmitglied, den Schwägerinnen ebenso wie Tanten und Cousinen, gestickte Seidenschuhe schenken. Wir kauften etwa 50 Paar, vorsichtshalber in verschiedenen Größen, obwohl die meisten dieser Frauen kleine Füße hatten. Schließlich wurden Ginseng,* Schwalbennester, weiße Champignons und Lingkangfrüchte in hinreichender Menge beschafft, Gerichte, mit denen ich meine Schwiegereltern während der Feierlichkeiten unablässig versorgen mußte.

Mein Zimmer war schnell voll, und bald war auch das Haus von Paketen und Kartons übersät und ähnelte einem Warenlager oder Möbelhaus. Meine Mutter rackerte sich ab, um die Koffer zu füllen. Aus Angst, daß irgendwo Löcher bleiben könnten, faltete sie die Gegenstände so, daß sie möglichst aufgebläht waren. Als die Koffer dann an ihrem Bestimmungsort ankamen, war ihr Inhalt zusammengefallen wie ein Pfannkuchen.

Bei allen unseren Vorbereitungen bildete das Gestöhne meiner Großmutter eine ununterbrochene musikalische Begleitung. Vergeblich versicherte ihr meine Mutter, daß man uns entschädigen würde, daß wir der Sitte von Ning-Po, der Geburtsstadt der Mutter Liu, folgten – Großmutter ließ sich nicht beruhigen, und unsere Ausgaben machten sie krank. Schließlich schob sie sogar mir die Verantwortung für alles zu:

»Was hast du deinen Vater seit deiner Geburt nicht schon alles gekostet, es ist unglaublich! Das Klavier, der Unterricht, eine Luxusschule . . . und nun das . . .«

Diesmal aber fand ich, daß sie zu weit ging, und erklärte ihr rundheraus: »Nicht ich wollte schließlich heiraten! Ihr wart das! Nicht ich will eine Aussteuer! Wenn es euch zuviel wird, sagt es nur, und ich werde mit Entzücken gehorchen!«

Aber sie steckte nicht zurück. Als die Aussteuer fertig war und es nur noch darum ging, die Schwiegerfamilie aufzufordern, sie abholen zu lassen, wollte Großmutter zuvor wissen, wieviel man uns zurückerstatten würde, und zwar die genaue Summe, »die die Tür öffnet«. Sie erwartete tatsächlich, daß ich das herausbringen sollte! Im Zorn meiner Erniedrigung marschierte ich daraufhin zum Telefon und nahm den Hörer ab. Tsong Hai raste hinter mir her, um mich aufzuhalten.

* Eine eßbare Wurzel, die »Lebenswurzel« genannt wird.

»Alles hat seine Grenzen! Du wirst nicht telefonieren!«

»Und weshalb nicht?« schrie ich. »Das ist auch nicht weniger ehrenwert, als sich zu verheiraten. Man heiratet der Liebe oder des Geldes wegen, nicht wahr? In meinem Falle ist ausschließlich von Geld die Rede. Warum also soll man sich nicht über den Preis verständigen? Wenn sie nicht genug geben, werden wir feilschen!«

Meine Mutter war nicht imstande, mich am Telefonieren zu hindern. Im Haus der Lius nahm mein Verlobter den Hörer ab.

»In einigen Tagen«, sagte ich zu ihm, »werdet ihr meine Aussteuer abholen kommen. Ich hoffe, du bist auf dem laufenden, daß du in dem Augenblick eine gewisse Summe zahlen mußt?«

Tsong Hai, die nicht geglaubt hatte, daß ich so weit gehen würde, entriß mir den Hörer und warf ihn auf die Gabel.

»Schämst du dich nicht, so mit deinem Verlobten zu sprechen?«

Arme Frau ... Sie wollte einerseits das Geld nicht herausrücken, andererseits das Gesicht nicht verlieren. Immerhin wagte meine Großmutter nicht, noch ein Wort zu sagen.

Keine halbe Stunde war vergangen, als mein Verlobter vor der Tür stand. Er war erstaunt darüber, daß man den Hörer aufgelegt hatte, ohne noch einmal anzurufen, und wollte nun den Grund dafür wissen. Er bat mich freundlich um Auskunft, während meine Mutter und meine Großmutter ihn mit verlegenem Lächeln begrüßten. Er glaubte, ich sei wütend, doch ich erklärte ihm, daß ich von ihm das Geld hätte einfordern wollen, »das die Tür öffnet«, und daß meine Mutter den Hörer aufgelegt hätte. Tsong Hai unterbrach mich.

»Hör nicht auf sie!« sagte sie zu Liu Yu Wang. »Sie ist nur ein Kind, sie weiß nicht, was sie sagt.«

»Ich weiß sehr wohl, was ich sage!« erwiderte ich wütend. »Ich will wissen, was du mir gibst. Denn wenn es nicht genug ist, werde ich dir nicht gehören.«

Das ging über die Kräfte meiner Mutter, sie wollte, daß ich endlich schwieg. Mein Verlobter lächelte.

»Ich bin bereit, dir zu geben, was du willst.«

»Wieviel? Denn ich will viel.«

»Sei still!« schrie meine Mutter.

Da es ihm peinlich war, die Erniedrigung Tsong Hais mit anzusehen, versprach Liu Yu Wang mir, alles würde aufs beste geregelt werden, und wechselte rasch das Thema.

»Morgen«, sagte er, »hole ich dich ab, damit für dein Hochzeitskleid Maß genommen werden kann.«

»Morgen«, sagte ich, »habe ich Schule. Du wirst schon ohne mich gehen müssen.«

»Aber wie soll man denn ohne dich Maß nehmen?«

Er begriff überhaupt nichts mehr.

»Hör nicht auf sie«, sagte meine Mutter zu ihm, »und komm sie morgen um vier Uhr abholen!«

Tsong Hai behielt recht, denn tatsächlich folgte ich am nächsten Tag, als wenn nichts gewesen wäre, meinem Verlobten in ein französisches Geschäft, wo er mich ein Brautkleid aus Faille und weißem Musselin aussuchen ließ, das unauffällig mit chinesischen Stickereien besetzt war.

Am Abend kam es zu einem Zwischenfall, der recht kindisch erscheinen mag, den ich jedoch nicht verschweigen will, weil er einen Eindruck vom Ausmaß meiner Unschuld vermittelt. Liu Yu Wang begleitete mich nach Hause. Nachdem wir die Toreinfahrt durchschritten hatten, mußten wir den Garten durchqueren, der in der schwarzen Nacht und der bitteren Dezemberkälte wie ausgestorben war. In den unteren Zimmern brannte kein Licht. Wir waren noch zwei Schritte von der Tür entfernt, als mein Verlobter aus heiterem Himmel meinen Kopf in seine Hände nahm und mich auf den Mund küßte. Bei dieser unerwarteten Berührung floh ich entsetzt, und während er mir durch den Garten nachlief, schrie ich ihm zu: »Schämst du dich nicht? Ich werde es meiner Mutter sagen, du Strolch!«

Als es ihm endlich gelang, mich einzuholen, sah ich im Lichtschein, der aus der ersten Etage in den Garten fiel, daß sein Gesicht bleich und schweißbedeckt war. Außer Atem flehte er mich an, ihm zu schwören, daß ich meiner Mutter nichts sagen würde. Ich glaubte, er würde in Ohnmacht fallen, und schwor ihm, was er wollte. Aber das genügte ihm nicht, so groß war seine Angst. Da er wußte, daß ich Protestantin war, verlangte er von mir, bei Jesus zu schwören und das Kreuzeszeichen zu machen. Ich fügte mich, und erst dann ließ er mich ins Haus gehen und verschwand im kalten Dezembernebel.

Am nächsten Tag kam meine zukünftige Schwiegermutter, Frau Liu, höchstpersönlich, um mit mir wichtige Einkäufe in der Vierten Straße zu machen. In Shanghai gab es damals vier Straßen, die Nummern hatten wie die Straßen New Yorks. Die Vierte hatte zwei Besonderheiten: die eine, von der ich nichts wußte, waren die Bordelle und die andere, die mich betraf, die Stickereiwarengeschäfte. Haus an Haus reihten sich dort die Wäschegeschäfte, Geschäfte mit Kissen, Schuhen usw., in denen ausschließlich die berühmten Stickereien von Su-Chou ausgestellt waren. Was die Eleganz der Ausstattung betraf, so habe ich in europäischen Läden nichts Vergleichbares gesehen. Überall in den Schaufenstern und Läden häuften sich die prachtvollen bunten Waren, von denen es ebenso wie von Menschen wimmelte.

Frau Liu wußte jedoch in diesem Durcheinander mit Bestimmtheit zu wählen. In Ning-Po, ihrer Heimat, verstand man sich besser auf die Kleidertradition, als eine Frau wie meine Mutter, die aus diesem elenden Vorort Chao-Chou vor den Toren Kantons stammte, es ahnte.

Diesmal begriff ich, daß das die Garderobe der Reichen war. Der Einkauf der Unterwäsche, von der Oberbekleidung gar nicht zu reden, erfolgte mit einer bis ins Detail gehenden Sorgfalt, ob es sich nun um die Unterhosen (rotgestickte, die bis zur Mitte des Schenkels gingen) oder um die Bänder handelte, die um die Brust gelegt wurden. (Dazu muß gesagt werden, daß der von den Europäern eingeführte Büstenhalter der chinesischen Tradition widersprach, derzufolge eine Frau mit großen Brüsten Unglück brachte, während sie Glück bringen sollte, wenn sie ausladende Hüften und ein großes Hinterteil besaß, die als Zeichen für häufige Mutterschaft galten. Deshalb bemühte man sich auch, die Konturen der Brust mit Hilfe eines Stoffstreifens zurückzudrängen.)

Das waren nur die kleinen Stücke. Die großen Einkäufe wählte man in einem der schicksten Läden in der Vierten Straße aus: eine bestickte weiße Seidentunika, eine rosafarbene Tunika mit chinesischem Kragen und schließlich eine große Festtagstunika mit chinesischem Kragen und weiten Ärmeln, die bis zum Schenkel herunterhingen, und ein Kleid, das prächtig verziert war mit Phönix-Figuren und Drachen, die mit Silber- und Goldfäden und mit Perlen in den Stoff gestickt waren. Von den gestickten Schuhen und den anderen Kleinigkeiten will ich gar nicht reden. Das aufwendigste dieser Ensembles bestand, wie ich mich noch genau erinnere, aus vierzehn Teilen.

Nun mußte man sich nur noch um meinen Kopf kümmern. Ich erhielt sozusagen eine eurasische Frisur, die zwar europäisch gelockt, aber doch nach chinesischer Art zu einem Knoten zusammengefaßt war, wie es unserer althergebrachten Mode entsprach. Ich hatte sehr viel Haar verloren. Da es jedoch sehr lang war, konnte man die gelichteten Stellen geschickt verbergen. Ein Netz aus Perlen umschloß den Knoten und wurde an den Schläfen ergänzt durch ein Paar Phönix-Vögel aus Perlen und durch zwei lange Anhänger, die bei jeder Bewegung meines Kopfes klirrten. Das Ganze nannte sich »Phönixhaube«. Über meine Schultern und meine Brust fiel ein Stern von Perlen, der wie Lotosblumen angeordnet war. Schließlich bekam ich bestickte seidene Taschentücher, die ich in der Hand halten sollte. Man hatte aus mir ein Abbild von Reichtum und Luxus gemacht.

Der Tag, an dem meine Schwiegerfamilie die Aussteuer abholen lassen sollte, wurde entsprechend den Anweisungen des Feng Shui, des Horoskop-Spezialisten, festgelegt. Die Sterne bestimmten dafür den Tag eine Woche vor der Hochzeit. Außer dem Inhalt der Koffer hatte meine Mutter mehrere mit schmalen Bändern aus grüner und roter Seide verschnürte Pakete vorbereitet. Rot war die Farbe des Mannes, grün die Farbe der Frau.

Am festgesetzten Tag erschien um neun Uhr morgens vor unserem Gartenzaun ein Wagen, dem ein kleiner Lastwagen folgte. Von einer Truppe von Fahrern und Dienern begleitet, entstiegen dem Auto Herr Yüan (der gräßliche Vermittler in Sachen meiner Verlobung) und sein Spießgeselle, Herr Ch'en, der andere Kuppler. Sowie sie geläutet hatten, mußten sie, so wollte es der Brauch, das Geld, »das die Tür öffnet«, das Geschenk der Schwiegerfamilie, übergeben. Dem Dienstboten, der geöffnet hatte, hielten sie ein in rote Seide gewickeltes Köfferchen entgegen. Ich war dabei, als dieses Köfferchen meinem Vater übergeben wurde. Es schien ziemlich schwer zu sein.

»Papa«, sagte ich, »das ist das Geld! Mach ihn auf!«

Doch Wei Hi erteilte dem Dienstboten zunächst Anweisung, den Besuchern die Tür zu öffnen.

Die beiden Kuppler traten ein, gefolgt von der Dienerschar, die sofort die zahlreichen Pakete davonschaffte, die wir vorbereitet hatten. Dann begann eine kleine Höflichkeitskomödie. Mein Vater tat so, als wollte er den beiden Männern das Köfferchen zurückgeben. Die wiederum protestierten: »Nein, nein, nein. Herr Liu hat das ganz aufrichtig gemeint.« Mein Vater: »Nein, nein, nein.« Sie: »Doch, doch, doch!« Das war natürlich alles Theater, trotzdem aber hatte ich eine höllische Angst, daß das Köfferchen wieder verschwand. Endlich kam die Schlußformel: »Wir hoffen, daß Sie lächelnd einwilligen.«

Worauf mein Vater antwortete: »Es wäre unschicklich, wenn ich ablehnen würde.«

Damit war dieses nervenaufreibende Spiel beendet. Nun wurde den beiden Besuchern noch Tee angeboten, und die Diener, die den kleinen Lastwagen vollgeladen hatten, erhielten ihr Trinkgeld. Endlich brachen sie alle auf, und wir konnten das rote Köfferchen öffnen. Innen blinkten im Seidenfutter zehn kleine Stangen aus gelbem Metall: Goldbarren.

Ich war nicht gerade billig verkauft worden.

Zwar lebte ich weiter wie eine Schülerin, ging jeden Tag zum Unterricht und machte meine Schularbeiten, doch der Tag kam unaufhaltsam näher, an dem ich das Haus verlassen sollte. Tsong Hai war sich dessen nur allzu bewußt. Nachdem sie es sich doch so sehr gewünscht hatte, daß ich in diese Familie Liu einheiratete, wurde ihr nun klar, wie verlassen und schutzlos ich dort sein würde. Zwischen meiner Mutter und mir hatte es zuerst einen Kampf gegeben. Sie hatte gelitten und schließlich gewonnen. Jetzt kam aufs neue ihre mütterliche Besorgnis durch. Ob ich in dem fremden Haus auch alles erhielt, was ich brauchte? Würde ich mich dort zu benehmen wissen? Tsong Hai hatte entschieden, daß die Hausangestellte, die am längsten bei uns war, A San, mich in meine neue Familie begleiten sollte. Sie kannte meine Gewohnheiten und meine Bedürfnisse am besten und würde mich, so gut es ging, beschützen. Einige Tage vor der Hochzeit ließ meine Mutter Tante Ma, die alte Heiratsvermittlerin mit dem pockennarbigen Gesicht, die wir vor die Tür gesetzt hatten, als sie mich mit dem Sohn eines Opiumhändlers hatte verheiraten wollen, wieder zu uns kommen, weil wir sie für die Hochzeitsvorbereitungen brauchten. Tante Ma wußte in dieser Hinsicht wirklich gut Bescheid, und das sollte sich als sehr nützlich erweisen.

Am Abend vor der Hochzeit ließ Tsong Hai mich in ihr Zimmer rufen. Mein Vater war schon dort und ebenso Großvater und Großmutter, die Hausangestellten und Tante Ma. Ich war das einzige Kind. Meine Mutter nahm mich in die Arme und vergoß, ohne ein Wort zu sagen, viele Tränen. Darauf brachen auch bei mir die Dämme der monatelang aufgestauten Kümmernisse.

Unsere Tränen vermischten sich, und ich flehte sie an: »Weine nicht, Mama ... Weine nicht ...«

Je mehr ich sie jedoch aufzuhören bat, desto stärker schluchzte sie. Und als sie endlich sprechen konnte, sagte sie:

»Morgen wirst du uns verlassen. Seit dem Tag deiner Geburt bist du immer bei mir gewesen. Ich bin sehr unglücklich. Ja, ich habe gewollt, daß du heiratest. Aber du bist doch so jung. Wie kann ich dich gehenlassen?«

Bei diesen Worten stand mir plötzlich die nahe Wirklichkeit unverhüllt vor Augen: morgen sollte ich fortgehen, mein Heim, Vater und Mutter verlassen und allein mit Unbekannten leben ... MORGEN. Ich begann erneut zu schluchzen und wandte mich zu meiner Mutter:

»Mama! Wenn es dir zuviel Kummer bereitet, will ich dich nicht verlassen, ich will nicht heiraten!«

Tsong Hai schüttelte den Kopf.

»Hör zu, mein Kind, und sei brav. Du weißt, weshalb deine Mutter dich gezwungen hat zu heiraten: weil sie zu sehr unter der Armut gelitten hat. Weshalb hat dein Vater eines Tages sein Leben aufs Spiel gesetzt, um nach Chungking zu gehen? Weil seine Kinder von der Armut bedroht waren. Wenn man arm ist, dann geht es einem wie der Kartoffel im siedenden Öl. Ich brauche nur an jene Zeit zu denken, und ich fange noch heute an zu zittern. So graut mir vor der Vorstellung, daß du unter der Armut leiden könntest. Du bist anfällig und zart wie eine Blume. Ich habe diesen Gedanken nicht ertragen können. Deshalb habe ich dich zu deinem Besten gedrängt, in eine reiche Familie einzuheiraten, obwohl mir das Herz dabei blutet. Morgen beginnst du das Leben einer Frau. Gehorche den drei Grundsätzen der Sittsamkeit und den vier Tugenden. Diene deinen Schwiegereltern mit Liebe. Achte und liebe deinen Gatten. Und bekomme schöne Kinder, erziehe sie wohl. Dann werden deine Eltern glücklich sein.«

Ja, der Hochzeitstermin war da. Ich wußte, daß ich nur noch an meine neuen Pflichten denken durfte. Doch es fiel mir so schwer, meine Angehörigen zu verlassen, daß ich es mir bis zum letzten Augenblick nicht vorstellen konnte fortzugehen. Tsong Hai begann wieder zu weinen, ich wollte sie trösten, doch diesmal schaltete Tante Ma sich ein.

»Laß deine Mutter weinen!« befahl sie.

Tante Ma wachte von nun an über die Einhaltung der Bräuche. Ihre Meinung war, je mehr eine Mutter vor der Heirat ihrer Tochter weinte, desto glücklicher und begüterter würde ihr Kind sein. Diese Tränen hatten einen Namen. Man nannte sie die »Tränen der blumengeschmückten Sänfte«, weil sie einst in dem Augenblick vergossen wurden, wo die Tochter, die heiraten sollte, in den blumengeschmückten Tragsessel stieg, der sie zur Hochzeitsfeier trug. Ich ließ also die Mutter weinen und weinte selbst bittere Tränen. Mein Vater nahm mich in die Arme, streichelte mich und flüsterte mir sanft zu, daß ich schlafen gehen solle. Wei Hi hatte meine Bettdecke zurückgeschlagen und schaute zu, wie ich mich hinlegte. Dann verließ er das Zimmer. Aber noch lange Zeit hörte ich ihn auf der Estrade hin und her wandern, und er ging erst in sein Zimmer, als er sicher war, daß ich nicht mehr weinte. Im Nebenbett wandte Ching Lin, meine jüngere Schwester, sich um und schaute mir tief in die Augen.

»Willst du wirklich nicht heiraten?«

Ich antwortete nicht, und sie fuhr fort: »Wir haben noch eine letzte Chance; wenn du fliehen willst, helfe ich dir.«

Ich schüttelte den Kopf. Ching Lin war enttäuscht und ein wenig verletzt.

»Ich verstehe dich wirklich nicht. Du bist das unglücklichste Mädchen von der Welt, die Haare fallen dir aus, aber du gehorchst, bist gefügig wie eine tote Katze. Man schiebt dich hin und her wie ein Kleidungsstück, und du läßt es dir gefallen. Also, wenn du heiraten willst, dann hör wenigstens auf zu weinen, sei heiter und bereite dich auf deine Hochzeit vor!«

Mit diesen Worten drehte sie sich zur Wand und steckte ebenso wütend wie mitleidig den Kopf unter die Bettdecke. Ich löschte das Licht aus, hörte draußen die Schritte meines Vaters und gab mir Mühe, leise zu weinen. So schlief ich das letzte Mal unter dem Dach meiner Eltern ein.

10. Kapitel

Die Mahlzeit der blumengeschmückten Sänfte / Neuer Mann und neue Frau / Die lange Zeremonie im »Pavillon der Aprikosenblüte« / Die Ankündigung der Unbekannten / Die Begrüßung mit Wein.

Der Tag meiner Hochzeit war zugleich der erste Tag, an dem ich nicht in die Schule ging. Als ich die Augen öffnete, kam ich auf den kindlichen Einfall, doch ein einziges Mal zu faulenzen. Aber schon um acht Uhr erschien die getreue A San, die mir in mein neues Leben folgen sollte, brachte mir das Frühstück und führte mich anschließend in einen Schönheitssalon. Vorher hatte ich nur Frisiersalons kennengelernt, aber diesmal ging es darum, mich für die Hochzeit zu schminken. Das Schönheitsinstitut war chinesisch, die Schminkkunst hingegen ganz europäisch: man zupfte mir die Augenbrauen aus, zog sie nach, malte mir Lidschatten und tat mir einen Hauch Rouge auf die Wangen, da ich einen Teint wie Porzellan hatte.

Es war schon fast Mittag, als wir nach Hause zurückkehrten. Im Salon des Erdgeschosses war wie am Verlobungsabend ein viereckiger Tisch aus Eisenholz aufgestellt, den wieder ein langes Seidentischtuch bedeckte. Zwischen zwei roten Kerzen ließ ein Duftkegel Schwaden von Weihrauch aufsteigen. Zwölf Gerichte standen auf dem Tisch. Die ganze Familie wohnte dieser ersten Zeremonie bei, die den Ahnen geweiht war.

»Komm näher«, sagte Tante Ma zu mir. »Knie nieder und sage deinen Ahnen Lebewohl.«

Die alte Frau sprach in dem für diese Angelegenheit vorgeschriebenen Singsang und schob mich dabei auf einen roten Teppich vor dem Tisch, der als Altar diente. Ich kniete nieder und berührte mit der Stirn den Boden. Bei dem Gedanken an die Ahnen, die ich nicht kannte und die mir dennoch nie so nahe gewesen waren wie jetzt, da ich sie für immer verlassen sollte, kamen mir die Tränen. Aber schon stieß mich Tante Ma an, damit ich wieder aufstand. Dann mußte ich ein zweites Mal niederknien und den Ahnen dafür danken, daß sie eine gute Nachkommenschaft hervorgebracht hatten. Schließlich kniete ich zum dritten Mal nieder, und Tante Ma flüsterte mir wie ein Souffleur im Theater vor, was ich zu sagen hatte. Ich bat die Ahnen, mich zu schützen, meine Heirat zu segnen, mir alsbald ein gesundes Kind zu schenken und mir auch sonst Glück zu bringen. Jetzt befahl Tante Ma mit rauher Stimme und in feierlichem Singsang den

Hausangestellten, die »Mahlzeit der blumengeschmückten Sänfte« zu bereiten. Das war die letzte Mahlzeit einer Jungfrau, und ich sollte sie essen, ehe ich in die blumengeschmückte Sänfte stieg. Die »Sänfte« war in diesem Fall ein amerikanischer Wagen, der mich an den für die offizielle Feier vorgesehenen Ort bringen sollte. »Sänfte der Freude«, sagte man bei uns. Für mich war es die Sänfte der Tränen.

Das letzte Mahl war für mich allein bestimmt. Zu diesem Zweck ging ich an einen anderen, kleineren Tisch im Salon. Darauf mußte ich die Gerichte stellen und dann Platz nehmen. Ich wollte jedoch nicht alleine, während die anderen zuschauten, sondern mit allen zusammen essen.

»Nein, mein Fräulein«, sagte Tante Ma. »Du allein wirst in die blumengeschmückte Sänfte steigen. Du allein sollst das Mahl der Blumensänfte essen.«

Und so mußte ich mich setzen. Die Geschwister schauten gerührt und zugleich voller Bewunderung zu. Meine jüngste Schwester Ching Chin machte große Augen, ja sogar meine Mutter war verdutzt. Da sie von einfacher Herkunft war, kannte meine Familie zwar den Brauch, zu den Ahnen zu beten, nicht aber dieses Ritual, bei dem die Braut gewissermaßen inmitten ihres Hofstaats allein wie eine Kaiserin tafelt.

Der Reisnapf, den mir Tante Ma reichte, war so voll, daß der Reis sich wie eine Halbkugel über den Rand wölbte. Wie sollte ich mit meinen Stäbchen da herangehen, ohne die Hälfte zu verschütten?

»Damit du dein ganzes Leben lang von allem Überfluß habest . . .«, hieß es. Erst jetzt bemerkte ich, daß alle Schüsseln so übervoll waren, und ich begriff die Symbolik des Ganzen. Tante Ma verharrte in ihrem Singsang, nahm selbst die Stäbchen und begann, mich wie ein Baby zu füttern. Fiel Reis daneben, so tat sie ihn rasch in den Napf zurück. Als sie mir plötzlich gewaltsam ein Fischklößchen in den Mund stopfte, fragte ich mich unwillkürlich, ob sie sich zuvor die Hände gewaschen hatte. Das Klößchen – aus Fisch oder Fleisch – ist rund wie der Kreis, das Zeichen für die Familie, die für immer vereint bleiben soll. Die chinesische Schrift drückt diese Analogie zwischen der Familie und dem Klößchen durch ein besonderes Schriftzeichen aus.

»Mögest du fünf Generationen erleben«, sang Tante Ma, »die dir entsprossen sind . . .«

Dann tat sie mir den Inhalt einer Muschel in den Mund und sang: »Dein Leben sei voller Goldstücke . . .«, eine Anspielung auf die Gold- und Silberstücke des alten China, welche die Form einer

Meine Großmutter Shin Lan. Mit ihren Haupteigenschaften - Härte und Sparsamkeit bis zum Geiz - war sie der Prototyp der chinesischen Schwiegermutter alten Stils. Meine Geburt löste einen ihrer heftigsten Wutanfälle aus.

Mein Großvater Tsou Hon, der aus einer ärmlichen Vorstadt von Chao-Chou zur Zeit der Kaiserin Tz'u Hsi stammte und als junger Mann als Lastenträger einer chinesischen Operntruppe in der Provinz Kuangtung arbeitete.

Shanghai in den zwanziger Jahren, die Weltstadt des Fernen Ostens. Hier an den Kais des Huang-P'u arbeitete mein Großvater als Kuli und erblickte zum ersten Mal die Weißen aus den »Konzessionen« der Ausländer. (Photo Roger-Viollet)

Stacheldrahtzäune zwischen den Bezirken Shanghais zur Zeit der japanischen Besatzung. Wir Kinder krochen mit dem größten Vergnügen hindurch und zerrissen uns nicht selten dabei die Hosen.
(Photo Keystone)

Mein Vater Wei Hi. Aufgrund seiner Ausbildung an der amerikanischen Universität von Shanghai war er – ein junger Mann aus dem Bürgertum – von den Ideen des Westens durchdrungen, als er mit achtzehn heiratete.

Meine Mutter Tsong Hai. Sie wurde mit vier Jahren verlobt und blieb ihr Leben lang eine ungebildete Bauerntochter, die ständig – auch als sie später in Wohlstand lebte – vom Gespenst der Armut und des Elends verfolgt wurde.

Mein großer Bruder Ching Son mit sechs Jahren, mein Beschützer und der bewunderte Held meiner Kindheit. Mit sechzehn arbeitete er als Revolutionär im Untergrund, und von ihm hörte ich zum ersten Mal den Namen Mao Tse-tungs.

1937, als ich ein Jahr alt war, brach der Krieg zwischen Japan und China aus. Die Bevölkerung von Shanghai suchte Schutz vor den Bomben und flüchtete in die weitgehend verschont gebliebenen Viertel der »Internationalen Konzession«. (Photo Keystone)

Kaum ein Jahr vor meiner Hochzeit rückten die Truppen der Roten Armee nach Shanghai ein. Sie waren einfach gekleidet und besaßen keinerlei Ähnlichkeit mit den Soldaten, die seit so vielen Jahren das Land nur ausplünderten. (Photo Keystone)

Mein Mann Liu Yu Wang, der älteste Sohn des Milliardärs Liu Pin San, »geboren und gestorben wie ein König«, wie es ein Bettelmönch bei seiner Geburt vorhergesagt hatte.

Das Hochzeitskleid, das ich am 3. Januar 1950 trug, bestand aus vierzehn verschiedenen Teilen und war mit silberdurchwirkten Stickereien verziert. Es ließ mich wie ein chinesisches Götterbild erscheinen. – Mit dem weißen Kleid hingegen sah ich aus wie eine europäische Braut. Man kann sich nichts Aufwendigeres vorstellen als diese Hochzeit, die alles andere als eine Liebesheirat war und für 1 500 Gäste ausgerichtet wurde.

Mit vierzehn Jahren und im Grunde selbst noch ein kleines Mädchen, bin ich bereits Mutter und halte auf den Knien mein erstes Kind, Paul, den kleinen Prinzen meines Herzens.

Der mächtige Liu Pin San, mein Schwiegervater (links), einer der reichsten Männer Chinas, dessen Handflächen rot und dessen Stirn leuchtend war wie ein Spiegel. Seine Frau besaß strahlende Augen, die Haltung einer Königin und eine Stimme, die so imposant war wie ihre ganze Persönlichkeit.

1959 wollte mein Mann Liu Yu Wang sich, obwohl er schwer krank war, persönlich um eine Grabstätte für seine Eltern kümmern. Er fand sie in Ning-Po, und er erwarb einen Hügel, den die Horoskopsteller als günstige Stätte bezeichnet hatten.
Er ahnte damals nicht, daß er als erster auf dem Hügel beerdigt werden würde, lange vor seinen Eltern. Aus Hongkong, wo er starb, wurde sein Leichnam feierlich überführt. Er war »geboren und gestorben wie ein König«. Die Prophezeiung war in Erfüllung gegangen.

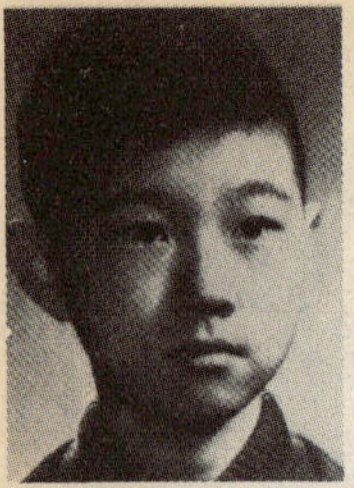

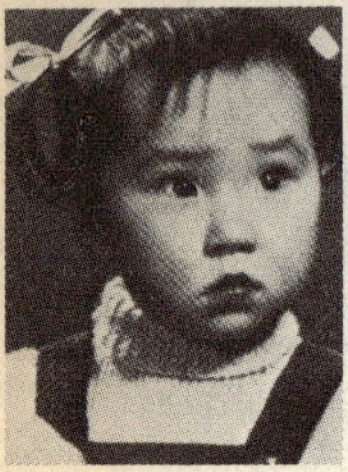

Mein Ältester, Paul, der im Jahr des Tigers im neuen China geboren wurde und bereits früh in Kontakt mit Arbeiter- und Bauernkindern kam.

Mein zweites Kind, Juliette, mit zwei Jahren. Der lebhafte Blick zeigte bereits die erwachende Intelligenz.

Buddha Kuan Yin, dem ich und die Meinen ständigen Schutz verdanken.

Muschel hatten. Es folgte eine gut durchgebackene Kaiser-Pastete, bei der Tante Ma sang: »Mögest du Goldbarren im Überfluß haben ...«

Dieser Wunsch zielte auf den Inhalt meines Geldschranks. Tante Ma stopfte mich auf diese Art und ohne sich um meinen Appetit oder meine Verdauung zu kümmern, voll wie ein Masttier. Schließlich, als sie zu der Meinung gelangt war, daß ich fertig sei, rief sie die Dienstboten und gab ihnen den Befehl, mich in mein Zimmer zu führen, um mich anzukleiden.

Nun legte man mir ein chinesisches Brokatkleid mit roten Blumen an, und A San steckte mir Seidenblumen ins Haar. Ich stolzierte auf hochhackigen Schuhen umher und wurde in einen Bisammantel gehüllt. Im Treppenhaus erscholl plötzlich Lärm, und ich hörte hektische Rufe: »Beeilt euch! Beeilt euch!«

Mein Verlobter war eingetroffen, und man durfte ihn nicht warten lassen. Nichts ist wichtiger als der Augenblick, wo der Mann seine Frau bei den Schwiegereltern abholen kommt. Rasch stiegen wir die beiden Stockwerke hinunter. Liu Yu Wang stand vor dem Gartentor. Der Anblick war befremdend, denn über einem langen schwarzen chinesischen Gewand trug er einen taillierten Gehrock. Tante Ma bedeutete ihm einzutreten. Er durchquerte den Garten, und wenig später kauerten wir im Salon nebeneinander auf dem Boden und verneigten uns. Es war der feierliche Augenblick, wo die Verlobten, die man von nun an »neuer Mann« und »neue Frau« nennt, den Eltern danken und ihnen adieu sagen. Mit der Stirn am Boden verneigten wir uns beide zuerst vor Großvater Tsou Hon, dann vor der Großmutter und schließlich vor meinem Vater und meiner Mutter.

»Beeilt euch, die Fotos!« drängte jemand, kaum daß wir wieder auf den Füßen standen. Die Hast hatte ihr Gutes; denn so fand ich wenigstens keine Zeit zu weinen.

Einige Augenblicke später ... Ich wußte nicht, was aus dem Hofstaat und dem Gefolge des Bräutigams geworden war. Ich saß im Fond eines großen Wagens. A San, meine Zofe, saß mit dem Koffer, der meine ganze Garderobe enthielt, neben mir (während der Feier sollte ich mich mehrmals umziehen) und gab mir die letzten Ratschläge. Ich hätte kleine Schritte zu machen, nicht schnell zu sprechen, vor allem nicht zu lachen. Als ob es für mich noch etwas zu lachen gab! Fünf Minuten später standen wir bereits in einem der großen Fotoateliers von Shanghai. Mein Verlobter trat neben mich. Wir posierten vor dem Apparat, stocksteif und gezwungen wie Staatsbeamte. Kurz darauf saßen wir wieder im Wagen, A San und ich. Ein Fotograf aus dem

Geschäft war mit uns eingestiegen und sollte uns den ganzen Tag folgen, damit wir später genug Bilder hätten, um uns an die Hochzeit zu erinnern . . .

Die Hochzeitsfeier fand in einem großen Restaurant in der Nanking Road statt, dem »Pavillon der Aprikosenblüte«, dessen drei Etagen ausschließlich für die Hunderte von Hochzeitsgästen reserviert waren. Zur Verwandtschaft, zu den Freunden und den Prominenten aus dem Bekanntenkreis kam jedoch noch eine große Zahl von Angestellten und Leitern der Banken, der Fabriken und der verschiedenen Unternehmen der Familie Liu; daher hatte man unmittelbar neben dem ersten noch ein zweites, etwa genauso großes Restaurant gemietet. Zur Hochzeitsfeier versammelten sich also alles in allem etwa fünfzehnhundert Personen. Das mag viel erscheinen, aber man darf nicht vergessen, daß Liu Pin San zu den zehn reichsten Männern Chinas gehörte.

Die drei Stockwerke des »Pavillons« waren über und über geschmückt: grüne und rote Seidenbänder, Kugeln in derselben Farbe, von denen Bänder herabhingen, große Stoffbahnen aus roter Seide, auf denen aus Goldpapier geschnittene Glückwünsche zu lesen waren. Jede dieser Inschriften verriet zugleich den Namen ihres Stifters. Sämtliche Sprüche an den Wänden wünschten Mondschein, blühende Blumen, Liebe und ewiges Glück.

Kaum hatte der Maître d'hôtel unsere Ankunft verkündet, da verschlang mich auf der Schwelle des »Pavillons der Aprikosenblüte« die Menge der Gäste, so daß ich weder vor noch zurück konnte. Vor allem aber hagelte ein Schwall von Worten, Sätzen und Komplimenten auf mich hernieder:

»Wie schön sie ist! . . . Schaut euch ihre Hände an! . . . Wie Bambussprossen im Frühling! . . . Sie sind weißer als Eiweiß! Wahre Phönixaugen! . . . Ah, was ist dieser Liu doch für ein Glückspilz! . . .«

Bei solchen Gelegenheiten mangelt es den Chinesen nicht an Redensarten.

Während ich, von allen Seiten bedrängt, Haltung zu wahren suchte, hörte ich plötzlich hinter mir die Stimme einer jungen Frau, die, so schien mir, deutlich sagte:

»Die Familie Liu hat keine Skrupel . . . Diese hübsche Blume wird zerstört werden, und das ist doch sehr schade.«

Ich wollte mich umwenden, um das Gesicht der Person zu sehen, die gerade gesprochen hatte. Es gelang mir nicht, und als ich mich endlich bewegen konnte, war es mir nicht möglich, die Stimme zu identifizieren. Sie blieb für mich ohne Gesicht, doch ihre Worte werde ich nie vergessen.

Das Personal des Restaurants arbeitete mit den Ellenbogen, um mir bis zum Salon der ersten Etage, wo ich mich umziehen sollte, einen Weg zu bahnen. Dort erwartete mich meine Mutter. Als die Tür sich wieder geschlossen hatte, war ich unendlich erleichtert, der Menge entronnen zu sein. Aber die Worte der Unbekannten quälten mich. Ich wiederholte sie meiner Mutter und fügte hinzu: »Weshalb hat sie das gesagt?«

»Aber glaub mir doch, sie hat nicht von dir gesprochen«, antwortete meine Mutter rasch. »Wie kannst du etwas Derartiges denken? Die Familie Liu ist doch so gut, so reich an Tugenden. Und ein solcher Gatte ... Also, ich bitte dich wirklich, setz dir nicht einen Hut auf, der gar nicht für deinen Kopf bestimmt ist. Und jetzt müssen wir uns beeilen.«

In der Tat war das nicht der Augenblick, um zu streiten, ich mußte mein Hochzeitskleid anlegen, das hübsche weiße europäische Kleid mit der langen Schleppe, das auf Taille gearbeitet war und das ich mit Liu Yu Wang ausgesucht hatte. Meine Mutter und A San überboten sich mit ihren Hilfeleistungen. Sie machten mir das Haar noch einmal zurecht und ersetzten die Seidenblumen durch frische Gardenien. Man zog mir ein Paar silberne Pumps mit hohem Absatz an, und A San puderte mir noch einmal das Gesicht. Im Spiegel sah ich aus wie eine strahlende, unbesiegbare Göttin. Ein Türsteher verkündete: »Die Feier beginnt!«

Die Salontür wurde geöffnet, und es erwarteten mich zwei kleine Mädchen und zwei kleine Jungen, nach europäischer Manier weißgekleidet, ein jedes mit einem Körbchen voller Blumen. Mein Vater trat ein und legte mir einen weißen Musselinschleier über, der Gesicht und Brust bedeckte. Meine Augen füllten sich mit Tränen, und ich sagte mir: »Du, mein Vater, bist es, der mir den Sklavenschleier überwirft, dein Arm wird mich einem anderen Manne geben, und dieses ganze Fest ist nur dazu da, uns zu trennen.« Aber ein alter pockennarbiger Dämon, Tante Ma, wieselte schon um mich herum. »Schnell! Schnell!« rief sie.

Langsam wie eine Dschunke schritt ich vorwärts. Um mich herum die Blitzlichter der Fotografen. Im Erdgeschoß bemühte sich das Orchester um Mendelssohns Hochzeitsmarsch. Man lenkte mich auf einen riesigen Salon zu, der über die ganze Länge durch einen schmalen roten Teppich von gut hundert Meter Länge geteilt war und den ich nun am Arm meines Vaters betrat. Zwischen zwei Spalieren von Gästen bewegten wir uns gemessenen Schrittes vorwärts, vor uns zwei Kinder, die Blumen streuten, hinter uns zwei andere, die die Schleppe meines Kleides trugen. Unmittelbar hinter mir flüsterte Tante Ma, ich solle den Kopf senken. So schickte es sich für die Braut: so bald wie möglich hatte sie diese bescheidene Haltung anzunehmen, die das Kennzeichen ihres Schicksals war.

Am Ende des roten Teppichs erwartete mich mein Verlobter. Er hatte sich umgezogen und trug nun einen Smoking. In meinen Augen machte ihn das auch nicht verführerischer. Im Hintergrund des Saales befand sich ein kleines Podium, das man über drei Stufen erreichte und auf dem vor einem mit einem roten Seidentuch bedeckten Tisch drei Männer in chinesischen Gewändern standen. Der mittlere war eine sehr wichtige Persönlichkeit – den Namen habe ich vergessen –, der als Zeuge fungierte, zur Linken mein zukünftiger Schwiegervater, der steinreiche Liu Pin San mit dieser Stirn, die wie ein Spiegel blinkte, und zur Rechten Tsou Hon, mein Großvater. Am Fuße des Podestes stand mein Verlobter und wartete auf mich. Die Musik hörte in dem Moment auf, als ich ihn erreichte, und der Türsteher rief mit lauter Stimme: »Neuer Mann, nimm ihr den Schleier vom Gesicht.«

Dies war der erste große Augenblick. Liu Yu Wang kam der Aufforderung nach, nahm mir den Schleier ab und übergab ihn einer Dienerin. Es folgte eine Serie neuer Glückwünsche, und dann begann der Trauzeuge auf dem Podium mit seiner Rede. Dieser angesehene Mann aus Shanghai, ein enger Freund von Liu Pin San, rühmte ausgiebig die Vorzüge meiner zukünftigen Schwiegerfamilie, dann die meines Vaters, der ein Lehrer sei, den man nicht genug loben könne usw. Daran schlossen sich einige Ratschläge für den neuen Hausstand an: um Streit zu vermeiden, so sagte er, solle man sich wie Freunde gegenseitig respektieren. Nach seiner Rede ließ er sich das Heiratsregister reichen, worin die Namen und die weiteren Angaben zur Person der künftigen Eheleute verzeichnet waren. Dann fragte er meinen Großvater und Herrn Liu, ob sie mit der Heirat einverstanden seien, und als diese bejahten, setzte er sein Siegel auf das Register. (Man wird bemerkt haben, daß die Brautleute in China nicht um ihr Einverständnis gefragt werden.) Mein Schwiegervater setzte dann seinerseits sein Siegel darunter, ebenso mein Großvater. Nun übergab der Trauzeuge Liu Yu Wang einen Ring, den dieser mir an den Ringfinger der linken Hand steckte. Es war ein Goldring mit einem einzigen, aber riesengroßen Diamanten. Yu Wang trug selbst keinen Ring. Dieser Teil der Zeremonie hatte, die Rede inbegriffen, gut eine Dreiviertelstunde gedauert. Der Türsteher verkündete nun: »Die Zeremonie ist beendet! Die Jungvermählten werden sich jetzt ausruhen!«

Das war nur eine Redensart, denn in Wirklichkeit fing die Feier erst richtig an. Der Hochzeitsmarsch setzte schwungvoll wieder ein, während ich, übersät von Konfetti und Luftschlangen, in einem beispiellosen Durcheinander und Lärm zum kleinen Salon zurückkehrte. Liu war jetzt mein Mann, und er stand bei mir, als ich mich, schon jetzt von dem Lärm und der Wärme erschöpft, in einen Sessel fallen ließ. Ich war nicht mehr Chow Ching Lie, von nun an hieß ich: Liu Chow Ching Lie.

Zwei weitere lange Prüfungen standen noch aus. Die erste, sehr feierliche, flößte Respekt und Furcht ein. Es war dies der Fußfall vor der Verwandtschaft. Die andere, endlose, bestand aus den traditionellen Schikanen und war mir unerträglich. Zweifellos lag es an meiner westlichen Erziehung, daß ich für diese zutiefst chinesischen Bräuche so wenig empfänglich war. Man darf aber auch nicht vergessen, welche Empfindungen mich bewegten. Hätte ich in dieser Heirat die Krönung einer Liebesgeschichte wie die in den Märchen sehen können, wäre der »Pavillon der Aprikosenblüte« der Rahmen der Hochzeitsfeier von Romeo und Julia gewesen, dann wären mir zweifellos noch die albernsten Bräuche außerordentlich reizvoll erschienen. Der Leser mag, wenn er den Fortgang des Festes kennengelernt hat, selbst darüber entscheiden, ob ich Vorwürfe verdiene.

Nachdem also der Ring übergeben war, mußten wir uns im kleinen Salon erneut umziehen, diesmal für den Fußfall vor der Verwandtschaft. Liu Yu Wang trug wieder ein chinesisches Gewand. Ich mußte diesmal die vierzehn Kleidungsstücke und Accessoires anlegen, die meine Schwiegermutter mir in der Vierten Straße ausgesucht hatte. Von Kopf bis Fuß funkelte ich wie eine Standarte: Silber- und Goldfäden mischten sich mit den Farben der Stickereien, ein Perlennetz bedeckte den Knoten meiner hochgesteckten Frisur, Kopf und Ohren waren mit Juwelen geschmückt, und auf meiner Brust schimmerte ein Anhänger, ein Geschenk meiner Schwiegermutter, in Form einer goldenen Plakette, in die die folgenden Worte eingraviert waren: »Schön im Äußeren – klug im Inneren«. Tanta Ma übergab mir ein großes rotes Seidentaschentuch, das man laut Vorschrift zur gestickten Tunika in der Hand halten mußte.

Einmal mehr betrachtete ich mich im Spiegel. Das wurde zu einer Art tröstlichen Ablenkung. Der Reiz meiner äußeren Erscheinung bedeutete für mich keinen Rausch, sondern eher die Gelegenheit, mich zu vergessen: das Bild, das mir im Spiegel entgegentrat, war das eines Mädchens aus einem anderen Jahrhundert.

Es war nicht nur im damaligen China eine außergewöhnliche Erscheinung, sondern zugleich auch die letzte dieser Art, da sich ja um uns herum ein neues China erhob. Als mein Blick auf den schmächtigen Liu Yu Wang fiel, der in seiner weitgeschnittenen Hose einherging, da konnte ich nicht anders, als zum großen Entsetzen meiner Mutter laut aufzulachen. Liu war jedoch keineswegs verletzt, sondern lächelte, als wollte er sich entschuldigen. »Ich gehe immer so gekleidet«, sagte er, »wenn ein Festtag ist oder die Ahnen geehrt werden sollen.«

Daraufhin ließ Tante Ma uns wieder hinausgehen, damit wir die Begrüßung der Verwandtschaft vornahmen, die sich in dem großen Saal mit dem Podium vollziehen sollte. Auf dem Wege dorthin stürzte sich plötzlich ein Mädchen meines Alters auf mich und versetzte mich in Angst und Schrecken, als sie mir das Taschentuch wegriß. Tante Ma erklärte mir, indem sie mir rasch ein neues Taschentuch zusteckte: »Das ist so Brauch. Jeder hat das Recht, der Hand der Neuvermählten etwas zu entreißen. Das ist eine Art Scherz.«

»Du hättest mich darauf vorbereiten können«, sagte ich zu ihr, »dann hätte ich mich nicht so erschrocken.«

In der Mitte des großen Saales waren zwei viereckige Sessel aus Eisenholz, mit roten Kissen belegt, aufgestellt. Zwei rote Teppichbahnen führten dorthin. Der Türsteher begann einen Singsang, der demjenigen Tante Mas vom Morgen ähnelte, und verkündete: »Der neue Mann und die neue Frau kommen, um die Verwandten zu grüßen!«

Zunächst führte man Liu Pin San und seine Frau zu den beiden Sesseln. Meine Schwiegereltern strahlten vor Freude.

»Die Vermählten mögen niederknien!« sagte der Türsteher.

Nebeneinander kniend verneigten wir uns, bis die Stirnen den roten Teppich berührten.

»Erhebt euch!«

Dann hieß man uns erneut niederknien. Das mußte dreimal für jedes Elternpaar geschehen. Beim drittenmal half meine Schwiegermutter mir auf und murmelte: »Gut . . . So ist es sehr gut . . .«

Dann waren Großvater Tsou Hon und seine Frau an der Reihe, in diesen beiden Sesseln Platz zu nehmen und unsere Fußfälle zu empfangen.

Darauf folgten mein Vater und meine Mutter.

Damit war es aber keineswegs getan: die gesamte Verwandtschaft der Lius mußte dieselbe Ehrung entgegennehmen, Vettern, Tanten und Onkel, rund fünfzig Paare (es waren nur wenige Junggesellen und Witwer darunter), vor denen ich mich dreimal zu Boden werfen mußte, mit der Auflage, mich zwischen jedem Fußfall erneut zu erheben. Man kann sich ausrechnen, wie oft dieser Vorgang sich wiederholte.

Tante Ma stand neben uns, und ich steckte ihr den kleinen Umschlag aus rotem Papier zu, den jedes Verwandtenpaar uns nach der Ehrung gab und in dem sich eine Banknote oder Goldstücke befanden. Dieser Teil der Zeremonie dauerte ungefähr zwei Stunden. Mein Gemahl sah am Ende grünlich aus, und die Adern traten ihm an Stirn und Hals hervor. Meine vierzehn Kleidungsstücke waren völlig durchgeweicht, und ich hatte Beine und Hüften, als hätte man mich windelweich geschlagen. Im kleinen Salon, wohin Tante Ma mich sofort danach führte, träumte ich davon, zehn Minuten in einem Sessel vor mich hin zu dösen. Ich konnte mich jedoch nicht einmal hinsetzen. Tante Ma mahnte mich dringlich, mich sofort zum Essen umzuziehen, das gleich beginnen sollte. Als ich meine vierzehn Kleidungsstücke los war, genoß ich es einen kurzen Augenblick, nackt zu sein, während mein Gemahl sich hinter einem Paravent aufhielt. Es wäre undenkbar gewesen, daß er auch nur meinen Schulteransatz erblickt hätte.

Die Gäste, die jeweils zu zwölft an runden Tischen saßen, füllten die drei Stockwerke des »Pavillons der Aprikosenblüte«. Wie bereits erwähnt, nahm ein weiteres, nur fünfzig Meter entferntes Restaurant alles auf, was hier keinen Platz mehr hatte, insbesondere die Angestellten der Unternehmen von Liu Pin San. Draußen war die Nanking Road buchstäblich verstopft von der Masse der Fords und der Buicks der Gäste, so daß der Verkehr in Shanghai an diesem dritten Januar des Jahres 1950 durch meine Hochzeit zum Teil durcheinandergeriet.

Die nächste Phase der Zeremonie am Ende des Abends begann im Erdgeschoß des Restaurants mit folgender Ankündigung des Türstehers:

»Die Jungvermählten schreiten nun zur Begrüßung mit Wein!«

Worum es bei der unvorstellbaren und entsetzlichen Übung, die nun beginnen sollte, ging, hatte Tante Ma uns zwei Minuten vorher im Prinzip erklärt:

Gefolgt von einem Kellner, der auf einem Tablett zwei Gläser und eine Flasche jungen Reiswein trägt, muß das Brautpaar *vor jedem Tisch* stehenbleiben und mit *jedem* der zwölf Gäste anstoßen und danach »Kan Pei« machen, also das Glas leeren. In unserem Falle zählte der Pavillon zwanzig Tische pro Stockwerk, und wir mußten auch im benachbarten Restaurant mit den Angestellten, den Direktoren und ihren Frauen anstoßen. Wir hätten also ungefähr 1 500 Gläser oder, sagen wir, 1 500 Schluck trinken müssen. Aber wie sollten ich, ein Mädchen von dreizehn Jahren, und mein Mann, der so schwach war, daß er sich kaum auf den Beinen halten konnte, auch nur zehn davon vertragen?

Es läßt sich denken, daß es bei diesem harten Brauch gewisse Erleichterungen gab, ohne die wir armen Jungvermählten im »Pavillon« kaum die Hälfte eines einzigen Tisches geschafft hätten. Was uns half, war das allgemeine Durcheinander, aber auch die Listen und Späße von Tante Ma.

Liu Yu Wang stieß mit den Gästen an wie ich, aber er tat beim »Kan Pei« nur so, als trinke er. Wenn er dazu gezwungen wurde, behielt er den Schluck Alkohol im Mund und spuckte ihn dann wieder in ein Glas, das ihm der Kellner hinter dem Rücken von Tante Ma unauffällig hinhielt. Tante Ma stand aber vor allem mir bei, denn es gab Gäste, die aggressiv oder schon ein wenig betrunken waren und mich zwangen, den Wein herunterzuschlucken. Das alles vollzog sich in einem äußerst komischen Rahmen, wobei das Brautpaar eine würdige, höfliche und bescheidene Haltung einnehmen mußte, während die Gäste sich, was die bei solchen Feiern üblichen Schikanen und Anzüglichkeiten angeht, einfach alles erlauben konnten. Manche Gäste verlangten zwei oder drei »Kan Peis« hintereinander, andere wieder, die mich hatten trinken sehen und den Verdacht hatten, daß ich diesmal nur so täte, machten mir deshalb Vorhaltungen.

»Mit ihm, da haben Sie getrunken! Ich bin dessen offensichtlich nicht würdig . . . Bei mir lehnen Sie ab!« usw.

Zu unserem Glück erhob sich in solchen Augenblicken ein wirrer Lärm von Erwiderungen und Gelächter; Tante Ma, die hier eine Art Hofnarren spielte und das Recht hatte zu schreien, gab dem Pöbler die passende Antwort, machte einen Witz, stopfte ihm damit das Maul, und sie schaffte es sogar, ein solches Durcheinander zu stiften, daß es uns gelang, mehrere Gäste auszulassen. In anderen Fällen trank sie für mich. Sie tat es oft, denn sie hatte keine Angst vor Alkohol, er gehörte zu ihrem Beruf. Und schließlich waren auch nicht alle Gäste unerbittlich; viele begnügten sich mit der symbolischen Geste. Das war vor allem bei denen im zweiten Restaurant der Fall, die errieten, daß wir am Ende unserer Kräfte waren, und Mitleid mit uns hatten. Sie ließen mich nur einmal vor der ganzen Runde das Glas heben, ohne daß ich von Tisch zu Tisch gehen mußte. Meine Schwiegermutter, die aus Erfahrung wußte, daß dieser Scherz leicht über die Kräfte des Ehemanns gehen und daß er anfangen könnte, sich zu übergeben, hatte nicht die Absicht, bei dieser Angelegenheit allzu sehr die

Zügel schießen zu lassen. Sie griff mehrfach ein, um ihren Sohn zu verteidigen, und als sie selbst sein Glas nahm, um an seiner Stelle anzustoßen, wagte niemand, dagegen Einspruch zu erheben.

Nachdem die Begrüßung mit Wein beendet war – gottlob, kann ich nur sagen! –, kehrten wir zum Essen in den »Pavillon« zurück, und auf dem Wege dorthin erklärte mir Tante Ma in einem Anfall von Rührung – oder war es der Rausch? – feierlich, daß sie viele Hochzeiten in ihrem Leben gesehen, in ganz China jedoch noch nicht eine so bedeutende erlebt habe wie diese und daß es keinen Zweifel darüber geben könne, daß mein Mann und ich miteinander glücklich würden . . .

Im ersten Stock des »Pavillons«, im großen Salon, der als Trausaal gedient hatte, war auf dem Podium ein Tisch für zehn Personen gedeckt. Auch die Zusammensetzung dieser Tafel hatte ihre Bedeutung. Außer dem jungen Paar mußten sich dort junge Unverheiratete hinsetzen, die reich waren und deren Eltern beide noch lebten. Die Mehrzahl unserer Tischgenossen war von den Lius unter den Cousins und Cousinen ausgewählt worden. Ich durchquerte den Saal, wo die Gäste bereits zu essen begonnen hatten, während man an unserem Tisch auf uns wartete, und erklomm die drei Stufen zum Podium. Als ich Platz nahm, fing mein Herz an zu schlagen: an diesem Tisch saßen, durch einige Unbekannte von mir getrennt, Seite an Seite Ching Lin, meine kleine Schwester und Vertraute, und Ching Son, mein großer Bruder, mein Held und Beschützer. Wir tauschten alle drei einen langen mitleidsvollen, zärtlichen und verständnisinnigen Blick. An diesem Tag der niedergeschlagenen Augen war es der erste Blick, den ich an zwei Wesen richtete, die mein Fleisch und Blut waren.

Es war sieben oder acht Uhr abends. Ein Kellner servierte mehrere Schüsseln mit Vorspeisen, Hühner- und Entenfleisch, Krabben und Fisch. Obwohl ich erschöpft war wie nie zuvor im Leben, hatte ich doch Hunger und bewegte meine Stäbchen schnell auf die nächststehende Schüssel zu, als Tante Ma, die mit ihren Argusaugen nicht eine Sekunde von mir wich, hinter mich trat, meine Hand festhielt und mir zuflüsterte: »Nein, nein, nein, das darfst du nicht! Alle schauen dich an . . . Ich muß dich bedienen . . . Laß die Hand liegen, wo sie ist.«

Die anderen hatten es wirklich gut, daß sie sich selbst bedienen durften. Ich wartete also, daß Tante Ma mir ein Stück Hühnerfleisch auf den Teller legte. Dann nahm ich das Fleisch mit den Stäbchen und öffnete den Mund, als ein »Kan Pei! Kan Pei!« ertönte.

Plötzlich wurde ich von vier Personen umringt. Es waren Gäste aus dem Saal, die gekommen waren, um mit mir anzustoßen. Ich legte also mein Stück Hühnerfleisch wieder auf den Teller zurück, stand auf und nahm mein Glas. Liu ging es nicht besser.

»Wir wünschen dem neuen Mann und der neuen Frau, daß sie beide bis in das Alter der weißen Haare leben mögen!«

Es bereitete ihnen keine Schwierigkeiten, derartige Wünsche auszusprechen, denn im Gegensatz zu uns hatten sie schon gegessen . . . Liu benetzte die Lippen und dankte ihnen. So wurden wir nun ununterbrochen von neuen Gratulanten geplagt, darunter auch solchen, die Liu anpöbelten, ihm vorwarfen, er stoße nicht richtig an und mache sich über sie lustig. Es war mir immer noch nicht gelungen, das Häppchen Huhn zu essen. Als Tante Ma sah, daß mir langsam die Kräfte schwanden, rettete sie mich, indem sie behauptete, ich müsse mich umziehen, und führte mich in den kleinen Salon. Ich hatte noch keinen Bissen zu essen bekommen und protestierte. Allein Tante Ma behauptete, daß wir, wenn ich mich schnell umzöge, rechtzeitig zu den vier Hauptgerichten, die aus ganzen Tieren bestünden, zurück wären und ich endlich würde essen können, weil Glückwünsche dann nicht mehr erlaubt seien. Erneutes Umziehen: chinesisches Gewand aus rosa Satin, kleine Phönixe auf den dazu passenden Schuhen, großer Phönix aus gesticktem Silber. Zurück an den Tisch im großen Saal. Auf dem Tisch standen jetzt Schweinshaxen, Hühner und ganze Enten.

Kaum hatte ich mich gesetzt, als sich ein Mann dem Tisch näherte. Er mochte um die Dreißig sein, trug eine Brille, wirkte mager und eingeschrumpft und hatte sehr schmale Lippen und glänzende Augen. In der einen Hand hielt er eine Teekanne mit warmem Alkohol, in der anderen ein Glas; er war betrunken und lächelte mich bösartig an.

»Entschuldigen Sie«, schaltete Tante Ma sich ein, »die Jungvermählten haben bereits getrunken. Nun muß man sie essen lassen, da ja die Hauptgerichte bereits auf dem Tisch stehen.«

Das Gesicht des Mannes verzerrte sich vor Wut.

»Seien Sie still! Stören Sie nicht das Fest! Ich will auf die Jungvermählten ein Glas trinken.«

Er leerte sein Glas. Ich versuchte, diese abstoßende Person zu ignorieren und seine blutunterlaufenen Augen zu übersehen. Mein Mann hoffte, uns dadurch von seiner Gegenwart zu befreien, daß er mit ihm einen Tropfen trank und dann dankte. Doch der Mann schrie: »Das gilt nicht ! Neue Frau soll trinken!«

»Ich trinke für sie!« sagte Tante Ma und nahm ein Glas.

»Dich hat hier niemand gefragt!«

Jetzt hatte der Mann sie einfach zur Seite gestoßen. Als er ein

Glas füllte und es mir an den Mund hielt, spürte ich, daß es einen unangenehmen Zwischenfall geben würde. Ich blieb ruhig und fragte Liu ganz leise, wer dieser Mann sei. Der aber hörte es und versetzte: »Wer ich bin? Das wissen Sie nicht? Ich bin Alter King! Der Chef ist dein Schwiegervater, stimmt's? Na, und ich bin der Schwiegersohn des Chefs!«

Er log. Alter King war in Wirklichkeit der Schwiegersohn eines der Brüder meines Schwiegervaters. (Diese verwandtschaftliche Beziehung hatte ihm einen Posten in der Bankzentrale Liu Pin Sans verschafft, und seitdem rühmte er sich, der Schwiegersohn des »Chefs« zu sein. Er war unerträglich und gefährlich obendrein, was uns in den Anfängen der neuen kommunistischen Verwaltung noch zu schaffen machen sollte. Doch davon später.)

Am anderen Ende der Tafel sah ich den angespannten Blick meines Bruders Ching Son und spürte genau, daß er aufstehen wollte, um mich zu verteidigen. Er tat es nicht, weil der Brauch es ihm verbot. Ein Gast, der mit der Ehefrau verwandt ist, hat nicht das Recht, irgendeine Rolle zu spielen. Wie die Ehefrau selbst, so muß er alles ertragen. Als Alter King mit vor Trunkenheit immer glänzenderen Augen mir erneut das Glas vor die Nase hielt, erhob sich ein junger Mann an unserem Tisch. Er war etwa zwanzig Jahre alt, ein Student von ausgesucht höflichem Betragen.

»Cousin und Cousine haben viel getrunken«, sagte er zu dem Störenfried, »man muß sie jetzt in Ruhe lassen.«

Alter King stieß ihn weg und schrie: »Ehe sie nicht getrunken hat, lasse ich sie nicht in Ruhe!«

Im Saal unten aßen die Gäste mittlerweile nicht mehr, und es hätte einen wirklichen Eklat gegeben, wenn meine Schwiegermutter nicht gerade jetzt auf dem Podium erschienen wäre, um das Glas zu übernehmen.

»Also gut, Alter King«, sagte sie, ohne die Stimme zu erheben, »ich werde für die beiden trinken.«

Da bot sich meinen Augen ein unerhörter Anblick: angesichts meiner Schwiegermutter kroch der widerliche Mensch, der die Zähne zeigte, wie der Fuchs gegenüber der Gans es tut, förmlich in sich zusammen und krümmte den Rücken wie ein verängstigter Hund.

»Mama!« sagte er. »Das verdiene ich nicht . . .«

Und er wich zurück, grüßte, wich weiter zurück, grüßte noch einmal, bis er endlich verschwunden war.

Meine Schwiegermutter wandte sich mit herzlicher Stimme zu mir: »Armer Liebling . . . Du hast überhaupt noch nichts gegessen . . .«

Ich hatte immer noch das Stück Huhn auf dem Teller liegen.

»Ich habe keinen Appetit mehr, Mama.«

Es war das erste Mal, daß ich zu Frau Liu »Mama« sagte.

»Ich werde bei dir bleiben«, sagte sie, »dann wird man dich nicht mehr belästigen.«

Das stimmte. Aber nun war das Essen auch beendet. Schon begannen die Gäste hinauszugehen. Ich mußte mich ein letztes Mal umziehen, um alle an der Schwelle zu verabschieden, diesmal in einem chinesischen, mit Silberfäden bestickten Kleid, mit dazu passenden Schuhen und Handtasche und vielen Juwelen.

Das Verabschieden all dieser Gäste, die mir zum größten Teil unbekannt waren, nahm kein Ende. Jeder sagte etwas, doch ich hörte nichts mehr. Dann war das Restaurant leer. Jetzt mußte ich nur noch in mein neues Heim fahren, in das Haus der Familie Liu.

Mein Bruder hatte das Restaurant als einer der letzten verlassen. Auf dem Bürgersteig stehend betrachtete er die Menge der Gäste, die nun in ihre Wagen stiegen. Lange beobachtete er, wie diese feine Welt, die bald gänzlich verschwunden sein sollte, sich in alle Richtungen zerstreute.

11. Kapitel

Die »Schikane des neuen Zimmers« / Die Übergabe der Binden / Meine erste Nacht als verheiratete Frau / Das Gespenst der zweiten Nacht / Der Brauch, sieben Unterhosen anzufertigen / Die dritte Nacht / Liu Yu Wangs traurige Enthüllungen / Die Verpflichtung, schwanger zu sein / Gemeine Eifersucht meiner Schwiegermutter.

Der Wohnsitz der mächtigen Familie Liu lag an der Nanking Road, einer großen Allee, die außerhalb der Internationalen Konzession am Huang-P'u endete. Das Haus lag gegenüber der Pferderennbahn, die bald zum Volkspark werden sollte.

Von der Allee weg führte durch eine Grünanlage eine Zufahrt zu etwa dreißig Häusern, darunter dem der Lius. Die Gegend galt nicht als besonders vornehm, aber Liu Pin San, der Mann mit der spiegelnden Stirn, blieb aus Aberglauben dort. Lange bevor er zu seinem großen Wohlstand gelangt war, hatte der Sterndeuter diesen Ort als günstig beurteilt, und Liu Pin San wollte ein Haus, das ihm Glück gebracht hatte, nicht mehr verlassen.

Es war ungefähr elf Uhr abends, als der Wagen, in dem ich mit meinem Mann Platz genommen hatte, vor meinem neuen Zuhause anhielt. Unsere Familien, darunter auch meine Brüder und Schwestern, beschlossen den Geleitzug. Eine kleine Zahl von engen Freunden meiner Schwiegerfamilie hatte die Vorhut gebildet und erwartete uns bereits.

Gewöhnlich hat das chinesische Haus zwei Eingänge, einen an der Vorder- und einen an der Rückseite. An normalen Tagen benutzt man den Hintereingang. Am Tag der Hochzeit des erstgeborenen Sohnes mußte man jedoch selbstverständlich durch den Haupteingang eintreten. Nachdem wir den Hof überquert hatten, betraten wir den großen Salon im Erdgeschoß, der bereits voller Menschen war. Bei diesem Anblick wurde ich nervös, obwohl ich mir sicher war, daß man zu dieser späten Stunde keine weiteren Schikanen der Art mehr über sich ergehen lassen mußte, wie ich sie im »Pavillon der Aprikosenblüte« erlebt hatte. Doch ich hatte mich gründlich getäuscht. Sowie man mich erblickte, ging ein Ausruf durch den Salon: »Da ist sie! Da ist sie!« Und Tante Ma, die ihr Geschäft immer noch wendig wie ein Fisch im Wasser versah, erklärte mir flüsternd:

»Nur ruhig, nur geduldig... Vor allem sei nicht gekränkt. Diese Leute werden alles tun, um dich aus der Fassung zu bringen. Sie werden es mit Absicht tun. Das ist so Brauch, und das ist auch sehr gut so. Das ist so etwas wie der Gärteig für den ganzen Hausstand. Je ärger man es treibt, desto glänzender wird es dem Haus gehen.«

Schon wurde mein Mann lärmend von einer heiteren Gruppe umringt, gepackt und zum Brautgemach gezerrt. Das war die »Schikane des neuen Zimmers«. Andere taten dasselbe mit mir. Nachdem man uns die Treppe hinaufgeschubst hatte, standen wir wohl oder übel in dem Schlafzimmer, das voller Menschen war. Das Benehmen der Gäste wurde jetzt so ausfallend, daß man an die übliche chinesische Zurückhaltung nicht mehr glauben mochte. Dies war bei einer solchen Gelegenheit jedoch ausnahmsweise erlaubt und wurde sogar empfohlen, gerade so, als ob der Ort und die Nähe der Hochzeitsnacht besonders dazu aufforderten.*

Zunächst verlangte man von meinem Mann, er solle die Geschichte unserer Liebe erzählen. Armer Liu Yu Wang ... Selbst wenn er nicht so schüchtern gewesen wäre, wie hätte er angesichts einer solchen Zweckheirat von Liebe sprechen können? Sein Schweigen stimulierte die Zuhörer, die nur um so dringlicher wurden.

»Unsere Familien haben uns verheiratet«, sagte er ein wenig verlegen, um der Sache ein Ende zu machen.

Darauf war ich an der Reihe. Man verlangte, daß mein Mann und ich uns jetzt küßten. (Ich erinnere daran, daß sich in China ein Paar niemals in der Öffentlichkeit küßt, wie das im Westen üblich ist.) Sie drängten uns gegeneinander. Wir wichen zurück, aber vergebens. Schließlich küßte Liu mich auf die Wange. Da fing alles an zu schreien: »Nein! Nein! Auf den Mund!«

In Wirklichkeit wäre es skandalös gewesen, hätten wir das getan. Aber die Hartnäckigkeit, der Lärm und das Gedränge, das alles erfreute die Gäste aufrichtig, weil es ihr Beitrag zur Entwicklung unserer Familie und unseres Wohlstands war.

Schließlich nutzte Tante Ma einen günstigen Augenblick und übertönte mit ihrer Stimme den Lärm: »Der Herr Vater und die Frau Mutter wollen nach Hause fahren. Laßt das Paar die Eltern hinausbegleiten!«

Man ließ uns aus dem Zimmer, damit wir meine Eltern verabschieden konnten, die nun mit meinen Brüdern und Schwestern nach Hause fahren wollten.

Wie schwer wurde uns auf der Schwelle des Hauses der Abschied, als wir uns mit Tränen in den Augen umarmten!

* Das Nao Hsin Feng, die »Ausschweifung«, bestand darin, daß man drei Tage und Nächte lang zu den Jungvermählten kommen konnte und daß selbst diejenigen, die schon weiße Haare hatten, die zügellosesten Reden führen durften.

»Gehorche deinem Mann«, sagte Wei Hi zu mir, und er fügte hinzu: »Paß auf, daß du dich nicht erkältest, wenn du dich umziehst. Man holt sich dabei leicht einen Schnupfen.«

»Seien Sie unbesorgt«, sagte meine Schwiegermutter, »ich bin ja da, und ich werde mich um sie kümmern wie um mein eigenes Kind.«

»Unsere Tochter ist sehr jung«, antwortete ihr Tsong Hai. »Wenn sie einmal ein verletzendes Wort verlauten läßt, so bitte ich Sie, ihr uns zuliebe zu verzeihen. Glücklicherweise werden Sie ihr ein Beispiel dafür sein, wie man sich im Leben zu betragen hat. Sie wird auf Ihre Ratschläge und Ihr Wohlwollen angewiesen sein.«

Man verstehe recht: das waren keine höflichen Redensarten, wie sie zwischen Frauen der Gesellschaft ausgetauscht wurden. Meine Mutter war eine Bauerstochter ohne Bildung. Meiner Schwiegermutter gegenüber zeigte sie die aufrichtige Demut, die eine Chow einer Dame des Hauses Liu gegenüber empfand.

Ich verabschiedete mich von Vater und Mutter, von Ching Tsen, meinem jüngsten Bruder, von Ching Lin, meiner jüngeren Schwester und Komplizin, dann schließlich von Ching Son, meinem geliebten Bruder, der es eilig zu haben schien, von hier wegzukommen. Blieb noch Ching Chin, die jüngste, die vier Jahre alt war. Sie zog mich am Ärmel und wollte mich mitnehmen. Meine Mutter erklärte ihr, daß ich nun hier wohnte, und da sie daraufhin zu heulen anfing, ließ man sie schnell im Wagen verschwinden, weil man befürchtete, daß ihre Schreie einen nachteiligen Einfluß auf das Haus haben könnten.

Als meine Familie weggefahren war und meine Gäste mich erneut zwangen, ins Schlafzimmer hinaufzugehen, fand ich sie weniger abscheulich. Sie waren zwar lästig, lenkten mich aber wenigstens von meiner Traurigkeit ab. Beim Erscheinen eines Mannes, dem Liu Yu Wang mich sofort vorstellte, ging ein respektvolles Murmeln durch den Raum. Es war sein Onkel Sen, der Direktor der Ching Kong Bank, des größten Bankinstituts im Besitz Liu Pin Sans. Onkel Sen – den ich allerdings entsprechend dem Brauch als Großonkel bezeichnen mußte, denn als Neuvermählte hatte ich mich aus Ehrerbietung eine Generation unter diejenige meines Mannes einzustufen – rauchte Zigarren. Man befahl mir, ihm eine zu bringen. Er wählte sie aus der Schachtel aus, und ich gab ihm mit einem Streichholz Feuer. Diesen Vorgang mußte ich drei- oder viermal wiederholen, weil die Gäste das Streichholz ausbliesen, was Onkel Sen zum Lachen brachte. Ich persönlich hatte weder das Recht zu lachen, noch zu protestieren, ja, noch nicht einmal das Recht zu sprechen. Onkel Sen war nett genug, seine Zigarre schließlich selber anzuzünden.

Es war fast ein Uhr morgens, und die beschwipsten Gäste versuchten immer noch, meinen Mann zum Trinken zu bewegen, als meine Schwiegermutter erschien, um die letzte Zeremonie zu überwachen. Wir hatten denen Dank abzustatten, die unser Brautbett gerichtet hatten. Der Brauch will es, daß dieses Amt von einem Paar versehen wird, dessen Leben besonders glücklich verlaufen ist. Onkel Sen und seine Frau, die von unseren Schwiegereltern dazu ausersehen worden waren, erfüllten diese Bedingung. Darüber hinaus lebten bei beiden noch beide Elternteile, was als Glückszeichen betrachtet wurde. Schließlich besaßen sie sowohl Söhne als auch Töchter, hatten nie ein Unglück erlebt und waren reich. Diesem Paar mußten wir nun danken. Nachdem mein Mann und ich vor ihnen unseren Fußfall getan hatten, half Frau Sen mir beim Aufstehen und sagte, indem sie mich streichelte:

»Als du klein warst, habe ich dich jeden Tag mit dem Fahrrad vorbeifahren sehen. Und nun habe ich dir dein Brautbett gerichtet! Und ich wünsche dir, daß dein Glück noch größer sein möge als das meine.«

Der Augenblick war gekommen, da die Gäste und die unermüdliche Tante Ma endlich gehen mußten! Sofort herrschte eine himmlische Ruhe im Haus. Abgesehen von meiner Dienerin A San, dem letzten Band zu meinem Elternhaus, war ich nun mit meiner neuen Familie allein. Und das war der Augenblick, wo ich meiner neuen Verwandtschaft vorgestellt werden mußte.

Liu Pin San hatte zehn Kinder. Wenn auch nicht alle zu Hause waren, so blieben doch genug übrig, um meine ganze Aufmerksamkeit in Anspruch zu nehmen. Als Neuankömmling war ich ihnen automatisch untergeordnet, und das Klima meines zukünftigen Lebens würde zum großen Teil von diesen Schwägern und Schwägerinnen abhängen, die ich von nun an nicht »Brüder« und »Schwestern«, sondern »Onkel« und »Tanten« nennen mußte, um mich stets eine Generation unter ihnen einzustufen, das heißt, mich in ihren Augen noch geringer zu machen.* Man kann mir glauben, daß es sich dabei keineswegs um einen rein symbolischen Vorgang handelte.

Die älteste der Töchter, Liu Yu Ying, war in den Dreißigern. Eine große Narbe, die ihr von einem Autounfall geblieben war, lief ihr quer über die Stirn, und infolge einer Gehirnhautent-

* Ebenso hätte Ching Lie ihre Schwiegereltern eigentlich mit »Großvater« und »Großmutter« anreden müssen. Es war eine ungewöhnliche Gunst, daß man ihr erlaubte, sie »Vater« und »Mutter« zu nennen.

zündung, an der sie als Kind gelitten hatte, war sie äußerst schwerhörig. Sie war schon von Natur aus nicht hübsch zu nennen. Die Narbe aber machte sie geradezu häßlich, und so war sie eine alte Jungfer geblieben, weil reiche Freier sich nicht fanden und sie keinen Armen heiraten wollte. Dabei war sie unglaublich verwöhnt, eifersüchtig und zänkisch. Schon als wir uns kennenlernten, mochte sie mich nicht, und die Antipathie beruhte durchaus auf Gegenseitigkeit. Die zweite Schwägerin, Liu Yu Chuen, war ein dickes Mädchen, das seit dem vierzehnten Lebensjahr mit einem Taugenichts ohne Bildung und Beruf verheiratet war, der sich damit begnügte, vom Vermögen der Schwiegerfamilie zu zehren. Außer diesen beiden Schwägerinnen, die in meinem Leben leider keine gute Rolle spielen sollten, machte ich die Bekanntschaft von zwei anderen Töchtern, die älter waren als ich, sowie von zwei jüngeren Geschwistern, einem Jungen und einem Mädchen. Drei Kinder, von denen eines in den Vereinigten Staaten studierte, waren nicht anwesend. Für heute machten wir uns nur kurz bekannt, denn es war Zeit, schlafen zu gehen.

Ich stieg, gefolgt von Liu Yu Wang und meiner Dienerin A San, in mein Brautzimmer hinauf. Da man wußte, daß ich nichts gegessen hatte, fand ich dort einen kleinen Tisch vor, auf dem eine Mahlzeit bereitstand, und mein Mann und ich nahmen einander gegenüber Platz. A San und ebenso A Yu, die Dienerin meines Mannes, denn in diesem Haus hatte jedes Kind seinen Diener, sorgten für uns. Wir aßen in tiefem Schweigen.

»Bist du müde?« fragte mich mein Mann.

Ich bejahte das, indem ich nickte und melancholisch weiterkaute. Eine solche Traurigkeit war über mich gekommen, daß ich Mühe hatte zu schlucken und das Sprechen über meine Kräfte ging. Liu Yu Wang hatte jedoch Lust zu reden.

»Ich weiß nicht, wie ich deine Schönheit beschreiben soll ... «, sagte er.

Ich senkte den Kopf.

»Hast du noch Hunger?«

Wieder senkte ich den Kopf.

»Du solltest mehr essen. Ching Lie, warum sprichst du nicht? Bist du nicht glücklich?«

Mein Schweigen beunruhigte ihn.

»Ching Lie, wenn du dich nicht wohl fühlst, sag es mir, ich bitte dich. Mach mir keine Angst ... «

Und plötzlich hörte ich mich sagen: »Ich will zu meinem Vater und meiner Mutter!«

Er lächelte und versetzte darauf: »Ching Lie, du bist doch kein kleines Mädchen mehr. Wenn man verheiratet ist, verlangt man nicht nach Papa und Mama.«

»Ich will sie sehen!«

»Aber wir werden sie ja besuchen.«

»Jetzt?«

»Nein, nicht jetzt, Ching Lie.«

»Dann also morgen?«

Seine Dienerin A Yu schaltete sich ein: »Morgen auch nicht. Erst am dritten Tag nach der Hochzeit kann die Frau ihre Eltern besuchen gehen.«

Drei Tage! Drei Tage sollte ich warten, wo ich doch meine Eltern erst einmal verlassen hatte, um nach Hang-Chou zu fahren, und das auch noch in Begleitung meines Bruders ... Die beiden Dienerinnen gaben sich alle Mühe, mich zu trösten. Da ganz offensichtlich nichts zu machen war, mußte ich eben drei Tage warten. Plötzlich erinnerte ich mich an eine Empfehlung meiner Mutter: ich müsse noch diese Nacht Frau Liu die luxuriöse Daunendecke und die zwei gestickten Kopfkissen überreichen, das übliche Geschenk, das die Braut der Schwiegermutter in der Hochzeitsnacht zu machen hatte. A San brachte mir das Paket für Frau Liu, deren Zimmer von dem unseren nur durch einen Salon getrennt war. (Auf der anderen Seite, unmittelbar neben unserem Zimmer, schliefen die beiden älteren Schwägerinnen.) Meine Schwiegermutter war hoch erfreut.

»So ist es recht«, sagte sie, »du bist ein gutes Mädchen. Und nun geh schlafen. Morgen wirst du früh aufstehen müssen.«

Es war bereits fast zwei Uhr. Ich sagte meinen Schwiegereltern gute Nacht, war jedoch noch nicht ganz draußen, als Frau Liu mich zurückrief, um mir eine wichtige Frage zu stellen.

»Wie lange liegt deine letzte Regel zurück?« (Der chinesische Ausdruck dafür ist viel diskreter.)

Ich war höchst erstaunt, und ich wußte nicht recht, worauf sie hinauswollte. Aber schließlich hatte ich heute so viele Bräuche kennengelernt, die mir unbekannt waren, und so antwortete ich: »Sie hat vor zwei Tagen aufgehört.«

»Gib mir deine Binden«, befahl sie.

In China werden die Monatsbinden von der Mutter aus Stoff genäht; es sind schmale lange Bänder, die in der Taille von einem Gürtel gehalten werden und die man dann mit Reisstrohpapier polstert. A San ging, um sie aus meinen Sachen herauszusuchen, und brachte sie meiner Schwiegermutter. Sie würde sie jetzt für mich aufheben. Wenn ich nicht danach verlangte, dann, weil ich schwanger war. Im Augenblick verstand ich davon nichts, weil sie mir nichts erklärte, und die Bedeutung ihrer Geste entging mir, wie ich überhaupt fast nichts von dem wußte, was eine Frau zu wissen hatte. Das sollte sich noch zeigen.

Die beiden Dienerinnen hatten inzwischen im Brautzimmer das Bett gerichtet und wünschten meinem Mann und mir eine gute Nacht.

Es ging auf drei Uhr morgens, und ich war mit Liu Yu Wang allein. Er verschwand im Waschraum.

Vor Erschöpfung taumelnd betrachtete ich das Bett, das mir so verlockend erschien, ich streckte mich völlig angezogen unter die Decke und schlief in meinem rosa Satinkleid sofort ein.

Heftiges Klopfen an der Tür weckte mich auf. Wo war ich? Endlich erkannte ich dieses Zimmer, das mir noch fremd war. Ich sah meinen Mann von einem Stuhl aufstehen, um die Tür zu öffnen. Er hatte auf dem Diwan geschlafen, um mich nicht zu stören, und hatte mich mit einer Bettdecke zugedeckt. Ich begriff auf einmal, daß ich eingeschlafen war, ohne mich auszuziehen oder zu waschen. A San – denn sie hatte geklopft – schaute mich verdutzt an.

»Es ist sechs Uhr. Warum hast du dich nicht umgezogen?«

A San hatte so früh an meine Tür geklopft, weil meine Schwiegereltern jeden Morgen zwischen sechs und sieben Uhr aufstanden und ich, die Schwiegertochter, vor ihnen aufstehen mußte. Trotz der vielen Hausdiener hatte ich ihnen aufzuwarten.

A San brachte eine Schüssel mit warmem Wasser ins Zimmer, das mein Mann gerade verlassen hatte, und setzte sie auf den marmornen Toilettentisch, über dem ein Spiegel hing. (Ich erwähnte bereits, daß es in diesem alten Haus kein Badezimmer gab.) Ich zog mich aus, wusch mich, kleidete mich an und schminkte mich leicht. Schon hörte ich meine Schwiegereltern hüsteln. Sie hatten bereits im Salon Platz genommen, der unser Zimmer von dem ihren trennte. Ich mußte mich beeilen. A San brachte ein Tablett mit zwei kleinen Teekannen darauf (man trank gleich aus der Tülle), zwei Näpfe mit weißen Pilzen, die »Silberohren« genannt werden – ein sehr teures Gericht –, und zwei Näpfe Lingkang-Früchte, die mit Ginseng-Sud zubereitet waren. Ich folgte ihr in den Salon, wo ich, nachdem ich meine Schwiegereltern begrüßt hatte, vor jeden die Näpfe und die Teekannen stellte, um dann stehend zu warten, bis sie mit ihrer Mahlzeit fertig waren. Auf diese Weise mußte ich sie während der drei auf die Hochzeit folgenden Tage bedienen und später dann bei jedem Geburtstag und bei jedem Fest, alles in allem bei zehn feierlichen Gelegenheiten, wovon acht dem Wechsel der Jahreszeiten galten. Man war nämlich der Ansicht, daß eine Schwiegertochter, die diese Pflicht auch nur ein einziges Mal im Jahr vernachlässigt, ihre Schwiegereltern beleidige.

Als das Frühstück beendet war, brachte A San das große Paket mit den ungefähr fünfzig Paar Seidenschuhen, die für die Verwandtschaft bestimmt waren und unter denen man zunächst vier Paar für die Schwiegermutter aussuchen mußte.

»Und nun«, sagte Frau Liu, als sie ihre Wahl getroffen hatte, »geh frühstücken. Danach besuchen wir gemeinsam meine Schwägerin.«

Der ganze Tag war mit der Übergabe der Geschenke und der ausgesuchten Delikatessen an die Brüder und die Schwester Liu Pin Sans sowie die zwei Brüder und die zwei Schwestern meiner Schwiegermutter ausgefüllt. Die Einzelheiten will ich dem Leser ersparen. In der Stadt überkam mich mehrfach das Verlangen, meine Eltern anzurufen, ich verzichtete jedoch darauf, weil ich wußte, daß ich dazu nicht das Recht hatte.

Am ersten Abend meines Ehelebens gab es im Hause Liu ein Essen für dreißig Personen. Es folgte eine Partie Mah-Jongg, bei der ich ohne Pause allen Gästen Tee servieren mußte. Das war aber erst der Anfang. In den reichen Familien war es üblich, daß die Vergnügungen und Einladungen nach der Hochzeit wochenlang nicht abrissen.

Als alle gegangen waren und ich meinen Schwiegereltern eine gute Nacht gewünscht hatte, war ich zum zweitenmal mit meinem Mann allein. Diese Nacht verlief jedoch ganz anders als die erste.

Es fing damit an, daß ich meine Abendtoilette machte und dabei scharf aufpaßte, daß mein Mann mir den Rücken zukehrte. Als ich meinen Pyjama anhatte und Liu Yu Wang mich anschaute, versuchte ich mit allen Mitteln, meine nackten Füße zu verbergen, denn es erschien mir anstößig, einen Mann meine Füße sehen zu lassen. Ich betone das so, damit man besser versteht, wie das, was sich danach abspielte, auf mich wirken mußte. Anschließend fragte ich mich bange, wie ich mit einem Mann neben mir schlafen sollte. Es war unausweichlich, aber schrecklich peinlich. Liu Yu Wang begriff meine Verlegenheit. Vielleicht fürchtete er auch, daß er ein weiteres Mal auf dem Diwan würde schlafen müssen.

»Alle verheirateten Frauen schlafen im selben Bett wie ihr Mann«, sagte er, bemüht, mich zu überzeugen.

Ich dachte daran, daß meine Mutter und mein Vater schließlich dasselbe taten, und schlüpfte, um meine Füße zuzudecken, so schnell wie möglich unter die Decke. Mir war kalt, denn es war Januar, und das Haus hatte keine Zentralheizung.

Liu Yu Wang legte sich nun ebenfalls hin. Statt sich jedoch auszustrecken, beugte er sich über mich und kam mir seltsam zärtlich vor. Er küßte mich wieder und wieder sanft auf Stirn und Wangen. Ich ließ ihn gewähren, da ich mir sagte, daß Mama und Papa sich sicherlich auch vor dem Einschlafen küßten. Da er mein Mann war, hatte Liu das Recht, dasselbe zu tun.

Er löschte das Licht und fuhr fort, mich zu küssen, diesmal jedoch, indem er mich in die Arme nahm und fest an sich drückte. Plötzlich spürte ich an mir etwas Hartes. Ich stieß einen Schrei aus, als hätte ich eine Ratte im Bett, machte das Licht an, warf die Decken zurück und bemerkte, daß das Harte zu Liu Yu Wang gehörte. Mit einem Satz sprang ich aus dem Bett und fand mich einige Meter von diesem Mann entfernt wieder. Das war ja ein Ungeheuer! Liu Yu Wang verließ nun ebenfalls das Bett. Da er mich wie Espenlaub zittern sah, hatte er vorerst nur den einen Gedanken, ich könnte mir in der Eiseskälte des Zimmers den Tod holen, und wollte mich unbedingt in eine Bettdecke hüllen. Je näher er jedoch kam, desto mehr wich ich zurück, da ich von einer so merkwürdigen Kreatur nicht berührt werden wollte. Verzweifelt rief er: »Aber was hast du, Ching Lie?«

»Komm mir nicht zu nahe!« schrie ich. »Du bist ja ein Gespenst und kein normaler Mann!«

Ich schluchzte. Er begriff plötzlich.

Da er nicht wagte, sich mir zu nähern, behielt er die Decke über dem Arm und versuchte mir gut zuzureden.

»Ching Lie, glaub mir, alle Männer sind so wie ich.«

»Lügner! Mein kleiner Bruder ist nicht so wie du!«

Ich hatte nämlich Gelegenheit gehabt, meinen Bruder Ching Tsen, den jüngsten, zu betrachten, als er umgezogen wurde. An ihm war nichts von dem, was ich gerade entdeckt hatte. Ich sagte es Liu Yu Wang, der sich trotz der Tragik seiner Situation ein Lächeln nicht verkneifen konnte.

»Aber Ching Lie, er ist noch ein Baby ... Ich aber bin erwachsen. Das ist doch etwas ganz anderes.«

Ich wollte nichts mehr hören. In einer Zimmerecke gegen die Wand gekauert und vor Kälte wie vor Angst zitternd, war ich entschlossen, die Nacht auf diese Weise zu verbringen und lieber vor Kälte zu sterben, als an die Seite des Ungeheuers zurückzukehren. Er machte noch einen Versuch, sich mir zu nähern, blieb jedoch sofort stehen, als ich wieder zu schreien begann.

»Schrei nicht«, sagte er, »du wirst noch die Eltern aufwecken. Nimm die Decke, ich bin gleich wieder zurück.«

Er warf mir die Decke zu und verschwand. Ein oder zwei Minuten später sah ich ihn mit einem aufgeschlagenen Buch zurückkehren.

»Komm«, sagte er, »ich werde dir etwas zeigen, das dir beweist, daß ich ganz normal bin.«

Da ich mich ihm weder nähern noch zulassen wollte, daß er sich mir näherte, ließ er das Buch über den Teppich zu mir hingleiten und forderte mich auf hineinzusehen. Es war ein medizinisches Werk mit einer anatomischen Schautafel, die den Mann darstellte. Ich betrachtete das Bild mit höchster Aufmerksamkeit und blätterte mehrere Seiten um: das Buch war ernst zu nehmen. Und plötzlich fühlte ich mich beruhigt, ohne zugleich schon das Gefühl des Widerwillens loszuwerden.

»Und nun«, sagte Liu Yu Wang, der meinen Gemütswandel bemerkte, »kannst du dich wieder ins Bett legen und dich zudecken. Ich schwöre, daß ich dich nicht berühren werde. Im übrigen werde ich wie in der letzten Nacht auf dem Diwan schlafen und dir das Bett allein überlassen. Bist du einverstanden?«

Ich erwiderte nichts und schlüpfte ins Bett. Da es Bettdecken in Hülle und Fülle gab, bestand keine Gefahr, daß Liu Yu Wang auf seinem Diwan fror. Ich wollte im Hellen schlafen und traute mich nicht, das Licht zu löschen. Zwar sagte ich mir immer wieder, daß Liu Yu Wang kein Gespenst sein konnte. Schließlich hatte ich gerade Abbildungen gesehen, die, dem Text zufolge, einen normalen Mann darstellten. Trotzdem stand ich noch unter der Wirkung des Schocks, den ich erlitten hatte und der mich, sobald ich eingeschlafen war, bis in meine Träume verfolgte.

Das war die zweite Nacht meiner Ehe. Ich habe das alles berichtet, weil ich damit zeigen wollte, daß man in meinem Land Kinder bis in die Mitte des 20. Jahrhunderts hinein an die Institution der Ehe auslieferte, ohne ihnen auch nur den Schatten einer Ahnung von dem zu vermitteln, was auf sie zukam, und sie zumindest gegen die Angst zu schützen. Millionen junge Mädchen sind wie ich zwangsweise und völlig unaufgeklärt verheiratet worden. Es ist notwendig, sich daran zu erinnern, um die Tragweite der Revolution zu ermessen, die schon wenig später das Gesicht Chinas veränderte, und um zu begreifen, daß es keine leeren Worte sind, wenn man von der Befreiung der chinesischen Frau spricht.

Der Morgen des dritten Tages nach der Hochzeit war gekommen, der zugleich eine Vergünstigung und eine Verpflichtung mit sich brachte. Die Vergünstigung für die Ehefrau bestand darin, daß sie ihre Eltern besuchen durfte. Die Verpflichtung für die Schwiegertochter bestand darin, in die Küche Einzug zu halten, um ihre erste Mahlzeit zuzubereiten. Man wird sich vielleicht daran erinnern, daß ich meine Mutter vor meiner Hochzeit mehrfach gedrängt hatte, mir Kochen und Nähen beizubringen, und daß Tsong Hai immer unter dem Vorwand abgelehnt hatte, daß ich es in einer reichen Familie nicht nötig haben würde, Arbeiten zu verrichten, mit denen sie sich abgeplagt hatte. So war ich also in höchsten Nöten, als A Yu, die Dienerin meines Mannes, mir früh am Morgen verkündete, daß ich zunächst ein Frühstück zu bereiten hätte, das aus einer Reissuppe und vier Gerichten mit in Öl gebackenen Gemüsen und Spiegeleiern bestand. Die Küche war so weitläufig, wie es einer bedeutenden Familie würdig war, und in dem riesigen Kohleherd loderte bereits ein Feuer, als gelte es, eine Lokomotive zu beheizen. In den Augen des Kochs war es eine Schande, wenn man nicht einmal wußte, wie Öl in den Kochtopf gegossen wurde, noch sich darauf verstand, das Gemüse hineinzuwerfen. Glücklicherweise nahm die treue A San die Sache in die Hand und bereitete die symbolische Mahlzeit selbst zu, die dann als mein Werk galt und mit der ich nach oben ging, um sie meinen Schwiegereltern zu servieren.

Ich will noch über einen weiteren Brauch berichten, nämlich den der sieben Unterhosen. Dazu bedarf es einer Erklärung. Das Wort »K'u« bezeichnet im Chinesischen zugleich Unterhose und Unglück. Die Gebräuche des Gebietes von Ning-Po (aus dem Frau Liu stammte) verlangten es nun, daß die frisch verheiratete Schwiegertochter sieben Unterhosen anfertigte, die mit der Hand genäht werden mußten und das Unglück bannen sollten. So übergab mir meine Schwiegermutter nach der Mahlzeit an jenem Morgen tatsächlich Nadel, Faden und Stoff – und das mir, die ich nicht besser nähen konnte als kochen. Ich hütete mich, das zu sagen, denn die Schwiegertochter muß schweigend gehorchen. Aber was sollte ich tun? Wieder kam A San, die gute Fee, mir zu Hilfe und schnitt zunächst den Stoff zu. Nachdem das geschehen war, beschloß ich zu nähen und stach mir sofort mit der Nadel in den Finger, und da ich es dennoch hartnäckig weiter versuchte, stach ich mich so oft, daß mir die Finger bluteten und ich sie verbinden mußte. Meine Schwiegermutter bemerkte das.

»So geht das nicht«, sagte sie. »Diese Unterhosen werden nie im Leben fertig. Oder du wirst dir noch beide Hände verstümmeln. Versuch also, statt zu nähen, lieber zu stricken.«

Doch das Stricken ging nicht besser; ich ließ ständig Maschen fallen, mein Werk war voller nicht vorgesehener Löcher, ich mußte alles wieder auftrennen und von vorn beginnen. Aber schließlich gelang es mir mit viel Geduld, nach mehreren Monaten die sieben Unterhosen fertigzustellen, deren es nach dem Aberglauben der Familie unbedingt bedurfte, um die ständig drohenden Schicksalsschläge abzuwehren.

Doch kommen wir auf diesen dritten Tag zurück, dessen großes Ereignis der Besuch bei meinen Eltern war. Mein Mann begleitete mich. Als die Tür sich öffnete, kam es zwischen meinen Eltern, meinen Brüdern, meinen Schwestern und mir zu einem solchen Freudenausbruch, daß man hätte meinen mögen, ich hätte dieses Haus nicht vor drei Tagen, sondern vor drei Jahren verlassen.

Schließlich ließ Tsong Hai mich in ihr Zimmer kommen, um mit mir unter vier Augen zu sprechen. Sie wollte wissen, ob ich glücklich war, wie ich lebte und so weiter. Als es dann ins Detail ging und ich ihr die Szene der vorangegangenen Nacht erzählte, meine Flucht aus dem Ehebett, mein Entsetzen, die Erklärungen meines Mannes und meine Alpträume, hob sie die Arme zum Himmel.

»Dein Mann ist wahrhaftig ein Dummkopf!« sagte sie.

»Mama, das ist doch nicht sein Fehler. Weshalb hast du mir nichts gesagt?«

»Es war an ihm, dir das zu erklären, dir die Pflicht der Ehefrau begreiflich zu machen.«

Tsong Hai war wirklich bestürzt. An alles hätte sie gedacht, außer an einen derart kindischen Vorfall. Nachdem sie das gesagt hatte, zeigte sie sich besorgt und unzufrieden zugleich: ich hatte meine eheliche Pflicht nicht erfüllt, und das war schlimm.

»Heute abend mußt du unbedingt im selben Bett schlafen wie dein Mann, hast du mich verstanden? Es ist ganz und gar unzulässig, es anders zu halten.«

Gleich nach der guten Mahlzeit, die sie uns am Abend vorsetzte, fing sie an zu drängen, wir sollten rechtzeitig den Heimweg antreten. Traurig verließ ich die Meinen, um in Begleitung meines Mannes in mein neues Heim zurückzukehren. Dort gab es wieder neue Gäste, und einmal mehr servierte ich bis zu vorgerückter Stunde den Mah-Jongg-Spielern den Tee.

In dieser Nacht war ich, nachdem ich mich neben meinem Mann ins Bett gelegt hatte, bereit, seine Frau zu werden. Ich will mich damit begnügen zu sagen, daß, da mein Körper ja noch nicht einmal voll entwickelt war, meine Erinnerung der an eine schmerzhafte Operation gleicht, an der ich eine Woche lang krankte.

Unterdessen machte mir Liu Wang, der während der ganzen

Zeit voller Besorgnis war, eine Enthüllung, die nicht gerade dazu angetan war, mich das Leben in rosigen Farben sehen zu lassen.

»Ching Lie«, sagte er eines Abends, als wir im Bett lagen, »ich muß dir etwas Wichtiges anvertrauen. Hör mir genau zu. Es könnte sein, daß du eines Nachts, wenn ich hier ausgestreckt liege, feststellst, daß ich ganz kalt bin. Ich bitte dich, dann vor allem keine Angst zu haben.«

Ich verstand nicht.

»Wenn du frierst«, sagte ich zu ihm, »dann genügt es doch, daß du dich besser zudeckst.«

»Nein, Ching Lie, darum geht es nicht. Wenn ich kalt bin, dann heißt das, daß ich tot bin.«

»Ich bitte dich, Yu Wang«, sagte ich zu ihm, »scherze nicht mit solchen Dingen. Ich habe sehr große Angst vor dem Tod.«

»Ich versichere dir, daß ich nicht scherze. Ich kannte einen Mann, einer meiner Freunde, der mitten in der Nacht starb, während er seine Frau in den Armen hielt.«

Er machte mir immer mehr Angst.

»Aber ich bitte dich«, sagte ich zu ihm, »du kannst dir doch, nur weil einer deiner Freunde auf diese Weise gestorben ist, nicht solche Phantasien ausmalen.«

Und da ich mich darüber geärgert hatte, wandte ich ihm den Rücken zu und wollte einschlafen.

»Hör mir erst einmal zu, Ching Lie«, sagte er, »danach kannst du schlafen. Der Freund, von dem ich spreche, war herzkrank. Ich bin es ebenfalls. In dem Fall kann man in jedem beliebigen Augenblick sterben. Manches Mal reicht schon eine Aufregung aus.«

Entsetzt über diese Enthüllung verließ ich das Bett und ging aufgeregt im Zimmer auf und ab. Da hatte ich also einen Mann geheiratet, über den man mir die Wahrheit verschwiegen hatte und der mir nun *nach* der Hochzeit eröffnete, daß er an einer tödlichen Krankheit litt. Kaum daß ich den Brautschleier abgenommen hatte, mußte ich womöglich schon bald den Witwenschleier tragen. Ich war stumm und niedergeschlagen, und Liu wußte zu meinem Trost nichts Besseres, als mir zu empfehlen, mich schlafen zu legen. Gerade jetzt, wo er mich so brutal aufgeklärt hatte, hatte ich ein Recht darauf, mehr über den Ursprung seiner Krankheit, ihre Äußerungen, den Grad ihrer Gefährlichkeit zu erfahren. Er erklärte mir, daß er von Geburt an unter einer Herzkrankheit leide. Es hatten ihn auch noch Typhus und Meningitis ereilt, außerdem die Pocken, von denen sein Gesicht schwache Spuren bewahrte. Als er etwa elf Jahre alt war, hatte er infolge der Schmerzen an seinen unteren Gliedmaßen eine Zeitlang nicht mehr laufen können. Vor allem im achtzehnten Lebensjahr hatten sich dann heftige Rheumaanfälle eingestellt, und man hatte an seinem Herzen höchst bedenkliche Alarmzeichen bemerkt. An einem Herbstabend, noch während seiner Schulzeit, hatte er mit einigen Kameraden ausgiebig Wein getrunken. Im Park am Ufer des Huang-P'u mußte er sich auf einer Bank ausstrecken. Da er für die feuchte Kälte am Flußufer zu leicht gekleidet war, warf ihn, als er nach Hause zurückkehrte, ein Herzanfall nieder. Danach litt er an überhöhtem Blutdruck und unablässigen Kopfschmerzen. Liu Yu Wang zeigte mir Röntgenaufnahmen von seinem Herzen, das abnorm erweitert war.

Man mag mich hartherzig finden, wenn ich gestehe, daß am Ende dieser Geständnisse der Zorn die Oberhand über mein Mitleid gewann. Aber schließlich weiß man, daß ich nicht aus Liebe, sondern gezwungenermaßen geheiratet hatte. Und nun hatte man mir nicht einmal einen gesunden Gatten gegeben, sondern einen kranken, der mich zwang, mit dem Gespenst seines Todes zu leben!

»Weshalb«, sagte ich zu ihm, »hast du zugelassen, daß ich dich geheiratet habe, ohne mich vorher zu warnen? Weshalb hast du mir nicht vor unserer Hochzeit die Wahrheit gesagt?«

»Ich habe aus meinem Zustand keinen Hehl gemacht«, antwortete er zu meiner großen Überraschung, »ich habe darüber mit deiner Mutter gesprochen. Ich habe ihr gesagt, daß ich ein krankes Herz hätte. Sie hat aber nichts erwidert. Wie konnte ich wissen, daß sie diese Eröffnung für sich behalten würde? Aber da wir jetzt verheiratet sind, mußte ich dir persönlich die Wahrheit sagen. Nun kennst du sie. Ich bitte dich, hab keine Angst. Wenn meine Krankheit richtig behandelt wird und unser Leben ruhig verläuft, wird alles gutgehen. Zumal mir niemals mehr daran gelegen war, alles für meine Gesundheit zu tun, als jetzt, da ich die Frau gefunden habe, die ich von ganzem Herzen liebe.«

Tatsächlich nahm er täglich Stärkungsmittel und aß nur die besten Gerichte wie Schwalbennester u. ä., dazu Mengen von Ginseng, der Pflanze, die als eine Art Allheilmittel gilt.

Am Tag nach diesen Enthüllungen hatte ich nur eins im Sinn: so schnell wie möglich meine Eltern zu sehen und sie über diese Katastrophe zu unterrichten. Mein Vater und meine Mutter sagten lange Zeit kein Wort. Tsong Hai fand als erste die Fassung wieder. Sie fing an, die Herren Ch'en und Yüan, die beiden Vermittler, zu verfluchen, die sie als Spitzbuben und Banditen bezeichnete. Das war zwar treffend gesagt, kam jedoch zu spät. Ich machte mir nicht einmal mehr die Mühe, sie daran zu erinnern, daß Liu Yu Wang ihr die Wahrheit ja anvertraut hatte und daß sie es nicht für nötig gehalten hatte, diese Mitteilung weiterzugeben. Ich kannte die Leichtfertigkeit meiner Mutter, und es erstaunte mich keineswegs, daß sie keine Gewissensbisse hatte. Weshalb sollte ich sie jetzt beschuldigen? Mein Vater war düster, beschämt und niedergeschlagen. Ich bedauerte es fast, ein Problem angeschnitten zu haben, das nun niemand mehr lösen konnte.

Eine Woche nach Liu Wangs Enthüllungen kehrte ich in die Schule zurück. Als Schülerin hatte ich geheiratet, Schülerin wurde ich nun wieder: das einzige Versprechen, das ich den Erwachsenen entrissen hatte, war, daß ich die Schule beenden konnte. Da der Schulweg jetzt weiter war, wurde ich mit Chauffeur und Wagen jeden Morgen zum Unterricht gefahren.

Obwohl ich früh aufstand, um meine Schwiegereltern zu bedienen, und spät zu Bett ging, weil ich so viel zu arbeiten hatte, ging ich doch bei jeder Gelegenheit zu meinen Eltern, um dort einige Stunden Klavier zu spielen, da ich zu Hause kein Instrument besaß und es angesichts der vielen Ausgaben im Zusammenhang mit der Hochzeit noch nicht gewagt hatte, darum zu bitten. Bei dieser Lebensweise war ich bald völlig überanstrengt. Ich war ohnehin nicht kräftig und befand mich immer noch im Wachstum. Eines Tages überkamen mich in der Schule Schwindelanfälle, und ich fiel in Ohnmacht. Ich arbeitete jedoch weiter wie bisher, weil das die einzige Freude war, die ich noch hatte.

In das Haus an der Nanking Road war nun der Alltag eingekehrt. Eines Tages ließ meine Schwiegermutter, als ich sie bediente, mich neben ihr Platz nehmen und stieß einen tiefen Seufzer aus.

»Meine Tochter«, sagte sie, »meine Gesundheit beginnt sich zu verschlechtern; ich habe sehr hohen Blutdruck.«

Das war mir bestens bekannt. Schließlich hatte man ja ihrer Gesundheit zuliebe zur letzten List gegriffen, um eine Heirat, die erst drei Jahre später stattfinden sollte, zu beschleunigen.

»Man muß nun daran denken, daß der Tod mich ereilen, daß meine Stunde bald gekommen sein kann. Und deshalb, mein liebes Kind ...«

Ich erriet, was sie mir sagen wollte, ehe sie ihren Satz vollendet hatte. Noch am Abend zuvor hatte sie sich mit Chao Mei in ihrem Zimmer eingeschlossen. Chao Mei, das Patenkind meiner Schwiegermutter, war eine gräßliche junge Klatschbase mit schmalen Lippen und bösen Augen, die von Eifersucht auf mich zerfressen war und das hinter honigsüßen Worten verbarg. Von ihrem

Mann verlassen, verbrachte sie ihr Leben damit, meiner Schwiegermutter zu schmeicheln, die ihr gerne zuhörte. Seit ich in dieses Haus gekommen war, gab sie vor, ausschließlich um mein Schicksal besorgt zu sein. Die Frage war, wann ich schwanger würde, und das sollte so bald wie möglich geschehen. Aber konnte ich überhaupt schwanger werden? War es um meine Gesundheit nicht zu schlecht bestellt? (Der Chauffeur hatte nicht versäumt, die Geschichte von meiner Ohnmacht in der Schule zu erzählen.) Man mußte mir also Stärkungsmittel geben, mich von einem Gynäkologen untersuchen lassen. Und war es denn überhaupt sicher, daß ich nicht mehr Jungfrau war? Das war etwa der Tenor der Reden, mit denen Chao Mei meine Schwiegermutter jeden Tag traktierte. Daher war ich keineswegs erstaunt, die Fortsetzung ihrer Rede zu hören: »Deshalb, mein liebes Kind, hoffe ich so sehr, daß ich einen Enkelsohn haben werde, ehe ich sterbe.«

Sie gemahnte mich daran, daß es zum vollständigen Glück der Eltern notwendig sei, drei Generationen unter demselben Dach versammelt zu haben. In ihrem Haus gab es bislang aber nur zwei. Ich machte sie mit allem Respekt darauf aufmerksam, daß ich erst seit einem knappen Monat verheiratet war und deshalb kein Grund zur Verzweiflung bestand, wenn ich noch nicht schwanger war. Ihre Antwort lautete, daß sie für mich einen Termin mit einer Ärztin ausgemacht habe, die in dem Ruf stehe, die beste Gynäkologin Shanghais zu sein, und die sie obendrein gut kenne.

Nach der Schule ging ich also zu dieser Ärztin. Sie war eine grauhaarige Frau, die mich sehr beeindruckte und zugleich große Behutsamkeit an den Tag legte. Sie untersuchte mich, studierte ein Blatt, auf dem mein Alter und verschiedene Angaben zu meiner Person eingetragen waren, und sagte dann: »Du glaubst also, daß du keine Kinder haben kannst?«

»Nicht ich glaube das«, sagte ich zu ihr, »meine Schwiegermutter befürchtet es.«

Sie lächelte und betrachtete mich mit offensichtlicher Zuneigung.

»Geh nach Hause«, sagte sie, »und sag deiner Schwiegermutter folgendes: wenn du in zehn Jahren noch nicht schwanger bist, solltest du wieder zu mir kommen. Denn in zehn Jahren ist es immer noch nicht zu spät, aber immer noch reichlich früh.«

Nach Hause zurückgekehrt, wiederholte ich diesen Satz wörtlich meiner Schwiegermutter. Sie sagte dazu keinen Ton.

Einige Tage später fühlte ich mich unwohl und ging mit großem Unbehagen, um Frau Liu um die Monatsbinden zu bitten, die ich ihr hatte übergeben müssen. Meine unguten Gefühle hatten mich nicht getäuscht. Kaum hatte ich meine Bitte ausgesprochen, überzog Zorn ihr Gesicht wie ein düsterer und furchterregender Schleier. Ich hatte soeben Bekanntschaft mit einer Feindseligkeit gemacht, die ich leider noch zu gut kennenlernen sollte. Als ich am nächsten Tag meine Eltern besuchte, beklagte ich mich bei meiner Mutter. Tsong Hai fand meine Schwiegermutter lächerlich, weil sie wollte, daß ich binnen weniger Wochen schwanger würde. Dennoch mußte ich auch weiter respektvoll und geduldig bleiben. Frau Lius Miene änderte sich allerdings nicht, und ich spürte sehr wohl, daß sie mich so lange, wie ich nicht fruchtbar war, als schlechte Schwiegertochter betrachten würde. Verzweifelt über ihre Haltung bat ich meine Mutter, die ja, wie man sich erinnern wird, sehr fromm war, Buddha mit aller Eindringlichkeit für mich zu bitten, daß ich so schnell wie möglich schwanger würde. Meine Mutter versprach es. Sie sah durchaus, daß ich unglücklich war und daß ich trotz meines früheren Widerstandes gegen die Heirat nun eine vollkommene Schwiegertochter sein wollte.

Tsong Hai begab sich also in den buddhistischen Tempel, zu dem sie häufig ging, betete lange und bat jene Priesterin, die sie seit langem kannte, um mein Horoskop. Sie mischte die Stäbchen, die über mein Schicksal entscheiden sollten: dasjenige, das sie zog, zeigte in aller Klarheit nicht nur, daß ich in nächster Zeit schwanger sein, sondern daß ich ein ungewöhnlich intelligentes Kind haben würde, dem eine große Zukunft beschieden sein sollte. Nach der Niedergeschlagenheit der letzten Tage faßte ich wieder Hoffnung.

Meine Monatsbeschwerden boten Anlaß zur Beunruhigung: statt wenige Tage dauerten sie nun zwei Wochen, und das trotz der übermäßigen Fürsorge, die man mir angedeihen ließ, und trotz der Tropfen, die ich täglich nahm. Ich verlor den Appetit; schon beim bloßen Geruch von Nahrung wurde mir übel, und ich war ständig müde. Man darf nicht vergessen, daß ich über die physischen und moralischen Verpflichtungen meiner Ehe hinaus ja noch Schularbeiten zu machen hatte und meine Prüfungen für das vorletzte Jahr meiner Oberstufenzeit vorbereiten mußte.

Ich suchte also einen zweiten Arzt auf. Genau wie die Frau, die mich zuvor untersucht hatte, machte der Mann aus seinem Erstaunen und seiner Mißbilligung, mich so früh verheiratet zu sehen, keinen Hehl. Nach der Untersuchung sagte er jedoch etwas, das mich vom Stuhl hochfahren ließ: »Es könnte sein, daß Sie schwanger sind.«

Sicher war das noch nicht, aber er hatte ernsthaft die Vermutung. Er fügte noch hinzu, daß das unter Umständen gewisse Risiken mit sich bringen könne, darunter auch das einer Fehlgeburt, da ich ja noch nicht ganz ausgewachsen sei.

Die Prognose des Arztes erstaunte meine Schwiegermutter zunächst sehr: noch nie hatte sie gehört, daß eine Frau, die ihre Menstruation hat, schwanger war. Aber da immerhin ein Arzt das sagte, durfte man es nicht auf die leichte Schulter nehmen. Wenn er recht hatte, mußte man nun um jeden Preis das Risiko einer Fehlgeburt vermeiden. Frau Liu befahl mir, mich sofort ins Bett zu legen und vorläufig nicht mehr aufzustehen. Gleichzeitig wurden Schwangerschaftstests gemacht. Das Resultat war positiv: der Arzt hatte sich nicht getäuscht – ich war wirklich schwanger.

Jetzt war ich dazu verdammt, mein Leben im Liegen zu verbringen. Meine Schwäche ließ mir im übrigen auch gar keinen anderen Ausweg. Trotzdem hätte das Leben auf diese Weise angenehme Seiten haben können. Man hätte denken mögen, daß meine Schwiegermutter an dem Tag, als sie erfuhr, daß ich schwanger war, ebenso herzlich geworden wäre, wie sie mich feindselig betrachtet hatte, als ich sie um meine Binden bat. Aber davon konnte keine Rede sein. Meine Schwangerschaft verdiente keinerlei Anerkennung, ich war sie ihr gewissermaßen schuldig. Vor allem fand sie es unerträglich, daß ihr Sohn sich angesichts meines Zustandes besorgt um mich zeigte. Frau Liu enthüllte nun ihr wahres Gesicht.

In meinem zurückgezogenen Dasein war ich auf eine einzige Person angewiesen, die mit mir sprechen und mich ein wenig unterhalten konnte: auf meinen Mann. Ich wußte, daß er mich sehr liebte. Allerdings liebte seine Mutter ihn ihrerseits bis zur Raserei. Nachdem sie im Alter von vierzehn Jahren verheiratet worden war, hatte Frau Liu vier Jahre gewartet, bis sie ihr erstes Kind bekam, ein Mädchen, das in zartem Alter starb. Dann wurde eine zweite Tochter geboren. Auch das dritte und das vierte Kind waren Töchter. Da ihre Schwiegermutter daraufhin zu der Ansicht kam, daß von diesem Mutterschoß nichts zu erhoffen war, zwang sie ihren Sohn, das heißt Frau Lius Gatten, eine Geliebte zu nehmen. Frau Liu litt fürchterlich; sie betete verzweifelt zu Buddha und legte Gelübde über Gelübde ab. Ein fünftes Kind kam zur Welt, das ihr das Leben rettete und es ihr möglich machte, die Geliebte hinauswerfen zu lassen: es war ein Junge. Von Geburt an krank, wurde Liu Yu Wang, mein jetziger Mann, umsorgt und umhegt wie eine kleine Kostbarkeit. Er war seiner Mutter um so teurer, als der Vater Liu Pin San als mächtiger

Geschäftsmann ein arbeitsames Leben führte und viel unterwegs war. Seit sechsundzwanzig Jahren bestand also zwischen Liu Yu Wang und seiner Mutter ein Band eifersüchtiger Leidenschaft, das mich in große Gefahr brachte.

Es blieb mir nicht lange verborgen, daß jede Bemühung meines Mannes um mich zu einer Szene mit der Mutter führte. Seit ich im Bett lag, bediente ich sie nicht nur nicht mehr, sondern ihr Sohn war zu mir nun doppelt liebevoll. Das konnte sie nicht ertragen. Wenn mein Mann morgens mit mir ein bißchen länger als gewöhnlich im Bett blieb, schlug sie Lärm, ob er sich nicht schäme, um diese Zeit noch nicht aufgestanden zu sein, und er sprang dann wie ein Hündchen aus dem Bett und gehorchte.

Lange Zeit hatte ich einen Widerwillen gegen jegliche Nahrung. Eines Tages fiel mir ein köstliches Gericht wieder ein, die Spezialität aus Hühnernudeln, die man uns einige Monate zuvor im »Grünen Pavillon« serviert hatte, als ich Liu Yu Wang kennenlernte. Wir hatten aufbrechen müssen, ehe ich mit meiner Portion überhaupt richtig begonnen hatte. In meinem gegenwärtigen Zustand schien mir dies nun das einzige Gericht der Welt zu sein, auf das ich Appetit hatte. Ich sagte es meinem Mann, und er wollte mein Verlangen danach stillen. Als die Dienerin A San mir das Mittagessen brachte, sagte er von der Türschwelle her, sie solle das Essen wieder wegbringen, er wolle selbst zum »Grünen Pavillon« gehen, um mir dort meine Mahlzeit zu holen. Meine Schwiegermutter hörte das, und der Skandal, der nun losbrach, war unbeschreiblich. Schließlich hatte sie während ihrer Schwangerschaften Wassernudeln gegessen, und nun erwartete ich, daß man mir meine Mahlzeiten von außerhalb holen ließ? Ob ich mich für eine Kaiserin hielte? Liu Yu Wang setzte alles daran, um sie zu beruhigen, und entschuldigte sich immer wieder. Die Hühnernudeln vom »Grünen Pavillon« wurden nie wieder erwähnt.

Von nun an versagte er es sich immer mehr, tagsüber in mein Zimmer zu kommen. Sie duldete es nicht, und wenn sie ihn auf frischer Tat ertappt hatte, fing sie buchstäblich zu kreischen an:

»Ihr seid bereits die ganze Nacht zusammen! Sei froh, daß ich dir erlaube, bei deiner Frau zu schlafen, und dich nicht zwinge, die Tür offen zu lassen.«

Diese absonderliche Regelung war im damaligen China keine Seltenheit, und schon gar nicht in Ning-Po, der Heimat der schrecklichen Schwiegermütter, wo die Mutter des Ehemannes oft in dem Zimmer schlief, das an das eheliche Schlafzimmer stieß, und verlangte, daß die Tür offen blieb, um den Sohn durch dieses Mittel zu zwingen, seinen Liebesdrang zu zügeln oder ihm doch wenigstens schweigend nachzugehen. In den meisten Fällen handelte es sich um Witwen, die nur noch ihren Sohn hatten.

Bei der kleinsten Zärtlichkeit, die mein Mann mir zuteil werden ließ – und Gott weiß, wie diskret die Chinesen in diesem Punkt sind –, funkelte meine Schwiegermutter ihn an und gemahnte ihn an das Sprichwort: »Im Bett Mann und Frau, außerhalb des Bettes Herr und Dienerin«, um ihm zu bedeuten, daß er Distanz zu wahren habe.

Damals brach das Jahr 1950 an, und in China begann das jahrhundertealte Verhältnis zwischen Herr und Diener sich gänzlich zu wandeln.

12. Kapitel

Ganz China befreit: Altes und Neues bestehen in Shanghai nebeneinander / Mein Bruder als Schulungsleiter von Parteikadern / Mein Schwiegervater Liu Pin San verhaftet / Arbeiterdemonstrationen vor dem Haus / Flucht meiner Schwiegereltern nach Hongkong / Meine Heilung / Die Liebesgeschichte von Liu Yu Ying / Ich reise nach Hongkong / Ein Brief aus Peking / Zurück in Shanghai.

Ich bin in einem Land geboren, das noch ganz von feudalen Verhältnissen geprägt war, und heiratete, als China sich anschickte, mit einem Sprung mehrere Jahrhunderte zu überwinden. Mit seinen europäischen Manieren und seinen amerikanischen Kinos hatte das Kleinbürgertum von Shanghai sich dem nahen grollenden Unwetter gegenüber einfach taub gestellt. Von meinen Angehörigen hatte nur mein Bruder Ching Son begriffen, daß während der wenigen Monate, in denen das Schicksal gegen meinen Willen beschlossen hatte, die Familie Chow mit der Familie Liu zu verbinden, das Schicksal der Welt eine Wende genommen hatte. Die Ereignisse, von denen 600 Millionen Chinesen betroffen sind, spielen sich nicht im luftleeren Raum ab: die Zeit wird zeigen, wie sehr sie auch uns etwas angehen.

Von der Kuomintang Chiang Kai-sheks, die das Land seit mehr als zwanzig Jahren regiert hatte, blieb nichts übrig. Ende 1949 war das gesamte Festlandgebiet Chinas befreit. Plakate und improvisierte Theaterstücke legten den Massen dar, wie die restlichen nationalistischen Truppen, wie sich geschwätzige Funktionäre und Gangster, die sich am Elend des Volkes gemästet hatten, nach ihrem Debakel mit ihrer Beute, soweit sie sie tragen konnten, auf die Insel Formosa zurückzogen. Im März sollte sich Chiang Kaishek zum Präsidenten ihrer Republik proklamieren.

In China war nach zweiundzwanzig Jahren des Kampfes der Bauernsohn aus Hunan, Mao Tse-tung, Präsident der neuen Volksrepublik geworden. In den Straßen Shanghais, an den öffentlichen Gebäuden, in den Straßenbahnen, in den Läden und Geschäften, tauchten sein Porträt und die seiner Kampfgenossen, des Oberbefehlshabers Chu Te und des Regierungschefs Chou En-lai, auf.* Zusammen mit ihnen sollten Rote Armee, Bauern und Arbeiter, wie es hieß, dem Land eine neue Ordnung geben. Und wenn es damals ein Land gab, das der Ordnung bedurfte, dann weiß Gott das unsere! Soweit man zurückdenken konnte, hatte es nur Kriege, Massaker und Zerstörung erlebt. Die letzten Herren

* Die Kommunistische Partei Chinas war 1921 in Shanghai gegründet worden.

Chinas hatten nichts als Trümmer hinterlassen. Die Inflation war so weit fortgeschritten, daß man mit Säcken und Koffern voller Banknoten einkaufen mußte und so gut wie nichts dafür erhielt. Die kleinen Gehaltsempfänger in der Geschäftswelt von Shanghai zogen ein Küchengeschirr bereits einem Haufen wertlosem Papier vor. Ganze Stadtviertel waren inzwischen vom Schwarzmarkthandel erfüllt. Man kaufte und verkaufte, und vor allem wurde getauscht. Man mußte schließlich leben.

Anfang 1950 hatte Shanghai keinerlei Erschütterungen erlebt, und es war noch kein Tropfen Blut geflossen. So wie die Rote Armee im Mai des vergangenen Jahres fast ohne Kampf in die Stadt einmarschiert war, so vollzog sich der Umschwung ohne den geringsten Aufruhr, und ebensowenig gab es Vergeltungsakte. Zwar klebten Studenten Plakate an die Mauern, doch das geschah, um die Bevölkerung über die Siege der Roten Armee zu unterrichten und Chiang Kai-shek und seine Milliardärsclique, die endlich davongejagt waren, zu karikieren; zwar marschierten sie durch die Straßen, doch nur, um den neuen Führern für die Befreiung Chinas Beifall zu spenden. Vorsichtig und maßvoll, entschlossen, nichts über das Knie zu brechen, brachte die Partei, die nun über das Land herrschte, ihre Autorität erst ab Sommer 1950 zur Geltung. Bis dahin gab es keinen spektakulären Wandel. Man möchte sagen, daß zwei Welten nebeneinander bestanden, ohne voneinander Kenntnis zu nehmen. Das zeigte sich schon darin, daß eine Hochzeit wie die meine in einer Stadt gefeiert werden konnte, über der die rote Fahne wehte. Auch in den Restaurants, den Kinos und den Läden hatte sich nichts geändert. Das Alte bestand noch fort, und das Neue setzte sich erst allmählich durch.

Das deutlichste Anzeichen dafür war die Kleidung. Die Bürger von Shanghai zogen sich zwar noch um, wenn sie abends ausgingen, tagsüber bemühten sie sich jedoch, sich unauffälliger zu kleiden. Schon drang die Vereinheitlichung der chinesischen Kleidung vor, einer der ersten Aspekte der Revolution und nicht der unwichtigste. Dabei ist das Wort Revolution in der Einzahl nicht richtig; besser spricht man von mehreren aufeinanderfolgenden Revolutionen. Ich habe mehr als eine dieser Veränderungen erlebt. Wir konnten von der Nanking Road aus die gigantischen Aufmärsche der Gewerkschaften mit ihren Spruchbändern und ihren neuen Slogans gut beobachten und waren so stets auf dem laufenden.

Die Bevölkerung war zunächst vom Auftauchen der Soldaten der Roten Armee frappiert. Sie bildeten den Gegenstand gewaltiger Neugierde, in die sich allerhand Mißtrauen mischte, denn jeder Chinese dachte damals noch, daß jeder Soldat ein Plünderer und ein Dieb sein müsse. Es dauerte jedoch nicht lange, bis man begriff, daß die »drei Befehle« an den Soldaten der Roten Armee – weder »Faden noch Nadel« wegzunehmen, das Volk als seine Familie anzusehen und das zurückzugeben, was man von ihm lieh – keine leeren Worte waren. Wenn die Soldaten uns in Erstaunen versetzten, so brachten wir in Shanghai sie noch mehr zur Verwunderung: viele von ihnen waren Männer aus dem Norden; sie sprachen nicht unsere Sprache, und nur jene, die schreiben konnten, waren imstande, sich mit den Kaufleuten zu verständigen, da die chinesische Schrift für alle Gebildeten verständlich ist. Die meisten Soldaten aber waren Bauern, die so etwas wie die Waren in den Schaufenstern der Läden Shanghais noch nie gesehen hatten, ob es sich nun um Kühlschränke oder europäische Hochzeitskleider handelte.

Das Frühjahr 1950 war noch eine Übergangszeit, doch sie ging nun zu Ende. Die Maßnahmen der neuen politischen Führung konnten niemandem verborgen bleiben, ganz im Gegenteil. Jede Entscheidung, jedes Ereignis war Gegenstand unablässiger Erklärungen in den Zeitungen, im Radio, auf Wandzeitungen und vor allen Dingen auf Kundgebungen. Ebenso zeigten die späteren Aktionen, die den Ausländern am dramatischsten oder am brutalsten erschienen, wie die öffentlichen Anklageversammlungen, von denen ich noch berichten werde, das Bestreben der Führung, alles vor die Öffentlichkeit zu bringen, das Volk zu überzeugen, indem man es auf dem laufenden hielt, und eher Argumente als Gewalt zu gebrauchen. Dieser Grundsatz wurde selbst bei den schlimmsten Gangstern beibehalten, die weniger zur Bestrafung als zur Umerziehung ins Gefängnis geschickt wurden.

Die Bauern hatten sich zuerst organisiert – die Bauernmacht bestand seit langem in den großen Gebieten, wo sich die Armee unter ihnen »wie ein Fisch im Wasser« bewegt hatte. Der neue Staat übernahm nun die Verwaltung, die Post, die Eisenbahnen und die großen Universitäten wie die St.-John-Universität und die protestantisch-amerikanische Universität in Shanghai, an der mein Vater studiert hatte. Die ausländischen Lehrkräfte und höheren Verwaltungsangestellten wurden ausgewiesen. Man mußte die Abreise in zwei Zeitungen bekanntgeben, in einer englischsprachigen und in einer chinesischsprachigen, damit eventuelle Gläubiger rechtzeitig gewarnt waren. Ehe man den Ausländern ihre Visa aushändigte, wollte man sichergehen, daß sie in China keine Schulden hinterließen.

Die neue Führung stand vor einer kaum zu bewältigenden Aufgabe. Ganze Armeen von Freiwilligen wurden für die Verwaltung des Landes benötigt. Viele von denen, die den Kampf geführt hatten, waren für die Verwaltung nicht geeignet. Man wiederholte unablässig Maos Satz: *»Lernt Lesen und Schreiben, lernt, eure Zukunft zu entziffern.«* Gebildete Fachleute waren dringend nötig, und man verfügte nur über eine Handvoll Funktionäre und Kader, während man Hunderttausende brauchte.

Mein Bruder Ching Son war damals zwanzig Jahre alt und wurde für die Schulung von Kadern eingesetzt, da er in den Schriften von Mao Tse-tung, von Marx und Lenin bewandert war. Während mein Bruder Kadermitglied der kommunistischen Partei war, war mein Mann der Sohn Liu Pin Sans, eines der zehn bedeutendsten Großkapitalisten Chinas. Die Familie Liu aber schien sich kaum darüber Gedanken zu machen, welcher Zukunft sie entgegenging. Wer immer triftige Gründe dazu hatte, das neue Regime zu fürchten, wie die am meisten kompromittierten und korrumpierten Generäle, Bankiers und Bandenchefs aller Schattierungen, hatte sich bereits nach Formosa begeben. Die Furcht vor der Zukunft hat später dann Männer der besitzenden Klasse dazu getrieben, das nahe Hongkong als Aufenthaltsort zu wählen, um dort die weitere Entwicklung abzuwarten. Diejenigen, die in China blieben und sich für unangreifbar hielten, stellten zunächst einmal fest, daß der neue Staat nicht ausschließlich von Kommunisten geführt wurde. Unter den verschiedenen Regierungsmitgliedern gab es diverse Demokraten, wie etwa die Witwe des Präsidenten Sun Yat-sen (die zugleich die Schwägerin Chiang Kai-sheks war) und sogar ehemalige nationalistische Generäle. Außerdem hatte die Regierung für die Zeit, wo der Kapitalismus abgeschafft und das feudale Eigentumssystem zugunsten der Bauern abgelöst sein würde,* versprochen, das Eigentum der Arbeiter, der Bauern, der Kleinbürger und des nationalchinesisch gesinnten Bürgertums zu schützen. Weit davon entfernt, die Kapitalisten anzugreifen, versuchte die Regierung, sie für die Mitarbeit beim Aufbau des Landes zu gewinnen. Außer den bekannten Konterrevolutionären und Vaterlandsfeinden waren alle Schichten am »Gemeinsamen Programm« der Regierung beteiligt.

Das alles stellte mein Schwiegervater ebenso wie die anderen Kapitalisten, die dageblieben waren, alsbald fest. Im übrigen betrachtete Liu Pin San sich als Patrioten. Von daher gesehen war er der Ansicht, daß Mao Tse-tung für das Wohl Chinas tätig sei.

* Das Agrargesetz wurde am 30. Juni 1950 erlassen.

Der beste Beweis dafür, daß die neue chinesische Regierung zunächst versuchte, die Kapitalisten zu überzeugen, ist die patriotische Nationalanleihe, die im Frühjahr 1950 lanciert wurde. Der Staat verpflichtete sich, das Kapital in jährlichen Raten samt den Zinsen zurückzuzahlen. Unglücklicherweise stellte sich im Mai heraus, daß die Anleihe nur einen mäßigen Erfolg gehabt hatte. Damit begannen die Sorgen Liu Pin Sans. Zu Beginn dieses Monats wurde mein Schwiegervater ins Parkhotel vorgeladen. In diesem vierundzwanzigstöckigen, luxuriösesten Gebäude Shanghais hatte die neue Regierung die Anleihebüros eingerichtet. Liu Pin San ging um 9 Uhr morgens dorthin, und mittags erwartete ihn die Familie vergeblich zum Essen.

In meinem Zimmer im ersten Stock lag ich seit fast drei Monaten im Bett, schwanger und ständig geschwächt von dem Blutverlust, den kein Mittel zum Stillstand zu bringen vermochte; ich konnte nichts anderes tun, als unbeweglich zu liegen, wenn ich eine Chance haben wollte, mein Kind zu behalten. Nur die Besuche meiner Familie waren ein wenig Linderung für mein Leiden und vertrieben mir etwas die Langeweile. A San, meine Dienerin, hatte mich über die Vorladung meines Schwiegervaters informiert, die natürlich das ganze Haus in Spannung versetzte. Mein Zimmer lag überdies neben dem Salon, in dem sich meine Schwiegermutter gewöhnlich aufhielt. Sie begann, nervös zu werden, und ich hörte sie fragen: »Aber was geht denn da vor? Weshalb ist er nicht nach Hause gekommen?«

Es war jetzt Zeit fürs Abendessen, und Liu Pin San war immer noch nicht zurück. Meine Schwiegermutter hielt es nicht mehr aus. Das Parkhotel lag ganz in unserer Nähe an der Nanking Road, und so ging sie zu Fuß dorthin.

Sie wurde von einem Funktionär im Mao-Anzug empfangen; sie fragte ihn, ob ihr Mann immer noch im Parkhotel festgehalten werde und ob man ihm erlauben würde, zum Abendessen nach Hause zu kommen. Der Funktionär antwortete höflich, daß Liu Pin San noch im Parkhotel sei, aber gewiß nicht die Zeit finden werde, zum Abendessen nach Hause zurückzukehren. Meine Schwiegermutter verstand nicht, was er damit sagen wollte, und da ihre Forderung, ihren Mann zu sehen, auf Ablehnung stieß, kehrte sie sehr besorgt nach Hause zurück. Eine Stunde später ging sie mit einem kleinen Proviantpäckchen für ihren Mann wieder zum Hotel zurück. Der Funktionär, der sie bereits vorher empfangen hatte, lehnte jedoch die Annahme ab. Empört fragte Frau Liu: »Ist das denn hier ein Gefängnis? Und selbst wenn es das ist, so denke ich doch, daß man sogar im Gefängnis essen muß.«

Der Funktionär nahm schließlich das Päckchen entgegen. »Man wird es Ihrem Gatten übergeben«, sagte er, »aber rechnen Sie nicht damit, daß er heute nacht nach Hause kommt.«

Und so mußte Frau Liu erneut unverrichteter Dinge den Heimweg antreten.

Mein Bruder Ching Son besuchte mich fast jeden Tag nach der Arbeit. An jenem Abend kam er etwas später, und ich hörte ihn in den Salon eintreten, wo meine Schwiegermutter ihn über die Lage informierte. Da sie erregt und besorgt war, wurde sie alsbald laut.

»Schon vor dem Sieg Mao Tse-tungs hat alle Welt nur schlecht über ihn gesprochen. Seit langem hat die Mehrzahl der Freunde meines Mannes ihm geraten zu fliehen. Liu Pin San hat das stets abgelehnt. Und weshalb hat er es abgelehnt? Weil Liu Pin San ein Patriot ist. Er liebt sein Land. Er dachte, daß Mao Tse-tung sich für das Wohl Chinas einsetzen würde. Man hat ihm gesagt, daß der Kommunismus erst sehr viel später, vielleicht in zehn Jahren, eingeführt würde. Und nun ist er verhaftet wie ein Übeltäter. Vielleicht hatten seine Freunde, die ihm rieten wegzugehen, doch recht! Und vielleicht sind die Kommunisten wirklich Banditen!«

Ching Son waren diese Rede und diese Situation peinlich, aber wie alle jungen Leute damals besaß er einen uneingeschränkten Glauben und ein unerschütterliches Vertrauen, zumal er zum Kader der Kommunistischen Partei zählte und gewohnt war, alles geduldig zu erklären und die Menschen, soweit es irgend ging, zu überzeugen.

»Sie sollten sich nicht sorgen«, sagte er zu meiner Schwiegermutter, »haben Sie nicht gehört, daß unsere Partei keinen Faden und keine Nadel wegnehmen wird? Ebenso wird man auch einem achtbaren Mann nichts Böses antun. Vielleicht handelt es sich um einen Irrtum. Haben Sie schon einmal daran gedacht, welche Arbeit wir im ganzen Land zu verrichten haben? Wie soll man Irrtümer vermeiden, wenn die Aufgabe so gewaltig ist? Ich bin überzeugt, morgen ist alles in Ordnung. Also, ich bitte Sie nochmals, haben Sie keine Angst.«

Doch auf diesem Ohr war meine Schwiegermutter taub. Seit einem Monat ließen unheilvolle Zeichen sie Schlimmes ahnen. So hatte sich die Stirn ihres Gatten seit einiger Zeit verfärbt und wurde immer matter und bräunlicher. (Man erinnert sich, daß ich bei dem Imbiß im »Grünen Pavillon«, wo ich die Bekanntschaft meiner zukünftigen Schwiegerfamilie gemacht hatte, als erstes von der Stirn Liu Pin Sans frappiert gewesen war, die wie ein Spiegel blinkte. Meine Mutter hatte mir erklärt, daß es sich dabei um ein Glückszeichen handelte.) Diese Verfärbung konnte nach Frau Lius Meinung nur ein Zeichen des Unglücks sein. Außerdem brannte sie, da Ching Son ja mit den Kommunisten zusammenarbeitete, von denen sie nun das Schlimmste zu befürchten hatte, förmlich darauf, ihm in aller Deutlichkeit zu sagen, was sie auf dem Herzen hatte.

»Hat man vergessen, was mein Mann für ein Parteimitglied getan hat, das heute sehr wichtig ist? Während dieser Mann am Langen Marsch teilnahm, starb seine Familie fast vor Hunger. Wer hat ihr geholfen, während dieser Jahre zu überleben? Liu Pin San, der auf diese Weise sein Leben aufs Spiel setzte, denn man weiß ja nur zu gut, was aus ihm geworden wäre, wenn die nationalistischen Machthaber erfahren hätten, daß er die Familie eines Kommunisten beschützte! Und all die armen Bauern, denen Liu Pin San Gutes getan hat! Als Belohnung ist er nun im Parkhotel eingesperrt, ohne auch nur das Recht zu haben, seine Frau zu sehen!«

Ching Son wußte, daß sie hinsichtlich der beschützten Familie und der Bauern auf den Gütern Liu Pin Sans die Wahrheit sprach. Er konnte also seine Überzeugung immer nur wiederholen: alles würde sich zum Besten wenden.

Unglücklicherweise war das keineswegs der Fall, sondern die Lage wurde katastrophal. Am nächsten Morgen hörten in der Frühe alle im Haus – außer mir, da ich noch im Bett lag – draußen großen Lärm. Meine Schwäger und Schwägerinnen stürzten an die Fenster. Eine vor dem Haus versammelte Menge schrie: »Komm heraus, Liu Pin San! Komm heraus!«

Dann löste sich aus der Menge eine kleine Gruppe von drei oder vier Männern, die den Hof überquerten und an die Vordertür klopften. Die verängstigten Diener machten auf, und nachdem sie ihnen versichert hatten, daß Liu Pin San nicht zu Hause sei, fragten sie, was sie wollten und wer sie seien.

»Wir sind die Arbeiter der Kattun-Fabrik Tsung Chin«, antworteten sie.

Mein Schwiegervater besaß einen Teil der Aktien dieses Unternehmens und war Mitglied des Aufsichtsrats. Nun hatte die Partei den Arbeitern die Leitung des Werkes übergeben. Die Arbeiter dieser und noch anderer Fabriken hatten sich, einer spontanen Regung folgend, aufgemacht, um die Eigentümer und die leitenden Angestellten zu suchen, damit diese die Fließbandarbeit kennenlernten und selbst Werkzeuge in die Hand nahmen. Die Mehrzahl der Eigentümer und insbesondere die, welche als besonders hart galten, waren jedoch kurz zuvor nach Hongkong geflohen.

Die Reaktion der Arbeiter hätte gewalttätiger ausfallen können. Shanghai war eine bedeutende Industriestadt, und die Gewerkschaften hatten hier wiederholt Streiks ausgerufen, die blutig niedergeschlagen worden waren. Die gegenwärtige Bewegung war kein Rachefeldzug, und die Arbeiter, die sich vor dem Haus zusammengefunden hatten, hegten keinerlei gewalttätige Absichten. Sie wollten den Fabrikbesitzern nur zeigen, wie die Tätigkeit des Arbeiters aussah, und auf diese Weise seine Umerziehung bewirken (»Umerziehung« war ein Wort, das man damals dauernd hörte). Liu Pin San, mein Schwiegervater, war vor allem Großgrundbesitzer und Bankier, spielte hingegen in der Fabrik Tsung Chin keine bedeutende Rolle. Da die Arbeiter jedoch keinen Aktionär gefunden, dafür aber gehört hatten, Liu Pin San habe die Stadt nicht verlassen, war es zu dem Beschluß gekommen, ihm eine Lektion zu erteilen. Als sie erfuhren, daß er nicht da sei, wollten sie das erst nicht glauben. Die kleine Gruppe von Parlamentären kam ins Haus, um alle Zimmer zu durchsuchen, da man überzeugt war, der Hausherr könne zu so früher Stunde das Haus noch nicht verlassen haben und halte sich irgendwo versteckt. Als man meine Schwiegermutter fragte, antwortete sie nur, daß er nicht da sei, ohne die Haft im Parkhotel zu erwähnen. Sie drangen zu meiner großen Angst bis in mein Zimmer vor. Sie durchsuchten alles, bemühten sich aber, nichts kaputtzumachen. Andererseits zeigten sie, wie stolz sie darauf waren, daß die Dinge sich geändert hatten. Da sie niemanden fanden, gingen sie schließlich fort mit den Worten: »Wir werden wiederkommen und ihn holen.«

Meine Schwiegermutter wußte nicht mehr, ob sie sich über die Verhaftung ihres Mannes beklagen oder sich darüber freuen sollte. Daß er im Parkhotel eingesperrt war, konnte sich, wenn er wieder entlassen werden sollte, als Glücksfall erweisen. Sicherlich hätte es Liu Pin San kaum überlebt, im Triumphzug von den Arbeitern der Fabrik Tsung Chin mitgeführt zu werden – er wäre vor Scham gestorben. Als die Arbeiter das Haus verlassen hatten, entspann sich zwischen meiner Schwiegermutter und ihren beiden jüngsten Töchtern ein Streit. Die eine war siebzehn und die andere etwa so alt wie ich. Beide hegten sie Sympathien für den Kommunismus, wie sich bald zeigte. Sie versuchten, ihre Mutter mit der Versicherung zu trösten, daß der Vorsitzende Mao den Arbeitern niemals empfohlen haben könne, so vorzugehen, und daß solche Aktionen zu den Pannen gehörten, die zu Beginn einer großen Bewegung nun einmal vorkämen. Ihre Mutter überzeugten sie damit nicht.

Wieder kam die Mittagszeit, ohne daß Liu Pin San zurückkehrte. Erneut brachte seine Frau Proviant ins Parkhotel, der zurückgewiesen wurde. Am Abend ging sie wieder hin und fragte noch einmal, weshalb man ihren Mann nicht freilasse. Die Antwort lautete: »Das hängt von ihm ab, von seinem eigenen Verhalten, und nicht von uns.«

Es war unmöglich, mehr in Erfahrung zu bringen. Am Abend dieses zweiten Hafttages von Liu Pin San kam Ching Son uns wieder besuchen. Sobald sie ihn erblickte, ritt meine Schwiegermutter eine Attacke gegen die Kommunisten, als sei mein Bruder die leibhaftige Verkörperung der Partei. Ching Son verlor auch nicht einen Augenblick lang die Geduld:

»Die Arbeiter haben seit Generationen ein sehr hartes Leben. Die kapitalistische Macht ist mit ihnen stets unerbittlich umgegangen. Hat Chiang Kai-shek etwa nicht zehntausend auf einmal töten lassen? (Er spielte auf die Streiks in Shanghai an, die von der Kuomintang 1927 in einem Blutbad ertränkt worden waren.) Jetzt sind die Arbeiter außer sich vor Freude. Sie haben ein bißchen ihre Gelassenheit verloren. Ein Mann, der so gütig ist wie Ihr Gatte, ist unter den Großkapitalisten eine Ausnahme. Woher aber sollen die Arbeiter das wissen? Im übrigen bin ich überzeugt, daß sie Liu Pin San nicht ein Haar gekrümmt haben.«

Meine Schwiegermutter war erschöpft. Ihr Gatte mußte eine zweite Nacht im Parkhotel verbringen. Am Morgen des dritten Tages läutete das Telefon. Am anderen Ende der Leitung war die Stimme Liu Pin Sans zu hören, der vom Parkhotel aus anrief.

»Ich darf nach Hause gehen«, sagte er. »Ich bin sehr müde. Komm mit meinem Sohn und hole mich ab.«

Das ganze Haus freute sich, aber meine Schwiegermutter behielt einen kühlen Kopf. Sie dachte an die Arbeiter, die versprochen hatten wiederzukommen, um ihren Mann zu holen. Man durfte ihn also nicht hierherbringen. Eine meiner Schwägerinnen wurde sofort in die Stadt geschickt, um in einem in der Nähe des Hauses gelegenen Hotel ein Zimmer zu mieten. Als Liu Pin San das Parkhotel verließ, fuhren sie ihn direkt dorthin. Und in diesem Zimmer berichtete er dann seiner Frau und seinem Sohn von den Ereignissen der letzten beiden Tage.

Sein ganzes Unglück hing mit der patriotischen Nationalanleihe zusammen. Angesichts der sehr mäßigen Zahl von Zeichnungswilligen hatte die Regierung beschlossen, sich direkt an diejenigen zu wenden, die das Kapital in den Händen hatten. Sie hatten bei den bedeutendsten Vermögen begonnen. Da Liu Pin San einer der ersten zehn auf der Liste war, erfolgte seine Vorladung. In einem

Zimmer neben dem seinen »logierte« zur selben Zeit wie er der berüchtigte Tz'u, ein anderer Milliardär Shanghais. Zunächst hatte man Liu Pin San in aller Höflichkeit aufgefordert, 100 000 Dollar für die Nationalanleihe zu zeichnen und flüssigzumachen. Er hatte geantwortet, es sei ihm nicht möglich, eine solche Summe sofort bereitzustellen, er könne jedoch 10 000 Dollar beschaffen. Das kam nun nicht in Frage. Man verlangte, daß er sich auf der Stelle und schriftlich bereit erklärte, in kürzester Zeit 100 000 Dollar zur Verfügung zu stellen. Man würde ihm für die Beschaffung des Geldes einige Tage Zeit lassen. Um ihn zur Unterschrift zu bewegen, lösten die Funktionäre einander ab. Sie erinnerten ihn daran, daß er überhaupt kein Risiko eingehe, daß der Staat jährlich Zinsen zahlen und ihm nach Ablauf von zehn Jahren das Kapital in voller Höhe zurückerstatten würde. Er wiederholte, es sei ihm unmöglich, 100 000 Dollar aufzutreiben. Nach achtundvierzig Stunden war er mit seiner Kraft am Ende, er unterzeichnete und wurde sofort freigelassen.

Da er meines Schwiegervaters wegen in Unruhe war, erschien mein Bruder ausnahmsweise schon am Nachmittag bei mir.

»Deine Kommunisten sind Gangster!« schleuderte meine Schwiegermutter ihm entgegen.

»Ich bin vom Gegenteil überzeugt«, sagte Ching Son so sanft wie möglich. »Sie lieben ihr Land und wollen es aufbauen. Da sie sehen, daß die Kapitalisten ihr Geld nicht hergeben wollen, nehmen sie es sich. Mao Tse-tung hat doch versucht, sie zur Mitarbeit zu überzeugen. Und schließlich nehmen die Kommunisten das Geld nicht, um es in die eigene Tasche zu stecken, sondern für das Land. Das ist genau das Gegenteil dessen, was die bisherigen Herren Chinas gemacht haben. Versuchen Sie, das zu verstehen, Frau Liu, und warten Sie das Weitere ab.«

Meine Schwiegermutter antwortete ihm nicht einmal. Für sie war mein Bruder verrückt, und mit Verrückten diskutiert man nicht.

Frau Liu hatte recht daran getan, ihren Gatten in einem Hotel zu verstecken, denn am nächsten Morgen kamen die Arbeiter erneut, mußten aber unverrichteter Dinge wieder abziehen, nachdem sie das Haus ein weiteres Mal von oben bis unten durchsucht hatten. Nun war es mit der Gelassenheit Liu Pin Sans endgültig vorbei. Es galt jetzt, einschneidende Entschlüsse zu fassen und das zu tun, was er sich bislang zu tun geweigert hatte, nämlich außer Landes zu gehen.

An diesem Nachmittag kniete meine Schwiegermutter vor dem Altar der Ahnen nieder, der auf einem Tisch im Salon stand. Sie zündete die Kerzen und Räucherstäbchen an, sie stellte die zwölf Gerichte auf und nahm von den Ahnen Abschied. Ihr Entschluß war gefaßt. Mit Kummer dachte sie jedoch an mein Schicksal, an meinen Zustand, der es mir verbot aufzustehen, und an das Kind, das ich erwartete und dessen Geburt sie so heiß ersehnte. Nachdem sie meine Mutter hatte kommen lassen, teilte sie Tsong Hai zunächst mit, daß sie beschlossen habe, noch am selben Abend mit ihrem Mann nach Hongkong abzureisen. Dies war unbedingt erforderlich, denn das Leben Liu Pin Sans war in Gefahr. Alle seine Kinder sollten fürs erste hierbleiben. Es war ausgemacht, daß ich später mit meinem Mann Liu Yu Wang nachfolgen sollte, da ich unmöglich eine sechsunddreißigstündige Reise durchhalten konnte. Frau Liu fragte also meine Mutter, ob sie einverstanden wäre, mich zu sich zu nehmen und den Fortgang der Ereignisse abzuwarten. Schließlich wußte sie nicht, ob man in Hongkong würde bleiben müssen oder nach Shanghai würde zurückkehren können. Damals waren aus unserer Stadt viele Reiche geflohen, teils aus Angst, teils weil sie die Entwicklung abwarten und die Rückkehr von deren Verlauf abhängig machen wollten. Hongkong war nicht Formosa. Um in diese britische Kolonie zu gelangen, brauchte man, so seltsam das klingen mag, keine Visa; wer wollte, konnte ausreisen. In diesem riesigen Land hatten die Machthaber augenblicklich anderes zu tun, als sich mit solchen Kleinigkeiten abzugeben.

Tsong Hai war bestürzt. »Wenn Sie fortgehen«, sagte sie zu meiner Schwiegermutter, »dann zweifellos für immer. Es wäre nicht recht, wenn ich meine Tochter zu mir nähme. Die Ehefrau muß ihrem Gatten an guten und schlechten Tagen folgen. ›Einen Hund heiraten, heißt einem Hund folgen; einen Hahn heiraten, heißt einem Hahn folgen‹, sagt das Sprichwort. Worum ich Sie bitte, ist, daß meine Tochter von ihrer neuen Familie nicht verlassen wird. Wenn Ihre Kinder hierbleiben, und das heißt, auch Ihr Sohn Liu Yu Wang, so mag Ching Lie bei ihnen bleiben. Ich werde jeden Tag herkommen, um sie zu besuchen, und mich stets um sie kümmern.«

»Auch ich möchte die Meinen nicht verlassen«, sagte meine Schwiegermutter, »meine Schwiegertochter ebensowenig wie meine eigenen Kinder. Doch zunächst einmal muß ich meinen Mann in Hongkong unterbringen, und das wird wohl einen Monat dauern. Wir kennen das Land nicht und sind alt. In einem Monat lassen wir, wenn alles gutgeht, die Kinder nachkommen.«

Meine Mutter ging bedrückt nach Hause.

Nachdem er die 100 000 Dollar zusammen hatte, die er für die

Nationalanleihe flüssigzumachen versprochen hatte, übergab Liu Pin San sie seinem Sohn, der sie den Funktionären im Parkhotel brachte. Dann buchte er für sich und seine Frau zwei Plätze im Zug nach Hongkong. Auf Schlafwagenplätze mußte man verzichten, da sie als Kennzeichen des kapitalistischen Luxus Aufmerksamkeit hätten erregen können. Ebenso schien es geraten, sich hinsichtlich der Kleidung nicht länger von anderen zu unterscheiden. In wenig auffällige chinesische Kleider gehüllt und unter das Volk gemischt, brachen meine Schwiegereltern also mit kleinem Gepäck nach Hongkong auf.

Ich blieb mit meinen Schwägern, meinen Schwägerinnen und meinem Mann allein im Haus zurück. Meine Mutter besuchte mich jeden Tag. Im Einverständnis mit meinem Mann ließ sie einen Arzt nach dem anderen kommen. Aber ob sie Europäer oder Chinesen waren, sie konnten nichts für mich tun. Im Bett liegend verlor ich allmählich immer mehr Blut. Wenn ich aufzustehen versuchte, floß es in Strömen. Die große Zahl der Spritzen und der chinesischen Medikamente aller Art schwächten mich immer mehr. Ich durfte mich weder nach links noch nach rechts drehen, sondern mußte immer auf dem Rücken liegen, wobei der Kopf niedriger liegen sollte als der Körper. Ich begann ein wenig dicker zu werden: man könnte sagen, daß mein Kind sich an das Leben klammerte, das sich von mir zurückzog.

Eines Tages kehrte meine Mutter niedergeschlagener als gewöhnlich nach Hause zurück und fragte sich, wie es mir und diesem Kind wohl ergehen würde, als sie auf der Straße einer entfernten Tante begegnete, einer Frau im reifen Alter, die sie seit Jahren nicht mehr gesehen hatte. Der anderen entging es nicht, wie traurig Tsong Hai aussah, und als sie nach dem Grund fragte, schilderte ihr meine Mutter meinen Zustand. Meine Tante war jedoch überhaupt nicht beunruhigt, sondern erwiderte lächelnd: »Wenn es weiter nichts ist, davon heilen wir sie innerhalb von vierundzwanzig Stunden.«

Und sie gab ihr ein Rezept, von dem mir kein einziger Bestandteil entfallen ist. Es setzte sich zusammen aus den äußersten runden Enden von sieben – schon öfter erwähnten – Ginseng-Wurzeln, sieben getrockneten Lingkang-Früchten und schließlich einer besonderen Kräuterpille, die man nur bei einem bestimmten chinesischen Apotheker kaufen konnte. Die runden Enden der Ginseng-Wurzeln und die getrockneten Lingkang-Früchte wurden zusammen gekocht, der Saft getrunken und gleichzeitig eine der Pillen eingenommen. »Schon wenn man dieses Gebräu nur ein einziges Mal getrunken hat«, sagte die Tante, »hört das Blut zu fließen auf, doch muß man den Vorgang drei weitere Male wiederholen und schließlich je einmal im Monat, damit das Baby rechtzeitig kommt, und unterdessen muß man jeden Tag Taubeneier essen.«

Meine Mutter, die mich alle Drogen dieser Erde hatte ausprobieren lassen, mochte an die Wirksamkeit dieser neuen Medizin nicht glauben. Dennoch dankte sie der Tante und verschaffte sich eher aus einem gewissen Aberglauben heraus denn aus Überzeugung am nächsten Tag die Zutaten zu diesem hochgepriesenen Rezept. Die Spitzen der Ginseng-Wurzeln, die sehr teuer waren, bekam sie von meinem Mann, der davon in einem Spezialköfferchen einen persönlichen Vorrat besaß. Das Gebräu wurde zubereitet, am selben Abend noch ließ man es mich schlucken, und tatsächlich hörte die Blutung einen Tag später auf. Ich wagte nicht, sofort aufzustehen. Den Vorschriften meiner Tante entsprechend, fuhr ich fort, die Arznei drei Tage lang einzunehmen. Als ich dann aufstand, war die Blutung gestillt. Drei Monate hatte ich im Bett gelegen. Das wichtigste war für mich jedoch nicht, daß ich endlich aufstehen konnte; es war vielmehr die Überzeugung, daß mein Kind nun am Leben bleiben würde.

Während meine Mutter mir Taubeneier brachte, mich aufmerksamer denn je umhegte und dem Himmel und der guten Fee, die sie auf der Straße getroffen hatte, dankte, erhielten wir Nachricht von meinen Schwiegereltern.

Die Bevölkerung von Hongkong war seit der Revolution infolge des Zustroms von Chinesen, die aus dem einen oder anderen Grund die Flucht gewählt hatten und unter denen viele Shanghaier waren, beträchtlich angewachsen. Mein Schwiegervater, der die Mittel besaß, ein luxuriöses Wohnhaus zu mieten, war nun doppelt so zurückhaltend, wenn es um große Ausgaben ging, einmal aus Sparsamkeit und außerdem, um niemanden auf sich aufmerksam zu machen. Sowie er in Hongkong untergekommen war, beherrschte ihn nur ein Gedanke: seine Familie nachkommen zu lassen, und das um so mehr, als er von seinem Sohn erfahren hatte, daß ich geheilt war und einen Umzug überstehen würde.

Liu Yu Wang beschloß also, daß auch wir nach Hongkong aufbrechen sollten. Als mein Bruder Ching Son davon erfuhr, spürte ich seine Vorbehalte, wenn er sich auch hütete, sie laut werden zu lassen, da er sich in unsere Angelegenheiten nicht einmischen wollte. Wie sollte er auch ahnen, daß er eines Tages für diese Entscheidung, die er nicht billigte, schwerwiegende Konsequenzen würde tragen müssen?

Ich aber sah mich, kaum daß ich den Kummer, mein elterliches

Zuhause verlassen zu müssen, überwunden hatte, einer noch viel härteren Prüfung ausgesetzt: dem Aufbruch ins Unbekannte sowie dem Verlust meiner Heimatstadt und derer, die mir teuer waren, ohne zu wissen, ob ich jemals zu ihnen zurückkehren würde. Meine Eltern teilten diese Besorgnis, aber niemand konnte etwas sagen. Da meine Schwiegereltern fort waren, war Liu Yu Wang nun das Familienoberhaupt. Er organisierte also die Reise, nachdem er die geschäftlichen Angelegenheiten seines Vaters geregelt und einen seiner Onkel, der verheiratet, aber kinderlos war, gebeten hatte, das Haus zu bewohnen, sobald wir es verlassen hätten.

Von einer Abreise, wie er sie geplant hatte, konnte vorerst keine Rede sein, denn sobald er diese Ankündigung im Hause gemacht hatte, entstand eine große Auseinandersetzung zwischen den Brüdern und Schwestern. Für die beiden jüngeren Schwestern, die überzeugte Kommunistinnen waren, kam es nicht in Frage, China zu verlassen, wie immer das Schicksal ihres Vaters auch aussehen mochte. Die härteste Prüfung wurde uns jedoch durch die älteste Schwester Liu Yu Ying, das späte Mädchen mit der Narbe, auferlegt, das sich weigerte abzureisen, weil es verliebt war.

Sie hatte vor kurzem die Bekanntschaft eines Mannes gemacht, nach dem sie völlig verrückt zu sein schien. Sein Name war Chang, zu dem er sich den amerikanischen Vornamen Jim ausgedacht hatte. Zu jener Zeit arbeitete dieser Jim Chang als Sekretär in einem Krankenhaus, und sein bescheidenes Einkommen gestattete ihm gewiß nicht, sich jeden Abend in einen Playboy zu verwandeln. Dennoch war er in der ganzen Stadt als solcher bekannt. Stets umgab er sich mit einer Schar hübscher Mädchen – die in den meisten Fällen Animiermädchen aus Nachtbars waren – und lebte ausschließlich für Vergnügungen und Luxus. Als er zufällig die Bekanntschaft Liu Yu Yings machte, die diesen Tänzerinnen wenig ähnelte, aber Milliardärstochter war, begann er sofort, sie zu umwerben, und sie fiel auch auf ihn herein. Mein Mann und seine Freunde mochten sie vor diesem Don Juan, der nur auf ihre Mitgift, ihre Aussteuer und ihr Geld aus war, warnen, soviel sie wollten, Liu Yu Ying hörte nicht auf sie. Um die anderen und sich selbst zu überzeugen, hatte sie eine sehr einfallsreiche Erklärung zur Hand, von der sie nicht abließ: Jim habe genug davon, von einem Mädchen zum anderen zu wechseln, er habe das Bedürfnis, sein Leben zu ändern, er träume von einer einfachen Frau aus guter Familie, mit der er ein Heim gründen wolle. Davon hatte er sie zweifellos überzeugt. Und sie wollte um so lieber daran glauben, als sie die Zeit verstreichen sah, wo sie noch jung war. Eine Heiratsvermittlerin hatte vor kurzem einen Verlobten für sie gefunden. Nachdem dieser aber ihre Narbe gesehen und festgestellt hatte, daß sie schwerhörig war, ließ er die Verlobung lösen, was für eine Chinesin eine bittere Demütigung bedeutete. Mittlerweile war sie einunddreißig Jahre alt, im Alter eines späten Mädchens, und ein Mann machte ihr den Hof. So weigerte sie sich, Shanghai zu verlassen.

Als sie von ihrer Weigerung und ihren Szenen erfuhren, befahlen meine Schwiegereltern ihr brieflich, nicht nur zu kommen, sondern auch noch als erste abzureisen. Mein Mann hatte die Weisung, sie zum Zug zu führen und sie bis in den Waggon hinein zu begleiten. Verwöhnt und launisch, wie sie war, hielt man sie für fähig, irgendeiner Anwandlung zu folgen, die die Reise aller anderen gefährden würde. Mein Mann kaufte für sie und ihren vierzehnjährigen Bruder Fahrkarten und tat, was seine Eltern angeordnet hatten. Es gehörte einige Standhaftigkeit dazu, denn sie schied weinend und machte noch auf dem Bahnsteig eine große Szene, aber schließlich tat der Befehl der Eltern doch seine Wirkung.

Die zweite Schwester, die verheiratet war und deren Gatte von ihrem Erbteil lebte, blieb in Shanghai. Um sie kümmerte man sich nicht mehr. Die beiden jüngeren Schwestern, die mit dem Kommunismus sympathisierten, hatten sich entschlossen, nach Peking zu gehen und sich dort an der Universität einschreiben zu lassen, was sie wenig später auch taten. Die beiden Letztgeborenen der Familie Liu, ein Mädchen von zwölf und ein Junge von neun Jahren, sollten selbstverständlich von meinem Mann und mir mit nach Hongkong genommen werden.

Ende Mai 1950 war es soweit: der Tag der Abfahrt war angebrochen, und wir gingen, in Arbeiterjacken gekleidet und mit kleinem Gepäck versehen, begleitet von meiner Familie, zum Bahnhof. Nicht anders als meine Schwiegereltern hatten wir, aus Angst, daß man auf uns aufmerksam werden könnte, nicht gewagt, Schlafwagenplätze zu nehmen, und so reisten wir wie sie in einem ziemlich vollen Zug auf den harten Holzbänken der Waggons dritter Klasse. Meine Mutter weinte, als sie an die sechsunddreißig Stunden Reise dachte, die mich erwarteten. Der Bahnhof von Shanghai ist für mich mit den traurigsten Erinnerungen meines Lebens verbunden: von hier aus fuhr einst mein Vater ins Ungewisse, und als ich 1950 Shanghai verließ, wußte ich nicht, wann ich die Meinen jemals wiedersehen würde. Ich spürte tausend Messerstiche im Herzen, als der Zug sich in Bewegung setzte. Auf dem Bahnsteig lief mein Bruder Ching Son mit tränennassem Gesicht neben dem Wagen her, erst langsam, dann immer schneller, bis er außer Atem war.

Bis Hang-Chou hörte ich nicht auf zu weinen. Dort beugte sich dann eine Mitreisende aus unserem Abteil, eine sehr alte Frau, zu mir herüber, um mich zu trösten.

»Du mußt aufhören zu weinen«, sagte sie. »Du bist schwanger; das Weinen ist sehr schlecht für dein Kind.«

Ich war noch nicht Mutter und dennoch betroffen. Und aus Liebe zu meinem Kind nahm ich meine ganze Kraft zusammen, um nicht mehr zu weinen.

Ich übergehe das Martyrium dieser Reise und die feuchtkalte Nacht, in der sich mein herzkranker Mann und ich, die Schwangere, aneinanderdrängten, um die Kinder schlafen zu lassen. Sechsunddreißig Stunden taten wir kein Auge zu, und unsere Verantwortung forderte unsere ganze Kraft. In Kanton, der vorletzten Etappe der Reise, mußten wir umsteigen. Der Bahnhof war voller Soldaten der Roten Armee, die uns nicht die mindeste Aufmerksamkeit schenkten. Wir waren nur noch eine Stunde von der Grenze entfernt. Als wir in Shen-Chen, dem Grenzposten der New Territories, angekommen waren, sahen wir die ersten englischen Soldaten von Hongkong. Das war wie eine unvermittelte Kehrtwendung, denn mit ihren flachen Schirmmützen und ihrem anmaßenden Gehabe erinnerten sie uns an die Soldaten Chiang Kai-sheks. Wenn wir an der Grenze schon nicht gerade munter gewesen waren, so gab uns die Reise durch den Süden, wo die Hitze und die Feuchtigkeit größer waren, den Rest. Nach etwa zwei Stunden kamen wir in Hongkong an.

Nach den armseligen Marktflecken und den kargen Landstrichen, die wir durchquert hatten, kam uns Hongkong mit seinen Hochhäusern, seinen Kinos, seinen Hotels und seinem Verkehr wie eine neue Version von Shanghai vor. Es war allerdings ein Schock für uns, daß die Bevölkerung – in der Mehrzahl Kantonesen, die kleiner und zierlicher als die Shanghaier sind – in einer Sprache redete, die wir nicht verstanden: wir waren in einem fremden Land.

Meine Schwiegereltern und ihre älteste Tochter Liu Yu Ying erwarteten uns am Bahnhof von Kowloon. Diese nicht gerade überströmend herzlichen Menschen zeigten bei unserem Anblick große Freude und Erleichterung. Gemeinsam nahmen wir die Fähre nach Hongkong und vom Fährhafen aus dann ein Taxi zum Hotel.

Es war ein schäbiges und schmuddeliges Hotel. Ich wußte zwar, daß mein Schwiegervater nicht gerne Geld ausgab, aber diesmal lieferte er den unumstößlichen Beweis für seine geradezu skandalöse Knauserigkeit. Immerhin war er Milliardär, und wenn er auch im Exil lebte, so war er doch nicht in einer direkten Notlage. Trotzdem hatte er nur zwei große Zimmer, das eine für die Frauen, das andere für die Männer, gemietet. Das erste sollten meine Schwiegermutter, meine beiden Schwägerinnen (die große mit der Narbe und die kleine, die gerade angekommen war) und ich bewohnen. Das andere war für meinen Schwiegervater, meinen Mann und seine zwei kleinen Brüder bestimmt. Wir durften ein Etagenbad mitbenutzen. Sparsamer hätte man weiß Gott nicht sein können.

Im Grunde hätten mich die Unbequemlichkeit und die Beengtheit wenig gestört, wenn ich in dieser fremden Stadt, fern von meinen Eltern, die Wärme einer Familie gespürt hätte, die in der Not zusammenrückt, wenn ich auch nur ein wenig von jener Zärtlichkeit und jener Zuneigung gefunden hätte, die meine ganze Kindheit überstrahlt hatten. Doch ich brauchte keinen Tag, um mir darüber klar zu werden, daß die Atmosphäre noch erbärmlicher war als die Unterkunft. Unvermittelt ihrer zahlreichen Shanghaier Bediensteten beraubt, hatte meine Schwiegermutter jegliche Würde verloren. Sie war nur noch eine zänkische alte Frau, die ihre Bitterkeit an einem Gatten ausließ, der sich bemühte, sie recht und schlecht zu ertragen, und den ich aufrichtig bedauerte. Liu Yu Ying, meine älteste Schwägerin, dachte nur an ihren verlorenen Don Juan, ihren Jim, dem man sie entrissen hatte, und wenn sie nicht weinte, dann betrachtete sie uns alle, als wären wir ihre schlimmsten Feinde. Was meinen Mann angeht, so waren der Klimawechsel und die Feuchtigkeit von Hongkong für sein Herz und sein Rheuma besonders schädlich. Blieben noch die drei Kinder, das Mädchen von zwölf und die beiden Jungen von neun und vierzehn Jahren, die sich in dem Hotel sehr unwohl fühlten und überhaupt nicht begriffen, weshalb sie dauernd von finsteren Gesichtern umgeben waren. Neben meinem Schwiegervater, der vollkommen gelassen blieb, war ich in dieser Situation, an der ich nichts ändern konnte, die einzig Vernünftige und ertrug die Klagen der einen wie der anderen in der Hoffnung, daß sie sich beruhigen würden. In der Zwischenzeit war ich von verschiedenen Beschäftigungen in Anspruch genommen.

Die alten Chinesinnen widmen ihrem Haar sehr große Sorgfalt. Sie waschen es nur zwei- oder dreimal im Jahr, kämmen es jedoch jeden Tag ausgiebig mit einem sehr feinen doppelreihigen Kamm, der mit kleinen Baumwollstückchen versehen ist, die den Schmutz herausnehmen, und den man unablässig durch einen neuen ersetzt. In ihrem Haus in Shanghai hatte eine Dienerin jeden Morgen eine Stunde damit verbracht, meiner Schwiegermutter die Haare zu kämmen, für die das eine Art Massage und ein tägliches Vergnügen war, auf das sie nicht verzichten konnte. Seit ihrer Ankunft in Hongkong mußte sie das entbehren, und von allen Entbehrungen war diese für sie die grausamste. Sie hatte natürlich daran gedacht, sich von ihrer ältesten Tochter kämmen zu lassen, doch angesichts der schlechten Laune und der hochmütigen Miene Liu Yu Yings hatte sie nicht gewagt, sie darum zu bitten. Bei mir wagte sie das ohne weiteres, und zwar gleich bei meiner Ankunft, als hätte sie mich nur zu diesem Zweck erwartet. So mußte ich also jeden Morgen ihr Haar durchkämmen und meistens eine Stunde lang dabei stehen. Mehrmals war ich einer Ohnmacht nahe. Da es weder den Haushalt zu führen noch etwas zu kochen gab (wir bestellten die Mahlzeiten in einem benachbarten Restaurant, und sie wurden dann auf den Zimmern eingenommen), bestanden meine beiden Hauptbeschäftigungen am Morgen darin, zunächst meine Schwiegermutter zu kämmen und dann zu einem Vetter meiner Mutter zu gehen, der in Hongkong wohnte und an den meine Eltern jeden Tag ihre Post schickten, da sie nicht glaubten, daß wir im Hotel bleiben würden. So las ich jeden Tag, stets den Tränen nahe, die kostbaren Neuigkeiten von meinen Eltern, meinen Brüdern und Schwestern.

Während er im Hotel saß und darauf wartete, eine Wohnung zu finden, ging meinem Schwiegervater schon nach wenigen Tagen auf, daß wir so bald wie möglich hier heraus mußten. Er nahm mich bei seiner Suche mit, nicht nur, weil er des Gejammers seiner Frau und seiner ältesten Tochter müde war und meine Haltung zu würdigen wußte, sondern auch, weil ich (dank meiner Schulausbildung) Englisch sprach und dies in Hongkong die einzige Verkehrssprache außer Kantonesisch war. Eine Woche nach meiner Ankunft in Hongkong hatten wir eine Wohnung gefunden.

Die Möbel und Gerätschaften, die einfachsten und billigsten, die wir bekommen konnten, waren schnell beisammen, und nach achtundvierzig Stunden hatten wir uns in der Etage eingerichtet, die, verglichen mit den zwei Hotelzimmern, zwar viele Vorteile, aber doch auch einige Nachteile hatte. Denn nun hieß es den Haushalt führen und kochen. Meine Schwiegermutter, die in Shanghai keine andere Beschäftigung gehabt hatte als ihre Mah-Jongg-Partien, blieb übellaunig wie zuvor und verlor nie ein anerkennendes Wort über unsere Tätigkeit im Haushalt. Meine verliebte Schwägerin war tabu, man bat sie um nichts, da jeder nur zu froh war, wenn sie mit ihrem Gejammer aufhörte, und die andere Schwester war zu klein. Infolgedessen fiel mir ganz natürlich und unausweichlich die Aufgabe zu, jeden Tag, nachdem ich meine Schwiegermutter gekämmt hatte, die Betten zu machen, die Wohnung in Ordnung zu bringen und vor der Zubereitung der Mittagsmahlzeit einkaufen zu gehen.

In Hongkong, wo es damals noch nicht wie heute überall Marktplätze gab, mußte ich jeden Morgen einen weiten Weg zurücklegen, um dann in der Hitze, die bereits im Juni erstickend war, mit Paketen beladen zurückzukehren. Da meine Schwiegermutter uns aus Sparsamkeit keinen Kühlschrank genehmigte, ging ich im allgemeinen zweimal täglich einkaufen, denn die Nahrungsmittel vom Morgen waren am Abend bereits verdorben. Mehr denn je beklagte ich es, daß meine Mutter es abgelehnt hatte, mir das Kochen beizubringen, denn meine Schwiegermutter und meine Schwägerin machten mir wegen meiner Gerichte wahre Szenen, da sie entweder verkocht oder nicht gar, zu salzig oder zu wenig gewürzt waren. Ich beschaffte mir ein Kochbuch und begann es verbissen zu studieren.

Wenn nicht meine Kochkunst Szenen zur Folge hatte, dann war es etwas anderes. Meine Schwägerin Liu Yu Ying stritt sich unaufhörlich mit ihrem vierzehnjährigen Bruder, und da der ihr die Stirn bot, mußte sich ihr Groll zwangsläufig gegen mich richten. Eine Schwägerin konnte einer neuen Frau alles sagen, ohne daß diese auch nur das Recht gehabt hätte zu antworten. Trotz der Entschuldigungen, die ich für dieses frustrierte späte Mädchen zu finden suchte, das durch seine Narbe entstellt war, wurde es doch immer schwieriger, sie zu ertragen. Mein Mann litt darunter, mich so viel arbeiten und so schlecht behandelt zu sehen, er wußte jedoch, daß jeder Versuch, mir zu Hilfe zu kommen oder mich zu verteidigen, die Wut seiner Mutter zur Folge gehabt und mein Los noch verschlimmert hätte. Also schwieg er, und mir war das auch lieber. Seine elende körperliche Verfassung war für ihn ohnehin schlimm genug.

Wenige Tage nach unserem Einzug bezichtigte meine Schwägerin, die unentwegt nach einem Anlaß suchte, Unfrieden zu stiften, mich vor meiner Schwiegermutter, daß ich mich über sie lustig machte.

»Ich kann es nicht länger ertragen, wie Ching Lie sich mir gegenüber aufführt«, hatte sie die Stirn zu erklären. »Ich habe deshalb beschlossen, nach Shanghai zurückzukehren, um nicht länger mit ihr in einem Haus leben zu müssen.«

Man wollte sie nicht fortgehen lassen, und meine Schwiegermutter war nur allzu leicht davon zu überzeugen, daß ich mich schlecht aufführte, und forderte meinen Mann auf, mir die Leviten zu lesen. Ich war jung, schwanger, schwach und tat mein Bestes, um alle zufriedenzustellen. Das war nun der Dank! Zwei Wochen nach meiner Ankunft in Hongkong war ich am Rande eines Nervenzusammenbruchs. Ich schrieb meinen Eltern und schilderte ihnen, wie mein Leben aussah. Einige Tage später traf mein Bruder in Hongkong ein.

Mein Bruder hatte der Reise wegen seinen Posten als Schulungsleiter der Kommunistischen Partei aufgegeben. Als er in Hongkong von der Fähre ging, hatte er nicht die geringste Vorstellung davon, wie gravierend sein Schritt war und welche Konsequenzen ihm daraus erwachsen würden. Ein alter Bekannter holte ihn vom Bahnhof ab: es war »Onkel Hsiao«, der Kindheitsfreund meines Vaters, der mit uns und seinen zwei Frauen das Haus in Shanghai geteilt hatte. Hsiao war schon vor geraumer Zeit mit seinem ganzen Geld entwichen und hatte sich in Hongkong einen Vergnügungspark gekauft, zu dem ein Theater, ein Kino, Manegen und allerlei Spielmöglichkeiten gehörten. Außerdem besaß er eine kleine Tuchfabrik. Mit seinen zwei Frauen und seiner Familie lebte er in einem komfortablen Haus und gab im Gegensatz zu meinen Schwiegereltern das Geld mit vollen Händen aus.

Als mein Bruder meinen Schwiegereltern seine Aufwartung machte, wußte selbstverständlich nur ich davon, daß er China aufgrund meines beunruhigenden Briefes verlassen hatte. Für alle anderen kam er als Besucher. Ching Son konnte aus Platzmangel nicht bei uns wohnen, und außerdem verlangte es der Brauch, daß zwischen der Familie des Ehemanns und der der Ehefrau Distanz gewahrt wurde.

Als ihm klargeworden war, was für ein Leben ich führte und in welcher Verfassung ich mich befand, hatte Ching Son nicht den Mut, nach Shanghai zurückzukehren. Da er jedoch nur unter der Bedingung bleiben konnte, daß er sofort Arbeit fand, wandte er sich an Onkel Hsiao. Der Zeitpunkt war günstig: Hsiao brauchte gerade einen Mann seines Vertrauens zur Leitung seiner Textilfabrik. Da Ching Son zu jung war, den Titel Direktor zu führen, wurde er »Unterdirektor« genannt, ein Titel der nicht nur ehrenwert war, sondern ihm auch sofort Lohn und Unterkunft verschaffte.

Mein Bruder, der von nun an jeden Tag kam, um mich zu besuchen, schrieb meinem Vater, um ihm klarzumachen, weshalb er in Hongkong bleiben wollte, und ihm außerdem mitzuteilen, daß er sich in einer aussichtslosen Lage befinde: er sei zwar in meiner Nähe, könne jedoch nichts anderes tun, als mich leiden zu sehen. Dieser Brief bewirkte, daß Wei Hi seinerseits nach Hongkong kam.

Ich war jetzt im fünften Monat schwanger, mußte aber immer noch genausoviel arbeiten. Ich hatte kaum zugenommen und hatte keinen Appetit. Die einzige Nahrung, die ich mochte, war Milch. Ich hatte sie immer gern getrunken und hätte gern mehr davon gehabt, wagte aber nicht, darum zu bitten. Es konnte keine Rede davon sein, sie mir selbst zu kaufen, denn stets wurden die Münzen nachgezählt, die vom Einkauf übrigblieben; mein Mann, der ja nicht arbeitete, besaß nicht mehr Geld als ein kleiner Junge. Mein Vater hatte sich an die Bestimmung gehalten, die die Ausfuhr von Geld aus China verbot, und besaß keinen Pfennig. Um mir Milch kaufen zu können, veräußerte er den Ring, den er am Finger trug. Ich weinte immer noch viel, vor allem nachts, wenn ich allein war, und bisweilen in Wei His Armen.

Nach einigen Tagen bat er meine Schwiegereltern um eine Unterredung und beschwor sie, meinen Mann und mich nach China heimkehren zu lassen. Er führte ihnen, so eindringlich er es vermochte, vor Augen, daß Mao Tse-tung versprochen habe, die sozialistische Übergangsperiode werde zehn Jahre dauern. Warum also sollten mein Mann und ich nicht diese zehn Jahre in aller Ruhe in China verbringen?

Meine Schwiegermutter konnte sich jedoch mit der Idee, daß ihr Sohn, fern von ihr lebend, nur noch seiner Frau gehören würde, nicht befreunden, noch hatte mein Schwiegervater, der aus der Affäre mit dem Parkhotel seine Lehren gezogen hatte, Vertrauen in die Zukunft.

»Ich habe Vertrauen zu Mao Tse-tung«, sagte er, »aber nicht zum Volk. Wer sagt mir, was sie mit meinem Sohn alles anstellen werden? Sind sie nicht in mein Haus gekommen, um mich abzuholen? Was wäre mir zugestoßen, wenn sie mich erwischt hätten? Nein, meine Kinder werden niemals nach China zurückkehren!«

Wei Hi verließ sie im Zustand tiefer Niedergeschlagenheit. Was sollte er tun? Fern von den Seinen konnte er nicht lange bleiben. Andererseits konnte er seine Familie auch nicht nachkommen lassen. Denn wie hätte er, da er kein Geld ausführen durfte, ihren Lebensunterhalt in Hongkong sichern sollen? Trotz seiner Verzweiflung blieb ihm nichts anderes übrig, als nach Shanghai zurückzukehren.

Nichts hatte sich an meinem Leben geändert, als mein Vater zwanzig Tage nach seiner Abreise erneut nach Hongkong kam; diesmal sprach nichts mehr dagegen, meinen Mann und mich mit nach China zurückzunehmen.

Seine Zuversicht lag darin begründet, daß Mao Tse-tung eine neue Parole ausgegeben hatte, deren Echo aus allen Zeitungen und aus dem Mund der kommunistischen Funktionäre zu vernehmen war: keine schlechte Behandlung des nationalen Bürgertums! Diese Parole betraf vor allem jene Großkapitalisten, deren patriotische Einstellung untadelig war. Doch hatte diese politische Stellungnahme eine Vorgeschichte. Wenn sie auch konform ging mit der

Idee vom Gemeinsamen Programm, so war doch nicht zu bezweifeln, daß mein Schwiegervater Liu Pin San, einer der zehn größten Kapitalisten Chinas, daran nicht unbeteiligt war. Wir erinnern uns, daß Liu Pin San nach seiner Verhaftung im Parkhotel, erstaunt über die Behandlung, die ihm zuteil wurde, auf den Dienst aufmerksam gemacht hatte, den er einem seiner Angestellten geleistet hatte. Dieser war seinerzeit aus der Bank ausgeschieden, um am Langen Marsch teilzunehmen. Liu Pin San hatte darauf hingewiesen, welche Risiken er auf sich genommen habe, um jahrelang für die Familie dieses Mannes zu sorgen. Diese Tatsache sollte später durch den Betroffenen selbst bestätigt werden.

Der einstige Bankangestellte – den ich Tsung nennen will – war in Peking einer der engsten Vertrauten des Vorsitzenden Mao geworden. Er erfuhr erst mit wochenlanger Verspätung von der Verhaftung Liu Pin Sans, die erhebliches Aufsehen erregt hatte, und bedauerte den Zwischenfall nicht nur zutiefst, sondern vertraute dem Vorsitzenden Mao auch an, was er davon hielt: es schien ihm, daß das Land, geschwächt vom Krieg und den vielen Leiden, sich durch die Abschreckung und Vertreibung von Kapitalisten wie Liu Pin San nur schaden könne; er wies darauf hin, daß dieser sich nicht damit begnügt habe, seine patriotischen Empfindungen und seine Sympathie für den Kampf der Kommunisten dadurch zum Ausdruck zu bringen, daß er der Familie eines Soldaten der Roten Armee unter Lebensgefahr geholfen habe, sondern daß er auch zur Zahl derjenigen gehöre, die nicht daran gedacht hätten zu fliehen, als das Volk die Macht übernahm. Man dürfe schließlich dem Ausland nicht das Bild einer Macht bieten, der es an Unterscheidungsvermögen mangele. Genau den Eindruck erwecke man jedoch, wenn man gute Staatsbürger zurückweise.

Es schien, als hätten diese Argumente den Vorsitzenden Mao nicht unbeeindruckt gelassen und als wären sie nicht ohne Einfluß auf die Parole geblieben, die er vor kurzem ausgegeben hatte. Aber es kam noch etwas hinzu. Im Einverständnis mit dem Vorsitzenden hatte Tsung, der nicht wußte, daß Liu Pin San nach Hongkong geflohen war, ihm von Peking aus einen Entschuldigungsbrief geschickt. Dieser Brief war in dem Haus in der Nanking Road angekommen. Der Schwager Liu Pin Sans, der beauftragt war, das Haus zu hüten, hatte den Brief geöffnet und war daraufhin zu Wei Hi gestürzt, um ihm das Schreiben zu zeigen. Wei Hi überbrachte nun den Wortlaut meinem Schwiegervater. In dem Brief stand, daß die Verhaftung Liu Pin Sans »als einer der Fehler der Funktionäre und des Volkes angesehen werden müsse, die den

Kampf noch nicht korrekt zu führen wüßten, und daß Liu Pin San gewiß sein könne, daß er in Zukunft vor jeglicher schlechten Behandlung sicher sei«.

»Wenn es Ihnen also freisteht, selbst nach China zurückzukehren, ohne das geringste befürchten zu müssen«, schloß mein Vater, nachdem er Liu Pin San über die Ereignisse berichtet hatte, »so können Ihre Kinder es um so mehr tun: daher bitte ich Sie, Ihren Sohn und seine Frau zurückfahren zu lassen.«

Liu Pin San antwortete ohne Umschweife, daß er, soweit es ihn selbst und seine Frau betreffe, nicht einen Augenblick daran denke, wieder heimzukehren. Was seinen Sohn und seine Schwiegertochter angehe, so müsse er darüber nachdenken.

Liu Pin San brauchte dazu nicht lange. Nach allem, was er gerade über die Politik der Führer gehört hatte, richteten seine Überlegungen sich im wesentlichen auf seine zahlreichen Geschäfte in China, die sehr gut gingen. Vielleicht gab es eine Möglichkeit, einen Teil seiner Gelder wiederzuerlangen oder doch wenigstens die Erträge zu behalten. Sein Sohn Liu Yu Wang war bis zu einem gewissen Grade mit seinen Geschäften vertraut. Wer konnte sich jetzt besser als er darum kümmern? Liu Pin San traf also die Entscheidung, uns abreisen zu lassen. Sein Sohn sollte zwölf Jahre lang Nutznießer der Einkünfte aus den Familienunternehmen sein. Wie ihm, so ging es bis zum Beginn der Kulturrevolution 1965 noch manchem anderen chinesischen Kapitalisten mehr als glänzend.

Nach den zwei Monaten Aufenthalt in Hongkong, die mir wie ein ganzes Jahr erschienen waren, konnte ich also mit meinem Vater und meinem Mann nach Shanghai zurückkehren. Ich war endlich davon befreit, meine Schwiegermutter täglich zu kämmen und die Verfolgungen meiner älteren Schwägerin auszuhalten. Liu Yu Ying hatte es ebenfalls eilig, Hongkong zu verlassen. Ihre unablässigen Klagen, die weniger ihren Jim als die Schwierigkeit betrafen, unter Menschen zu leben, die nur Kantonesisch sprachen, hatten die Eltern ohnehin ermüdet. Als wir nach Shanghai zurückgekehrt waren, verließ mein Bruder Ching Son, der nun in Hongkong keine Aufgabe mehr hatte, seinen Posten als Unterdirektor bei Onkel Hsiao und traf die nötigen Vorbereitungen für seine Rückkehr.

13. Kapitel

Der Boston im »Parliament« / Ungeheure Veränderungen in China / Das Ehegesetz / Anklageversammlungen und Befreiung der Prostituierten / Befreiung der Bonzen / Abschaffung der Geheimgesellschaften / Korea-Krieg / Meine Schlangenträume / Geburt meines Sohnes im Jahr des Tigers.

Als ich nach zweimonatiger Abwesenheit nach Shanghai zurückkehrte, fand ich meine Heimatstadt unverändert vor, während die Revolution, die bis dahin unsichtbar geblieben war, in diesem Sommer des Jahres 1950 ihre ersten großen Schritte nach vorn machte.

Im Haus der Lius in der Nanking Road waren mein Mann und ich nun die alleinigen Herren. Da meine furchtbare Schwägerin Liu Yu Ying noch nicht von Hongkong zurückgekehrt war, wohnte dort nur der arme Onkel, der zusammen mit seiner Frau nach dem Weggang der Hausherren beauftragt worden war, das Haus zu hüten. Diese anständigen, zurückhaltenden und hilfsbereiten Leute störten uns nicht. Wir baten sie daher, bei uns wohnen zu bleiben.

Für eine einzige Frau, die überdies schwanger war, war das Haus sehr weitläufig. Da ich bescheidener war als meine Schwiegermutter, die ein ganzes Heer von Bediensteten gebraucht hatte, bat ich meinen Mann nur, mir zwei Hausangestellte zu suchen: eine Dienerin für das Haus und eine andere für die Küche. Zum erstenmal empfand ich hier ein bis dahin unbekanntes Gefühl der Freiheit und der Erleichterung, an dessen Ursache es keinen Zweifel geben konnte: es war die Abwesenheit meiner Schwiegermutter, ihres herrschsüchtigen Betragens, ihres inquisitorischen Blicks und ihrer wütenden Eifersucht. Ich war die Herrin des Hauses. Ja, zum erstenmal seit meiner Hochzeit hatte ich das Recht, allein mit meinem Mann ins Restaurant und ins Kino zu gehen, während es ihm bis dahin nur erlaubt gewesen war, mich zu meinen Eltern zu begleiten! Ich konnte durch das ganze Haus spazieren, die Schränke öffnen, was mir bis dahin verboten gewesen war, in den Schubladen wühlen und so weiter.

Eines Tages stieß ich beim Aufräumen auf ein kleines bebildertes Buch, in dem mich das Porträt einer schönen Frau mit dem Namen Ch'en Mei-li beeindruckte. Mein Mann erzählte mir ihre Geschichte. Als Animierdame war sie vor noch nicht allzu langer Zeit in einer bekannten Nachtbar Shanghais, dem »Parliament«, tätig gewesen. In Wirklichkeit aber war sie eine chinesische Spionin, die in den Jahren 1937-39 den Auftrag hatte, aus den japanischen Okkupanten wie aus den chinesischen Offizieren, die mit ihnen kollaborierten, Informationen herauszuholen. Nicht zufällig fand sich das Porträt Ch'en Mei-lis in unserem Haus. Ein jüngerer Bruder meines Schwiegervaters namens Liu Trong Chuen, der damals schön, jung und reich war, hatte eines Tages im »Parliament« die Bekanntschaft der falschen Animierdame gemacht, die nicht nur schön, sondern auch äußerst intelligent war. Es war bei beiden Liebe auf den ersten Blick. Unglücklicherweise schöpfte ein japanischer Offizier, der Ch'en Mei-li jeden Abend traf und in sie verliebt war, Verdacht. Eines Tages, als er sich in der Nachtbar aufhielt, kam Liu Trong Chuen und setzte sich in die Nähe der jungen Frau. Das Orchester spielte einen Boston. Obwohl er sehr vorsichtig war, genügte ein Blick, den er mit ihr tauschte, und der Japaner, dem alles klar war, zog seinen Revolver. Er war nur wenige Meter von dem Paar entfernt. Ch'en Mei-li bemerkte als einzige seine Geste und warf sich sofort auf ihren Freund, um ihn mit ihrem Körper zu schützen. Sie wurde tödlich verwundet, während er weniger schwer getroffen war. In dem Durcheinander, das im Tanzlokal ausbrach, trug man die beiden hinaus und brachte sie ins Krankenhaus. Dort starb sie bei der Einlieferung, während er überlebte. Sämtliche Zeitungen waren voll von dieser Geschichte, wobei auch nicht vergessen wurde, daß das Orchester im Augenblick des Schusses einen Boston spielte. Jetzt erst erfuhr man, daß Ch'en Mei-li eine Spionin gewesen war.

Erst als er nach Shanghai zurückgekehrt war, wurde meinem Bruder Ching Son, in dem die Sorge um mein Los jeden anderen Gedanken ausgelöscht hatte, klar, daß seine Eskapade in Hongkong für einen Parteifunktionär wie ihn ein schweres Vergehen war. Man war der Überzeugung, daß er seiner Aufgabe nicht länger würdig sei, und schloß ihn aus der Partei aus, bis über sein weiteres Schicksal befunden sein würde. Ich werde später berichten, was mit ihm geschah, wie ich auch auf die besondere Situation meines Mannes zurückkommen werde, der neben seiner Arbeit in einer der Banken meines Schwiegervaters die gesamten väterlichen Geschäfte überwachte. Es genügt zu berichten, daß wir im Wohlstand lebten. Da ich wegen meiner Schwangerschaft nicht zur Schule gehen konnte, hatte ich dank der Fürsorge meines Mannes, der das Nötige in die Wege geleitet hatte, mehrere Lehrer, die mir zu Hause Sprachunterricht und Klavierstunden gaben.

Während ich dieses friedliche Leben führte – das übrigens nur wenige Wochen dauern sollte –, brachten große, wahrhaft umwälzende Ereignisse das Land in Bewegung. Die neuen Beschlüsse wurden öffentlich angeschlagen, im Druck verbreitet und proklamiert, unermüdlich kommentiert und erklärt, denn es bedurfte nicht nur einer gewissen Zeit, um sie bekanntzugeben, sondern auch, um sie begreiflich zu machen. Die Umerziehungskampagne, die nun einsetzte, sollte nicht mehr aufhören. Sämtliche Chinesen aller Altersstufen sollten »die alten Kleider ablegen«. Shanghai wurde zu einer großen Schule, wo in den Werkstätten und den Universitäten, den Läden und Banken Parteifunktionäre unablässig die Massen unterrichteten.*

Die erste dieser Revolutionen fand im Frühjahr 1950 statt: Bei dem Gesetz über die Ehe, das Mao Tse-tung im Mai erließ, handelte es sich nun tatsächlich um einen der einschneidendsten Beschlüsse in der Geschichte Chinas.** Das Gesetz proklamierte die absolute Gleichberechtigung von Mann und Frau sowie die freie Wahl des Ehepartners und bereitete damit Jahrhunderten der Knechtschaft und des Entsetzens ein Ende. Der Artikel 13 machte es den Eltern zur Pflicht, ihre Kinder großzuziehen, und bestimmte im einzelnen: »Es ist streng verboten, Neugeborene zu ertränken oder ähnlich geartete Verbrechen an ihnen zu begehen.« Des weiteren wurden die Polygamie und der Verkauf von Frauen verboten (Artikel 2), und Chinesinnen konnten ohne ihre Einwilligung nicht mehr verheiratet werden. Muß ich noch eigens auf die bittere Ironie des Schicksals hinweisen, die darin lag, daß meine Hochzeit fünf Monate vor Erlaß dieses Gesetzes stattfand?

Damals wurden auf allen Ebenen der Gesellschaft mehrere Revolutionen in die Wege geleitet. Nach der Befreiung der Bauern erfolgte die der Prostituierten, dann die der buddhistischen Mönche und Nonnen. Massenkampagnen gingen überall im Land den

* Während die unbelehrbaren Konterrevolutionäre brutal eliminiert wurden – insbesondere kraft des unerbittlichen Gesetzes vom 21. Februar 1951 –, erzog die Volksrepublik, die auf den wirtschaftlichen Aufbau des Landes bedacht war, die alten Kader der Kuomintang methodisch, statt sie zu beseitigen: man brauchte so viele Techniker wie möglich. Ebenso schonte die Regierung, nachdem die Ausländer aus dem Land vertrieben waren, das »nationale Bürgertum«, das zum großen Teil aus Ingenieuren, Fachleuten und Managern bestand, da China auf sie nicht verzichten konnte.

** Die Reform des traditionellen Ehesystems war von Mao zum erstenmal 1931 in der chinesischen Sowjetrepublik Chiang-Hsi (weniger als zehn Millionen Einwohner) in Kraft gesetzt worden, wo der Versuch unternommen wurde, eine kommunistische Regierung mit einem Sowjet (Rat) aus Arbeiter-, Bauern- und Soldatenvertretern an der Spitze einzusetzen. Die Agrarreform und die Gleichberechtigung der Frau waren die beiden Eckpfeiler der angestrebten kommunistischen Gesellschaft. Viele sind der Meinung, daß letztere angesichts der chinesischen Verhältnisse noch revolutionärer war als erstere.

großen Anklageversammlungen voraus. So wurden über die Prostitution zunächst in den Shanghaier Zeitungen lange Artikel veröffentlicht. Sie wurden durch Berichte von Mädchen ergänzt, die zumeist sehr jung von Frauen gekauft worden waren, die selbst einst als Prostituierte gearbeitet hatten. (Zwar gab es hier genauso Zuhälter wie in Europa, doch vor allen Dingen hatten die Kupplerinnen den Mädchenhandel in der Hand.)

Dann begannen die Anklageversammlungen, die den Schlußpunkt hinter die Prostitution in China setzten, besonders dramatische Kundgebungen, an denen ich mehr als einmal teilgenommen habe. Shanghai war so etwas wie die Welthauptstadt des Lasters, und die Anzahl der Freudenmädchen wurde auf 80 000 geschätzt. Sie waren vor allem in den Bordellen der Zweiten, der Dritten und der Vierten Straße konzentriert. Die Versammlungen fanden in den Sälen öffentlicher Gebäude oder in Restaurants statt, oft jedoch auch unter freiem Himmel mitten auf der Straße. Vom Podium aus ergriff ein Politkommissar das Wort. Er zeigte mit dem Finger auf eine Gruppe Zuhälter und Kupplerinnen, die man kurz zuvor verhaftet hatte. Gleichzeitig forderte er die Prostituierte, die nun frei war, dazu auf, ihre Geschichte zu erzählen. Fast immer handelte es sich um ein Mädchen vom Lande, das Mädchenfänger, Männer oder Frauen, von ihrem Dorf weggeholt hatten. Es hatte zumeist keinen Vater im Haus gegeben, die Familie war groß, die Kinder litten Hunger. Man sagte zu der Mutter: »Ihre Tochter wird in Shanghai in einer Fabrik Arbeit finden und wird keine Mühe haben, ihren Lebensunterhalt zu verdienen. Sie kann Ihnen dann Geld schicken.« Die arme Frau wußte nicht recht, was sie davon halten sollte, schöpfte jedoch Hoffnung. Man brauchte nichts weiter als ihre Genehmigung, ihre Unterschrift, die oft genug nur in einem Daumenabdruck bestand. Dann gab man ihr einen geringen Geldbetrag, und damit war alles geregelt.

Der Bericht des Mädchens auf dem Podium wurde ständig durch ihre eigenen Tränen oder durch Schreie und Seufzer der Menge unterbrochen. Bisweilen fiel im Publikum eine Frau in Ohnmacht, man trug sie weg, und die Prostituierte fuhr mit ihrem Bericht fort: Nachdem das ahnungslose kleine Mädchen in Shanghai angekommen war, begriff es gar nicht, weshalb die Wirtin des Bordells ihm ein Kleid gab und ihm geduldig beibrachte, wie man sich schminkte. Was dann folgte, mußte ihr jedoch die Augen öffnen. Wenn sie sich weigerte, sich dem Kunden hinzugeben, wurde sie im allgemeinen von einem Zuhälter, der mit der Wirtin Hand in Hand arbeitete, vergewaltigt. Die Bordellbesitzerin kam dann wie durch Zufall in das Zimmer und spielte die Entrüstete: das Mädchen hatte ihren Mann oder Freund verführt. Und nun hieß es gehorchen, denn andernfalls drohten der »Verräterin« Gefängnis und schlimmste Züchtigung. Bei denen, die sich hartnäckig weigerten, zögerte man nicht, Foltermaßnahmen zu ergreifen.

Eine von denen, die aussagten, hatte die dunklere Haut der Nordchinesen. An dem Tage – es war Frühling und sehr schönes Wetter – wurde die Versammlung auf der Straße abgehalten. Als sie aufs Podium stieg, wandte sie sich um und entblößte vor der Menge ihren Rücken, um die Narbe zu zeigen, die von einem glühenden Eisen herrührte, mit dem man sie gebrandmarkt hatte, da sie Widerstand leistete. Als sie ohnmächtig geworden war, hatte man sie wieder zum Leben erweckt, um von neuem zu beginnen, bis sie zu gehorchen versprach. Andere Mädchen, sagte sie, hätten versucht zu fliehen, manche hätten sich einfältigerweise in den Schutz der Polizei begeben, ohne zu wissen, daß diese korrupt war und im Dienst der Unterwelt stand. Wenn man das Mädchen zu seiner Herrin zurückführte, erwartete es gnadenlose Bestrafung. Mehr als eine dieser Flüchtlinge starb unter der Folter.

Während dieser Berichte waren die schuldigen Bordellbesitzerinnen und Zuhälter die meiste Zeit anwesend und machten eher eine jämmerliche Figur. Wenn der Politkommissar mit dem Finger auf sie zeigte und fragte, was sie verdienten, heulte die empörte Menge mehr als einmal: »Den Tod!« Man tötete sie aber nicht an Ort und Stelle, sondern führte sie unter starkem Begleitschutz weg und versprach, sie zu bestrafen.*

Solche Anklageversammlungen, »Darstellungen der Bitternisse«, fanden zu Tausenden auf dem Lande statt, wo die Grundbesitzer und die örtlichen Despoten zuhören mußten, wie die Bauern vor der Öffentlichkeit ihrem Herzen Luft machten. Die Geschichte dieser Unterdrückten war immer die gleiche: elendes Leben und Jahrhunderte der Leiden, nach denen sich nun zum erstenmal so etwas wie Hoffnung abzeichnete. Man hörte damals viele Geschichten, die der vom »Mädchen mit den weißen Haaren« ähnelten, dem revolutionären Theaterstück, das von der schönen Hsi-er handelte, der Tochter Yangs, eines armen Bauern. Sie wird von Huang, einem despotischen Grundbesitzer, der mit den Japanern kollaboriert, entführt. Nach der Ermordung ihres Vaters flieht Hsi-er in die Berge, wo sie in vollkommener Einsamkeit nur ihrer Rache lebt. Ihre Haare werden weiß. Am Ende kommt

* Für die ehemaligen Prostituierten richtete die Regierung in der Nähe von Shanghai Aufnahmezentren ein, wo weibliche Parteifunktionäre die Umerziehung übernahmen und vor allem versuchten, die Mädchen zu verheiraten.

die Rote Armee, um die Despoten zu bestrafen. Nach einem Volksurteil wird Huang, der Grundbesitzer, auf der Stelle hingerichtet.

Dieses Stück ist eines der sieben revolutionären Ballette, die gegenwärtig in ganz China aufgeführt werden. Es beruht auf Ereignissen, die den Chinesen ganz besonders vertraut waren. Auf dem Lande gab es Tausende von Huangs, die Bauern und Bäuerinnen leiden ließen. Wenn die öffentlichen Anklagen den Ausländern auch grausam erscheinen mochten – und ihre Presse hat es sich nicht nehmen lassen, ihre Brutalität zu beschreiben –, so trugen sie doch zunächst dazu bei, den Zorn der Bauern zu zügeln oder wenigstens in überschaubare Bahnen zu lenken, statt ihn aufzustacheln. Dennoch gab es auch Lynchjustiz gegen Grundbesitzer, die als besonders schlimm galten. Während der Versammlungen in Gegenwart der Funktionäre und bewaffneter Wächter geschah so etwas jedoch nicht. In der Öffentlichkeit vorgetragen, waren die Anklagen notwendigerweise auch klarer, fundierter und wurden in Gegenwart aller wiederholt oder widerlegt. Und darf man sich wundern, wenn die Bauern nach Jahrhunderten der Erniedrigung, der abscheulichsten Ausbeutung bisweilen explodierten? Erstaunlich ist deshalb nicht die Wut, sondern vielmehr die Mäßigung der öffentlichen Versammlungen. Wenn die erniedrigten Despoten zitterten, konnten die Parteileute den Bauern begreiflich machen, daß sie keine Angst mehr vor den Tyrannen zu haben brauchten und daß das wichtigste nicht die Rache war, sondern das Gefühl, frei zu sein. Und genau das sagt am Ende des Stückes Ta Chun, der Verlobte des »Mädchens mit den weißen Haaren«.

Ebenso muß man eine weitere Episode der Revolution betrachten, die ich aufgrund bestimmter Umstände aus der Nähe verfolgen konnte: die Befreiung der männlichen und weiblichen Bonzen. Die Bonzen sind Mönche, die entsprechend der buddhistischen Regel auf die Heirat und den Verzehr von Fleisch, Fisch und jeglicher lebenden Kreatur verzichten. Es war jedoch allgemein bekannt, daß es neben den untadeligen buddhistischen Tempeln unter demselben Namen Brutstätten der Korruption, des Lasters und der Gewalt gab, wo die dieses Namens unwürdigen »Bonzen« sich nicht nur damit begnügten, insgeheim Fleisch zu essen, sondern auch Frauen vergewaltigten und nicht davor zurückschreckten, sie zu töten, um ihre Schandtaten zu verbergen. Sie zogen dort auch Jungen und Mädchen groß – oder sagen wir besser, hielten sie gefangen –, die später als Prostituierte verkauft wurden. Das erklärt, weshalb die Kommunisten, als sie in diese Institutionen eindrangen, alle zusammenriefen und einfach fragten: »Wer will Bonze bleiben? Wer will nach Hause gehen?« Daraufhin beschlossen viele, in ein normales Leben zurückzukehren, da sie hier ja nur Sklaven wider Willen waren, die in Gefangenschaft gehalten wurden. Im Ausland wurde daraufhin von religiösen Verfolgungen durch das kommunistische Regime gesprochen. Doch eigentlich geschah genau das Gegenteil. Es handelte sich vielmehr um echte Säuberungen. Hätte man denn, unter dem Vorwand, daß es sich hierbei um geweihte Stätten handelte, zulassen sollen, daß unter dem Deckmantel der Religion Übeltaten und Schurkereien aller Art begangen wurden? Nicht dem Glauben galten also die Angriffe der Kommunisten, sondern der durch den Aberglauben und die Dummheit der Einfältigen begünstigten Geschäftemacherei: Versprechungen im Hinblick auf allerlei Wundertaten, Drohungen, Verkauf von Amuletten, kurz all die unlauteren Mittel, die den skrupellosen Bonzen von Nutzen waren. Wie viele alte Bäuerinnen ließen sich nicht lieber auf ihren faulen Zauber ein, als sich der Fürsorge eines Arztes anzuvertrauen, und wurden auf diese Weise mitschuldig am Tod ihrer Kinder!

Zu jener Zeit überwachte die Partei schon seit längerem einen Bonzen aus Hang-Chou, den alle für einen Heiligen hielten. Als man ihm eines Tages folgte, entdeckte man, daß er heimlich eine Luxusvilla besaß, die er von den Spenden der Gläubigen gekauft hatte und die eine wahre Lasterhöhle war. Er traf sich dort mit Büßerinnen, die sich, da sie ihm einmal nachgegeben hatten, nun regelmäßig seinen Wünschen fügten, weil er ihnen drohte, sie andernfalls öffentlich bloßzustellen.

Ebenso wurden zu jener Zeit auch katholische und protestantische Chinesen entlarvt. Auch hier verfolgte man nicht die Frommen, sondern jene, die die Religion dazu benutzt hatten, um Macht zu gewinnen, das Volk zu demoralisieren sowie durch Korruption und Spionage den Interessen der Ausländer zu dienen.

Selbstverständlich wurde auch diese Säuberung unablässig von Erklärungen begleitet. Die Revolution wollte keine Heimlichtuerei; alles wurde in der Öffentlichkeit abgehandelt und kommentiert. Ich besichtigte eines Tages in Shanghai eine Ausstellung über die Verbrechen der Geheimgesellschaften. In einem Raum wurden, begleitet von erklärenden Unterschriften, luxuriöse Kleider und Juwelen ausgestellt; sie waren von den gläubigen Anhängern der Gesellschaft I Kuan (die Einzige) gestiftet worden, die von ihren Mitgliedern regelmäßig hohe Beiträge verlangte. Ihr Oberhaupt hatte unter anderem seine eigene Tochter vergewaltigt.

Einst waren ihm Hunderte von Jüngern gefolgt, und nun saß er im Gefängnis. Ich interessierte mich für diese Ausstellung besonders deshalb, weil meine Schwiegermutter, Frau Liu, eine Anhängerin dieser Sekte gewesen war. Ihr Name stand auf der von der Polizei entdeckten Mitgliederliste, und sie wäre, wenn sie Shanghai nicht verlassen hätte, verhaftet worden. Alter King (der falsche Schwiegersohn, jener abscheuliche Trunkenbold, der bei meiner Hochzeit aufgetaucht war) hatte sie in diese Bruderschaft gedrängt. Frau Liu hatte sich danach in ihr Zimmer eingeschlossen, um irgendwelche Tricks anzuwenden, die ihrer Gesundheit nützlich sein sollten. Die Kommunisten bereiteten dieser Erpresserorganisation ein Ende, die sonst gewiß noch Tausende von Opfern gefunden hätte.*

Eines Tages hörten die öffentlichen Versammlungen auf, und die Zeitungen kündeten die Hinrichtung der Verbrecher der verschiedenen Untergrundorganisationen an. Mehrere hundert wurden am selben Tag nachmittags im Westen der Stadt auf dem berühmten Golfplatz Hung Ch'ao erschossen, wo einst so viele Herren ihre Golfspiele ausgetragen hatten. Der Himmel war schwarz, und es fing an zu hageln. Viele sagten, daß die Götter selbst über die Verbrecher erzürnt seien. Ich erinnere mich noch an die gewaltigen Hagelkörner, die über der Stadt niedergingen.

Das war eine der ersten Massenhinrichtungen.** Im Sommer 1950 wurden die Konterrevolutionäre im Zusammenhang mit der Durchführung der Agrarreform besonders streng verfolgt. Man wurde jedoch nicht schon bestraft, wenn man nur einfach Großgrundbesitzer gewesen war. Beweis dafür ist der Fall meines Schwiegervaters. Liu Pin San besaß in Ning-Po und Hang-Chou große Ländereien. Da es jedoch allgemein bekannt war, daß er einen Teil seiner Einkünfte regelmäßig den Alten, den Waisen und

* Die Konfuzianer – die eher Gelehrte als Mönche waren – und vor allem die Buddhisten, die dem Prinzip der Gewaltlosigkeit huldigten und deren Verfolgung die Ausländer entsetzt hätte, wurden von den Kommunisten damals noch weitgehend verschont. Eine große Zahl von Ordenshäusern, die als Stätten religiöser Inbrunst galten, ließ man daher unangetastet. Bei anderen ersetzte man die religiösen durch weltliche Verwalter, untersagte den Bonzen das Betteln und verpflichtete sie zu körperlicher Arbeit.
Einer dritten großen religiösen Gruppe Chinas gegenüber, den Taoisten, mußten die Kommunisten eine weit vorsichtigere Haltung an den Tag legen. Diese alte Naturreligion war in der Vergangenheit wiederholt in politische Bewegungen gemündet. Was die Geheimgesellschaften Shanghais angeht - die sich häufig mit taoistischen Symbolen schmückten –, so wurden sie um so unbarmherziger verfolgt, als sie an der Seite der Kuomintang aktiv an der Liquidation der Kommunisten im Jahre 1927 teilgenommen hatten.

** Im allgemeinen schätzt man die Zahl der in der Nacht vom 27. auf den 28. April 1950 in Shanghai Hingerichteten auf zehntausend. Die Erzählerin besaß mit vierzehn Jahren wenig Informationen und erzählt nur, was sie gesehen oder gehört hat.

den Krankenhäusern vermachte, wurde er nicht angezeigt, und man erkannte ihm sogar den Titel des »guten Grundbesitzers« zu, obwohl er nach Hongkong gegangen war. Andernfalls wären die Politkommissare mit Sicherheit zu uns gekommen, um sich seiner Person zu versichern, und wenn sie ihn nicht gefunden hätten, wären an seiner Statt mein Mann und ich verhaftet worden.

Das Ende des Jahres 1950 war gekennzeichnet durch zwei Ereignisse, wovon das eine das Land und das andere nur mich und meine Familie betraf: den Korea-Krieg und die Geburt meines Sohnes Sun Po.

Wenn China in Korea auch nur durch Entsendung von Freiwilligen intervenierte, so wurde doch die gesamte chinesische Bevölkerung materiell und ideologisch mobilisiert. Werkstätten und Fabriken trugen zu den Kriegsanstrengungen bei – die schweren Waffen wurden mehr oder weniger von der Sowjetunion geliefert, mit der China gerade einen Bündnisvertrag unterzeichnet hatte –, während eine heftige anti-amerikanische Propagandakampagne durch das ganze Land ging. Durch die Straßen von Shanghai, auf denen unentwegt Pantomimen und Volkstänze aufgeführt wurden, die den Geist der Mobilisierung unterstützen sollten, wurden Puppen getragen, die den Yankee-Feind darstellten und die geprügelt und durchlöchert wurden. Über den Äther kamen plötzlich keine Schlager mehr, und der ganze Kitsch war auf einmal verschwunden, um ausschließlich revolutionären Liedern Platz zu machen. Es war nicht der Augenblick, an die Beziehungen zwischen Mädchen und Jungen zu denken. Nur das Wohl des bedrängten Landes zählte.

Meine Schwangerschaft verlief während dieser Zeit günstig, und das trotz der Gegenwart meiner älteren Schwägerin Liu Yu Ying, die aus Hongkong zurückgekehrt war, uns jedoch in Ruhe ließ. Sie war zwar immer noch unangenehm, quälte uns jedoch nicht länger, da sie ihren Jim wiedergefunden hatte. Ich träumte, seit ich schwanger war, daß sich die Himmelspforten öffneten, aber noch häufiger träumte ich von Schlangen. Ich hatte soviel Blut verloren, daß ich befürchtete, es könne sich dabei um ein düsteres Vorzeichen handeln, um die Vorhersage einer Mißbildung bei dem Kind, das unterwegs war. Entsetzt fing ich an, in den Buchhandlungen nach Büchern zu suchen, die man damals noch fand: Traumschlüssel und Abhandlungen zur Traumdeutung. In einem, das mir seriös genug erschien, schlug ich nach, ohne meinen Mann etwas davon wissen zu lassen, und las: »Die schwangere Frau, die von Schlangen träumt, wird ein außergewöhnliches Kind haben.« Das beruhigte mich. Ich fing daraufhin an, mich mit Kalzium und Vitaminen vollzustopfen, um dieses Kind, für das ich bereits jetzt die ganze Liebe einer Mutter empfand, schon vor seiner Geburt zu kräftigen.

Beim Gedanken an das Kind vergaß ich die Trostlosigkeit einer Zwangsehe, die für immer verlorenen romantischen Träume. Es war meine ganze Hoffnung, und ich war mir noch nicht einmal darüber im klaren, daß es auch mein einziger Trost sein sollte. Für mich konnte es keinen Zweifel geben, daß es ein Junge sein würde. Darüber hinaus hatte Chao Mei, das Patenkind meiner Schwiegermutter, die sie gedrängt hatte, mich zum Arzt zu schikken, mir sofort bei Beginn meiner Schwangerschaft ein Amulett beschafft, das dazu bestimmt war, die Ankunft eines männlichen Erben zu begünstigen. Es war ein kleines Stoffsäckchen, das die Gallenblase eines Stiers aus Nordchina enthielt. Als sie es mir übergab, versicherte sie mir, daß eine Frau, die nacheinander neun Töchter gehabt habe, als zehntes Kind einen Jungen bekommen hätte, nachdem sie dieses Beutelchen getragen hatte. Ich trug es fünf Monate lang auf dem Bauch und achtete darauf, daß es beim Baden nicht naß wurde, denn ich durfte es nicht ablegen.

Als sich im September der Tag meiner Niederkunft näherte und meine Mutter Schwierigkeiten voraussah, forderte sie meinen Mann und mich auf, zu ihr zu ziehen. Wir mußten uns daraufhin mitten in der Revolution den Eigenheiten der alten chinesischen Sitten anpassen. Es verhielt sich nämlich so, daß der verheiratete Sohn zwar mit seiner Frau im Haus seiner Eltern zusammen schlafen konnte, die verheiratete Tochter jedoch nicht das Recht hatte, mit einem Mann bei ihren Eltern im selben Zimmer zu schlafen; das brachte Unglück. Um dieses Unglück zu bannen, war eine besondere Zeremonie notwendig: Meine Mutter hatte auf einem viereckigen Tisch rote Kerzen sowie verschiedene Gerichte für die Ahnen vorbereitet, und mein Mann und ich mußten niederknien und sie bitten, uns in diesem Haus aufzunehmen. Zugleich mußte ich meiner Mutter in Form einer kleinen symbolischen Geldsumme Miete bezahlen.

Tsong Hai hatte mit der Symbolik jedoch nichts im Sinn, und ich muß zu meiner Scham gestehen, daß sie während unseres ganzen Aufenthalts sorgfältig jeden Bissen notierte, den ich zu mir nahm, um ihn sich später von meinem Mann bezahlen zu lassen. Das entsprach auch einem Empfinden, das tief in der Tradition verwurzelt war und demzufolge eine verheiratete Tochter im Grunde nicht mehr zum Haus ihrer Eltern gehörte. Das Sprichwort sagt, daß sie dem Inhalt eines Eimers vergleichbar sei: wenn man das Wasser erst einmal weggeschüttet habe, könne man es nicht wieder zurücktun. Wei Hi, mein Vater, und Ching Son, mein Bruder, kümmerten sich hingegen wenig um dieses Sprichwort und bezeugten mir dieselbe Zuneigung, die ich von jeher von ihnen gewohnt war.

Wei Hi hatte infolge der Umstände, und zwar insbesondere, weil die Beziehungen zu den Ausländern abgerissen waren, sein Import-Export-Geschäft aufgeben müssen. Seine Diplome und seine pädagogischen Fähigkeiten brachten ihm jedoch die Ernennung zum Direktor eines Gymnasiums ein. Wenn er auf diesem Posten auch weniger Geld verdiente, war er doch glücklich, in seinen eigentlichen Beruf zurückgekehrt zu sein. Überdies gab ich ihm seit meiner Heirat oft Geld, weil die Einkünfte meines Schwiegervaters uns ein sorgloses Leben gestatteten, und so verfügte meine Mutter immer noch über zwei Hausangestellte. Meine Schwester Ching Lin lebte im Konservatorium; das Zimmer, in dem wir vor noch nicht allzu langer Zeit geschlafen hatten, stand leer, und so richtete ich mich mit meinem Mann bis zum Ende meiner Schwangerschaft in meinem alten Kinderzimmer ein.

Auch Tsou Hon kam uns mit meiner Großmutter besuchen. Er hatte sich sehr gewandelt. Er war inzwischen ein noch überzeugterer Buddhist als zuvor und betete inbrünstig, daß mir ein guter Sohn geschenkt werden möge, der am günstigsten Tag und zur günstigsten Stunde geboren werden sollte.

Drei Tage vor der Geburt meines Kindes schaute ich beim Aufwachen meine Hände an: sie waren rot wie die meines Schwiegervaters. Ich fragte meine Mutter, was das zu bedeuten habe. Sie konnte es sich nicht erklären, und weder Großvater noch die Hausangestellten wußten etwas. So schlug ich, überzeugt davon, daß es sich hierbei um ein Zeichen handelte, in meinen Büchern nach und erfuhr: »Die schwangere Frau, die kurz vor der Niederkunft rote Hände bekommt, wird einen Sohn mit vielen Vorzügen haben!«

Drei Tage später wachte ich um fünf Uhr morgens mit einem Ziehen im Leib auf, das bis zum Abend anhielt. Als ich es nicht mehr aushalten konnte, packte man schnell einen Koffer mit meinen Sachen und der von meiner Mutter vorbereiteten Babywäsche und brachte mich in die Entbindungsklinik Dr. Liangs, wo mein Mann ein Zimmer für mich bestellt hatte.

Mein Körper war noch nicht ausgewachsen, und weil ich soviel Kalzium gegessen hatte, war der Kopf des Kindes sehr hart und hatte große Mühe herauszukommen. Zwar war, wie man in

China sagt, »die Tür vollständig geöffnet«, aber die Geburt war dennoch sehr schwierig. Ich heulte wie ein Tier, das erwürgt wird. Dr. Liang fragte, ob er mich betäuben dürfe, um das Kind mit der Zange herauszuholen. Mein Vater willigte ein. Er hatte seine Frau niemals niederkommen sehen und war halb ohnmächtig. Meine Mutter jedoch, die erfahrener war, zog eine natürliche Geburt vor, die das Kind nicht entstellen würde, auch wenn ich leiden mußte. Da die Familie ihn störte, entschied Dr. Liang schließlich unvermittelt, mich in ein Arbeitszimmer im dritten Stock der Klinik zu verlegen, das niemand betreten durfte. Ich erinnere mich, daß ich dort, fern von meinen Eltern, trotz der Schmerzen sofort zu schreien aufhörte. Vom Arzt ermutigt, tat ich nun zitternd und ächzend mein Bestes, bis ich um vier Uhr fünfundvierzig mein Kind zur Welt gebracht hatte.

Ich hörte keinen Schrei.

»Doktor«, sagte ich, »ist es ein Junge oder ein Mädchen? Weshalb schreit es nicht?«

»Herzliche Glückwünsche«, sagte Dr. Liang, »es ist ein Sohn. Er schreit nicht, weil er zu sehr mit seinem ersten großen Geschäft zu tun hat.«

Das war in der Tat das erste Produkt, das ich in meinen ausgestreckten Händen hielt, und es erfüllte mich mit Freude, denn ich hatte meine Schwiegermutter sagen hören, dies sei ein großes Glückszeichen, während es ein katastrophales Vorzeichen sein sollte, wenn ein Kind sofort, nachdem es den Bauch seiner Mutter verlassen hat, uriniert, wofür es in ihrer Familie ein Beispiel gab. Dieses Glückszeichen hatte sich also noch zu den Himmelspforten und den Schlangen gesellt, und ich hegte nicht den geringsten Zweifel an der wunderbaren Beschaffenheit des kleinen Wesens, das ich gerade geboren hatte.

Es war rundlich wie ein Kätzchen und wog 2,7 Kilo. Es erhielt den Namen Liu Sun Po. Man gab ihm den Vornamen Po, den eines großen Gelehrten aus alten Zeiten, in der Hoffnung, er würde diesem berühmten Schutzpatron eines Tages ähneln.

Sun Po wurde am 11. September 1950, im Jahr des Tigers, geboren. Meine Mutter zeigte besondere Zufriedenheit darüber, daß es um fünf Uhr morgens geschehen war. Denn wie der Tiger nachts sein Versteck verläßt, um zu fressen, so hätte es, wäre das Kind in der Nacht geboren worden, bedeutet, daß ihm bestimmt sei, sich zu Tode zu schuften. Wäre es hingegen mitten am Tag geboren, wäre es faul geworden wie der Tiger im Schatten. Fünf Uhr morgens dagegen war die günstigste Zeit: es war die Stunde, wo der von der Jagd erschöpfte Tiger zurückkehrt, um sich auszuruhen.

14. Kapitel

Die Geschichte der Amme A Ch'ing / Mein Bruder und meine Schwester heiraten nacheinander / Liu Yu Ying heiratet ihren Playboy / Ich überrasche meinen Mann in Begleitung einer Unbekannten / Unsere Unternehmen werden verstaatlicht / Verhaftung Liu Yu Wangs / Abscheuliche Anschuldigungen von Alter King / Ich halte den Anklägern stand / Die Seherin und die Göttin der Blumen.

Ein Telegramm verkündete meinen Schwiegereltern in Hongkong endlich die Geburt ihres Enkels.

Ich war glücklich, wenn auch völlig entkräftet, und konnte mein Kind in der Wiege neben mir nicht aus den Augen lassen. Mein Mann schlief im selben Zimmer in einem etwas weiter weg aufgestellten Bett. Schließlich waren wir in einer Privatklinik, einer Klinik für Kapitalisten. Nach zehn Tagen durfte ich aufstehen und mir zwei kleine Zöpfe flechten, da mein Haar inzwischen gewachsen war. Krankenschwestern kamen regelmäßig und holten das Baby, um es zu versorgen. Eines Tages brachte eine Neue, die mich nicht kannte, Sun Po zurück und fragte, wo die Mutter sei. Ich erklärte ihr, das sei ich. Sie schaute mich an, sah auf meine Zöpfe und bat mich, keine Scherze zu machen. Schließlich wurde ich wütend. Angelockt durch den Lärm unseres Streits, eilten die anderen Krankenschwestern herbei und bestätigten die Wahrheit. Die Neue konnte es nicht fassen. Mein Zorn beruhte darauf, daß ich von einer anderen Entbindungsklinik der Stadt gehört hatte, wo auch Sikh-Frauen lagen. Die Sikhs waren die hochgewachsenen indischen Polizisten mit den roten Turbanen in der Internationalen Konzession, die wir »Rotköpfe« nannten. In dieser Klinik war es zu einer Verwechslung von Babies gekommen. Erst viel später hatte eine Chinesin gemerkt, daß ihr Kind eine immer dunklere Hautfarbe bekam: man hatte ihr einen kleinen Inder gegeben. Diese Geschichte hatte mich gequält, und ich hatte panische Angst, so etwas könne mir auch geschehen.

Da meine Schwiegermutter mir gesagt hatte, es sei meine Pflicht, mein Kind wenigstens einen Monat selbst zu stillen, um ihm die nötigen Abwehrkräfte gegen Krankheiten zu geben, wollte ich Sun Po mit meiner eigenen Milch ernähren. Ich hatte jedoch wenig, und das Kind litt Hunger. Es weinte, und ich weinte ebenfalls. Man mußte eine Amme finden. Ein Stellenvermittlungsbüro in Shanghai schickte mir eine, als ich nach zwei Wochen die Klinik verließ, um mich vorübergehend bei meiner Mutter einzurichten. Sie hieß A Ch'ing, hatte große Brüste und strahlte körperliche Kraft aus. Man gab mir Auskünfte über ihre Person, und auf diese Weise erfuhr ich auch ihre traurige Lebensgeschichte.

Sie war die Tochter armer Bauern in Shao-Hsin (dem Land des guten Weins) in der Provinz Che-Kiang und früh verwaist. A Ch'ing wurde daher von ihrer Großmutter aufgenommen und mußte hart arbeiten. In demselben Dorf lebte ein junger Mann, der das Schneiderhandwerk ausübte. In der Nachbarschaft dieses Schneiders wohnte ein Mädchen von dreizehn Jahren namens A Ying, das von seiner Familie mit einem Säugling von einem Jahr verlobt worden war. Das war durchaus üblich und in diesem Falle für die Eltern des Säuglings besonders bequem, da die »Verlobte« ja verpflichtet war, sich um den Säugling zu kümmern, der ihr zukünftiger Gatte war, und gleichzeitig die ganze Schwiegerfamilie zu bedienen, die nicht die Mittel besaß, eine Sklavin einzustellen.

A Ying wurde größer und machte die Bekanntschaft des Schneiders in der Nachbarschaft, der einige Jahre älter war als sie. Sie verliebten sich heftig ineinander, waren jedoch gezwungen, sich heimlich zu treffen. Sie war schließlich »verlobt«, und in diesem rückständigen Gebiet setzten sie beide ihr Leben aufs Spiel. Die Mutter des Schneiders, die von der Liebschaft unterrichtet war und für ihren Sohn das Schlimmste fürchtete, begann, eine Frau für ihn zu suchen. Sie fand sie in unserer Amme A Ch'ing, die damals zwanzig Jahre alt war. Der kleine Schneider heiratete sie gegen seinen Willen. Von A Ying besessen, verbrachte er mit ihr sogar die Hochzeitsnacht. A Ch'ing wurde dennoch schwanger und gebar ein Mädchen. Da ihr Mann ihr weder Liebe noch Geld gab und es das Schicksal obendrein gewollt hatte, daß sie ein Mädchen bekam, warf sie den Säugling in ihrer Verzweiflung in die Abfalltonne.*

Im darauffolgenden Jahr bekam sie wieder ein Mädchen. Das neue Ehegesetz verbot auf das Strengste den Mord an Neugeborenen, so daß sie ihn nicht zu wiederholen wagte. Nachdem sie ihr Baby ihrer Schwiegermutter anvertraut hatte, ging sie in der

* Vor der kommunistischen Machtergreifung hatte die Stadtverwaltung von Shanghai einen Spezialdienst zum Einsammeln von in den Straßen umherliegenden Leichen eingerichtet. Was die Kinderleichen betrifft, so nennen die Statistiken zwischen 1930 und 1940 die Zahl von jährlich fünf- bis sechstausend. Eine protestantische Organisation, die »Wohltätigkeitsgesellschaft von Shanghai«, war eigens für die Suche nach ausgesetzten Säuglingen aufgebaut worden, die man in Lumpen oder alte Zeitungen eingewickelt fand. Gelegentlich gelang es, solche Säuglinge wieder zum Leben zu erwecken. Außerdem hatte die Waisenabteilung der Wohltätigkeitsgesellschaft eine Art »Säuglingskiste« aufgestellt, in die jene, die ihre Nachkommen nicht haben wollten, die Kinder hineinlegen konnten, statt sie zu töten. Wenn man ein Kind dorthinein tat, zog man an einer Glocke, und es kam jemand, um es entgegenzunehmen, ohne Erklärungen zu verlangen.

Hoffnung nach Shanghai, dort das einzige zu verkaufen, was sie besaß: ihre Milch.

Als ich diese Geschichte gehört hatte, bestand ich darauf, daß A Ch'ing von meinem Mann als Amme eingestellt wurde und daß er ihr einen guten Lohn zahlte. A Ch'ings Milch, die ihr eigenes Kind niemals geschmeckt hatte, tat meinem Sohn gut, und er sah alsbald kerngesund und wohlgenährt aus.

Liu Pin San, mein Schwiegervater, dessen Befürchtungen sich, wie ich bereits berichtet habe, inzwischen gelegt hatten, kam aus Hongkong für zwei Wochen nach Shanghai. Sein erster Besuch galt seinem Enkelsohn, dessen Geburt in seinen Augen ein bedeutendes Ereignis darstellte. Ihm verdankt mein Sohn seine Namen Sun und Po, wobei aus Po später Paul werden sollte. Liu Pin San brachte Tsong Hai Geschenke mit, um ihr dafür zu danken, daß sie ihre Tochter gut erzogen hatte. Und da der Brauch es wollte, daß der erste Lebensmonat eines Kindes mit einer Zeremonie beschlossen wurde, fand im Haus meines Vaters ein Fest statt, zu dem so viele Gäste eingeladen wurden, daß sie alle drei Etagen des Hauses füllten. Mein Sohn wurde bei diesem Anlaß in rote Seide gehüllt, außerdem wurde ihm eine Mütze in Form eines Tigerkopfes aufgesetzt, und über die Füße zogen wir ihm ebenfalls mit Tigerköpfen bestickte Pantoffeln. Dies sollte die bösen Geister von Kindern fernhalten, die noch nicht laufen konnten. Wenig später kehrte mein Schwiegervater nach Hongkong zurück.

Ich fühlte mich bei meinen Eltern sehr wohl und hatte nicht die Absicht, so bald in mein Heim an der Nanking Road zurückzukehren, als ich erfuhr, daß dort ein Sturm im Anzug war. Der Geliebte meiner älteren Schwägerin Liu Yu Ying, der unwiderstehliche Playboy Jim, hatte sie zu Hause besucht. Er hatte seine Jacke an einen Garderobenhaken gehängt, ohne zu bemerken, daß aus einer Tasche ein Blatt Papier heraussah. Voll Neugier zog Liu Yu Si, mein jüngerer Schwager, der fünfzehn Jahre alt war und genau wie seine ältere Schwester bei uns wohnte, das Papier aus der Tasche. Es war die Quittung für einen Haufen verpfändeter Kleidungsstücke. Er zeigte den Zettel dem Onkel, der damit betraut war, das Haus zu hüten. Der war furchtbar entrüstet, da er es skandalös fand, daß dieser Mann sogar seine Kleider versetzte, um wer weiß welchen Vergnügungen nachgehen zu können. Jim mochte das Kind ausschelten, soviel er wollte, weil es in seinen Taschen gewühlt hatte, meine Schwägerin Liu Yu Ying mußte es doch verdächtig finden, daß ihr Verlobter so einfach seine Kleider verpfändet hatte. Um ihre Nerven zu beruhigen, begann sie ihren kleinen Bruder zu schlagen. Daraufhin rief der Onkel uns an, um uns mitzuteilen, daß die Atmosphäre im Haus unerträglich würde, und ich hatte das Gefühl, daß ich mit meinem Mann und meinem Kind nach Hause zurückkehren müßte, um alle wieder zu beruhigen.

Wir schickten meiner Schwiegermutter in Hongkong einen Brief. Sie traf sofort ein, entschlossen, das Verhältnis zwischen ihrer Tochter und Jim Chang zu lösen. Trotz der Beschwörung ihrer Mutter und deren flehentlicher Bitten, mit ihr nach Hongkong zurückzukehren, blieb Liu Yu Ying fest bei ihrer Absicht: Jim war ihre große Liebe, und sie würde ihn heiraten.

»Wenn es sich so verhält«, sagte meine Schwiegermutter, »dann heirate ihn, ich kann dich daran nicht hindern. Aber sag deinem Geliebten, daß du weder Mitgift noch Aussteuer bekommen wirst, daß ich dir drei Tage im Parkhotel zum Zweck eurer Hochzeit bezahle und daß ihr hinterher selbst sehen müßt, wie ihr zurechtkommt.«

»Ich habe absolut nichts dagegen«, sagte Liu Yu Ying.

Die Hochzeit fand im Parkhotel in Gegenwart der Eltern Jim Changs, eines Zeugen und meiner Schwiegermutter statt. Weder mein Mann noch ich waren anwesend. Es waren gerade die zwölf Leute da, die notwendig waren, um einen Tisch zu besetzen. Für ihre Hochzeitsnacht hatten die Brautleute im Hotel ein Zimmer genommen.

Am dritten Tag kam Liu Yu Ying mit geschwollenem Gesicht, mit einem blauen Auge und einer Zahnlücke nach Hause. Ihre Mutter stieß einen Schrei aus und fragte sie, was ihr zugestoßen sei. Weil die Familie gerade anwesend war, erzählte Liu Yu Ying, sie sei in einem Moment der Unachtsamkeit mit dem Gesicht gegen die Drehtür des Hotels gerannt. Als sie später mit ihrer Mutter allein war, sagte sie ihr jedoch die Wahrheit, und ich hörte, wie sie beide weinten.

Erst am Abend in unserem Schlafzimmer erzählte mein Mann mir, was ich im Prinzip nicht wissen durfte: schon in der ersten Hotelnacht hatte Jim Chang seine frisch angetraute Frau gefragt, was sie denn hinsichtlich Aussteuer und Mitgift zu bieten habe. Und als sie ihm mitteilte, daß sie nichts besitze, habe er sie verprügelt. So hatte sich unter den Schlägen des schönen Jim in wenigen Augenblicken die große Liebe in nichts aufgelöst. Zu spät! Sie war verheiratet. Niemand konnte mehr etwas für sie tun, mit Ausnahme ihrer Mutter, die ihr ein wenig Geld gab, damit sie sich eine Wohnung suchen und ein paar Möbel kaufen konnte, so daß ihr Gatte sie nicht gänzlich auf die Straße setzte.

Danach fuhr Frau Liu wieder nach Hongkong. Liu Yu Ying sollte in ihrem künftigen Leben nicht auf Rosen gebettet sein.

Im Haus in der Nanking Road wuchs nun unser kleines Herzblatt, unser Sohn Po, heran, den ich von jetzt an Paul nennen will, obwohl er diesen Namen erst später erhielt. Nach dem Auszug der älteren Schwägerin lebten außer den Hausangestellten noch vier Personen bei uns: mein kleiner Schwager Liu Yu Si, der allzu neugierige Knabe, und meine jüngere Schwägerin Liu Yu Lan sowie der alte Onkel und seine Frau. Wenn die Leute nun auch tagsüber den Mao-Anzug trugen* oder auch eine Arbeitsjacke, so zogen die wohlhabenden Leute sich doch abends noch um, wenn sie ausgingen. Mein Mann und ich empfingen Gäste, wir gingen aus und zu großen Diners, alles in derselben Kleidung wie früher, als habe sich nichts geändert. Immer noch trug ich die hochhackigen Schuhe, die ich bei meiner Hochzeit angehabt hatte. Bei dieser Gelegenheit merkte ich, daß ich größer war als mein Mann. Das lag jedoch nicht nur an den Absätzen: mein Wachstum war ja noch nicht abgeschlossen, ich war größer geworden. Ich war ja damals noch nicht fünfzehn Jahre alt.

Seit der Abreise meiner Schwiegereltern hatte ich nicht nur ständig bei verschiedenen Lehrern Unterricht gehabt, ich besaß jetzt auch ein Klavier. Meine alte Mac Intyre School war in eine staatliche Lehranstalt umgewandelt worden und trug nun den Namen »Dritte Schule von Shanghai«.** Im Jahre 1951 erhielt ich die Genehmigung, dorthin zurückzukehren, um an der Abschlußprüfung, dem chinesischen Abitur, teilzunehmen.

Meine Schwester Ching Lin, die als Interne im Konservatorium am Stadtrand von Shanghai lebte, hatte eine Schulkameradin im Gesangskurs, die sie unserem großen Bruder Ching Son vorstellte. Sie verliebten sich ineinander und warteten nicht lange mit der Heirat. Als seine Frau ihre Ausbildung abgeschlossen und in Peking eine Stelle bekommen hatte, folgte Ching Son ihr in die Hauptstadt und unterrichtete an einer Oberschule Englisch, während sie Gesangsunterricht gab. Ich sollte meinen Bruder erst einige Jahre später wiedersehen. Er war immer noch ein treuer Kommunist, hatte jedoch seine Parteifunktion verloren und mußte davon ausgehen, daß seine berufliche Situation nur eine Über-

* Was hier als Mao-Anzug bezeichnet wird, müßte man zutreffender »Sun Yat-sen-Anzug« nennen, da er schon lange vor dem Kommunismus zu Ehren gekommen war.

** Die ausländischen Schulen wurden damals abgeschafft, und das gesamte Unterrichtssystem wurde verstaatlicht.

gangslösung war und daß ihn ernsthafte Schwierigkeiten erwarteten.

Im gleichen Jahr machte meine Schwester Ching Lin die Bekanntschaft eines Studenten der Universität von Hang-Chou, der später Ingenieur beim öffentlichen Straßenbau werden sollte. Er war charmant und intelligent und hieß Liu wie mein Mann. Ihr Heiratsplan stieß bei meinen Eltern auf lebhaften Widerstand, der auf unausrottbaren Vorurteilen der alten Generation beruhte. Daß der Vater des jungen Mannes wie mein Schwiegervater Bankier war, sprach zwar für ihn, doch hatte er fünf Frauen geheiratet, von denen drei noch lebten, wobei die eine die offizielle Frau und die anderen die Konkubinen waren. Der allgemeinen Meinung zufolge konnten diese Konkubinen nur aus armen oder zweifelhaften Familien hervorgegangen sein, denn keine anständige Familie hätte ihre Tochter die entehrende Rolle der Geliebten spielen lassen. Es versteht sich von selbst, daß die Schande dieser Frauen auf ihre Kinder überging. Eines davon war nun der Verlobte meiner Schwester. Meinen Eltern gegenüber vertrat ich energisch die Interessen Ching Lins und ihres Freundes: Schließlich liebten sie sich, und Mao Tse-tung hatte die Frauen befreit. Die neue Gesellschaft legte keinen Wert mehr auf die Herkunft der Menschen, sondern nur noch auf ihre Qualitäten, und dieser junge Mann besaß genug davon, um der Liebe meiner Schwester würdig zu sein. Ein wenig dank meines Einsatzes, vor allem aber dank ihrer Charakterfestigkeit hielt meine kleine Schwester stand und heiratete im darauffolgenden Jahr.

Ich führte nun ein friedliches Leben, lernte viel und hatte alle wünschenswerten Annehmlichkeiten, ohne die Tragweite der Ereignisse ermessen zu können, die mein Land erschütterten und bald auch mich erreichen sollten. Zunächst jedoch wurde ich in jenem Jahr von einem neuen häuslichen Drama überrascht, auf das ich, wie stets zuvor, wieder nicht im geringsten vorbereitet war. Liu Yu Chuen, meine zweite Schwägerin, die vor mir geheiratet hatte, kam mich eines Tages besuchen und schlug mir vor, in einem Restaurant essen zu gehen, das für seine Krabbenspezialitäten berühmt war. Ich war einverstanden, wollte aber meinen Mann mitnehmen. Ich rief in seiner Bank an. Man sagte mir, er sei nicht da. Da wir ohne ihn auskommen mußten, beschlossen wir, Yu Lan, die jüngere Schwester Yu Chuens, mitzunehmen, und so saßen wir drei an diesem Oktobertag gegen fünf Uhr in der ersten Etage des Restaurants. Plötzlich erblickte ich meinen Mann, der gerade mit zwei Krebsen in der Hand die Treppe heraufstieg (man mußte nämlich, um sich das Essen auszusuchen, nach unten gehen). Freudig rief ich ihm zu: »Da bist du ja! Ich habe gerade versucht, dich in der Bank zu erreichen... Wie bist du denn darauf gekommen, daß wir hier sind?«

»Ich wußte nichts davon«, sagte Liu Yu Wang. »Ich bin mit Kollegen von der Bank in einem Nebenraum.«

Er ging auf einen Nebenraum zu, dessen zugezogene Vorhänge mich sofort neugierig machten. Ich stand auf und schob unauffällig den Vorhang zur Seite, um zu sehen, welche Kollegen bei ihm waren. Zu meinem Erstaunen sah ich nur eine einzige Person, eine hübsche Frau. Yu Lan, die mir gefolgt war, blieb nicht lange mit offenem Mund stehen, sondern schob mich in das Nebenzimmer und schrie die Unbekannte, die neben meinem Mann saß, wütend an: »Schämst du dich nicht, dich hier mit einem verheirateten Mann zu treffen?«

Mir drehte sich alles vor Augen. Ich wollte fliehen und zog Yu Lan am Arm. Sie lief zu unserem Tisch, um ihrer Schwester alles zu erzählen. Mein Mann ließ seinen Gast im Stich und stürzte aus dem Nebenzimmer. Als wir hinuntergingen, folgte er uns.

Auf der Straße versuchte er, mir alles zu erklären. Die Frau, die ich soeben gesehen hätte, sei eine alte Freundin, eine Krankenschwester, die er schon gekannt hatte, ehe er mich kennenlernte. Dieses Mädchen habe ihn geliebt, er habe ihre Liebe jedoch nicht erwidert. Nun habe sie ihn in der Bank angerufen. Sooft er ihr auch gesagt habe, daß er verheiratet sei und sie nicht mehr zu sehen wünsche, sie habe ihn immer wieder mit einer solchen Hartnäckigkeit um ein Treffen gebeten, daß er schließlich des Kampfes müde gewesen sei und nachgegeben habe.

»Du mußt mir glauben«, fügte mein Mann hinzu, »ich habe dich nicht betrogen. Es ist nichts zwischen uns. Ich habe sie aus reiner Höflichkeit hierhergeführt.«

»Aus Höflichkeit?« sagte ich zu ihm. »Mit mir sollst du dich verabreden! Aus Höflichkeit führst du sie in ein Chambre séparée zum Krabbenessen?«

Dazu muß man sagen, daß man die Krabben, weil man sie ja mit den Fingern aus der Schale holen mußte, am liebsten im Kreis enger Freunde und Verwandter aß, keinesfalls aber mit einer Fremden.

Der Schlag, den ich gerade versetzt bekommen hatte, brachte mich völlig aus dem Gleichgewicht. Ich mußte sofort an alles denken, was ich diesem Mann geopfert hatte, an den ganzen Alptraum meiner Ehe. Und nun, da ich mein Los hingenommen, da ich mich bereitgefunden hatte, Liu Yu Wang für alle Zeiten als

Mann zu akzeptieren, überraschte ich ihn mit einer anderen in der Intimität eines Chambre séparée. Weshalb sollte ich noch weiter mit ihm leben? An diesem Mann hatte mir niemals etwas gefallen, weder in physischer Hinsicht, noch was seine Bildung betraf. Einzig seine Freundlichkeit hatte mich für ihn eingenommen. Wenn das nun auch noch verlorenging, weshalb sollte ich dann die Ehe fortsetzen?

Zu Hause angekommen, befahl ich der Amme A Ch'ing, für mein Kind und mich die Koffer zu packen. Liu Yu Wang beschwor mich unter Tränen, ihm zu vergeben, er schwor mir, daß er nur mich liebe, und behauptete, sein Herz werde, wenn ich ihn verlasse, diesem Kummer nicht standhalten, und er werde an einem Herzanfall sterben. Da ich wußte, daß sein Herz schwach war, versuchte ich, ihn zu beruhigen. Mein Entschluß stand jedoch fest: ich wollte ihn verlassen. Die Zeiten hatten sich geändert, und ich konnte als Frau jetzt wirklich ein neues Leben anfangen. Die Kommunisten hatten die Frauen befreit. Sie arbeiteten mittlerweile wie die Männer. Sie konnten unterrichten, Ingenieure werden. Es stand mir offen, meine Ausbildung abzuschließen, und sogar, mich wieder zu verheiraten. Plötzlich überkam mich ein mächtiges Gefühl der Freiheit. Nur mußte ich meinen kleinen Paul mitnehmen, weil er für mich mittlerweile das Kostbarste auf der Welt war.

Als Liu Yu Wang sah, daß ich entschlossen war, zu meinen Eltern zurückzukehren, und daß mein Gepäck bereitstand, bat er mich, wenigstens doch ein letztes Mal mit ihm zu Abend zu essen; danach könne ich gehen. Da es auf sieben Uhr ging, bat ich die Köchin, eine Mahlzeit zu bereiten. Die Schwägerin, die nachmittags zu mir gekommen war, um mich abzuholen, kehrte nach Hause zurück. Liu Yu Wang und ich aßen allein zu Abend; jeder nippte nur am Essen und sagte kein Wort. Nach dem Abendessen verließ ich ihn, um meine Koffer zu holen. Als ich an meinem Zimmer vorbeiging, sah ich ihn schlafend auf unserem Bett ausgestreckt. Das überraschte mich. Noch vor einem Augenblick war er doch zutiefst unglücklich und in Tränen aufgelöst gewesen, wie konnte er jetzt schlafen? Da stimmte etwas nicht. Ich ging näher heran und redete ihn an. Keine Antwort. Ich zog ihn am Arm. Nichts. Entsetzt legte ich ihm die Hand auf die Brust. Das Herz schlug, er war also nicht tot, hatte jedoch irgend etwas geschluckt: ein Schlafmittel! Ich rief das Krankenhaus an. Sofort kam ein Krankenwagen, um ihn abzuholen. Als man ihn hochhob, fiel ein gefaltetes Stück Papier aus seiner Hand. Ich hob es auf, faltete es auseinander und las:

»Ching Lie, mein Liebling, ich schwöre Dir, daß ich nur Dich liebe und Dich nicht betrogen habe. Da Du mich verlassen willst, hat das Leben keinen Sinn mehr für mich. Ehe ich mit ansehe, wie Du weggehst, scheide ich lieber als erster und für immer. Sorge gut für unseren kleinen Sohn, das ist meine einzige Bitte. Adieu.«

Im Krankenhaus pumpte man ihm rasch genug den Magen aus, um ihn zu retten. Als er aus dem Krankenhaus zurückkehrte, gab ich die Absicht auf, ihn zu verlassen, und das Leben ging wieder seinen gewohnten Gang.

Von Gewissensbissen geplagt, wurde Liu Yu Wang aufmerksamer und herzlicher denn je zuvor. Es war, als hätte er eine Vorahnung gehabt, daß seine Kräfte zu schwinden begannen und ihn bald ganz verlassen würden.

Zu Beginn des Jahres 1953 wurde ich erneut schwanger. Begeistert für alles, was mit Horoskopen zusammenhing – und da war ich nicht die einzige in China –, errechnete ich das Geburtsdatum des zweiten Kindes und war plötzlich sehr niedergeschlagen: es sollte im Zeichen des Drachen geboren werden. Paul war im Jahr des Tigers geboren. Tiger und Drache vertragen sich nicht nur nicht, sie können gar nicht anders, als zu versuchen, sich gegenseitig zu verschlingen. Für mich gab es keinen Zweifel, daß mein kleiner Paul unter diesem zweiten Kind zu leiden haben würde. So erstaunlich das dem westlichen Leser vorkommen mag, meine Liebe zu meinem Sohn war so groß, daß ich aus dieser unguten Gewißheit heraus beschloß, dieses Kind nicht zur Welt kommen zu lassen. Ich beschaffte mir heimlich eine bestimmte Zahl von Drogen, die einen Abort auslösen sollten, und kam zu meinem Ziel.

Noch jahrelang verzichtete die Regierung entsprechend dem Gemeinsamen Programm darauf, diejenigen zu liquidieren, die man als Kapitalisten oder als Nationales Bürgertum bezeichnete und auf die das Land angewiesen war. Ein Zwischenfall wie der, daß die Arbeiter gekommen waren, um meinen Schwiegervater aus dem Haus zu holen, beruhte auf einer übereilten Aktion. Zur selben Zeit hatte beispielsweise ein ausländisches Unternehmen wie die Französische Elektrizitätsgesellschaft, die die Straßenbahn von Shanghai mit Strom versorgte, Anzeichen der Unruhe unter den Arbeitern bemerkt. Die politischen Funktionäre hatten daraufhin umgehend den Befehl ausgegeben, sich ruhig zu verhalten und dem Chef zu gehorchen. Die Regierung wollte keine brutalen Maßnahmen, keine Unordnung, die dazu führen mußte, das ganze Land zu lähmen. Sie folgte damit dem Gebot der Klugheit.

So war ich zum Beispiel, seit ich aus Hongkong zurückgekehrt war, eine der reichsten Frauen Shanghais, ohne daß es in meinem Leben irgend etwas gegeben hätte, das nicht strikt der Legalität entsprach. Mein Mann war der legale Besitzer des gesamten Eigentums meines Schwiegervaters. Die Einkünfte aus den Banken, aus den Ländereien, den Aktien häuften sich in den Tresoren. Bei der ersten Rückzahlung der patriotischen Nationalanleihe (wir erinnern uns, daß Liu Pin San einhunderttausend Dollar hatte zeichnen müssen) erhielten wir ein hübsches Sümmchen. Die Regierung hatte Wort gehalten. Trotz dieses Geldes, das ich nicht anrührte, gab ich weiter Klavierunterricht, um meinen Mann nicht um Geld bitten zu müssen und meinen Eltern etwas geben zu können. Sie hatten schließlich für mich geschuftet und machten gerade eine schwierige Zeit durch: Wei Hi hatte nämlich sein Gymnasium verlassen, um in einer kleinen Privatfabrik, einer Färberei, zu arbeiten. Die neue Tätigkeit erwies sich als Fehlschlag, und er mußte in den Schuldienst zurückkehren.

Im Jahre 1952 jedoch hatte eine neue revolutionäre Veränderung alle Privatunternehmen, die Ladengeschäfte, die Handelsfirmen und die Handwerksbetriebe, zur Zusammenarbeit mit dem Staat verpflichtet. Die private Industrie und der Privathandel, die im Rahmen des Gemeinsamen Programmes von 1949 fortbestanden hatten, sollten bald verschwinden. Vorübergehend war es jedoch noch so, daß der Staat und die Gewerkschaften zwar das Unternehmen vollständig kontrollierten, der ehemalige Besitzer indes vom Staat noch seine Zinsen erhielt: am Jahresende kassierte er die Hälfte der Dividenden, wenn es sich um eine Aktiengesellschaft handelte; wenn er in seinem eigenen Haus als Angestellter arbeitete, bezog der Kapitalist gleichzeitig ein Gehalt und Dividenden.

So war Liu Yu Wang von heute auf morgen nicht länger Herr über die Unternehmen seines Vaters, aber wenn er auch seine Macht verloren hatte, so konnte er doch unter der Kontrolle eines Gewerkschaftsvertreters einen Direktionsposten behalten. Selbstverständlich waren diese Veränderungen von der unablässigen Umerziehung der Kapitalisten und des Bürgertums begleitet. Alle waren bereits vertraut mit den obligatorischen Versammlungen, in deren Verlauf man sich gegenseitig zwei- bis dreimal wöchentlich kritisieren und sich, um seinen Charakter zu verbessern und die üblen Wurzeln auszureißen, ins Mao-Denken einarbeiten mußte.

Nach den Grundbesitzern, den Bordellinhabern und anderen waren nun die Fabrikeigentümer an der Reihe. Gleichzeitig erreichte die Niederschlagung konterrevolutionärer Umtriebe während der ersten Hälfte des Jahres 1951 eine neue Phase. Im April fanden in Shanghai die Razzien statt, die großen öffentlichen Prozesse in der Hunderennbahn, wo noch vor kurzem Shanghaier und Ausländer auf den Einlauf der Windhunde gewettet hatten, und die öffentlichen Hinrichtungen, über die die ganze Bevölkerung nicht nur durch die Zeitungen, sondern auch durch Lautsprecher informiert wurde, die an den wichtigsten Kreuzungen angebracht waren.

Als die Lage sich verbesserte, hatte ein Teil des Bürgertums, der darauf baute, daß man sie in Ruhe ließ, sich wieder daran gemacht, zu spekulieren und Schwarzhandel zu treiben. Gegen sie richtete sich die »Kampagne der Fünf Antis«.* Gleichzeitig wurde der Kampf gegen Verschwendung, Korruption und Bürokratismus eingeleitet. Diesen nannte man die »Kampagne der Drei Antis«, die sich hauptsächlich gegen die Beamten richtete, deren Korruptheit eine der ältesten Geißeln Chinas war. Auch in diesem Fall spielte die Umerziehung trotz der aufsehenerregenden Verurteilungen und Prozesse eine unendlich viel größere Rolle als die Gewalt. Frisch eingesetzte Beamte verrichteten mit grenzenloser Geduld im Auftrag der neuen Verwaltung ihren aufklärerischen Dienst, und in der weitläufigen Schule, zu der China geworden war, arbeiteten sie an der Aufgabe, das maoistische ABC zu verbreiten.

Ich persönlich hatte ebenfalls mein Päckchen zu tragen, als mein Mann eine ganze Woche lang in der Hauptstelle der Chung Kong Bank festgehalten wurde und man mich am ersten Abend anrief, weil ich ihm Decken schicken sollte. Ich hatte gesehen, wie Direktoren beleidigt und geschlagen wurden. Obwohl mein Mann sich nichts vorzuwerfen hatte, befürchtete ich einen Irrtum, und man kann sich vorstellen, wie besorgt ich war, da ich ja wußte, wie schlecht es um seine Gesundheit stand. Als er nach Hause zurückkehrte, sah ich allerdings, daß man ihn nicht schlecht behandelt hatte. Er war glücklich, mich wiederzusehen, und völlig erschöpft.

Die Gewerkschaftsvertreter und Bankangestellten hatten ihn über den Weggang seines Vaters nach Hongkong verhört. Man beschuldigte Liu Pin San, per Flugzeug Goldbarren und Dollars herausgeschafft zu haben. Wieviel er mitgenommen habe? Wer ihm dabei behilflich gewesen sei? Wie er sich ein Privatflugzeug

* Sie richtete sich gegen Schmiergelder, Betrug, Steuerflucht, Diebstahl am Staat und Erschleichung von staatlichen Wirtschaftsgeheimnissen.

verschafft habe? Dieses Geld, sagten die Gewerkschaftsvertreter, müsse ersetzt werden, das sei Diebstahl. Aber Liu Yu Wang war außerstande, ihnen zu antworten: wenn sein Vater das, was man ihm vorwarf, getan hatte, so hatte er ihn jedenfalls nicht ins Vertrauen gezogen. Weil mein Mann nicht antworten konnte, wurde er eine Woche lang verhört. Schließlich hatte man ihn, da man gegen ihn persönlich nichts vorbringen konnte und zudem sah, daß er krank war, freigelassen, ohne ihm etwas zu tun.

Der physische und moralische Schock, den Liu Yu Wang erlitten hatte, hinterließ jedoch unauslöschliche Spuren. Die Angst forderte in den Reihen der Kapitalisten überhaupt viele Opfer, wenn man an die Zahl derer denkt, die sich umbrachten, weil sie die Erniedrigung einer öffentlichen Anklage nicht ertragen konnten. Mein Mann dachte zwar nicht daran, Selbstmord zu begehen, hatte jedoch allen Mut und jede Arbeitslust verloren, als man einen weiteren Streich gegen uns führte.

Einige Tage nach dem Verhör – Liu Yu Wang war zu Hause geblieben – erhielt ich einen Anruf von Alter King. Wir erinnern uns: dieser Mann war mit einer Nichte meines Schwiegervaters verheiratet und in der Hauptstelle der in Familienbesitz befindlichen Bank beschäftigt. Es war die wenig einnehmende Persönlichkeit, deren Verhalten mich an meinem Hochzeitstag empört hatte. Nachdem er erst in der widerlichsten Weise meinem Schwiegervater geschmeichelt hatte – er gab sich überall als sein Schwiegersohn aus –, hatte er sich nun bei den kommunistischen Parteifunktionären an der Bank angebiedert und sich, aus welchem Grunde auch immer, in den Kopf gesetzt, uns Scherereien zu machen.

»Dein Mann soll sofort in die Bank kommen«, sagte er am Telefon.

»Ist das dein Befehl oder der Befehl der Gewerkschafter?« fragte ich ihn.

»Befehl der Gewerkschaft.«

»Dann soll der Gewerkschaftsvertreter selbst anrufen!«

»Ich spreche in seinem Namen.«

»Liu Yu Wang kann nicht kommen. Er ist krank.«

»In dem Fall mußt du statt seiner kommen.«

»Ich komme.«

Ich teilte meinem Mann mit, daß ich mich auf Anordnung der Gewerkschaft zur Bank begeben müsse und daß er nichts zu befürchten habe. Um ihn zu schützen, war ich bereit, der Gefahr ins Auge zu sehen, falls es eine Gefahr geben sollte.

Als ich in der Halle der Bank ankam, umringte eine Menge Angestellter zwei große Berge von Büchern, die man auf dem Boden aufgehäuft hatte. Sobald er mich erblickte, zeigte Alter King mit dem Finger auf mich und schrie: »Das ist sie! Das ist sie!«

Und während er auf mich zukam, rief er: »Sieh mal, was dein Mann getan hat, statt zu arbeiten! Sieh mal, was er gelesen hat! Pornographische Bücher! Sie gehören ihm!«

Das kam so unerwartet, daß ich einige Augenblicke brauchte, um mit Nachdruck zu erwidern: »Das glaube ich nicht! Das ist eine Lüge! Mein Mann ...«

»Du willst es nicht einsehen? ... Dabei hat er das doch alles mit dir im Bett gemacht, was darin geschrieben steht ....«

Angesichts dieser unverschämten Beleidigung geriet ich in Fahrt: »Alter King, ich rate dir, hüte dich, daß du mich mit deinem ekelhaften Geifer nicht beschmutzt.« Und dann wandte ich mich den Angestellten zu. »Ihr seid alle Feiglinge!« schrie ich. »Ihr habt euch diese Bücher beschafft, ihr habt sie gelesen, und jetzt wollt ihr, um euch reinzuwaschen, so tun, als gehörten sie meinem Mann! Oder stimmt das etwa nicht?«

Die meisten von ihnen schwiegen. Doch von Alter King aufgestachelt, näherten sich einige jüngere und sagten aggressiv: »Fang keinen Streit an! Diese Bücher gehören deinem Mann ... Nimm sie mit nach Hause ... Wir wollen uns nicht beschmutzen.«

Ich sah einen Bankboten und befahl ihm, mir auf der Stelle einen großen Sack zu bringen. Er gehorchte mir sofort. Ich fing an, den Sack mit den Büchern zu füllen, und sagte, daß ich diese Bücher, weil sie meinem Mann nicht gehörten und sie alle Feiglinge seien, niemand aber dies zugeben wolle, an ihrer Stelle in der Küche der Bank verbrennen würde. Daraufhin umringten Alter King und die jungen Männer mich und fingen an, mich hin- und herzuzerren und mich an den Haaren zu ziehen, wie man es mit den Chefs getan hatte, die einen schlechten Leumund besaßen. Ich wehrte mich und bombardierte sie mit Beschimpfungen. Ich weiß nicht, wie es mir weiter ergangen wäre, hätte nicht plötzlich ein Funktionär energisch eingegriffen und mit seiner Stimme den Tumult übertönt.

»Aufhören! Laßt sie in Ruhe, sie hat nichts Schlechtes getan.«

Und ich sah, daß Alter King, der sich von mir entfernte, wieder genauso den Buckel krumm machte, wie er es an meinem Hochzeitstag in dem Augenblick getan hatte, als meine Schwiegermutter eingeschritten war, um ihn daran zu hindern, mich zum Trinken zu zwingen. Wieder hatte er denselben Ausdruck tierischer Gemeinheit, das Gebaren eines verängstigten Hundes.

Ich hielt an meinem Vorsatz fest und bedeutete dem Jungen,

den Sack zu nehmen und mir in die Küche zu folgen, die sich hinter der Kantine der Bank befand. Dort zündete ich das erste Buch an und warf es in den großen Holzkohleherd und fuhr fort, bis das letzte Buch zu Asche zerfallen war. Nachdem das getan war, kehrte ich in die Halle zurück, wo die Angestellten noch versammelt waren, und wie bei einer Ansprache richtete ich mit lauter Stimme das Wort an sie:

»Die Revolution ist heute die Gelegenheit für Leute mit üblen Absichten und für Neider, den Kommunisten zu schmeicheln und anderen Schaden zuzufügen. Ich sage euch, daß Leute, die sich so verhalten, keine wirklichen Kommunisten sind. Leuten, wie ihr es seid, sollte man das Handwerk legen.«

Ich hatte laut und furchtlos gesprochen. Und noch auf dem Nachhauseweg fragte ich mich, wie die Wahrheit mir so geläufig hatte von der Zunge gehen können.

Ungefähr zur selben Zeit sah mein Bruder Ching Son sich in Peking seinen Partei-Oberen gegenüber in großen Schwierigkeiten. Diesmal gab es keinen Aufschub mehr. Verspätet, aber unausweichlich hatte man die Geschichte seiner Reise nach Hongkong aufs Tapet gebracht. Seine Abwesenheit war eine schlimme Geschichte. Er mußte sich rechtfertigen. Ching Son erzählte die ganze Wahrheit: seine Schwester war unglücklich gewesen, und um sie zu beschützen, sei er nach Hongkong gefahren. Man glaubte ihm nicht. Man sagte ihm, daß er ein anständiger Mensch sei und seine jüngste Vergangenheit als heimlicher Revolutionär dies bewiesen habe, daß er jedoch als Bürgerssohn schlechte Anlagen besitze. Wenn man schlechte Anlagen habe, könne man Versuchungen nicht widerstehen. Vergeblich beteuerte er, daß er die Reise nach Hongkong einzig meinetwegen gemacht und dort nur gearbeitet habe, um mir zu helfen. Man erwiderte ihm, daß er die Reise zu seinem eigenen Vorteil gemacht habe, um dort sein bürgerliches Leben wiederaufnehmen zu können, nach dem er sich gesehnt habe. Man beschloß also, ihn dazu zu verurteilen, vorübergehend seine Lehrtätigkeit aufzugeben und wie ein Bauer Landarbeit zu verrichten. Das allein könne seine Umerziehung bewirken und seine bürgerlichen Wurzeln endgültig ausreißen.

Seit den Vorfällen in der Bank hatte mein Mann zu arbeiten aufgehört, und sein Gesundheitszustand verschlechterte sich von Tag zu Tag. In materieller Hinsicht hatten wir keinerlei Sorgen, da das Kapital meines Schwiegervaters uns weiterhin Zinsen und Dividenden einbrachte. Moralisch gesehen war die Situation jedoch katastrophal. Liu Yu Wang war nur noch niedergeschlagen. Er versuchte dieser Stimmung mit Hilfe der Religion zu entrinnen, der er sein Leben nun vollständig zuwandte.

Er war Buddhist. In der ersten Etage des Hauses ließ er einen großen Raum herrichten, der ausschließlich dem Gebet geweiht war. Dort stand, verkörpert in ihrem Abbild Kuan Yin, die weibliche Buddha-Figur, die Mutter des Erbarmens, die das ganze Elend der Welt sieht, ferner Ti Tsan, der die Krankheiten und Mißstände beseitigt, in denen sie sich manifestiert, und endlich O Mi To Fo, der erste Buddha, der die Menschen ins Paradies holt. Jeden Morgen zu früher Stunde und jeden Abend kniete Liu Yu Wang hier nieder, entzündete die Räucherstäbchen, stellte Tee und Blumen vor den Bildern bereit und betete lange. Die übrige Zeit versuchte er, seine angegriffene Gesundheit durch den Verzehr von Schwalbennestern und Ginseng sowie durch die Einnahme von Kräftigungsmitteln aus getrockneten Pflanzen zu festigen.

In regelmäßigen Abständen füllten deshalb die Hausangestellten Pflanzen – es gab davon rund hundert – in einen riesigen Kessel, den man im Hof des Hauses aufs Feuer setzte. Man ließ sie stundenlang kochen, bis das Gebräu zu einem dicken Saft geworden war. Dieser wurde gefiltert, man fügte eine große Menge Kandiszucker hinzu und schüttete das Ganze in kleine Töpfe, worin es dann fest wurde. Ehe man es einnahm, mußte man es mit Wasser verdünnen. Es handelte sich um ein sehr wirkungsvolles und sehr kostspieliges Stärkungsmittel. Mit dessen Hilfe und einer ganzen Batterie von Arzneien hielt Liu Yu Wang sich am Leben, blieb dabei jedoch so anfällig, daß unser Arzt mir förmlich verordnete, in einem anderen Zimmer zu schlafen als er, wenn ich nicht Gefahr laufen wollte, ihn dadurch zu töten, daß ich seinem Verlangen nachkam. Diese Schutzmaßnahme, der ich mich beugte, stimmte meine Mutter höchst besorgt. Getrennte Zimmer zu haben bedeutete für sie, daß das Eheleben nicht mehr normal war. Mein Mann hingegen, der sich über seinen Zustand im klaren war, dachte in seiner tiefen Traurigkeit stets zuerst an mich.

»Ching Lie«, sagte er eines Tages mit großer Zärtlichkeit zu mir, »ich will aufrichtig mit dir sprechen: wenn du es wünschst, gebe ich dir alles Geld, das du brauchst, du behältst dein Kind und suchst dir einen anderen Mann.«

Da mir so etwas niemals in den Sinn gekommen war, wies ich es energisch zurück. Ich liebte zwar meinen Sohn von ganzem Herzen, einen kranken Mann aber zu verlassen, der nur an mich dachte, ihn vor Kummer sterben zu lassen und Paul einen anderen Vater zu geben, war unwürdig. Selbst wenn ich es gewünscht hätte, wäre es unmöglich gewesen, einen anderen Mann zu finden: die Zeiten waren vorbei, wo man mit Geld alles machen konnte. Die Kapitalisten waren nun die Klasse, zu der zu gehören die größte Schande war. Ich bat Liu Yu Wang, niemals wieder davon anzufangen. Unser Leben verlief wie zuvor, und ich tat, was ich konnte, um seinen Schmerz zu lindern.

Um die Sorge loszuwerden, die sie in bezug auf mich quälte, ließ meine Mutter eines Tages eine Hellseherin zu mir kommen, der man als Medium außerordentliche Fähigkeiten zuschrieb. Ich war nun siebzehn Jahre alt, und sie sollte sagen, was aus mir werden würde. Ich erinnere mich mit aller Deutlichkeit an das Aussehen der alten Frau, die an die Tür klopfte. Sie trug eine blaue Jacke und eine blaue Hose und einen kleinen Haarknoten. Man ließ sie ein. Wir gingen aber nicht in den Raum mit den Buddhas, sondern in den Salon im Erdgeschoß. Dort bat sie mich, Räucherstäbchen anzuzünden, um das Erscheinen der Geister zu befördern.

Ich sehe sie so deutlich vor mir, als befände sie sich jetzt im Zimmer. Sie saß da und schloß die Augen. Ihr Gesicht verwandelte sich ein wenig. Sie begann zu gähnen, und dann rülpste sie unablässig, als wollte sie ihren Körper ausleeren. Ihre Arme bewegten sich. Das Ganze schien für sie sehr mühsam zu sein. Plötzlich sank ihr Kopf auf den Tisch, und sie schlief ein. Das dauerte jedoch nur wenige Augenblicke. Dann erhob sie sich, immer noch mit geschlossenen Augen. Sie war jetzt ruhig; in ihr war etwas gegenwärtig, das sich nicht fassen ließ, und sie sprach mit heiterer Stimme, um die Fragen zu beantworten, die ich nicht laut stellte, die sie aber dennoch vernahm. Die Göttin der Blumen, diejenige, die Klarheit über das vergangene Leben der Lebenden schenke, sei in ihr.

»Ich sehe Blumen in einem Topf aus Jade ...«, sagte sie, »vor dem Buddha Kuan Yin ...«

Die Blumen bedeuteten den Charakter und der Topf den Stand. Ein Tontopf wies auf Armut, ein Jadetopf auf Reichtum. Darüber hinaus bedeutete sie mir auf diese Weise, daß ich vom Buddha Kuan Yin beschützt werde. In der dritten Person von mir sprechend, fuhr sie fort:

»Diese Frau wird in ihrem Leben viel Geld besitzen. Sie ist schön und klug, sie hat gute Eltern ... Sie wird großartige Kinder haben, darunter eine Tochter ... In ihrem vorangegangenen Leben war sie arm. Sie hatte viele Kinder ... Sie hat ihren Mann und ihre Kinder in einem Tempel verlassen ... Später ist sie, um Verzeihung zu erflehen, in diesen Tempel zurückgekehrt, um einen ganzen Buddha Kuan Yin zu sticken, der ein Herz aus Goldfaden hatte. Das war die Arbeit eines ganzen Lebens. Sie betete darum, daß ihr in ihrer nächsten Existenz Schönheit, Klugheit und Geld nicht fehlen möchten ... «

So hatte demnach mein vorangegangenes Leben ausgesehen. Was mich bestürzte, war weniger die Armut als mein Vergehen, da ich ja überzeugt war und noch immer davon überzeugt bin, daß unser Leben von den Fehlern unseres vorangegangenen geprägt wird und unsere irdische Existenz der Preis für das Böse und eine Sühne ist.

In dem Augenblick hörte die alte Frau unvermittelt zu sprechen auf, als wolle sie nicht fortfahren. Ich wußte nicht, weshalb. Erst einige Jahre später sollte ich die Gründe für ihre Verschwiegenheit begreifen und verstehen, weshalb sie es vorgezogen hatte, über eine der schmerzlichsten Episoden meines Lebens Schweigen zu bewahren, die deutlich vor ihren Augen erschienen war.

15. Kapitel

Das Ende des Ungeziefers und der Bettelei / Erneute Reise nach Hongkong / Der Mönch, der aus Szechwan kam / Rückkehr nach Shanghai und Umzug / Geburt meines zweiten Kindes / Ich werde »Ingenieurin der Seelen« / Madame Wu aus Paris / Mein erstes Konzert / Die Umerziehung der Künstler / Eine Sitzung im Konservatorium, in der Kritik geübt wird.

Schon 1953, drei Jahre nach der Befreiung Chinas, hätten diejenigen, die Shanghai vorher erlebt hatten, die Stadt nicht mehr wiedererkannt, obwohl doch die stolzen Fassaden, die am Bund mit ausländischem Gold und chinesischem Blut errichtet worden waren, immer noch standen. Die Lehrer, Missionare, Bankiers, Geschäftsleute und Abenteurer aus Europa und Amerika waren nur mehr eine Erinnerung. In den immer noch sehr belebten Straßen hatte der Verkehr ein anderes Gesicht bekommen. Die Automobile waren mit den ausländischen Besitzern allmählich verschwunden. Sie blieben schon deshalb verpönt, weil sie Treibstoff kosteten und dessen Einfuhr uns vom Ausland abhängig gemacht hätte. China aber sollte von nun an auf eigenen Füßen stehen, und wir sollten selbst für unsere Bedürfnisse sorgen. In dem Maße, wie die prunkvollen Limousinen, die Buicks und Mercedeswagen seltener wurden, stieg die Zahl der Fahrräder, als würde jedes Auto durch tausend Fahrräder ersetzt. Vor allem war das von der Prostitution und der Unterwelt befreite Shanghai schon rein äußerlich sauberer geworden. Infolge der von den neuen Machthabern eingeleiteten und noch zwei oder drei Jahre andauernden Kampagnen hatte ganz China, vom Greis bis zum Kleinkind, sich mit Feuereifer auf die Jagd nach den Plagen des Landes gemacht, den Ratten, den Fliegen und Mücken – die Spatzen nicht zu vergessen. Jede Familie mußte wöchentlich mindestens so viele Rattenschwänze abliefern, wie sie Köpfe zählte. Wenn sie mehr brachte, hatte sie das Recht, eine kleine rote Fahne an ihre Tür zu stecken. Davon gab es nun überall Tausende, und der Wetteifer, der bei den Kindern hinsichtlich der Fliegen- und Mückenjagd ausbrach, hat vielleicht ebenso viele Insekten getötet wie die Insektizide und Fliegenfänger. Das neue China hat zwar vieles mit solchem Feuereifer angepackt, doch das Ergebnis dieser Kampagne erstaunt mich noch heute, wenn ich in mein Land fahre und mich erinnere, wie sehr wir einst von Ungeziefern geplagt wurden.

Noch etwas anderes hatte mich zutiefst beeindruckt: das schlagartige Verschwinden der Bettler und der Bettelei, dieses alltäglichen Anblicks an jeder Straßenecke. Die Mütter, die dort mit einem lebenden oder toten Kind kauerten, die Blinden, die Verstümmelten, die ihre Stümpfe vorzeigten, die todgeweihten Greise auf dem Bürgersteig, das alles war ein für allemal verschwunden. Ich sagte mir damals und sage es mir noch heute in aller Aufrichtigkeit: wenn das Leid und die Bestrafung einer Handvoll Reicher der Preis dafür war, um die Spuren der jahrhundertealten Seuche, die das Elend Chinas darstellte, für alle Zeiten auszulöschen, so war dieser Preis gerecht, und es hatte sich gelohnt, ihn zu zahlen.

Da die Regierung zu der Ansicht gelangt war, daß eine Stadt wie Shanghai eine zu starke Konzentration an gebildeten Bürgern aufwies und daß man sie besser über das Land verteilen müsse, beschloß sie im Jahre 1953, eine Bevölkerungsumschichtung zwischen Groß- und Kleinstädten einzuleiten. Damit sollte einmal die Bourgeoisie aus ihren Machtzentren verdrängt und zum anderen die Bildung besser verbreitet werden. Die Verwaltung des Landes war davon betroffen, und eine große Zahl von Beamten mußte umziehen. So wurde auch meine älteste Schwägerin Liu Yu Ying, die mittlerweile ein Kind hatte und deren Mann, der ehemalige Playboy, seinen Lebensunterhalt in einem Büro verdienen mußte, aufgefordert, nach Peking zu ziehen. Für diese Frau, die an eine bürgerliche Existenz gewöhnt und nun dazu verurteilt war, ein bescheidenes Leben zu führen, war dieses Exil eine neue Quelle der Tränen. Da sie von ihren Eltern, die ihrer Ehe ablehnend gegenüberstanden, nichts zu erwarten hatte, gab mein Mann ihr vor ihrer Abreise heimlich etwas Geld.

Im darauffolgenden Jahr fingen meine Schwiegereltern an, mir dringliche Briefe zu schicken: sie seien verzweifelt, daß sie ihren Enkel nicht sehen könnten. Der Gedanke, daß sie älter wurden und die Entfernung ihren Kummer noch vermehrte, bewog mich dazu, ihrem Wunsch nachzukommen. Um Paul mit mir nach Hongkong zu nehmen – mein Sohn war vier Jahre alt –, mußte ich allerdings diesmal ein Visum beantragen. Für uns zwei erhielt ich es ziemlich rasch, meinem Mann aber hätte man es gewiß verweigert. Die Aussicht auf diese Reise mit Paul entsetzte meine Eltern und vor allem meinen Vater, der eine Unzahl von Stoffetiketten anfertigte, auf denen unsere Namen und unsere Adressen geschrieben standen und die in Pauls Kleider genäht wurden. So groß war seine Furcht, mein Sohn könnte unterwegs verlorengehen. Außerdem gaben sie uns eine Unmenge von Lebensmitteln mit, darunter typische Gerichte aus Ning-Po (der Heimat meiner Schwiegereltern) und Shanghai, und zwangen uns, diese Gaben neben unserem Koffer mit Kleidern noch in einem riesigen Packen mitzunehmen. Am Bahnhof riet mein kleiner Paul meinen Eltern ernsthaft, gut auf seinen Vater aufzupassen. Seine Amme A Ch'ing umarmte ihn zärtlich. Da wir einen Monat lang wegbleiben wollten, konnte sie die Gelegenheit nutzen, um in ihr Dorf in der Nähe von Shao-Hsin zu fahren.

Diese zweite Reise nach Hongkong war mit der ersten vor mehr als vier Jahren, die ich als Schwangere in Begleitung meines Mannes und von zwei Kindern gemacht hatte, nicht zu vergleichen. Dieses Mal fuhren wir in einem Schlafwagenabteil erster Klasse. Nach einer Nacht im Hotel von Kanton mußte man, um am anderen Morgen den Zug nach Hongkong zu nehmen, durch den Zoll von Lu Hon, wo die chinesischen Zöllner sich peinlich genau vergewisserten, daß man keinerlei Wertgegenstände ausführte. Das hieß: den brechend vollen Koffer öffnen, ihn wieder schließen, das Visum vorzeigen. Ich fand es nicht. Der Zug pfiff, Paul wurde nervös. Ich fing von vorn an, eine der zahlreichen Taschen meines Mao-Anzugs nach der anderen durchzuwühlen. Ich hatte eine ausgelassen ... Als der Zug abfuhr, verlangte Paul zur Erheiterung sämtlicher Mitreisenden, ich solle das Visum lieber ihm geben, da ich es ja doch verlieren würde.

Die Freude meiner Schwiegereltern in Hongkong angesichts ihres Enkelsohns war so groß, daß sie darauf bestanden, uns in ihre Wohnung aufzunehmen. Meine Schwiegermutter legte mir gegenüber eine Herzlichkeit an den Tag, wie ich sie an ihr bisher noch nicht erlebt hatte. Als mein auf einen Monat ausgestelltes Visum abzulaufen drohte, war sie so niedergeschlagen, daß ich um Verlängerung bat. Meine beiden Schwägerinnen, die in Peking studierten, waren ebenfalls in Hongkong zu Besuch. Ihre Eltern lagen ihnen damit in den Ohren, ihre Studien in den Vereinigten Staaten zu beenden. Obwohl sie überzeugte Kommunistinnen waren, gehorchten sie schließlich und verheirateten sich später beide mit Amerikanern.

Während wir auf die Verlängerung des Visums warteten, begann Paul, sich in Hongkong zu langweilen.

»Du mußt ein zweites Kind bekommen«, sagte meine Schwiegermutter zu mir. »Ein einziges ist zu wenig.«

Ich erwiderte, daß ein Kind mir genüge und daß mich der Gesundheitszustand meines Mannes im übrigen zu sehr beunruhige.

»Du brauchst dir überhaupt keine Sorgen zu machen«, sagte sie. »Du mußt nur deinem Schicksal gehorchen.«

Und dann erzählte mir diese harte Frau, die mittlerweile eine strenggläubige Buddhistin geworden war und deren Worte ich niemals leicht genommen hatte, die folgende Geschichte:

»Als Liu Yu Wang, dein Mann, geboren wurde«, sagte sie, »hatte ich im Augenblick der Niederkunft, kaum daß er meinen Leib verlassen hatte, die flüchtige Vision eines etwa fünfzigjährigen Mönchs. Das bedeutete für mich, daß sich im Körper meines Sohnes die Seele eines Mönchs reinkarnieren würde. Einige Stunden später kam eine meiner Tanten, die eine tief gläubige Buddhistin und hochbetagt war, zu Besuch und sagte, sie wisse, daß ich einen Sohn bekommen habe. Sie hatte nämlich die Vision eines Mönchs gehabt; er wurde von einem weißen Kranich getragen, der sich auf dem Dach meines Hauses niedergelassen hatte.«

Es geschah jedoch etwas noch Merkwürdigeres:

»Drei Tage nach der Geburt deines Mannes kam ein sehr alter Bettelmönch in schwarzen Kleidern und klopfte an die Tür des Hauses. Man öffnete ihm und gab ihm ein Almosen, das er jedoch ablehnte. Man wollte ihm eine Mahlzeit bereiten, er lehnte ab. Er wollte nur eines: das Neugeborene sehen. Da unser Sohn uns sehr teuer war (ich hatte davor vier Töchter gehabt, von denen zwei gestorben waren), mein Mann Liu Pin San bereits sehr reich war und man einen Augenblick lang befürchtete, es könnte sich bei diesem Mönch womöglich um einen verkleideten Verbrecher handeln, erklärte man ihm, das sei unmöglich, und bat ihn zu gehen. Er wollte jedoch nicht fortgehen. In diesem Augenblick hörte ich den Lärm des Wortwechsels und die Drohungen der Dienerschaft. Und obwohl ich im verdunkelten Zimmer lag und es mir verboten war, mich zu bewegen, verlangte ich energisch, den Besucher zu sehen. Die Bediensteten führten den Mönch in mein Zimmer und zogen sich zurück. Ich fragte den alten Mann sofort, weshalb er um jeden Preis mein Kind sehen wolle. Er antwortete mir, daß dieses gerade geborene Kind sein Gefährte und sein Freund gewesen sei.

›Wir haben beide‹, sagte er, ›in einem Tempel in den Bergen von Szechwan gewohnt, wo wir zwanzig Jahre lang als Eremiten leben wollten. Junge Mönche bedienten uns, und die Tage vergingen im Gebet und in der Meditation. Während ich jedoch unserem gemeinsamen Eid bis zum Schluß treu geblieben bin, hat mein Freund den ständigen Versuchungen nachgegeben, die Einsiedelei verlassen und sein Versprechen gebrochen. Von Gewissensbissen geplagt, wurde er krank und starb.‹ Aufgrund seiner Verdienste sollte sein nächstes Leben jedoch behütet sein wie das eines Prinzen, würde er eine gute Frau und schöne Kinder haben. ›Weil er jedoch nicht von seinen Sünden gereinigt worden ist, wird er die Beute einer Krankheit werden und so für seine früheren Vergehen büßen. Obwohl geboren und gestorben wie ein König, wird er sein ganzes Leben zu leiden haben. Da dieser Mann mein Freund gewesen ist, wollte ich euch über diese Dinge unterrichten, damit ihr über seine Gesundheit wacht und ihn vor allem im Zeichen Buddhas aufwachsen laßt.‹

Nachdem er das gesagt hatte, sprach der Mönch ein Gebet, segnete meinen Sohn und ging davon, ohne von mir irgend etwas anzunehmen. Ich erinnere mich noch an sein Gesicht und an seine bloßen Füße. Er kam von weit her, hatte eine anstrengende Reise gemacht. Keinen Augenblick lang habe ich an der Wahrheit seiner Worte gezweifelt und auch daran nicht, daß er ausschließlich zum Wohl meines Kindes gekommen war.«

Ich war ebenso überzeugt wie sie. Wenn sie mir dieses Geheimnis anvertraut hatte, so deshalb, um mir begreiflich zu machen, daß mein Mann leiden mußte und daß er ebensogut leben und ein Kind haben konnte, ohne daß das an seinem Schicksal etwas geändert hätte.

Während ich auf Nachricht über mein Visum wartete, machte ich mit meiner Schwiegermutter lange Einkaufsbummel durch die Warenhäuser von Hongkong, wo sie eine große Menge Kleidungsstücke erstand, die für die Kinder meiner Schwägerinnen bestimmt waren und die ich nach Shanghai mitnehmen sollte. Für meinen Paul gab es nichts, außer den alten Kinderkleidern ihres Mannes, die gekürzt und geflickt worden waren und die ich annahm, ohne mit der Wimper zu zucken, während ich mir im stillen sagte: »Weshalb macht sie den anderen Geschenke, und Paul, der ihr *wirklicher* Enkel ist, bekommt nichts?«

Denn nur der Sohn des Sohnes verdiente diese Bezeichnung, während der Sohn der Tochter nur der »Enkel von draußen« war, wie ja auch die Eltern der Schwiegertochter die »Großeltern von draußen« waren. Schließlich bemerkte meine Schwiegermutter doch, daß ich verstimmt war, und gab mir eine Erklärung.

»Wenn ein Wesen auf die Welt gekommen ist«, sagte sie, »ist sein Schicksal von der Vorsehung vorgezeichnet, und das gilt für alles, was sein Leben angeht, ebenso wie für seine Kleidung. Ich weiß, daß Paul ein gutes Schicksal bestimmt ist, doch darf man sein Glück nicht zu früh verschwenden. Wenn er die Hemden seines Großvaters trägt, wird er mit seinem Schicksal haushalten.«

Im Gegensatz zu meinen Vermutungen liebte sie Paul also mehr als die anderen, denen sie gerade dadurch, daß sie ihnen schöne Kleider schenkte, bewies, daß sie ihnen ziemlich wenig Bedeutung beimaß. Ich hatte zunächst angenommen, daß die neue Herzlichkeit meiner Schwiegermutter mir gegenüber von der Abwesenheit ihres Sohnes herrührte, auf den sie so eifersüchtig war. Nun sah ich jedoch, daß sie mir ein tiefes und etwas rätselhaftes Interesse entgegenbrachte.

Wegen der Verlängerung meines Visums war aus Shanghai immer noch keine Nachricht eingetroffen. Trotz der Ereignisse dieser letzten Monate hatte ich einen großen Teil meiner Zeit auf die Musik verwendet und mit meinem Lehrer in Shanghai, Herrn Siang, verbissen an einem Klavierkonzert von Rachmaninow gearbeitet, da mein Lehrer einen Konzertabend für mich veranstalten wollte. Ich sah nun meinen Plan schon scheitern, meine Hände »einrosten«, und während dieses Aufenthalts in Hongkong wurde mir bewußt, wie sehr das Klavierspiel mir fehlte und welche Bedeutung die Musik in meinem Leben gewonnen hatte.

Dank eines Nachbarn meiner Schwiegereltern, der ein Klavier besaß, hatte ich immerhin die Möglichkeit, von Zeit zu Zeit einige Stunden zu üben, doch das war wenig. Während ich übte, ging meine Schwiegermutter mit meinem Sohn spazieren, und mein kleiner Paul betete unaufhörlich zu Buddha, daß er ihm eine kleine Schwester schenken möge.

Ich mußte so lange auf mein Visum warten, daß ich Hongkong erst vier Monate nach meinem Eintreffen verlassen konnte. Unsere Abreise war nichtsdestoweniger von Seufzern und Tränen begleitet, und zwar besonders von seiten meines Schwiegervaters Liu Pin San. Was konnte es Traurigeres geben als den Anblick dieses Mannes, der vor kurzem noch mächtig gewesen und nun ganz auf sich gestellt und für alle Zeit von einem Vaterland abgeschnitten war, wohin er nicht zurückkehren wollte. Einzig der Anblick seines Enkels hatte in diesen letzten Wochen in ihm so etwas wie Lebensfreude geweckt, und nun sah ich plötzlich auf dem Kai des Fährschiffes einen Abgrund der Verzweiflung in seinen Augen.

Ich hatte meine Schwiegereltern in Hongkong in Tränen zurückgelassen und erlebte nun in Shanghai die Freude meiner Familie und meines Mannes. Eifrig widmete ich mich nun wieder dem Klavierkonzert von Rachmaninow, das mich schon fast ein Jahr beschäftigte.

Die Wohnung meines Klavierlehrers Siang war voller Menschen, als das stattfand, was er unbedingt als mein »Konzert« bezeichnet wissen wollte. Man hatte die Türen des Salons, in dem der Flügel stand, geöffnet, und die Gäste nahmen in mehreren Zimmern Platz. Unter ihnen saß in der Nähe des Flügels Herr Fang, der Direktor des Konservatoriums von Shanghai, auf dessen Kommen Herr Siang großen Wert gelegt hatte. Nachdem ich zu Ende gespielt hatte, enthielt sich dieser bevorzugte Gast jeglichen

Kommentars und begnügte sich damit, mich zu fragen, wie lange ich dazu gebraucht hätte, um dieses Stück einzustudieren. Ich sagte, acht Monate, denn die wenigen Stunden am Klavier in Hongkong zählte ich nicht mit. Daraufhin ließ er mich stehen, ohne ein weiteres Wort zu sagen.

Dieser Vorfall geriet für einige Zeit in Vergessenheit. Ich entdeckte nämlich wenige Tage nach dem Konzert, daß ich schwanger war. Da wir uns nach dem ausdrücklichen Befehl des Arztes richteten, schliefen mein Mann und ich nicht mehr im selben Zimmer. In der Wiedersehensfreude bei meiner Rückkehr hatten wir jedoch eine Ausnahme gemacht. Paul freute sich unbeschreiblich, als er erfuhr, daß er bald ein Schwesterchen haben würde – denn etwas anderes als ein Mädchen kam für ihn überhaupt nicht in Frage. Um seine Erwartung zu erfüllen, hatte ich mein Bestes getan, indem ich mich eines in China weithin bekannten Kunstgriffs bedient hatte: will die Frau einen Sohn haben, muß sie sich während des Liebesakts auf die linke Seite legen, will sie ein Mädchen, auf die rechte. Am fünften Tag meines Schwangerschaftsverdachts machte ich den Test, mit Hilfe dessen man herausfinden konnte, ob es geklappt hatte. Meine Mutter hatte ihn mir beigebracht, und ich hatte ihn angewandt, als ich mit Paul schwanger ging. Man muß sich um fünf Uhr morgens auf den Rücken legen; in dem Augenblick steigt das Kind innerhalb des Bauches an die Oberfläche. Wenn man ihn dann berührt, spürt man eine Erhebung. Ist sie länglich wie ein Finger, handelt es sich um einen Jungen, ist sie hingegen kugelförmig, um ein Mädchen. Ich fühlte eine Kugel, die sofort wieder verschwand. Es mußte also ein Mädchen sein. Ich war skeptisch, aber meine Mutter, der ich das Resultat mitteilte, war sogleich überzeugt.

Während meine erste Schwangerschaft von einer ganzen Kette von Leiden begleitet gewesen war, verlief diese friedlich. Ich fühlte mich wohl, das Leben ging seinen gewohnten Gang, und meine geliebten Klavierstunden nahmen einen großen Teil davon in Anspruch. Allerdings begann das Haus in der Nanking Road, das Liu Pin San selbst auf dem Gipfel seines Glücks niemals hatte verlassen wollen, weil damit so hervorragende Horoskope verbunden waren, ernstlich zu verfallen. Seine morschen Dielenbretter waren zum Paradies der Mäuse und der Kakerlaken geworden. Eines Tages hörte ich vom ersten Stockwerk aus meinen kleinen Paul schreien. Die Schreie kamen aus dem Büroraum neben der Küche, und ich ging sofort nach unten. Es gab dort einen verglasten Schrank, auf dessen oberstem Brett ein Buddha stand, vor dem eine Dienerin jeden Morgen mit Pauls Unterstützung

Räucherstäbchen und Teetasse aufstellte. Dazu mußte man auf einen Schemel steigen. An diesem Morgen befand sich nun neben dem Buddha eine riesige Ratte, die, als sie aufgescheucht wurde, einen Satz in die Küche machte, woraufhin Paul zu schreien begann. Dieser Zwischenfall beschleunigte einen Entschluß, den ich schon seit langem hegte. Ich hatte nicht die geringste Lust, mein zweites Kind inmitten von Ratten und Kakerlaken großzuziehen. Es war Zeit zum Umzug.

Inmitten des Stadtviertels, das zuvor die Internationale Konzession gebildet hatte, gab es in der Hong Chiang Road einen Arzt, der sich zur Ruhe setzen und sich in Shao-Chou niederlassen wollte. Er hatte ein Haus gemietet, das meinem Schwiegervater gehörte. Seine geräumige Wohnung zog sich über zwei Stockwerke und entsprach vollkommen unseren Vorstellungen. Wir zahlten ihm daraufhin einen Abstand. Das Haus war modern, es hatte WCs, die die berühmten Unratkübel überflüssig machten, auch gehörte ein Badezimmer nach europäischer Art dazu, das nun unsere Holzbottiche von der Nanking Road ablösen sollte. Es war also geradezu ideal für meine beiden Kinder.

Sobald wir umgezogen waren, gab ich ein Heidengeld für ein wahres Arsenal von Klavieren und Flügeln aus. Im großen Salon ließ ich einander gegenüber zwei Flügel aufstellen, einen Bechstein und einen Steinway (schon ein einziges dieser Instrumente wäre in der anderen Wohnung durch den Fußboden gebrochen); mein altes Klavier stellte ich in mein Schlafzimmer und ließ dann noch zwei weitere Klaviere in zwei verschiedenen Räumen des Hauses aufstellen. Das erste war für meine jüngere Schwester, die Pianistin, bestimmt, das zweite für meine Schwägerin, die Sängerin, Ching Sons Frau, und das dritte für mein zukünftiges Kind. Während ich noch damit beschäftigt war, erhielt ich eines Nachmittags einen Anruf vom Konservatorium. Ein Parteifunktionär aus der Personalverwaltung nannte mir Tag und Stunde, zu der ich mich in seinem Büro einfinden sollte. Ich hatte das Gefühl, daß sich etwas Angenehmes ereignen würde, und überlegte, welche Chancen ich wohl hätte, ins Konservatorium aufgenommen zu werden. Meine Schwester war als Pianistin bei Radio Peking bis nach Shanghai bekannt, und diese Verwandtschaft mochte für mich von Nutzen sein. Möglicherweise hatte mein Vortrag des Konzerts von Rachmaninow Herrn Fang, dem Direktor, gefallen, obwohl er davon nichts hatte verlauten lassen.

Vor Mao Tse-tungs Sieg war das Konservatorium eine schwer zugängliche Einrichtung gewesen, und man hatte diejenigen, die umfassende Musikstudien getrieben hatten, denen vorgezogen, die große künstlerische Gaben besaßen. Ich hatte auf meinen Traum verzichten müssen. Seit dem Machtwechsel gehörte zum Konservatorium auch eine Oberschule, wo der zukünftige Künstler seine Bildung vervollkommnen und das Abitur ablegen konnte. Darüber hinaus spielte das Klavier dort eine vorrangige Rolle. Allgemein kann man sagen, daß der Staat der Ausbildung von Intellektuellen und Künstlern, die man die »Ingenieure der Seelen« nannte, große Bedeutung für den endgültigen Sieg der Revolution zumaß.

Als ich mich vorstellte, war ich überaus aufgeregt. Ich erfuhr, daß eine Frau, die Klavierlehrerin an der Oberschule des Konservatoriums war, schwanger sei und bald niederkommen würde. Man fragte mich, ob ich bereit sei, sie zwei Monate zu vertreten. Ich war begeistert und erklärte mich sofort einverstanden.

Als mein Mann das aber erfuhr, war er verstimmt: ich sollte eine schwangere Frau ersetzen – ob ich denn vergessen hätte, daß ich selbst schwanger war und daß das Konservatorium draußen in der Vorstadt lag? Ich hielt ihm vor Augen, daß das für mich eine einzigartige Chance sei, an das Konservatorium zu kommen und eines Tages dort arbeiten zu können. Es gelang mir, Liu Yu Wang zu überzeugen, und ich widmete mich meiner Vertretung so ernsthaft, daß meine Schülerinnen nach Ablauf von zwei Monaten, als die rechtmäßige Inhaberin dieses Amtes wieder an ihren Platz zurückkehrte, zur Direktion gingen und darum baten, daß man mich behalten solle. Ich erklärte, mein Respekt für die rechtmäßige Inhaberin dieser Stelle zwinge mich zu gehen, so schwer es mir auch falle. Die Direktion ließ mich daraufhin wissen, daß man mich gern behalten und mir eine andere Klasse anvertrauen wolle, die ich als Assistentin zu betreuen hätte. Ich traute meinen Ohren nicht: ich war somit offiziell Staatsbeamte und nicht länger nur Vertreterin. Damals segnete ich die Befreiung Chinas, die mir den Zutritt zum Konservatorium verschaffte, den meine Mutter mir verweigert hatte.

Im siebten Monat meiner Schwangerschaft, als das Kind schwer zu werden anfing, begann der Zwang, im Morgengrauen aufzustehen und mehrere Busse zum Konservatorium zu nehmen, mich zu ermüden. Zu meinem Bedauern mußte ich zu arbeiten aufhören. Zu Hause, wohin mein Vater und meine Mutter nun häufiger kamen, freute sich Paul, mich in seiner Nähe zu haben. Im Ungestüm meiner achtzehn Jahre und angesichts des neuen Anreizes, den das Konservatorium für mich bedeutete, hielt es mich jedoch nicht im Haus. Das Warten bis zur Niederkunft erschien mir als ein so unerträglicher Zeitverlust, daß ich mich regelrecht kindisch aufführte. Eines Tages sagte ich mir in meiner Ungeduld, ich könnte vielleicht meine Befreiung dadurch beschleunigen, daß ich energisch Klavier spielte. Chopins große Polonaise schien mir das geeignetste Stück zu sein. An dem Tag spielte ich es stundenlang und hämmerte in der albernen Hoffnung, die Ankunft dieses störrischen Kindes zu beschleunigen, wie eine Wahnsinnige auf meinem Bechstein herum. Ich hätte nicht gedacht, daß ich damit solchen Erfolg haben würde.

Um zwei Uhr nachmittags mußte ich mich ins Bett legen, weil ich heftige Schmerzen im Leib verspürte. Das Zimmer war bereitet, da meine Niederkunft dieses Mal zu Hause stattfinden sollte. Man rief den Frauenarzt herbei. Um sieben Uhr abends – meine Eltern waren inzwischen eingetroffen – begannen die Wehen von neuem; sie waren noch heftiger geworden, ich stöhnte und übergab mich, brachte jedoch keine Preßwehe zustande. Entsetzt schloß mein Mann sich im Buddha-Zimmer ein, um zu beten, während der kleine Paul mal mit ihm betete, mal mit den Händen auf dem Rücken wie ein Alter im Haus auf und ab ging. Gegen elf Uhr abends sagte er plötzlich zu meiner Mutter: »Ich glaube, meine kleine Schwester wird erst morgen kommen. Ich muß schlafen gehen.«

Tsong Hai lächelte und brachte ihn zu Bett. Paul hatte sich nicht getäuscht. Das Baby beschloß, um zwei Uhr morgens geboren zu werden. Es war ein Mädchen. Ebenso groß wie meine Freude war auch meine Erschöpfung, und man mußte mir einige Tropfen Ginseng verabreichen, um mich wieder auf die Beine zu bringen. Neben mir hörte ich wieder keinen Schrei, sondern nur ein saugendes Geräusch. Ich betrachtete das Kind. Es lutschte am Daumen, öffnete die Augen und fing erst zu schreien an, nachdem der Arzt ihm den obligaten Klaps aufs Hinterteil versetzt hatte. Im Gegensatz zu den meisten chinesischen Babies, die bei der Geburt rot sind, hatte es eine weiße Haut wie eine Europäerin und goldfarbenen Flaum. Mitten auf seinem Kopf ragte jedoch ein einziges ganz weißes Haar empor: Das sei, so sagte meine Mutter, das Zeichen dafür, daß es sehr alt würde. Die Kleine erhielt die Namen Liu (der Familienname), Sun (der Name der Generation, die sie mit ihrem Bruder Liu Sun Po, genannt Paul, teilte) und Lin, ihr Vorname, der »voller Klugheit« bedeutet. Später nannte man sie Juliette, so wie man mich Julie genannt hatte, und mit diesem Namen werde ich sie in diesem Bericht von nun an bezeichnen.

A Ch'ing, die Amme, die während meines Aufenthalts in Hongkong nach Shao-Hsin gereist war, kehrte nun nach Shanghai zurück, um sich Juliette zu widmen. Da sie inzwischen selbst noch ein Kind bekommen hatte, konnte sie fünf Jahre nach meinem Sohn nun auch meine Tochter stillen.

Nach vierzig Tagen Urlaub nahm ich meine Arbeit als »Ingenieurin der Seelen« am Konservatorium wieder auf. Herr Fang, der Direktor, wollte meine Ausbildung zur Konzertpianistin fördern und meinte, daß ich zum Unterrichten, insbesondere was den Oberstufenunterricht anging, noch zu jung sei. Bessere Fortschritte würde ich machen, wenn ich Solisten begleitete. Ich fing also mit Geigern und Flötisten zu spielen an, die ihre Jahresabschlußkonzerte vorbereiteten. So sah meine Alltagsarbeit aus. Herr Fang wollte, daß ich außerdem meine Konzertpianistinnen-Prüfung vorbereitete, und schickte mich auch noch zum Unterricht zu Louise Wu, die damals als erste Pianistin Chinas galt. Sie war eine Schülerin von Marguerite Long und 1954 aus Paris heimgekehrt.

Als ich in ihre Wohnung in der Szechwan Road kam, öffnete eine Dienerin mir die Tür zu einem in erlesenem Geschmack eingerichteten Appartement, und die erste Begegnung mit Louise Wu war einigermaßen überraschend. Während die jungen Leute meines Alters sämtlich den Mao-Anzug im Blau der Chauffeurs-Uniformen und ein weißes Hemd trugen, sah ich mich nun einer Frau gegenüber, die in ein auffallendes chinesisches Gewand gekleidet, stark parfümiert und stark geschminkt war und einen besonders grellen Lippenstift benutzte. Diese Betonung der äußeren Merkmale der Weiblichkeit war im Schwinden begriffen, wurde jedoch noch geduldet, wenn das auch nicht mehr lange der Fall sein sollte. Auf einem der beiden Flügel war eine Fotografie von Marguerite Long aufgestellt, die sofort ins Auge fiel.

Louise Wu forderte mich auf, am Flügel Platz zu nehmen. Ich spielte ihr eine Etüde von Liszt vor. Während des Stückes und danach machte sie dauernd bizarre mimische Äußerungen, indem sie beispielsweise die Augen gen Himmel hob oder auch ihre Sätze durch »Oui, oui« und »Ha, ha« unterbrach, um nur recht deutlich zu machen, daß sie aus Frankreich kam. Ich war entsetzt. Das Klavier wurde ohnehin schon als »bürgerliches« Instrument angesehen, das nur einer kleinen Zahl von Menschen zugänglich war, und nun diese Frau, die gewiß nicht dazu beitrug, um ihre Person ein revolutionäres Klima zu verbreiten. Mein Lehrer, Herr Siang, war mir bis dahin immer als der bestmögliche Lehrer erschienen. Ich hatte alsbald das Gefühl, daß ich mit Louise Wu, die weit mehr mit sich selbst als mit ihrer Schülerin beschäftigt war, meine Zeit vertun würde. Ich konnte jedoch nichts sagen, da es ja – durch sein Sprachrohr, den Konservatoriumsdirektor – schließlich der Staat war, der sie dazu ausersehen hatte, eine Künstlerin aus mir zu machen.

Meine Hauptaufgabe, die der Begleitpianistin, schluckte zumindest zu Anfang den größten Teil meiner Zeit. Ich trug ganze Stöße von Partituren nach Hause und arbeitete viele Stunden daran. Ein Studienkamerad, der Solisten begleitete wie ich und auch Privatschüler von Herrn Siang war, stand mir damals mit Rat und Tat zur Seite. Er hieß Li Min-ch'ang und wurde später einer der besten Pianisten Chinas.

Meine ersten Versuche als Begleiterin waren nicht gerade ein Triumph, und der erste Solist, der mich anforderte – ein Geiger, der das Concerto von Mendelssohn vorbereitete –, war so unzufrieden, daß er mitten im Stück sein Instrument niederlegte, wegging und mich vollkommen niedergeschlagen zurückließ. Ich ging wenig später zum Abteilungsleiter, Professor Ch'en, einem großen Geiger, der sich besonders auf Kammermusik verstand, und bot ihm meine Kündigung an. Als er mich nach dem Grund fragte, antwortete ich ihm, daß ich nicht gut genug sei, da sich gleich nach dem Geiger auch ein Flötist über mich beklagt hatte. Man kann sich vorstellen, wie überrascht ich war, als Herr Ch'en sagte: »So schnell darf man den Mut nicht verlieren. Eines Tages wirst du es schon schaffen. Und außerdem bist du vor allem Solistin.«

Ich machte also weiter, doch verschlimmerte sich die Situation alsbald noch mehr: mein Studienkamerad Li, der tadellos begleitete, wurde allmählich von allen Solisten erbeten, denen ich zugedacht war. Wieder reichte ich meine Kündigung ein, und wieder wurde sie mir verweigert, nur mit dem Unterschied, daß Herr Ch'en behauptete, ich hätte zwar weniger Erfahrung, aber mehr musikalische Qualitäten als Li. Ich sollte lieber das Begleiten aufgeben. Allerdings brauche er, Ch'en, meine Hilfe: Er bereitete seinerseits Wieniawskis Konzert für Violine und Orchester vor. Er brauche eine Pianistin für seine Repetitionen ohne Orchester. Ob ich bereit sei, diese Aufgabe zu übernehmen? Ich hätte vor Dankbarkeit fast geheult. Mit Freude und ängstlichem Beben machte ich mich an die Arbeit.

Herrn Ch'ens Geduld, wenn ich die Partituren langsam entzifferte, und das Selbstvertrauen, das er mir einzuflößen vermochte, trugen bald Früchte, da er mich nicht nur als Begleitung behielt, sondern trotz der Befürchtungen, die ich hatte laut werden lassen, gewünscht hatte, mit mir Beethovens »Frühlingssonate« und César Francks Sonate für Violine und Klavier auf Platte aufzunehmen. Diese Schallplatten – die vom Staat herausgebracht wurden – waren seiner Meinung nach ein Erfolg. Ich begleitete ihn auch noch während eines Konzerts; es wurde in dem Theater gegeben, das immer noch den Namen »Majestic« trug. Es war für ihn ein großer Erfolg. Dank der beiden Schallplatten hatte ich das Vertrauen der Schüler zurückgewonnen und begleitete nun wieder mehrere Solisten des Konservatoriums.

Soviel Erfolg nach meinen Fehlschlägen mußte mir zwangsläufig nicht nur Aufmerksamkeit, sondern auch Eifersucht eintragen. Böse Zungen verbreiteten, Herr Ch'en sei nicht an meinem Talent, sondern an meiner Person interessiert, und nur weil er in mich verliebt sei, würde er mich so hartnäckig protegieren. Wäre ich ein häßliches Entlein gewesen, wären mir diese giftigen Äußerungen selbstverständlich erspart geblieben. Sie waren um so verlogener, als Herr Ch'en, ein nobler Charakter, in mir nie etwas anderes als die Musikerin und Schülerin sah. Ich wiederum verehrte ihn zutiefst und weiß sehr wohl, was ich ihm verdanke.

In der Folgezeit hielten sich eine große Zahl von ausländischen Künstlern, die aus verschiedenen kommunistischen Ländern gekommen waren, am Konservatorium von Shanghai auf. Es waren Tschechen, Rumänen, Polen und selbstverständlich Sowjetrussen. Unter ihnen war auch ein sehr bekannter sowjetischer Orchesterleiter, der den Wunsch hatte, Tschaikowskis Erstes Klavierkonzert mit einem chinesischen Orchester und einem chinesischen Solisten zu dirigieren. Ich wurde dazu ausersehen, mit ihm einen Versuch als Solo-Pianistin zu machen.

Als ich Frau Wu davon unterrichtete, daß ich die Möglichkeit hätte, unter der Leitung eines sowjetischen Orchesterleiters vor der Öffentlichkeit zu spielen, wurde sie gelb und grün vor Neid, wovon ich nichts merkte, während ein Blinder es aus weiter Entfernung hätte sehen können.

»Mein liebes Kind«, sagte sie, »in ganz China gibt es nur eine Person, die imstande ist, dieses Konzert zu spielen: mich. Ich möchte dir begreiflich machen, daß du deinen Ruf aufs Spiel setzt und deine ganze Zukunft mit einem Streich gefährdest. Stell dir vor, wenn du mitten im Konzert nicht weiter weißt ... Nein, geh kein solches Risiko ein und laß mich an deiner Stelle spielen. Glaub mir, es ist in deinem Interesse, und du wirst es mir danken.«

Ich war sogleich dazu bereit, so einfältig und dumm war ich und zudem überzeugt, daß sie nur mein Bestes wollte. Dennoch zögerte ich einen Augenblick.

»Aber Madame, der sowjetische Orchesterleiter ist zufrieden mit mir ... Wie soll ich ihm erklären, daß ich nicht mehr spielen möchte?«

»Nichts einfacher als das«, erwiderte sie. »Sag ihm, du seist krank.«

Tiefbekümmert folgte ich dem Rat, und Louise Wu nahm meine Stelle ein. Ich behaupte nicht, daß sie nicht ausgezeichnet gewesen wäre. Damals war sie in Shanghai die beste Pianistin, und dann folgten in weitem Abstand mein Studienkamerad Li Min-ch'ang und ich, was immer man sonst behauptet haben mag. Immerhin war mir diese Affäre, die ich wenig später durchschaute, eine Lehre. Ich mußte den Unterschied einsehen zwischen der bürgerlichen Mentalität und der kommunistischen, zwischen einem Mann wie Herrn Ch'en, dem Leiter der Abteilung für Geige, der in erster Linie und unablässig an andere dachte, und einer großen, aus Frankreich gekommenen Künstlerin wie Frau Wu, die ausschließlich mit sich selbst und ihrer Karriere beschäftigt war.

Als man daher einige Wochen später aus dem Kreis der Assistentinnen eine junge Pianistin suchte, die imstande sein sollte, öffentlich Mendelssohns Klavierkonzert zu spielen, und an mich herantrat, nahm ich den Vorschlag hastig an. Plakate wurden gedruckt, die meinen Namen trugen: Chow Ching Lie. Einmal mehr hatte Louise Wu es eilig, mich zu entmutigen und ebenso zu verschrecken wie im Fall des Tschaikowski-Konzerts. Diesmal gab ich die Äußerung Professor Ch'en wieder, der mir lächelnd antwortete: »Wenn das passieren sollte, na schön, dann fängst du eben einige Takte vorher wieder an; daran wirst du schon nicht sterben.«

Diese Antwort gab mir wieder Mut, wenn sie auch meine Besorgnis nicht ganz zerstreute.

Das Konzert sollte um acht Uhr abends im Saal des Konservatoriums stattfinden. Als der Augenblick kam, wo ich den Autobus nehmen mußte, hatte ich solche Magenkrämpfe, daß ich mir sagte: Madame Wu hat doch recht gehabt, das Risiko ist zu groß. Meine Mutter, die sich bei uns zu Hause aufhielt, steckte mir ein Stück Ginseng in den Mund, um mir Kraft und Energie zu geben. Am ganzen Körper von kaltem Schweiß bedeckt, setzte ich mich an den Flügel, spielte jedoch ohne steckenzubleiben und ohne mich zu verspielen. Als ich mich vor dem Publikum verneigte, sagte ich mir, daß ich nun wirklich Solistin geworden sei, und Louise Wus Einstellung machte mich lächeln. Von nun an hatte sie nicht mehr den geringsten Einfluß auf mich.

Meine Erfolge als Pianistin und die Tatsache, daß meine Anstellung mir mittlerweile gesichert schien, sollten insofern schwerwiegende Konsequenzen haben, als sie mich ermutigten, einen

Schritt zu unternehmen, den ich schon längere Zeit plante. Wie in jeder Schule oder Universität befanden sich innerhalb der Verwaltungsdirektion des Konservatoriums eine bestimmte Zahl von politischen Funktionären, die die Partei repräsentierten und für die Wahrung der »revolutionären Linie« sorgten. Das waren gestandene Militante, ja selbst Veteranen des Langen Marsches, die für die Anwendung des maoistischen Denkens bürgten. Ich bat einen von diesen Politkommissaren um eine Unterredung, um mit ihm über meinen Bruder Ching Son zu sprechen. Der Mann, der mich empfing, war etwa fünfzig Jahre alt; er beschäftigte sich mit den Problemen und der politischen Einstellung der Politfunktionäre am Konservatorium, das heißt vor allem mit den Lehrern, die er zwei- oder dreimal wöchentlich zusammenrief. Im Verlauf dieser Versammlungen kritisierte man sich gegenseitig, man diskutierte, wie man am besten im Sinne des maoistischen Denkens arbeitete, und kommentierte einen geeigneten Text des Vorsitzenden. In diesem Jahr, 1955, fanden derartige Versammlungen in ganz China statt. Hier wie anderswo, vielleicht sogar mehr als anderswo, stand man vor einer schwierigen Aufgabe: von einer Welt, die es gewohnt war, für sich selbst und für Geld zu arbeiten, mußte man den Übergang zu einer Welt bewerkstelligen, die vom Aufbau des Sozialismus beherrscht war, der das Individuum auslöschte, indem er dessen Energie für ein gemeinsames Ziel mobilisierte. Mit der Eitelkeit und dem Neid der Künstler untereinander waren aber bürgerliche Einstellungen aufs engste verwoben. Nun, wo der Künstler für den Staat zu arbeiten meinte, war nicht weniger Eitelkeit im Spiel. In einem Land, in dem der Individualismus bekämpft wurde, sah sich folglich derjenige, der politisch für die Künstler verantwortlich war, nach wie vor mit persönlichen Problemen konfrontiert.

Ich erzählte ihm ausführlich über meinen Bruder, den man infolge seines Aufenthaltes in Hongkong des konterrevolutionären Verhaltens bezichtigt hatte. Ich machte ihn mit der Tatsache bekannt, daß er, der doch zum Parteischulungsleiter ernannt worden war, gegenwärtig zur Umerziehung in einer landwirtschaftlichen Produktionsgenossenschaft bei Peking arbeitete. Auch erläuterte ich ihm die Umstände seiner Reise nach Hongkong und die brüderlichen Beweggründe, von denen sein Handeln ausschließlich bestimmt gewesen war, als er mir zu Hilfe kam. Ich scheute nicht davor zurück zu sagen, daß er um der Gerechtigkeit willen eine sofortige Rehabilitierung verdient habe. Der Kommissar hörte mir geduldig zu und erwiderte dann, daß er den Fall meines Bruders prüfen wolle. Einige Tage später ließ er mich erneut rufen, um mir zusätzliche Fragen zu stellen. Daraufhin teilte er mir mit, daß er nach Peking schreiben werde.

Nur wenige Wochen später erhielt ich von Ching Son einen Brief aus der Hauptstadt, in dem er mir mitteilte, daß er in die Stadt zurückgekehrt sei und die Erlaubnis habe, wieder Englisch zu unterrichten. Er war also rehabilitiert. Von meiner Intervention erfuhr er niemals etwas. Ich selbst hütete mich wohl, zu dem Parteifunktionär zu gehen und ihm für die Rehabilitation meines Bruders zu danken. Das hätte so aussehen können, als nähme ich an, daß er nicht aus reiner Gerechtigkeit gehandelt hatte, sondern um mir einen Gefallen zu tun. Ich dankte ihm also in unauffälliger Weise erst dann, als ich ihn zufällig traf, und zwar dafür, daß er so schnell nach Peking geschrieben habe. Im übrigen bemühte ich mich, einem Staat nach besten Kräften zu dienen, dem gegenüber ich zum erstenmal Dankbarkeit empfand.

Die Zeitungen veröffentlichten Bilder von einer Welt im Wandel: von Bauern in weit entfernten Gegenden, die in landwirtschaftlichen Produktionsgenossenschaften organisiert waren, vom Beginn des ersten Fünfjahresplans. Man sah die Tausende von Helfern, die Talsperren bauten, die Tausende von jungen Leuten beim Anpflanzen von Buschwald. Wir Städter wußten nicht genau, was sich in den ländlichen Gebieten unseres riesigen Landes jenseits der hohen Gebirgszüge, entlang der unendlichen Flüsse abspielte, doch vermittelten uns die Zeitungen, die Parolen, die unaufhörlich durchs Land liefen, das Gefühl, daß dort eine neue Welt entstand und daß der chinesische Bauer ihr Sauerteig war. Deshalb wurden die Kapitalisten und die Bürgerlichen, deren Bewußtsein man verändern wollte, zusammen mit den Bauern in die Arbeitsbrigaden geschickt. Dort sahen sie Menschen, die härter arbeiteten als die Reichen, ohne ihre Sorgen zu kennen, und die physisch und moralisch stärker waren. Daher waren sie, wenn sie vom Land zurückkehrten, im allgemeinen dankbar für das, was sie gelernt hatten.

Während seit langem schon Kaufleute, Unternehmer und Beamte jeder Art einen Monat bei den Arbeitsbrigaden auf den Feldern oder in den Reissümpfen verbrachten, waren die Künstler während dieser Zeit als einzige davon befreit. Nun waren sie an der Reihe, und zwar die Lehrer ebenso wie die Schüler, die im allgemeinen der Bourgeoisie entstammten, denn um Klavier oder Flöte zu lernen, bedurfte es finanzieller Mittel. Diese Art von Aufenthalt war der Gehirnwäsche* in den Reihen der Künstler

* Dieser Terminus wurde üblicherweise verwendet und hatte bei den chinesischen Kommunisten nichts Abwertendes.

besonders förderlich, wenn man bedenkt, daß das Land, das damals noch arm war, nur Holzhäuser ohne den geringsten Komfort kannte und einem zur Arbeit nur die eigenen Hände oder primitive Werkzeuge zur Verfügung standen. Um Reis zu pflanzen, mußte man also mit beiden Füßen im Wasser stehen, während einem die Sonne aufs Haupt brannte. Wenn die Arbeit beendet war, gab es weder eine Dusche noch irgendein schmackhaftes Essen, und stets wimmelte es von Fliegen und Mücken.

Die Künstler wurden später als die anderen zur Landarbeit geschickt, weil man sie für intellektuell anfälliger hielt. Schließlich aber wurden sie doch in die Arbeitsbrigaden gesteckt, da sie als wichtig angesehen wurden. Zuerst hatte man sie als unbedeutende Mitglieder der Gesellschaft betrachtet, denn nichts war bedeutungsloser als ein Film- oder Theaterkünstler, während sie mittlerweile eine ernsthafte Erziehung genossen, um wichtige Aufgaben zu übernehmen. Schließlich waren Kino und Theater geeignete Mittel, um das Volk auf den rechten Weg des maoistischen Denkens zu führen. Daher sprach man von Künstlern als von den »Ingenieuren der Seelen«.

Vom Konservatorium wurde niemand zwangsweise verpflichtet. Die Direktion ließ einen Aufruf ergehen und organisierte eine Versammlung, in deren Verlauf man fragte, wer gern Landarbeit verrichten wolle. Es gab eine Menge Freiwillige, von denen eine große Zahl sich sichtlich selbst überwinden mußte. Nicht alle wurden angenommen, außerdem konnte man ohnehin nur nacheinander hinaus aufs Land.

Ich sah sehr wohl, daß die Wirklichkeit sich trotz der Revolution hier nicht geändert hatte. Es gab am Konservatorium zwei Sorten von Schülern: diejenigen, die Talent und Fähigkeiten besaßen, und diejenigen, bei denen das nicht der Fall war, die man jedoch nicht einfach ausschließen konnte. Letztere kompensierten ihre Mittelmäßigkeit, indem sie »politischer« wurden als die anderen oder sich der Politik als einer Waffe bedienten, dabei aber persönliche Interessen verfolgten. Ich sage nicht, daß es nicht talentierte Leute gab, die politisch engagiert waren, ich sage nur, daß die Dinge im ganzen so abliefen und die weniger Begabten es nötiger hatten als andere, sich wichtig zu machen. Einen eklatanten Beweis dafür lieferte eine unserer Arbeitsgruppen, die dreißig Leute umfaßte: im Verlauf einer Versammlung fand sich ein einziges Mädchen, das in theatralischer Weise die Landarbeit in den Himmel hob, und das war eine mittelmäßige Pianistin, die überdies stets dadurch aufgefallen war, daß sie sich stark schminkte und ein gekünsteltes Benehmen an den Tag legte. Und nun sprach sie nicht nur viel, sondern nahm mich aufs Korn, als sie bemerkte, daß ich schweigsam blieb.

»Und du, Chow Ching Lie«, fragte sie, »weshalb sagst du nichts?«

»Weil ich nicht die Absicht habe, mich freiwillig zu melden«, antwortete ich einfach.

»Ja!« schrie sie. »Wir verstehen wohl, weshalb diese dreckige Bourgeoise nicht aufs Land gehen will! Sie will nicht umerzogen werden! Aber gut Klavier spielen können, ohne Maos Denken zu akzeptieren, das ist absolut nichts wert!«

Seit langem roch man förmlich, wie eifersüchtig sie auf mich war. Ich verdächtigte sie, zu den Urhebern der Verleumdungen zu gehören, die über das Wohlwollen Herrn Ch'ens in bezug auf mich in Umlauf waren. Und nun hatte sie die Gelegenheit gefunden, mich öffentlich abzukanzeln ... Ich hütete mich, ihr zu antworten, und wandte mich an den Verantwortlichen der Partei, der die Versammlung beaufsichtigte.

»Ich bin von ganzem Herzen dafür, daß man einen neuen Menschen aus mir macht«, sagte ich zu ihm, »vorausgesetzt allerdings, daß das auf sanfte Weise geschieht. Denn ich bin, wie Sie wissen, in einer bürgerlichen Familie aufgewachsen, und wenn man mich gewaltsam zur Landarbeit zwingt, würde ich darunter leiden, Tränen vergießen, und das hätte einen schlechten Einfluß auf die anderen. Ich glaube also, was mich betrifft, ist es besser, daß ich noch abwarte, ehe ich mich freiwillig melde, denn ich bin noch nicht reif dafür.«

Das Mädchen jedoch fuhr fort, mich hemmungslos zu kritisieren, und tat alles, um die Meinung der Gruppe gegen mich aufzubringen. Schließlich ergriff der Parteikommissar das Wort, um Schlußfolgerungen aus der Diskussion zu ziehen. Was mich betraf, so erklärte er, daß er meine Offenheit und Aufrichtigkeit zu schätzen wisse und daß es in der Tat angebracht sei, mich ohne unnötige Härte umzuerziehen. Ich senkte bescheiden den Blick, war jedoch insgeheim stolz, daß ich den Mut gehabt hatte, meine Meinung zu sagen.

Einige Tage nach dieser Versammlung war an einer Wand der Vorhalle ein großes Plakat angeschlagen. Darauf fanden sich die Namen des halben Dutzends von Funktionären und Assistenten, die dazu ausersehen waren, in der ganz besonders armen Region von Anhwei einen Monat lang Landarbeit zu verrichten. Der erste Name auf der Liste war der meiner Anklägerin. Als sie das sah, brach sie in Schluchzen aus und verschwand, um ihre Tränen zu verbergen. Sie war aber nicht die einzige, die es mit der Heuchelei hielt. Alle diejenigen, die lauthals nach Umerziehung geschrien hatten, hatten Lotterie gespielt. Entweder wurden sie zum Landaufenthalt bestimmt und ertrugen es, so gut sie konnten, oder aber sie wurden nicht dazu bestimmt, und dann blieb ihnen der Vorteil, als besonders reif zu gelten...

Wie ernst man inzwischen den Beruf des Künstlers und seine Funktion für eine neue Gesellschaft nahm, zeigte sich auch darin, daß die Künstler nicht nur zur Landarbeit geschickt wurden, sondern daß die Parteifunktionäre bei derselben Gelegenheit auch an Ort und Stelle nach Talenten suchten: es war in der Tat wichtig zu zeigen, daß die Künstler, die bis dahin fast immer der Bourgeoisie entstammten, genausogut aus dem Volk und dem Bauernstand hervorgehen konnten. So erregte beispielsweise im Gebiet von Fukien, wo die Musiker Landarbeit machten, auf einem Bauernhof ein kleiner Junge ihre Aufmerksamkeit, der eine außerordentliche Begabung für das Akkordeonspiel hatte und die Melodien aller Lieder, die er hörte, behielt. Yin Tsen-tson war ein Bauernjunge, der niemals auch nur eine Note gesehen hatte. Man nahm ihn mit nach Shanghai aufs Konservatorium, um ihn am Klavier auszubilden. In weniger als zwei Jahren trug er Griegs Concerto vor und wurde nach seiner Studienzeit in der Sowjetunion, wo er den Tschaikowski-Preis gewann, zu einem der größten Pianisten Chinas.

Um das Kapitel Umerziehung durch Landarbeit abzuschließen, will ich noch hinzufügen, daß die einen für einen Monat aufs Land fuhren, andere sich einmal wöchentlich in die Umgebung von Shanghai begaben, wo sie es viel weniger schwer hatten. Ich war die einzige, die weder mit den einen noch mit den anderen zur Landarbeit gegangen war. Aber ich hatte auch meine Berührung mit der »Erde«: einmal wöchentlich rupfte ich in den Gärten des Konservatoriums Unkraut und pflanzte Büsche. Auf diese Weise hat meine Umerziehung den engeren Umkreis des Konservatoriums von Shanghai niemals überschritten.

Das Jahr 1956 begann für uns sehr gut. Paul und Juliette wuchsen zu kräftigen und hübschen Kindern heran, mein Mann war liebevoll, ich hatte meine Eltern in meiner Nähe. Alle hatten wir Arbeit, und der Staat selbst forderte die Bevölkerung auf, in vernünftigem Maße Geld auszugeben und sich besser zu kleiden, damit die Stadt auf diese Weise verschönert werde. Die Frauen fingen wieder an, Röcke und Blusen in lebhaften Farben zu tragen. Ich selbst hatte alles. Aus den Mieten und verschiedenen Einkünften meines Schwiegervaters flossen mir ausreichend Mittel zu, ohne daß mich die Verachtung getroffen hätte, die den Kapitalisten bezeigt wurde. Und außerdem war ich Staatskünstlerin. In jenem Jahr nun war das Prinzip der Gleichberechtigung in bezug auf Wohnraum deklariert worden, so daß alle, die ein zu großes Haus bewohnten, es mit anderen teilen mußten. Da wir nicht mit Fremden zusammen leben wollten, gaben meine Eltern ihr Haus dem Staat und zogen zu uns, um mit uns in dem Haus in der Hong Chiang Road zu leben. Mit ihnen kamen mein kleiner Bruder Ching Tsen und meine kleine Schwester Ching Chin, die beide noch zur Schule gingen. Alles in allem fehlte mir nichts zu meinem Glück. Jedenfalls noch für ein Weilchen.

16. Kapitel

Die Hundert Blumen Ching Sons und Wei His / Zwei »Rechtsabweichler« in der Familie / Chinas schwierige Jahre / Die Vermehrung des Geflügels in Shanghai um ein Vielfaches / Meine merkwürdige Reise nach Peking / Die beklagenswerte Lage Ching Sons / Tod des rötlichen Huhns / Chou En-lai und die Musiker.

Die Zeit vom Frühjahr 1956 bis zum Sommer 1957 war die Periode der Hundert Blumen. »Laßt hundert Blumen blühen und hundert Schulen untereinander wetteifern«, hatte der Vorsitzende Mao gesagt. Das hieß, von nun an sollte es eine größere Meinungsvielfalt geben. Es war also erlaubt, die Führer und den Staat selbst zu kritisieren, wenn das zu dem Zweck geschah, die Führung des Landes zu verbessern.*

Diese plötzliche Freiheit der Kritik war insbesondere für die Intellektuellen gedacht, deren Beschäftigung es war zu schreiben und von denen einige bereits gegen die Themenbeschränkung in der Literatur protestiert hatten. Da man sie jedoch nur zu gut kannte, hatte die Regierung empfohlen, die Kampagne der Kritik solle gemäßigt sein »wie ein sanfter Regen und eine leichte Brise«. Zu Beginn war das auch so. Im Radio sprachen beispielsweise Schauspieler kleine satirische Stücke. Eines davon erzählte die Geschichte eines Funktionärs, der versessen war auf die »Verplanung«, das heißt, er machte morgens einen Plan für seine Arbeit des Nachmittags und am Nachmittag einen weiteren für seine Arbeit des nächsten Morgens, so daß die Woche schließlich mit Verplanung hinging, ohne daß irgend etwas geschah. Bald publizierte aber die Presse, insbesondere »Wen Hui Pao«, die Zeitung von Shanghai, Artikel, die über eine bloße Kritik hinausgingen und die Partei und die Führer mit einer Heftigkeit angriffen, die von Rebellion nicht weit entfernt war. In den Fabriken, den Schulen, innerhalb der Verwaltung, wo man lange Zeit nichts gegen die politischen Kommissare vorzubringen gewagt hatte, kamen die alten Rachegedanken, die Eifersüchteleien nun offen zum Aus-

* Die »Hundert Blumen«, ein Bild, das aus der Zeit der streitenden Königreiche (VIII. bis V. Jahrhundert vor Christus) stammte, zielten zunächst darauf ab, die Beteiligung der nichtkommunistischen Intellektuellen am Kommunismus zu erreichen. Lu Ting-yi, der für die Propaganda der Partei verantwortlich war, erklärte am 26. Mai 1956 vor einer Versammlung von Gelehrten, Schriftstellern und Künstlern: »Wir können nicht umhin festzustellen, daß die Kunst, die Literatur und die Wissenschaft zwar in einem engen Zusammenhang mit dem Klassenkampf stehen, nichtsdestoweniger aber doch nicht dasselbe sind wie die Politik.«

bruch, so daß man bald weniger von Kritik als von der Begleichung alter Rechnungen sprechen mußte. Mein Bruder Ching Son ließ sich von dieser Welle mitreißen. Die Folgen sollten für ihn wie für die Seinen verderblich sein.

Wir erinnern uns, daß Ching Son dank der Intervention eines Funktionärs am Konservatorium von Shanghai nach einer Periode der Umerziehung durch Landarbeit wegen seiner Reise nach Hongkong seinen Posten als Englischlehrer an einem Pekinger Gymnasium wiederbekommen hatte. Als nun die Periode der Hundert Blumen begann, glaubte der Direktor dieses Gymnasiums wie zu jener Zeit viele Parteimitglieder die Gelegenheit gekommen, persönliche Rechnungen zu begleichen. Es gab, grob gesagt, in seinem Gymnasium wie anderswo zwei politische Richtungen, und seine Kritik lief darauf hinaus, die gegnerische zu vernichten und so die eigene Stellung zu festigen. Unglücklicherweise verstand er sich darauf, meinen Bruder in dieses Manöver hineinzuziehen. Ching Son war ihm als überzeugter Kommunist nützlich. In seiner Naivität glaubte mein Bruder, daß es korrekt sei, seinen Vorgesetzten zu unterstützen. Dieser Irrtum hatte zur Folge, daß er einige Monate später zusammen mit seinem Direktor zu den »Rechtsabweichlern« gezählt wurde. Angesichts dieser sich zu regelrechten Angriffen ausweitenden Kritik, angesichts einiger gefährlicher Unruhen, die hier und dort provoziert wurden, sah sich die Regierung gezwungen zu reagieren, und im Sommer 1957 waren die Hundert Blumen gänzlich verblüht. Es folgte eine strenge Reaktion, die sich in einer heftigen »Anti-Rechtsabweichler«-Kampagne äußerte. Zu ihren Opfern gehörte auch Ching Son.

Mein Vater Wei Hi, der zu jener Zeit Schuldirektor war, handelte mit ebensowenig Unterscheidungsvermögen. In seiner Schule gab es zwei recht deutlich unterschiedene Gruppen: die Lehrenden, die die tägliche Arbeit machten, und die Parteimitglieder, jüngere Revolutionäre oder Veteranen, die mit der politischen Arbeit beauftragt waren. Da es Wei Hi nun erlaubt war, seine Meinung zu sagen, vergaß er alle gebotene Vorsicht und fing an, die politischen Kommissare zu kritisieren, die Arbeiter oder Bauern waren. Nicht nur, daß er ihre Kompetenz in Frage stellte, er tat das, was er am allerwenigsten hätte tun dürfen: er warf ihnen die Vernachlässigung ihres Äußeren, ihre nackten Füße vor, bemängelte, daß einige, die Bauern waren, nicht auf die Toilette gingen und überall ihre Notdurft verrichteten. Darin lag keinerlei Verachtung, sondern nur die Hoffnung auf eine Änderung. Das war allerdings ein großer Fehler, denn nach der landläufigen Meinung war es an ihm als Bourgeois, sich zu ändern. So galt auch er schließlich als »Rechtsabweichler«.*

Zwei »Rechtsabweichler« in einer Familie, das war zuviel, und der erste, der die Konsequenzen zu spüren bekam, war mein jüngerer sechzehnjähriger Bruder Ching Tsen. Er war ein ausgezeichneter Schüler, der als Abiturient in fast allen Fächern die besten Noten erhalten hatte, vor allem aber für Naturwissenschaften und Mathematik begabt war und nun wegen seiner Familie nicht die Erlaubnis erhielt, sich an der Universität einzuschreiben.

Einige Monate später brachte die »Anti-Rechtsabweichler«-Kampagne, die von einer gründlichen Säuberung im ganzen Land begleitet war, zunächst einmal meinen Vater und meinen älteren Bruder um ihre Stellungen. Ching Son wurde dazu verurteilt, in der Nähe von Peking unter besonders harten Bedingungen Landarbeit zu leisten. Mein Vater, der ja älter war und dessen Äußerungen glücklicherweise als nicht so gravierend empfunden wurden, sah sich seines Direktortitels beraubt und gezwungen, in seiner Schule Hausdiener zu werden, wo er von nun an für Ordnung und Reinhaltung zuständig war. Er konnte sich also noch nicht einmal so sehr beklagen. Denn damals lernten viele das Gefängnis kennen.

Nachdem meinem jüngeren Bruder Ching Tsen schon die Universität verschlossen war, wurde er auch von allen Fachschulen abgelehnt. Sie waren bevorzugt den Arbeiterkindern und den Kindern der Bauern und Soldaten vorbehalten und wurden nur in Einzelfällen den Kindern des Bürgertums geöffnet, nicht jedoch den »Rechtsabweichlern«. Ching Tsen war also gezwungen, zu Hause zu bleiben, war jedoch viel zu mutig und erwachsen, um nicht in irgendeiner Weise zu reagieren. Nachdem er sich näher informiert hatte, beschloß er, als Arbeiter in einer kleinen metallverarbeitenden Fabrik in der Nähe von Shanghai tätig zu werden. Ich hatte Tränen in den Augen, als ich ihn mit seinem Beutel auf dem Rücken aufbrechen sah. Dennoch war das besser als der Müßiggang, und außerdem war er überzeugt, daß er sich auf diesem Wege in den Augen der Führer würde reinwaschen können. Hatte er erst einmal bewiesen, daß er ein guter Arbeiter war, so würde man ihn vielleicht studieren lassen.

* Die beiden Beispiele, die die Erzählerin hier anführt, scheinen das zu bestätigen, was bestimmte Führer der Partei in der Folgezeit verlauten ließen: daß die Hundert Blumen nur eine Falle gewesen seien, in die man die Reaktion und die Feinde des Regimes gelockt habe. Im Sommer 1957 konnte man in der »Volkszeitung« lesen: »Wir haben dem Feind gesagt, er möge vortreten, denn damit man Ungeheuer und Schlangen ausrotten kann, muß man sie zunächst aus ihren Löchern herauskommen lassen.«

Er hatte schon einige Monate in der Fabrik gearbeitet, als die Regierung in Shanghai einen Aufruf an die jungen Leute erließ, denen der Zutritt zu den weiterführenden Schulen verwehrt war: man forderte sie auf, sich sehr weit nach Westen, nach Tsing-Hai, zu begeben. In diesem unwirtlichen Gebiet hatte man eine Universität gebaut, die für Bürgerkinder bestimmt war, weil man dachte, daß das mühselige Leben, das sie dort führen würden, ihrer Umerziehung förderlich sein könnte. So zog man dort alle »Rechtsabweichler« zusammen, selbst wenn sie aus einer Arbeiterfamilie stammten, denn wo es um Bestrafung ging, gab es keine Unterscheidung zwischen Kommunisten, die sich schlecht geführt hatten, und den anderen. Ching Tsen beschloß, nach Tsing-Hai zu gehen, selbst wenn das für ihn die Hölle würde, und er kehrte nach Shanghai zurück, um sich dafür anzumelden. Meine Großmutter, die an dem Tage bei uns war, beschwor ihn unter Tränen vergeblich, nicht so weit fortzugehen. Meine Eltern waren sehr niedergeschlagen, wagten aber nichts zu sagen. Dann begann Großmutter zu fasten und verbrachte ihre Tage damit, zu Buddha Kuan Yin zu beten.

Am Tag der Abreise mußte Ching Tsen früh aufstehen. Als er Wasser ließ, sah er, daß das Toilettenbecken voller Blut war. Meine Mutter rief sofort eine Frau aus dem Mietshaus, die Parteimitglied war, damit sie bezeugen konnte, daß Ching Tsen in diesem Zustand nicht reisefähig sei. Die Frau schrieb eine entsprechende Bescheinigung aus. Die Gruppe, die für Tsing-Hai bestimmt war, brach also ohne meinen Bruder auf, der ins Krankenhaus gebracht wurde, wo er auch an den folgenden Tagen Blut im Urin hatte. Die Ärzte stellten alle möglichen Untersuchungen an, um herauszufinden, ob er eine Blasenentzündung hatte, konnten aber nichts feststellen. Am nächsten Tag hörte die Blutung auf, und mein Bruder verließ das Krankenhaus in ausgezeichnetem Gesundheitszustand. Für meine Großmutter war seine Blutung ein Wunder von Kuan Yin. Ching Tsen kehrte also wieder als Arbeiter in seine Fabrik zurück.

Im Jahre 1956 verließen relativ viele Menschen China, um nach Hongkong zu gehen. Aus mir unbekannten Gründen waren Visa ohne Schwierigkeit zu bekommen. Da meiner Schwiegermutter das bekannt war und sich der Gesundheitszustand meines Mannes immer mehr verschlimmerte, bat sie uns in einem ihrer Briefe, doch zu versuchen, Liu Yu Wang nach Hongkong zu schicken, damit er dort Herzspezialisten konsultieren könne. Ich unternahm sofort die notwendigen Schritte, doch erhielt ich den Bescheid, daß es Liu Yu Wang nicht erlaubt sei, China zu verlassen. Er brauche nicht bei seinen Eltern zu leben, und es gebe ausgezeichnete chinesische Ärzte. Daraufhin schlugen meine Schwiegereltern mir vor, für mich ein Visum zu beantragen: wenn ich erst einmal außer Landes sei, habe mein Mann einen triftigen Grund, mir zu folgen.

Da ich mittlerweile Staatsbeamtin war, mußte ich vor allem die Ausreisegenehmigung des Konservatoriums bekommen. Ich ging also zur politischen Direktion und erklärte, es sei mir unmöglich, mich mit zwei kleinen Kindern und einem kranken Mann ausreichend auf meine Arbeit zu konzentrieren, ich wolle deshalb nach Hongkong gehen, um meinen Schwiegereltern meine beiden Kinder anzuvertrauen und mich danach um so besser um meine Arbeit und um meinen Mann kümmern zu können. Die Direktion lehnte ab. Ich blieb aber hartnäckig. Man sah, daß ich mich grämte, und empfahl mir, aufs Kommissariat meines Stadtviertels zu gehen. Dort schien sich alles gut anzulassen, doch einige Tage später kam ein Polizeibeamter zu uns und erklärte mir, das Visum sei verweigert worden. »Aber das ist nicht möglich«, erwiderte ich dem Polizeibeamten, »das Konservatorium ist doch einverstanden.« Der Polizeibeamte lächelte und riet mir, in die Schule zurückzugehen, um mich dort noch einmal zu vergewissern. Anderntags sprach ich also wieder bei der Direktion des Konservatoriums vor und wurde von dem Funktionär empfangen, der mich zur Zeit des Aufbruchs zur Landarbeit gegen die Angriffe verteidigt hatte.

»Sie sind nicht aufrichtig zu mir«, sagte ich zu ihm. »Sie sind einverstanden, daß ich zur Polizei gehe, und die Polizei sagt mir das Gegenteil ...«

Der Mann schüttelte den Kopf und antwortete mir freundlich:

»Ich habe dich nicht quälen wollen«, sagte er, »aber wir sind in diesem Punkt folgender Ansicht: du bist ein anständiges Mädchen, wir haben nicht das Recht, dich in eine unanständige Gesellschaft gehen zu lassen. Wenn du nach Hongkong gehst, werden deine Schwiegereltern dich eines Tages nicht nach China zurückkehren lassen. Nicht, weil wir dir schaden wollen, sondern weil wir dich schätzen, möchten wir dich davor bewahren. Du bist eine talentierte Pianistin. Wir wollen verhindern, daß deine Zukunft von deiner Familie ruiniert wird.«

Diese Worte, deren Aufrichtigkeit ich nicht bezweifelte, erweichten mich, und ich verzichtete darauf, das Visum zu beantragen.

Das Jahr 1957 brachte einen Taifun mit riesigen Ernteschäden und grausamen Überschwemmungen. Im darauffolgenden Jahr,

1958, wurde dann die Parole vom »Großen Sprung nach vorn« ausgegeben.* In allen Bereichen, von der Schule bis zur Fabrik und von der Stadt bis aufs Land, sollte China die kapitalistischen Länder einholen. »Erreichen und überholen wir England in fünfzehn Jahren!« – so lauteten die Schlagwörter. Im übrigen war nur die Rede von Arbeitsarmeen und Produktionsschlachten. »Marschieren wir auf zwei Beinen«, hieß es: das eine war die Industrie, das andere die Landwirtschaft. Die Bauern in den Volkskommunen** zogen mit Fanfarengeschmetter auf die Felder, während man in Shanghai Gruppen von Arbeitern und jungen Arbeiterinnen mit Gewehren und Bannern durch die Stadt ziehen sah. Es war noch kein Jahr vergangen, da mußte man diesen Elan zügeln. Der gute Wille der Menschen, der Wunsch, mehr zu produzieren und zu arbeiten, stieß auf eine Mauer von Schwierigkeiten. Da waren einmal die Naturkatastrophen und schließlich der Weggang der sowjetischen Techniker, der alles noch verschlimmerte.*** Dabei waren Fehler durchaus einkalkuliert, denn ohne Fehler und Leiden konnte man ein Land wie das unsere nicht verändern. In der Vorstellung der Führer blieb der »Große Sprung« nichtsdestoweniger eine Phase der Erziehung der Massen. In allen denkbaren Formen vollzog sich die Umerziehung des Geistes, und so sah man in jener Epoche an den Wänden auch Plakate, die für die Kinder bestimmt waren und die Aufschrift trugen: »Wenn der Unterricht aus ist, geht nach Hause, aber Mama werdet ihr dort nicht finden: sie ist in der Schule.«

Wir waren nun auf uns allein gestellt. Wenn China früher Hunger hatte, schickten die Amerikaner, die Franzosen oder die Engländer der Regierung Chiang Kai-sheks ein paar Schiffe mit Lebensmitteln, und man konnte die Hungernden einige Tage damit beschwichtigen. Nun, da wir uns vom Joch der Ausländer befreit hatten, mußten wir uns selbst beschützen. Früher hatten die Reichen die Lebensmittel oft gehortet und konnten in Hungerzeiten

* Der »Große Sprung nach vorn« beruht auf dem Vorsatz, die Ziele des Fünfjahresplans in zwei Jahren zu erreichen.

** Aus der Verschmelzung der kleinen landwirtschaftlichen Genossenschaften entstanden, umfaßten die Volkskommunen Ende 1950 nahezu die Gesamtheit der Bauern. In Produktionsbrigaden eingeteilt, die dann ihrerseits wieder in Produktionsteams unterteilt waren, war die Volkskommune der konkrete Ausdruck des »Großen Sprungs nach vorn«. In diesen Volkskommunen entstanden bald Tausende von kleinen Hochöfen, als man sich auf die Jagd nach Erzen machte. Eine Million dieser Hochöfen wurden 1959 wieder aufgegeben. Das war eine enorme Verschwendung und bildete zugleich das Vorspiel zur Industrialisierung der Kommunen.

*** Der Rückzug der sowjetischen Techniker fand 1960 statt. Aber schon im Juni 1959 hatte die UdSSR es von sich gewiesen, China in einen Teil ihrer atomaren Geheimnisse einzuweihen.

immer noch anständig essen, selbst wenn die Armen zu Tausenden starben. Jetzt gab es keine Vorratslager für die Reichen mehr. In den Augenblicken strengster Rationierungen und größter Schwierigkeiten sollte jeder täglich zu essen haben, wenn auch nur das Nötigste, und das galt für die Kapitalisten ebenso wie für die anderen.

Als man die Lebensmittelkarten einführte, hatte ich als Künstlerin ebenso wie die Ingenieure, die Lehrer und andere Anspruch auf einige zusätzliche Marken. Die Rationierungen waren nicht dazu angetan, den Gesundheitszustand meines Mannes zu verbessern. Dasselbe läßt sich von meinem Vater sagen, der moralisch schon dadurch geschwächt war, daß er nun als Hausdiener seiner Schule arbeitete. Eine Gelbsucht breitete sich aus, die in Shanghai mächtig um sich griff. Paul, der in die Vorschule ging, kam eines Tages ganz benommen und fiebrig nach Hause und schlief sofort ein. Ich weckte ihn mehrmals auf, um ihm Nahrung zuzuführen. Jedesmal fiel er daraufhin wieder in tiefen Schlaf. Seine Augen waren gelb. »Es ist die Leber«, sagte der Arzt, den ich sofort hatte kommen lassen. Er fügte hinzu, das Kind habe sich zweifellos in der Schule ein Virus zugezogen, und die Krankheit sei daran zu erkennen, daß der Kranke sich drei Tage in einem absoluten Dämmerzustand befinde. Achtundvierzig Stunden später zeigte Juliette dasselbe Symptom. Ich glaubte, verrückt zu werden: in der Stadt hieß es, daß die Epidemie bereits Todesopfer gefordert habe.

Wenn man bedenkt, daß es meinem Mann immer noch genauso schlecht ging, hatte ich also drei Kranke zu versorgen. Ich schlief nicht mehr und aß nur ein paar Hände voll Reis, um die Rationen der anderen zu vergrößern. Am Morgen, als mein Vater sich zu seinem Gymnasium aufmachte, mischte ich ihm unbemerkt Fleisch und Eier unter den Reis und die Gemüse, die er in einem Kochgeschirr mitnahm. Als er abends nach Hause kam, war er ärgerlich und inspizierte am nächsten Tag sein Kochgeschirr, bevor er losging. Eines Tages hatten wir über dieses Thema sogar einen Streit. Anderswo mochte man sich vielleicht darüber streiten, wer mehr zu essen bekam, bei uns war es umgekehrt, denn wir waren immer noch eine Familie, die sich zutiefst zusammengehörig fühlte; auch mein Mann versuchte, sich für die anderen etwas vom Munde abzusparen.

Die schreckliche Zeit der Krankheiten dauerte nahezu drei Monate. Schließlich konnte ich mich nicht mehr auf den Beinen halten. Ich schleppte mich zum Konservatorium, das mir einen Urlaub gewährt hatte, und reichte mein Entlassungsgesuch ein. Es wurde nicht angenommen. Ich war aber entschlossen, meinen Posten mit oder ohne Erlaubnis zu verlassen. Das war allerdings sehr schlimm. Meine Schwester Ching Lin, die immer noch Pianistin bei Radio Peking war, und mein Bruder Ching Son zeigten in ihren Briefen beide Besorgnis: ich hätte einen schweren Fehler gemacht; dieses Entlassungsgesuch würde man mir ewig vorhalten und mir sämtliche Türen verschließen. Ich konnte daran nichts ändern: meine Kinder und mein Mann hatten Vorrang vor allem anderen.

Mit der Hungersnot kam auch der schwarze Markt auf: hier und da verkauften die Bauern Hühner zu unglaublichen Preisen. Es war für sie und den Käufer gleichermaßen gefährlich. Um meiner Kinder willen nahm ich das Risiko auf mich: ich kaufte ein lebendes Huhn und ließ einen Hühnerstall bauen, worin bald ein Dutzend Hühner wohnten. Wir hatten also Eier und bekamen aus Hongkong von Zeit zu Zeit ein Päckchen mit Butter und Zukker, was nicht verboten war. Die Zärtlichkeit Pauls und Juliettes bildete damals für mich den einzigen Trost in einem Leben voller Bedrohungen.

Wir waren nicht die einzigen, die sich vorwiegend um die Ernährung kümmerten. Überall in Shanghai hatten die Leute mittlerweile Geflügel und Kaninchen auf den Balkons, auf den Hinterhöfen, ja, selbst in den Wohnungen. Für China begannen 1959 die drei schwarzen Jahre, in denen das Land sich am Rand der Katastrophe befand. Überschwemmungen, Dürreperioden, das Scheitern des »Großen Sprungs nach vorn«, Fehlkalkulationen in den Volkskommunen – es ist schwer zu ermessen, in welchem Umfang die einzelnen Ursachen dafür verantwortlich waren. Der altbewährte chinesische Einfallsreichtum, die Gabe der Menschen, die an das Elend und an Hungersnöte gewohnt waren, tat wahre Wunder. Man baute Gemüse auf den Sportplätzen und in den Parks an, und man organisierte das Sammeln von Beeren und wildwachsenden Pflanzen. Auch die Opferbereitschaft spielte eine große Rolle. Die Kollektive setzten die Rationen für einen jeden fest; es gab Kampagnen zur »Reduzierung der Grundnahrungsmittel«, und der Vorsitzende Mao gab bekannt, daß die Schüler, deren Wachstum noch nicht abgeschlossen war, mehr essen sollten als ihre Eltern. Überwältigt vom Ernst der Lage, verlangte die Regierung unablässige Bemühungen, damit es wieder bergauf ging, und das hieß: Mehrarbeit für alle, auch für die Frauen, die es gewohnt waren, zu Hause zu bleiben.

Ich sah den Augenblick kommen, wo ich es den anderen Frauen

würde gleichtun, ja sogar in der Fabrik würde arbeiten müssen. Ich gebe zu, daß ich davor große Angst hatte. Mehr als acht Monate hatte ich jetzt nicht mehr gearbeitet und wagte nicht, zum Konservatorium zurückzukehren, nachdem ich doch alle Hebel in Bewegung gesetzt hatte, um von dort weggehen zu können.

Immer noch um meine Lage besorgt, schrieb meine jüngere Schwester Ching Lin mir, daß sechs europäische Musiker aus kommunistischen Ländern, alles Solisten, nach Peking gekommen seien, um dort Konzerte zu geben. In der Hauptstadt gab es jedoch sehr wenige Pianisten, und man suchte verzweifelt nach einer passenden Begleitung. Das Konservatorium von Peking hatte Ching Lin vorgeschlagen, die jedoch zu sehr von ihrer Arbeit beim Rundfunk beansprucht war, um zusagen zu können. Daraufhin hatte sie an mich gedacht. Man hatte mit Begeisterung zugestimmt und hinsichtlich meiner Kündigung in Shanghai beide Augen zugedrückt, da man mich brauchte.

Wenn es eine Stadt gab, wohin ich schon seit Monaten – das heißt, seit der Verurteilung meines Bruders – gern hatte gehen wollen, so war das Peking. Den letzten Nachrichten hatte ich entnommen, daß Ching Son beim Schieben eines Karrens gestürzt war und trotz seines lädierten Knies nicht aufhören wollte zu arbeiten. Da ich ihn kannte, war mir klar, daß der ehemalige heimliche Revolutionär nach seiner zweiten Verurteilung und seiner Einstufung als bürgerlicher »Rechtsabweichler« darum kämpfte, sein Gesicht wiederzugewinnen, und daß in seiner landwirtschaftlichen Produktionsgenossenschaft das Leben nicht gerade rosig aussah. Ich hatte das schmerzliche Empfinden, daß er mich vielleicht brauchen könnte, und hätte mich schon vor langer Zeit in seine Nähe begeben, wenn ich nicht von den Krankheiten meiner Kinder zurückgehalten worden wäre. Man kann sich also vorstellen, wie willkommen mir der Anlaß war, in Peking die ausländischen Musiker zu treffen. Ich hatte beschlossen, Paul mitzunehmen. Mein Mann, den ich mit Juliette und meinen Eltern zurückließ, war von dieser Reise gar nicht begeistert, doch da die Aussicht, mich in einer Fabrik arbeiten zu sehen, noch schlimmer war, mußte er sich zufriedengeben.

Es war schon eine seltsame Reise, diese Fahrt nach Peking! Es begann damit, daß der Waggon erster Klasse nur bedeutende Persönlichkeiten des öffentlichen Lebens und höhere Offiziere der Roten Armee beförderte, darunter mehrere Generäle. So sahen also die Reisebegleiter einer Kapitalistin aus, die wie ich die Mittel besaß, sich eine Fahrkarte erster Klasse zu kaufen. Mein kleiner Paul – mittlerweile ein großer Junge von sieben Jahren – eroberte die Herzen aller Erwachsener im Sturm. Der eine spielte mit ihm, der andere schenkte ihm Süßigkeiten. Sie waren überzeugt, daß Paul mein kleiner Bruder sei, und fielen aus allen Wolken, als sie die Wahrheit erfuhren. Die Ausrufe des Erstaunens und die Komplimente nahmen kein Ende. Das Klima wurde immer herzlicher, und ein Parteifunktionär sprach schließlich ernsthaft davon, mich in Shanghai zum Film zu bringen, während ein anderer aus T'ien-Chin mir, als er erfuhr, daß ich Pianistin war, sofort eine Anstellung am Konservatorium seiner Stadt antrug. Kurzum, ich war bereits mit den schmeichelhaftesten Angeboten überschüttet worden, als ich im Speisewagen hinter mir einen Schwall von Ausrufen hörte: es war eine Gruppe von Lehrern vom Konservatorium in Shanghai, die ich alle kannte und die ihrerseits nach Peking unterwegs waren, um ebenjene sechs ausländischen Musiker zu empfangen, die auch ich treffen sollte! Als sie erfuhren, daß ich in Peking Arbeit suchen wollte, zeigten sie das größte Erstaunen, was wiederum mich überraschte.

»Was für eine Idee, in Peking Arbeit zu suchen! Komm doch zu uns zurück! Wir können dich gebrauchen!«

Nicht ohne Verlegenheit machte ich sie darauf aufmerksam, daß ich gegen die Vorschriften verstoßen hatte und mich nicht mehr um eine Anstellung in Shanghai bewerben konnte. Ein politischer Kommissar wischte den Einwand jedoch energisch hinweg: das habe keine Bedeutung, und ich solle mich nicht darum kümmern. Vielleicht sagte er das aber im Überschwang der guten Stimmung auf dieser Reise nur so dahin. Ich hakte daher nach, und man bestätigte mir ernsthaft, daß ich meinen Posten wieder bekommen würde. Vor allem forderte man mich auf, in Peking keinerlei Kontakt aufzunehmen und, sobald ich nach Shanghai zurückgekehrt wäre, beim Konservatorium vorzusprechen, wo man bis dahin alles regeln würde. Das versprach ich, ohne noch recht zu begreifen, und war zugleich vollkommen verblüfft und entzückt, denn mein Leben sah mit einem Schlage viel einfacher aus.

Auf dem Bahnhof von Peking erwartete meine Schwester Ching Lin mich mit einer ganzen Gruppe ihrer Kollegen vom Funk, die mich kennenlernen wollten. Im Kreis der Pekinger, die im allgemeinen eine dunkle Hautfarbe haben, erregte meine weiße Haut Aufmerksamkeit, als sei ich eine Ausländerin, und die Leute auf der Straße sahen mich neugierig an. Ich sollte bei meiner Schwester wohnen und wurde von ihrem Mann, einem Architekten, und ihren zwei Kindern herzlich empfangen. Dort warteten wir dann auf die Ankunft meines Bruders, der über meinen Besuch in Peking unterrichtet war und Urlaub genommen hatte.

Nach allem, was meine Schwester mir erzählte, war die Lage Ching Sons schlimmer, als ich sie mir vorgestellt hatte. Zu den Schwierigkeiten mit der Partei kam noch die Feindseligkeit seiner Frau. Die Studentin, in die er sich vor noch gar nicht langer Zeit verliebt hatte, war zu einer herzlosen Ehefrau geworden. Sie hatte ihre Kinder bei ihren Eltern in Shanghai gelassen und wollte von einem armen und von Sorgen geplagten Mann nichts mehr wissen. Meine Schwester erzählte mir, daß mein Bruder einmal, als er nachts in Peking angekommen war, an die Tür seiner Frau geklopft und diese sich geweigert habe, ihm zu öffnen. Durch die Tür habe sie ihm zugerufen, daß sie keinen »Rechtsabweichler« im Hause haben wolle. Er machte auf dem Absatz kehrt. Es war ein Uhr morgens. Autobusse fuhren nicht mehr, und seine Schwester wollte er so spät nicht mehr stören. Er war also gezwungen, die ganze Nacht mit seinem verletzten Knie herumzuwandern und am Morgen den Zug zurück zu seiner Produktionsgenossenschaft zu nehmen. Seitdem hatte er auf Urlaub verzichtet und kam diesmal nur meinetwegen.

Ich geriet über diesen Bericht außer mir, und meine Erregung steigerte sich noch, als Ching Son um Mitternacht bei meiner Schwester eintraf; er war in einem solchen Zustand, daß ich bei seinem Anblick ein Schluchzen nicht unterdrücken konnte. Mit achtundzwanzig Jahren war Ching Son bereits gealtert, erschöpft, kaum wiederzuerkennen. Er hatte schwarze Hände, die Handflächen waren mit riesigen Schwielen bedeckt, und er trug zusammengestückelte, armselige Kleider. Er war so erschöpft, daß man ihn sofort schlafen gehen ließ. Da es nur ein zusätzliches Bett für Paul und mich gab, legte er sich zu Füßen des Bettes auf das Parkett und schlief wie ein Tier sofort schnarchend ein. Ich machte kein Auge zu und verbrachte die Nacht damit, ihn zu betrachten und zu weinen. Das war also aus dem blühenden Jüngling geworden, der über mich gewacht, der mir die Geschichten der Helden Chinas erzählt, dem Gefährten, der mich in den Jessfield Park geführt und mir das Affenboxen beigebracht hatte. Wo war mein geliebter Ching Son geblieben, den ich von früher kannte und den ich so sehr liebte?

Er hielt sich zwei Tage in Peking auf. Am zweiten Tag war ich entschlossen, mit ihm zu seiner Frau zu gehen. Weil ich dabei war, machte sie die Tür auf. Und nun legte diese Frau, die »Rechtsabweichler« so wenig ertragen konnte, einer »Kapitalistin« gegenüber alle Rücksichten an den Tag. War es mein Reichtum, der sie trotz allem beeindruckte, oder die Tatsache, daß ich Künstlerin war? Was es auch sein mochte, ich war nicht hergekommen, um Tee mit ihr zu trinken, und begann, sobald sie mich aufgefordert hatte, Platz zu nehmen, so sanft wie möglich zu ihr zu sprechen.

»Meine liebe Schwägerin«, sagte ich zu ihr, »du bist politisch sehr fortschrittlich, und ich bin stolz, eine Schwägerin wie dich zu haben. Ich möchte dir jedoch eine Frage stellen: Hat die Partei jemals von den Frauen verlangt, daß sie einen Ehemann angreifen sollen, der Irrtümer begangen hat? Hat sie jemals verlangt, daß man ihm die Tür vor der Nase zuschlagen soll? Nein. Im Gegenteil, man muß einem solchen Mann helfen, seine Einstellung zu ändern. Du hast deinen Mann dagegen nur entmutigt und zur Verzweiflung getrieben. Ich hoffe von ganzem Herzen, daß du meinen Bruder künftig anders behandeln wirst.«

Sie schämte sich, schwieg lange Zeit und stammelte irgend etwas. Daraufhin brach ich auf und ließ meinen Bruder mit ihr allein.

Ich kehrte zu meiner Schwester zurück. Ching Son hatte ein großes Paket mit schmutzigen Kleidungsstücken mitgebracht, die ich selbst waschen wollte. In China gab es kein fließendes warmes Wasser, sondern man mußte Wasser heiß machen. Da es sich aber um einen großen Haufen Wäsche handelte, entschloß ich mich, sie in kaltem Wasser zu waschen, das mir ins Fleisch biß. Währenddessen dachte ich an die Schlagwörter der kommunistischen Erziehung, wonach arbeiten für den Staat zugleich arbeiten für die Familie sei, für den Vater, die Mutter, die Brüder, und daß dieser Gedanke den Arbeitseifer steigere. Denn was gibt es für ein bürgerliches Mädchen Härteres, sagte ich mir, als mitten im Winter in kaltem Wasser Wäsche zu waschen? Für meinen Bruder tat ich es mit Freuden. Vielleicht arbeitete ich ja auf diese Weise ebenso für den Staat? China war so groß und noch so arm. Jeder Gedanke ist gut, der den Kummer und die Entmutigung besiegt und dem Aufbau des Landes dient. Das sagte ich mir also, während ich für meinen unglücklichen Bruder Wäsche wusch.

Was der Staat trotz aller gegenwärtigen Schwierigkeiten schon unternommen hatte, wurde mir im Laufe eines Besuchs der Hauptstadt klar. Mit seinen neuen Gebäuden (die in weniger als einem Jahr anstelle von sonst zwei oder drei Jahren vollendet worden waren), mit seinen Bepflanzungen, die gegen Sandsturm schützen sollten, mit seiner Sauberkeit und dem riesenhaften Tienanmen-Platz, hinterließ Peking, obwohl ich kaum Zeit hatte, es anzuschauen, in mir einen unauslöschlichen Eindruck.

Nach Shanghai zurückgekehrt, erfuhr ich, daß man mir im Zug nach Peking keine leeren Versprechungen gemacht hatte: ich konnte sofort wieder am Konservatorium anfangen, als wenn nichts geschehen wäre.

Am Ende des Jahres 1958 kehrte die älteste meiner Schwägerinnen, Liu Yu Ying, mit ihren beiden Kindern aus Peking zurück: sie war Witwe, ihr Gatte, der »Playboy« Jim, war vor kurzem gestorben. Diese Frau, die mich bisher schon genug geplagt hatte, zog nun in ein Wohnhaus in der Nähe des unseren an der Hong Chiang Road. Mein Großonkel, der Bruder meines Schwiegervaters, war vor kurzem nach Hongkong abgereist. Er ließ seinen Sohn und dessen Schwiegereltern zurück. Die Wohnung war also groß genug, um auch noch Liu Yu Ying und ihre zwei Kinder aufzunehmen.

Als habe sie nach einer langen Ruhepause Kraft geschöpft, vergiftete meine Schwägerin mit ihrer Eifersucht erneut mein Leben. Obwohl ihr Bruder, mein Mann, sehr krank war, ertrug sie den Anblick seiner Liebe zu mir nicht. Sie wurde zwar von Liu Yu Wang unterstützt, wußte darüber hinaus jedoch sehr gut, daß ich die Hand auf dem Besitz meines Schwiegervaters hatte, und auch das machte sie krank. Um mich ins Unglück zu stürzen, fiel ihr nichts Besseres ein, als zu behaupten, daß ich Liebhaber hätte, und dieses Gerücht überall auszustreuen. Das Pikante an der Sache war, daß sie zwar durchaus imstande gewesen wäre, selbst auf derartige Ideen zu kommen, daß im Grunde aber eine neue Kampagne der politischen Führer sie darauf gebracht hatte.

Eigentlich war es diesmal keine Kampagne wie die anderen, sondern eher eine allgemeine Bewegung zur Überwachung der Sitten. Überall, in den Schulen, den Unternehmen, den Krankenhäusern, versuchte man, illegitime Beziehungen zwischen Männern und Frauen herauszuschnüffeln. Das Ziel war, die Familiengemeinschaften zu schützen und darüber zu wachen, daß die Ehe im Land ernstgenommen wurde. Selbstverständlich entdeckte man im Künstlermilieu am Konservatorium mehr Liebesabenteuer als anderswo. Alle, denen man auf die Schliche kam, wurden verurteilt. Was mich betraf, so gab es gewiß Männer, die mir gern den Hof gemacht hätten. Doch selbst wenn ich schwach genug gewesen wäre, irgendwelchen Versuchungen zu unterliegen, so hätten die Neigung meines Mannes und die Wachsamkeit meiner Eltern mich sicherlich daran gehindert, auch nur die geringste Dummheit zu begehen. Meine Schwägerin wußte das, wie sie auch wußte, daß ich ungeachtet der häufigen Besuche von Musikern und Sängern bei uns zu Hause für derartige Abenteuer nicht zu haben war.

Das hinderte sie jedoch nicht, mit Mienen, doppeldeutigen Reden und direkten Anspielungen in Gegenwart meines Mannes die Atmosphäre zu vergiften.

Da die Epoche der Lebensmittelknappheit erst begonnen hatte, hielten wir ständig ein Dutzend Hühner im Haus, und wenn wir eins davon schlachteten, ersetzten wir es sofort, so daß wir stets frische Eier hatten. Da wir dieses Geflügel auch ernähren mußten, riß ihr Anteil an Reis bald ein Loch in unsere Rationen, und meine Mutter war der Ansicht, daß wir sie alle schlachten sollten. Die Vorstellung, Tiere zu opfern, die uns soviel Nahrung gegeben hatten, war mir nicht angenehm. Aber da man sich nun einmal davon trennen mußte, fand ich mich damit ab, sie Freunden zu geben, denen ich das Versprechen abnahm, sie nicht zu töten, sondern sie als Legehennen zu behalten.

Die Päckchen aus Hongkong glichen diesen Verlust hinreichend aus. Ich behielt für mich immerhin ein rötliches Huhn, das erste, das wir gekauft hatten und das alle bisherigen Ereignisse überlebt hatte. Ich ging niemals fort, ohne es zu liebkosen, und abends brachte ich ihm in einer Schachtel Insekten, die ich in den Gärten des Konservatoriums gefangen hatte. Das Huhn kannte mich gut, und wir waren richtige Freundinnen. Da es schon alt war, legte mein rötliches Huhn, das lange Zeit eine hervorragende Eierlegerin gewesen war, nun nicht mehr. Ich behielt es aus Anhänglichkeit.

Eines Nachts hörte ich im Schlaf eine Stimme zu mir sagen: »Dein rötliches Huhn wird in einer Woche sterben.« Am folgenden Tag bat ich meine Dienerin, ein Auge auf das Tier zu haben, und teilte ihr meine Befürchtung mit, daß es krank sei. Eine Woche später rief mein Mann mich nachmittags im Konservatorium an, um mir zu sagen, daß das Huhn gestorben sei. Ich kehrte eilig nach Hause zurück. Am andern Tag brachte ich es aufs Land, wo ich, nachdem ich es beerdigt hatte, ein Gebet für die Wiederauferstehung seiner Seele sprach. Entsprechend dem buddhistischen Glauben verdammt ein schuldbeladenes menschliches Leben dazu, im nächsten Leben als Tier geboren zu werden; eine weniger große Schuld verdammt zu einem Leben in Elend und Leiden, ein gewöhnliches Leben zum gewöhnlichen Leiden eines jeden einzelnen. Die Buddhisten scheuen sich, Hühner, Kälber oder Schweine selbst zu schlachten. Nach dem Tod meines rötlichen Huhns durfte niemals mehr bei uns zu Hause ein Tier getötet werden. Selbst im Restaurant konnte ich kein Fleisch essen, wenn ich wußte, daß das Tier gerade erst geschlachtet worden war, sondern aß es nur, wenn der Wirt es bereits selbst tot von seinem

Lieferanten bekommen hatte. Da hätte ich besser gleich Vegetarierin werden können. Doch die Stufe, auf der man dazu fähig ist, hatte ich noch nicht erreicht.

Eines Nachmittags, als ich zu Hause geblieben war, weil ich im Konservatorium keinen Kurs hatte, hörte ich auf der Straße eine Frau rufen: »Frösche zu verkaufen! Frösche zu verkaufen!« Es war eine jener Bäuerinnen, die in die Stadt kamen, um zu verkaufen, was immer sie in dieser Zeit der Lebensmittelrationierungen Eßbares anzubieten hatten. Da ich auf den Balkon vor meinem Zimmer getreten war, sah ich, wie sie die Frösche tötete, indem sie ihnen den Kopf abschnitt und ihnen die Haut abzog. Ich sah sogar Frösche ohne Kopf und ohne Haut immer noch springen, und der Anblick war mir dermaßen unerträglich, daß ich, so schnell ich konnte, auf die Straße hinunterlief.

»Wie können Sie nur so grausam sein?« schrie ich die Bäuerin an. »Sehen Sie denn nicht, daß diese Tiere sogar ohne Kopf noch leiden?«

»Ich muß doch von irgend etwas leben«, antwortete die alte Frau.

»Wie viele haben Sie davon?«

Sie sah mich höchst erstaunt an. Ihre fünf großen Körbe enthielten gut und gern dreihundert Frösche. Ich fragte sie nach dem Preis, ging nach oben, um das Geld zu holen, und kam sofort wieder herunter, um es ihr zu geben. Aber was sollte ich nun mit diesen dreihundert Fröschen tun, die ich hatte retten wollen? Ich ließ die Bäuerin heraufkommen, bat sie, mir ihre Körbe zu leihen und auf mich zu warten. Dann forderte ich A Ch'ing, die Amme meiner Kinder, auf, mit mir zu kommen. Mit unseren fünf Körben bewaffnet, nahmen wir eine Fahrradrikscha zur Bubbling Well Road.

Dort gab es einen buddhistischen Tempel mit einem großen Teich, an den ich mich plötzlich erinnert hatte. Als ich am Tempel angelangt war, bat ich zunächst einen Mönch, den Fröschen die heiligen Worte zu sagen, die es vermochten, ihren Geist wiederzuerwecken. Dann trugen wir im Verein mit A Ch'ing diese dreihundert Lebewesen zum Teich. Dort öffnete ich die Körbe. Sofort sprangen die Frösche mit einer Geschwindigkeit, die mich beeindruckte, in den Teich, und nach wenigen Augenblicken war kein einziger mehr zu sehen. In diesem Augenblick verdüsterte sich der Himmel, man hörte Donnergrollen, und ein dichter Gewitterregen begann herniederzugehen. Mitten durch regelrechte Wasserhosen kehrten wir mit unseren Körben in der Fahrradrikscha zurück. Die Bäuerin, die mir die Frösche verkauft hatte, zitterte, als ich zurückkam. Weinend sagte sie mir, daß sie ihre Körbe wegwerfen werde und niemals wieder in ihrem Leben Frösche verkaufen wolle.

Im Laufe des Jahres 1959, als sich die Ernährungslage noch verschlechterte, mußte der berühmte chinesische Dirigent Lin K'ech'ang, der in Paris Musik studiert hatte und nun das Pekinger Orchester leitete, feststellen, daß die Leistungen seines Orchesters immer mittelmäßiger wurden. Die Ursache war die physische Schwächung der Musiker, vor allem der Blech- und Holzbläser, die nicht mehr genug Atem hatten. Eines Tages legte er mitten in einer Probe den Taktstock nieder und sagte, daß er auf der Stelle zum Premierminister Chou En-lai gehen wolle. Dieser empfing ihn mit seiner sprichwörtlichen Zuvorkommenheit und hörte sich seine Klagen an. Im wesentlichen ging es darum, daß der Fettmangel die Arbeit der Musiker unmöglich machte und man in diesem Fall die Tätigkeit des Pekinger Orchesters einstellen müsse. Obwohl die Musiker schon etwas größere Rationen bekamen als andere, gab Chou En-lai die Anweisung, ihnen eine zusätzliche Fettration zuzuteilen. Diese Geschichte machte natürlich bei den chinesischen Musikern die Runde.

Dieses traurige Jahr 1959 brachte meiner Familie wenigstens einen Trost. Er betraf meinen jüngeren Bruder Ching Tsen, der mit sechzehn Jahren wegen der Vergehen seines Vaters und seines älteren Bruders seine Ausbildung nicht hatte fortsetzen dürfen und in einer Shanghaier Fabrik arbeiten mußte. Er war aber ein charakterstarker Junge, und so war ich nicht erstaunt zu hören, daß sein Entschluß, mit gutem Beispiel voranzugehen, Früchte getragen hatte. Nachdem er ein Jahr lang ein außerordentlich hartes Leben geführt hatte, war man der Ansicht, daß er es verdient habe, ein Fach seiner Wahl zu studieren. Er wurde an ein neues Institut für agronomische Studien in Peking geschickt. Nach zwei Studienjahren gab man ihm eine Stelle in der wohlhabenden Provinz Sinkiang, nahe der sowjetischen Grenze, wo er später heiratete und noch heute mit seiner Frau und seinen Kindern ein glückliches Leben führt.

Das war jedoch das einzige erfreuliche Ereignis des Jahres 1959. Für uns begann nun ein düsteres Kapitel, denn in diesem Jahr verschlimmerte sich plötzlich der Gesundheitszustand meines Mannes. Eine harte Zeit, vielleicht die härteste meines Lebens, stand mir bevor.

17. Kapitel

Der Hügel von Ning-Po / Paul lernt die neue Schrift / Die elende Lage meiner Schwiegermutter / Tragisches Gelübde Liu Yu Wangs / Die Zeremonie von Erde und Wasser / Letzte Reise meines Mannes / Tod Liu Yu Wangs.

Am Ende des Jahres 1959 wurde das Leiden, das meinem Mann allen Lebensmut raubte, unheilbar und hoffnungslos. Zur selben Zeit verschlechterte sich auch der Gesundheitszustand meiner Schwiegermutter in Hongkong. Liu Pin San, mein Schwiegervater, schrieb seinem Sohn einen langen Brief, der genaue Anweisungen für den Fall enthielt, daß seine Frau sterben sollte. Jeder Chinese beschäftigt sich nämlich von einem bestimmten Alter an mit seiner Grabstätte, und dies um so gewissenhafter, je reicher er ist. Meine Schwiegermutter hatte bereits ihre Sterbekleidung vorbereitet. Ihr Sarg und der ihres Gatten standen bereit, und nun mußte nur noch der Platz für die Grabstätte bestimmt werden. Deshalb bat Liu Pin San seinen Sohn, sich unverzüglich nach einem für die Grabstelle geeigneten Fleckchen Erde umzusehen.

Obwohl Liu Yu Wang gesundheitlich nicht in der Verfassung war, eine derartige Mission zu übernehmen, machte er sich sogleich ans Werk. Niemand hätte ihn daran hindern können, sich dieser Aufgabe, die heiliger war als alle anderen, persönlich anzunehmen. Da seine Eltern aus Ning-Po stammten, das eine Tagesreise mit dem Schiff von Shanghai entfernt liegt, machte er sich auch dort auf die Suche. Ein Stück Land auf dem Gipfel eines Hügels schien ihm geeignet. Ehe er es kaufte, begab er sich in Begleitung des besten Horoskopstellers aus der Gegend dorthin. Dieser Feng Shui, ein hochbetagter Mann, fand die Stelle außerordentlich günstig und sogar dazu geeignet, der Nachkommenschaft derer, die hier beerdigt würden, Glück zu bringen. Liu Yu Wang kaufte also das Stück Land und heuerte Totengräber sowie Maurer an, um eine Gruft vorzubereiten. Als die Männer anfingen, die Grube auszuheben, kamen eine Menge Schlangen aus dem Boden hervor. Das bestätigte die hervorragende Eignung des Platzes, da Schlangen auf Wärme schließen lassen und die Wärme der Erde den Nachfahren des Verstorbenen für mehrere Generationen Reichtümer verspricht.

Als die Grabstätte fertig war, ließ Liu Yu Wang Fotografien davon anfertigen, die er nach Hongkong schickte. Seine Eltern äußerten ihre Zufriedenheit über die Lage ihrer Grabstätte und das günstige Horoskop. Damals konnte Liu Yu Wang nicht ahnen, daß er lange vor seinen Eltern als erster der Familie auf dem Hügel von Ning-Po beerdigt werden würde.

Nach dieser Reise verließ Liu Yu Wang die Wohnung in der Hong Chiang Road nicht mehr. Er schloß sich häufig im Buddhazimmer ein, einem Raum ähnlich dem, den er in dem alten Haus in der Nanking Road eingerichtet hatte. Paul, unser Ältester, war damals neun und ging zur Grundschule. Juliette jedoch, die erst vier war, war zu Hause, und zwar die meiste Zeit auf dem Arm ihres Vaters, mit dem sie spielte, aß und schlief. Vater und Tochter waren ständig zusammen und beteten einander an.

Paul war mit dem neuen China geboren worden. Der Aufbau des Sozialismus begann auf der Schulbank. Schon Kindern seines Alters prägte man die »richtigen Gedanken« ein. Sie sollten Kontakt zur Arbeitswelt haben. Einige Jahre früher hätte mein Sohn zweifelsohne eine ausländische Lehranstalt besucht, eine Schule, die ausschließlich für Reiche gedacht war. Nun ging er wie alle seine kleinen Schulkameraden mit seiner Klasse zwei- oder dreimal wöchentlich in eine Fabrik, wo die Kinder Verpackungen und Pappschachteln herstellten, die sie zuschneiden und zusammenkleben mußten.

Paul war für diese Arbeit nicht sehr begabt, und man teilte ihn daher zur Auslieferung ein. Auf eine Fahrradrikscha, die von einem Jungen gefahren wurde, der größer war als er, stapelte man die Kartons, und auf die Kartons setzte man meinen kleinen Paul. Er war recht zufrieden mit diesem Posten, überwachte die Ladung und beteiligte sich an der Auslieferung der Kartonagen. Jedenfalls wußte er bereits, was es hieß, zu arbeiten. Er lernte außerdem sehr viele Lieder und mimische Vorträge, die den Kampf um die Steigerung der Produktivität und die Heldentaten der Roten Armee während des Langen Marsches zum Gegenstand hatten. Selbst seine ersten Reihen von Schriftzeichen waren für mich Gegenstand des Erstaunens und etwas Unbekanntes. Damals nämlich wurde die chinesische Schrift abgewandelt, und die Schriftreform, die erst in den Anfängen stand, zeigte sich bereits an der Vereinfachung der Schriftzeichen. Um mit meinem Sohn mithalten zu können, mußte ich das neue System erlernen.* Paul

* Die Sprachreform begann mit der Vereinheitlichung der gesprochenen Sprache (Ausrichtung der verschiedenen chinesischen Dialekte auf das Peking-Chinesisch, dessen Aussprache in den Schulen gelehrt und im Rundfunk angewendet wurde) und mit der Vereinfachung der Schrift. Das Experiment zielte zunächst auf 500 oder 600 vereinfachte Zeichen, während die Gebildeten zuvor 4 000 bis 5 000 beherrschten und die chinesischen Wörterbücher bis zu 50 000 enthielten. So sehr sich die vereinfachten Zeichen durchgesetzt

erwarb sich mehrmals das Anrecht auf das rote Halstuch, das verdienten Schülern zugesprochen wurde.

Mein Sohn verbrachte also den größten Teil des Tages mit Kindern von Arbeitern und manchmal von Bauern, in jedem Fall in der Mehrzahl mit Kindern einfacher Herkunft. Die erste Folge, die dieser Umgang hatte und die einigermaßen kurios war, bestand darin, daß Paul, weil die Arbeiterkinder eine ungehobelte Sprache sprachen, eine Unmenge zum Teil ziemlich unflätiger Schimpfwörter lernte. Selbstverständlich wies ich ihn, wenn er damit nach Hause kam, energisch zurecht, wie es im übrigen auch seine Lehrer und Lehrerinnen taten, die mit der Jagd auf Schimpfwörter ihre liebe Not hatten.

Eines Tages erfuhr ich, daß Paul sich mit einem seiner Schulkameraden ernsthaft geschlagen hatte. Dieser Junge klopfte bei uns an und zeigte seine zerrissene Hose vor, durch die man an einer Stelle sein Hinterteil sah. Paul sei es gewesen, sagte er, der ihm das eingebrockt habe. Da er arm war, besaß er nur diese eine Hose und hatte Angst, daß seine Eltern ihm einen entsprechenden Empfang bereiten würden. In diesem Augenblick traf auch Paul ein. Ich schimpfte mit ihm und hielt ihm vor, daß er sich wie ein Lümmel und ein Rohling aufgeführt habe. Aus seinem Munde bekam ich dann eine andere Version dieser Geschichte zu hören. Sein Schulkamerad bezeichnete ihn seit einiger Zeit als »dreckigen Kapitalisten«. Geduldig habe er das über sich ergehen lassen. Doch nun habe der andere sich nicht länger damit begnügt, Paul als Kapitalisten zu beschimpfen, er habe noch ein schmutziges und beleidigendes Wort über seine Mutter, das heißt über mich, hinzugefügt.

»Ich habe nichts gesagt, als er mich beleidigt hat! Aber meine Mutter lasse ich nicht beleidigen!« schrie Paul. »Da habe ich ihn also geschubst, er ist hingefallen, und seine Hose ist zerrissen. Er hat es wirklich darauf angelegt!«

Nun mußte ich wiederum den Schuldigen ausschimpfen. Ich riet ihm dringlich, künftig solche Grobheiten zu unterlassen. Er versprach es mir und entschuldigte sich. Ich gab ihm eine Hose von Paul, damit er nach Hause gehen konnte, und einige Tage später war der Frieden zwischen den beiden Schulkameraden wiederhergestellt. Wie die Bettler, die Prostituierten, die Taschendiebe und die Fliegen, so sollten in der Volksrepublik auch die schlecht erzogenen Kinder bald verschwinden.

haben, bleibt die Alphabetisierung mit Hilfe des lateinischen Alphabets doch problematisch, weil dies dem Geist der chinesischen Sprache widerspricht, in der das Wort von dem dazugehörigen Bildzeichen nicht zu trennen ist.

In den ersten Monaten des Jahres 1960 erfuhren wir aus einem Brief aus Hongkong, daß meine Schwiegermutter, die ein Schlaganfall ereilt hatte, rechtsseitig gelähmt war und die Sprache verloren hatte. Für meinen Mann war das ein schrecklicher Schock. Nachdem er den Brief gelesen hatte, sah ich ihn sofort in das Buddhazimmer gehen. Er blieb darin so lange eingeschlossen, daß ich mich zu beunruhigen begann, obwohl ich doch wußte, daß er dort nichts anderes tun konnte als beten.

Nach einer Stunde kam er heraus, und ich fragte ihn, ob es ihm gutgehe.

»Sehr gut«, sagte er, »aber Ching Lie, ich muß dir mitteilen, daß ich eine schwerwiegende Entscheidung getroffen habe ...«

Dann sprach er lange über seine Eltern, hielt mir vor Augen, wie sie immer über ihn gewacht, sich unentwegt seit seiner Geburt um ihn gesorgt hätten. Seit längerem habe er sich gesagt, daß es ihm nicht möglich sei, ihnen zu vergelten, was sie ihm gegeben hatten, und daß die Schuld zu groß sei, um jemals zurückgezahlt werden zu können. Nun sei die Stunde gekommen, wo er sich das habe klarmachen müssen.

»Ich weiß jetzt«, sagte er, »daß meine Mutter von einem Tag auf den anderen sterben kann. Ich habe deshalb zu Buddha gebetet. Ich habe ihn um zehn Jahre für meine Mutter gebeten und ihm dafür zehn Jahre meines eigenen Lebens angeboten.«

Für einen Gläubigen war diese Art von Gelübde nichts Außergewöhnliches. Es kam häufig vor, daß man auf diese Weise mehrere Jahre seines Lebens zugunsten derer anbot, die man liebte, was mit einschloß, daß man auch zu einem sofortigen Tod bereit war. Die Erklärung meines Mannes erschütterte mich aber um so heftiger, als ich von der Kraft und damit der Wirksamkeit seines Glaubens überzeugt und daher sicher war, daß seine Bitte in Erfüllung gehen würde. Ich legte Widerspruch ein. Mit welchem Recht gab er zehn Jahre seines Lebens seiner Mutter, wo es doch um den Preis geschah, daß er seine Frau und seine Kinder zurücklassen mußte? Was sollte aus uns werden?

»Ich habe darüber gründlich nachgedacht«, sagte er. »Du bist sehr jung, Ching Lie. Was für ein Leben ist das für dich, deine Tage neben einem Mann zu verbringen, der immer nur krank ist? Wie soll deine Zukunft aussehen? Ein Greis von achtzig Jahren ist kräftiger als ich. Glaub mir, es ist wirklich besser, wenn ich sterbe. Für den einen wie den anderen wird das eine Erleichterung sein. Du wirst dich wieder verheiraten und endlich ein normales Leben führen können. Und wenn ich an unsere beiden Kinder denke, sage ich mir: wer kann ruhiger aus dem Leben scheiden als ich? Du liebst sie und bist ihnen eine großartige Mutter. Selbst wenn du dich wieder verheiraten solltest, würdest du sie niemals vernachlässigen.«

Ich fühlte mich außerstande, etwas zu erwidern. Die Tränen, die mir aus den Augen stürzten, und ich weiß nicht welche andere Macht hinderten mich, noch etwas hinzuzufügen. Ich konnte nichts anderes tun, als lange und stumm zu weinen.

Die strenggläubigen Buddhisten hatten die Gewohnheit einer Feier, die eine ganze Woche dauerte und die sie den Ritus »der Erde und des Wassers« nannten. Diese großen Gebetsveranstaltungen waren nur reichen Leuten zugänglich: sie fanden in einem Tempel statt, wo eine große Zahl von Mönchen, oft bis zu hundert, zusammenkamen, denen man Opfergaben überreichen mußte. Das Ziel dieser eindrucksvollen Feier war es, für die Seelen aller Lebewesen, Menschen wie Tiere, zu beten, die wegen ihrer Vergehen auf Erden litten.

Liu Yu Wang wünschte nun, daß eine solche Feier stattfinden sollte; er wollte seiner kranken Mutter dadurch zu Hilfe kommen, daß er ihre Schuld verringerte, um ihren Gesundheitszustand auf Erden zu verbessern. Einst hatte die Familie jedes Jahr »Erde und Wasser« gefeiert. Seit der Befreiung hatte sie es nur zwei- oder dreimal getan. Die älteste meiner Schwägerinnen, Liu Yu Ying, hatte sich dessen angenommen. Da sie jetzt jedoch lungenkrank war und Blut spuckte, konnte sie das nicht mehr übernehmen, und meine zweite Schwägerin, Liu Yu Chuen, die die Genehmigung erhalten hatte, China zu verlassen, um sich um ihre Eltern zu kümmern, wohnte nun mit Mann und Kindern in Hongkong. Damit fiel mir die Aufgabe zu, die Tempelzeremonie zu organisieren. Ich mußte zu diesem Zweck im Konservatorium um eine Woche Urlaub bitten.

Liu Yu Ying begann darauf wieder mit einer dieser Attacken, auf die sie sich so hervorragend verstand.

»Es ist doch wirklich nicht vernünftig, Ching Lie eine solche Verantwortung zu übertragen!« schimpfte sie. »Sie ist zu jung dazu! Sie versteht nichts davon! Und außerdem ist sie nicht gläubig... Wenn *sie* dafür zuständig ist, wird der Regen niemals fallen.«

Damit spielte sie auf einen der wichtigsten Teile der Zeremonie an. Am ersten und zweiten Tag beschwört man nämlich alle Götter des Himmels, in den Tempel zu kommen, und am dritten Tag, wenn sie versammelt sind, fleht man sie an, die Seelen der Toten zu retten, die noch nicht reinkarniert sind. Diese verlorenen, verlassenen Seelen sind darauf angewiesen, daß die Gebete ihrer Kinder, Verwandten und Freunde ihnen den Namen Buddhas nahebringen, damit sie, wenn sie schon nicht in den Himmel gelangen, doch zumindest ihr neues Leben auf Erden mit einer geringeren Belastung durch frühere Vergehen anfangen. Am dritten und vierten Tag nun, wenn die Geister der Erde, des Himmels und des Wassers in großer Zahl in den Tempel gelockt und dessen Vorhänge zugezogen werden, weil die Geister das Licht scheuen, setzt ein starker Regen ein, den die Geister lieben und brauchen. Es regnet aber nur, wenn der Gläubige wirklich aufrichtig ist. Der sechste und der siebente Tag sind dann die Tage des Triumphs, an denen man die Erlösung der Geister feiert.

Darauf also spielte meine Schwägerin an, als sie voraussagte, daß es bei mir keinen Regen geben würde, und so tat, als fürchte sie, daß eine so kostspielige Zeremonie ihre ganze Wirksamkeit verlöre, wenn sie von jemandem wie mir geleitet würde.

Liu Yu Wang ließen die Spötteleien seiner Schwester unberührt. Niemand anderer als ich würde zum Tempel gehen. Ich wiederum wählte aus Achtung vor meinem Mann und meiner Schwiegermutter und weil ich zutiefst wünschte, alles so gut wie möglich zu machen, als Tempel den im T'ien-T'ai-Gebirge aus, der den Beinamen »Ort der fünfhundert Lou Han«, das heißt der fünfhundert Buddhas hatte und dessen Mönche berühmt waren für ihre Armut und ihre Heiligkeit. Aus den buddhistischen Tempeln und Klöstern hatte die Regierung seit der Befreiung ja die unwürdigen Mönche verjagt oder sie ins Gefängnis gesteckt und die anderen an ihrem Platz gelassen und ihnen nur auferlegt, produktive Arbeit zu leisten und nicht mehr von Almosen zu leben. Am Leben der Mönche von T'ien-T'ai hatte sich nichts geändert: sie waren zu alt, um zu arbeiten, und ihr Land war zu karg, um irgend etwas hervorbringen zu können.

Da Liu Yu Wang das Haus nicht mehr verließ und ich nicht allein in eine so entlegene Gegend reisen konnte, gab er mir zwei seiner Vettern und eine Dienerin zur Begleitung mit. Vor der Abreise stellte ich ein umfangreiches Gepäck aus Baumwolltüchern, Handtüchern, gängigen Medikamenten, darunter ein Vorrat an Aspirinröhrchen, diversen Salben und Tigerbalsam, zusammen, alles Dinge, die den Mönchen, die so kärglich lebten und um die sich niemand kümmerte, nützlich sein konnten.

Als wir vier aufbrachen, hatten wir zwölf dicke Pakete zu tragen, und die Reise war lang und mühsam. Nach zwei Tagen im Zug nahmen wir einen Bus, der uns an den Fuß des T'ien-T'ai-Gebirges brachte. Ein junger Mönch, der über unser Eintreffen verständigt worden war, erwartete uns mit mehreren Tragsesseln. Ich ließ meine Dienerin und unser Gepäck bei ihm, denn ich wollte den steilen Weg, der zum Tempel führte, zu Fuß erklimmen. Die Vettern folgten mir, und nach etwa sechs Stunden Fußmarsch auf einem steinigen und unebenen Pfad erreichten wir unser Ziel.

Der Tempel stand schon seit Jahrhunderten und war vom Verfall bedroht. Es war ein weitläufiger, aber einfach, ja streng gestalteter Bau, dem die prächtigen Verzierungen fehlten, mit denen andere Heiligtümer überladen waren. Seine großen Buddhas hatten ihre goldene Bemalung verloren und wirkten dadurch womöglich noch imposanter. Die Zeit hatte jedoch auch Mauerwerk zerstört, Löcher und Ritzen in die Wände gegraben, durch die Wind und Kälte drangen. Einige Zimmer ohne jeden Komfort waren als Quartier für die Pilger vorgesehen. Die Mönche lebten hingegen entweder in Holzhütten oder aber in Felshöhlen und ernährten sich von wildwachsenden Früchten, Körnern und eßbarem Grünzeug. Ihre schwarzen Gewänder waren zerrissen, zusammengeflickt und von der Sonne hart geworden. Auf ihren rasierten Schädeln sah man die Narben, sechs an der Zahl, die Zeichen dafür sind, daß sie die fleischlichen Bande, die der Liebe und die des Geldes ein für allemal durchtrennt hatten. Als wir in T'ien-T'ai ankamen, war es Herbst, das Wetter war mild und der Himmel besonders klar. Abends war es jedoch wegen der Höhenlage bereits kalt.

Die Zeremonie, deren Dauer auf eine Woche festgesetzt war, begann am nächsten Tag. Fast hundert Mönche, die diesmal ihre gelben Gewänder trugen, waren versammelt. Einer ihrer Priester geleitete mich in die Mitte des Heiligtums, wo ich abwechselnd niederkniete und mich erhob und alle Gesten nachahmte, die die Mönche mir vormachten. Vom ersten Augenblick an war ich dabei von einer so tiefen Inbrunst ergriffen, daß die Welt außerhalb dieser Gebete für mich nicht mehr zu bestehen schien.

So vergingen zwei Tage. Dann rückte der dritte heran, der, an dem die Götter gegenwärtig sind und die Geister sie im Tempel treffen sollen, der Tag, da die Sonne von Wolken verdeckt sein muß. Draußen war es jedoch schön, und ich fing an, mich zu sorgen. War ich wirklich würdig? Verdiente ich es, hier zu sein?

Als in der Nacht der Mond vom Himmel schien, fragte ich einen Bergbewohner, dem ich auf meinem Weg begegnete, ob er meine, daß es am nächsten Tag regnen würde.

»Es wird sehr schön sein«, sagte er. »Sieh doch, wie scharf das Gebirge sich im Licht abzeichnet. Es ist nicht eine einzige Wolke zu sehen.«

Das stimmte, und es war äußerst beunruhigend. Wenn nun die Geister nicht kamen? Und wenn meine Schwägerin doch recht damit hatte, daß mein Glaube zu schwach sei? Ich fing mit noch größerer Inbrunst wieder zu beten an; ich bat um Regen oder doch wenigstens um einen bewölkten Himmel, das Zeichen, daß Gott mich erhörte.

Am dritten Tag stand die Sonne strahlend am Himmel. Die Gebete, die an die rettenden Götter gerichtet waren, wurden die Nacht über fortgesetzt. Der vierte Tag, der, an dem die Geister sich versammeln sollten, kam näher, und der Mond schien immer noch, und die Silhouette der Berge war immer noch klar zu erkennen. Es war offensichtlich, daß es nicht regnen würde. Nun war der vierte Tag da, und es war immer noch schön. Ich versenkte mich in ein verzweifeltes Gebet, das an Buddha gerichtet war: ich sei nicht um meinetwillen hierhergekommen, sondern der Mutter meines Mannes und allen Söhnen zuliebe, die litten, weil ihre Mutter litt, denen zuliebe, die nicht das Geld besaßen, um für ihre Mutter tun zu können, was mein Mann für die seine tat, und die ohnmächtig zusehen mußten, wie die starben, die sie liebten. So sprach ich zu Gott und flehte Buddha Kuan Yin an, den herumirrenden Geistern zu helfen, damit sie seine Stimme hörten und ihre Fehler bereuten und dann, wenn sie auf die Erde zurückkehrten, doch etwas weniger zu leiden hätten, da ja dieses Leben nur der Preis für unsere vorhergegangenen Fehler sei.

Im Tempel war der Augenblick gekommen, wo die Geister sich versammeln sollten. Man zog die Vorhänge vor die Öffnungen und zündete die Kerzen an. Es war Mittag, und die Mönche fingen gemeinsam zu beten an. Zu Beginn werden die Geister der in der Hölle Gefangenen beschworen, die von niederen Göttern bewacht werden. In diesem Augenblick trat meine Dienerin in den Tempel und kam zu mir, um mir ins Ohr zu sagen: »Es gibt ein Gewitter.« Ich begann vor Rührung zu weinen.

Es regnete ohne Unterbrechung bis zum nächsten Tag. In meine Freude mischten sich keinerlei eitle Empfindungen gegenüber meiner Schwägerin Liu Yu Ying. Ich war ausschließlich von dem Gedanken bewegt, daß Gott noch die unbedeutendste aller Kreaturen erhören konnte. Von diesem Augenblick an durchdrang der buddhistische Glaube wirklich mein ganzes Leben, ich verzichtete zwei Wochen im Monat auf Fleisch und Fisch, und ich begriff vor allem, daß wir hier unten lebten, weil wir schuldig waren, und daß dieses Wissen unser Verhalten uns selbst und den anderen gegenüber bestimmen mußte.

Die letzten Tage, die »Tage des Triumphs«, verliefen friedlich.

Wenn die Gebete für einige Stunden unterbrochen wurden, besuchte ich die Mönche und beschäftigte mich vor allem mit denen, die besonders alt oder besonders krank waren. Sie lebten barfuß, und mehrere hatten entzündete Wunden an den Füßen und Knien, aber es gab niemanden, der sie hätte behandeln können. Ich empfand niemals den geringsten Widerwillen, sondern war im Gegenteil glücklich, ihnen dienen zu können. Ich wusch ihnen die Füße und bestrich ihre Wunden mit den Salben, die ich mitgebracht hatte. An diejenigen, die unter Rheuma litten, verteilte ich Tigerbalsam und Aspirintabletten, und ich bemerkte, daß schon die kleinste Aspirintablette auf diese Männer, die keinerlei ärztliche Versorgung kannten, eine mächtige und unmittelbare Wirkung hatte. Mehrere sagten mir, daß sie umgehend Erleichterung verspürt hätten, und es war eine große Freude, das von ihnen zu hören. Andere, die meine Verehrung rührte, sagten, daß Buddha Kuan Yin mich ihnen geschickt habe. Ich erwiderte ihnen, daß ich nicht das kleinste Lob verdiene. Ich hörte denen zu, die die Lehre verbreiteten, und sammelte die Früchte, die mich heute noch nähren.

Als ich nach Shanghai zurückkehrte und Liu Yu Wang die Geschichte meiner großen Tage bei den Mönchen im Gebirge in allen Einzelheiten erzählte, hörte er mir entzückt zu, und ich spürte, daß ihn eine tiefe Freude erfüllte. Meine Schwägerin Liu Yu Ying, die mich vor meiner Abreise mit sarkastischen Bemerkungen überhäuft hatte, sagte nichts mehr. In der Euphorie meiner Erfahrung konnte ich ihr gegenüber nicht die geringste Eitelkeit oder auch nur eine Spur von Rachegefühlen aufbringen. Mein Mann aber ergab sich ohne zu klagen in sein Leiden, das täglich schlimmer wurde. Als man ihm 1961 Cortison gab, begann sein ganzer Körper anzuschwellen, und sein Herz erweiterte sich bedrohlich. Seine Haut wurde noch gelber, und er konnte nur noch in gebückter Haltung gehen. Seit der Lebensmittelknappheit von 1958 war es nicht mehr möglich, ihn mit Ginseng auf den Beinen zu halten oder ihm große Mengen von dem Trank aus den hundert Pflanzen zu verschaffen. Man konnte also seine Schmerzen nicht einmal mehr lindern.

In diesem Jahr, 1961, stellte er erneut einen Antrag auf ein Visum nach Hongkong, weil er, so sagte er, die Hoffnung habe, dort besser behandelt und ernährt zu werden, zweifellos aber aus dem heimlichen Wunsch heraus, bei seinen Eltern zu sterben. Man verweigerte es ihm ein weiteres Mal. Mittlerweile hatte er häufig Anfälle. Plötzlich bekam er keine Luft mehr, und sein Körper war schweißbedeckt. Daraufhin rief man einen Krankenwagen, der ihn für einige Tage ins Krankenhaus brachte. Meine Mutter hatte eine solche Angst, ihn eines grausamen Todes sterben zu sehen, daß sie uns drängte, Gesuch um Gesuch einzureichen, Himmel und Erde in Bewegung zu setzen, damit man ihn reisen ließ. Im Jahre 1962 wurde ihm schließlich ein Visum gewährt.

Trotz erfolgloser Bemühungen und politischer Fehlentscheidungen, trotz der Fehlschläge des »Großen Sprungs nach vorn« überlebte China die größten Bedrohungen, die es seit der Befreiung kennengelernt hatte: Naturkatastrophen, Hungersnöte und innere Schwierigkeiten. Zwar wurden die Tausende kleiner Hochöfen auf dem Lande wieder aufgegeben, zwar hielten die mit der Spitzhacke angelegten Bewässerungskanäle nicht lange, aber es gab jetzt auch die Schmelzhütten, die Stahlbrücken über den Yang-Tzu, Flüsse, die durch Staudämme gezähmt waren. Wenn die lange Hungersnot bei uns nicht wie bei unseren indischen Nachbarn Millionen Tote forderte, dann weil das Volk den Entbehrungen standgehalten hatte. Nicht zufällig nannte man Mao Tse-tung den »großen Steuermann«: er hatte soeben einen schweren Sturm überstanden.

Die Führer standen dem Volk nahe, was in China zuvor niemals der Fall gewesen war. Es gab keine feine und weniger feine Arbeit mehr, sondern nur noch eine einzige Aufbauarbeit, an der jeder teilnahm. Die Generäle nahmen ihre Rangabzeichen ab und mischten sich unter die Mannschaften. Die Abgeordneten und noch die bedeutendsten Führer waren ständig mitten im Volk zu finden. Die Zeitungen zeigten beispielsweise ein Foto von Chou En-lai, der mit den Erdarbeitern auf der Baustelle des Stausees arbeitete, dessen Anfänge ich in Peking in der Nähe der Ming-Gräber gesehen hatte. Ich hörte Nachrichten, ich hatte das Gefühl, mich mitten auf einer lärmenden Baustelle zu befinden, wenn das Schicksal meiner Familie mir im Jahre 1962 auch kaum mehr Raum für andere Gedanken ließ und ich die Ereignisse innerhalb meines Landes nur noch durch einen Tränenschleier sah.

Das Visum, das wir im Juni 1962 erhalten hatten, galt nur für meinen Mann und meinen Sohn Paul. Ich hatte keine Genehmigung, China zu verlassen. Ich war aber glücklich, daß wenigstens Liu Yu Wang losfahren konnte, und kaufte zwei Fahrkarten nach Hongkong, als das Gerücht aufkam, der Süden sei von Überschwemmungen heimgesucht worden. Sie mußten die Bahnstrecke, die mein Mann benutzen würde, in Mitleidenschaft gezogen haben. Was würde er, falls es zu einer Zwangspause kam, allein mit Paul anfangen? Die sechsunddreißig Stunden normale Bahnfahrt waren für ihn schon anstrengend genug. Ich scheute davor zurück, sie abreisen zu lassen. Er hingegen wollte die Reise um keinen Preis verschieben.

Einige Stunden vor seiner Abreise nahmen wir gemeinsam eine letzte Mahlzeit ein. Plötzlich machte mein Mann eine ungeschickte Bewegung. Sein Napf fiel vom Tisch und zersprang in Stücke. Meine Mutter erbleichte: in ihren Augen war das für Liu Yu Wang ein todbringendes Zeichen.

Ich will die Stimmung beim Abschied, die Tränen Juliettes, die plötzlich von ihrem Vater getrennt wurde, nicht näher beschreiben. Wir weinten alle ohne Unterlaß, und als der Zug verschwand, stellte sich jeder von uns dieselbe Frage: Würden wir Liu Yu Wang jemals wiedersehen?

Sobald ich nach Hause zurückgekehrt war, rief ich mehrmals den Bahnhof von Kanton an, um zu erfragen, ob die Überschwemmungen den Zug aufhalten würden. Jedes Mal erhielt ich dieselbe Antwort: davon sei nichts bekannt. Erschöpft streckte ich mich auf dem Bett aus, und ich wußte nicht mehr, ob ich wachte oder träumte, als ich eine Stimme sagen hörte: »Übermorgen früh um halb neun wird der Zug in Kanton sein.«

Am nächsten Tag erzählte ich meinem Vater, was ich gehört hatte. Wei Hi aber schüttelte den Kopf.

»Du fängst allmählich wirklich zu spinnen an ...«

Ich könnte mir denken, daß auch der Leser zu dieser Meinung gelangt ist. Ich aber sage mir: wenn ich die Wahrheit schreibe, weshalb soll ich da einen Teil dieser Wahrheit verschweigen?

Ich rief an diesem Morgen den Bahnhof von Kanton an, was beweist, daß ich selbst nicht an das glaubte, was mein Vater meine »Visionen« nannte. Den ganzen Tag über keinerlei Neuigkeit. Am nächsten Tag, das heißt am zweiten Tag nach der Abreise, telefonierte ich mit dem großen Hotel von Kanton, wo die Reisenden nach Hongkong vor der letzten Etappe der Reise die Nacht verbrachten und wo ich für meinen Mann und meinen Sohn ein Zimmer hatte reservieren lassen. Man fand niemanden mit dem Namen Liu Yu Wang. Ich rief regelmäßig wieder an. Mittags hatte man meinen Mann gefunden. Da man sein Zimmer irrtümlicherweise vergeben hatte, war er in einem anderen Hotel einquartiert worden. Ich hörte also seine Stimme und fragte ihn, ob er gerade angekommen sei.

»Wir sind heute früh um halb neun angekommen«, sagte er.

Während ich meine Arbeit am Konservatorium von Shanghai fortsetzte, erreichten mich regelmäßig Nachrichten von Paul und meinem Mann aus Hongkong. Liu Yu Wang verbrachte lange Stunden am Bett seiner gelähmten Mutter. Sie konnte nicht mehr sprechen, doch sah man, daß die Gegenwart ihres Sohnes und ihres Enkelsohnes ihr Trost gaben. Ihr Mann, Liu Pin San, befand sich in den Vereinigten Staaten. Da er sich in die Einwanderungslisten hatte eintragen lassen, mußte er sich dort wenigstens alle zwei Jahre einmal aufhalten. Liu Yu Wang ging es trotz der reichhaltigeren Ernährung und der Behandlung durch die besten Ärzte von Hongkong immer schlechter. Eines Tages erhielt ich von ihm einen dringenden Anruf.

»Ich muß dauernd an dich und Juliette denken. Ich bitte dich, versuche irgendwie, zu mir zu kommen.«

Ich leitete also wieder die notwendigen Schritte ein. Seltsamerweise sah es diesmal aber so aus, als hätten die politischen Gewalten und selbst die Polizei besser begriffen als ich, was auf meinen Mann zukam, denn das Visum wurde mir ohne Schwierigkeiten gewährt. Am Konservatorium rechtfertigte derselbe politische Kommissar, der mir das erste Mal die Gründe für die Ablehnung auseinandergesetzt hatte, nun die Genehmigung:

»Wegen des Gesundheitszustandes deines Mannes lassen wir dich fahren. Ich wiederhole jedoch, was ich dir schon einmal gesagt habe: du bist eine anständige Frau, und du wirst in eine korrumpierte Gesellschaft kommen. Wir hoffen, daß du so bald wie möglich zurückkehrst.«

Nachdem ich mein Visum und das für Juliette erhalten hatte, blieb mir vor der Abreise noch ein religiöser Akt von größter Wichtigkeit zu erfüllen: die Bestätigung meiner Bekehrung zum buddhistischen Glauben durch eine Handlung, die der Taufe der Christen gleichzusetzen war und der sich in meiner Familie noch niemand unterzogen hatte.

Mit Juliette fuhr ich nach Su-Chou, der ehrwürdigen Stadt im Yang-Tzu-Tal, wohin ich als kleines Mädchen mit meiner Schule einen Ausflug gemacht hatte. Dort stattete ich Tan Sen, dem Eremiten im Gebirge, dessen Ruf über die Meere gedrungen war, einen Besuch ab. Er machte mich zur Buddhistin und erteilte gleichzeitig meinem Mann und meiner ganzen Familie seinen Segen. Als er mich in seiner Klause empfing, warf ich mich ihm zu Füßen, und Juliette tat das gleiche. Er war ein Greis in den Achtzigern, der Kraft und Güte ausstrahlte. Nach der kurzen Zeremonie mußte ich ihm versprechen, die Vorschriften des Buddhismus streng zu beachten. Als ich mich von ihm verabschiedete, hatte er Tränen in den Augen. Es war das erste Mal, daß er so gerührt war, als er sich von einem seiner geistigen Kinder trennen mußte, und er sagte, daß das nicht gerecht sei. Ich hatte das Gefühl, daß zwischen uns ein tiefes und geheimnisvolles Band bestand. Während er mir sanft den Kopf streichelte, empfahl er mir als letztes, mein Schicksal tapfer zu ertragen. Er wußte, ohne es sagen zu wollen, daß ich ihn verließ, um einem meiner größten Schicksalsschläge zu begegnen.

Nach meiner Abreise von Su-Chou besichtigte ich einen zweiten heiligen Berg in einer einsamen Gegend von Hang-Chou, auf dem sich ein verlassener Tempel befand, den man über einen steilen und öden Pfad erreichte. Ich hatte eine große Geldsumme zur Verteilung an die Armen und zur Reparatur des Tempels mitgenommen, der langsam verfiel. Als ich mit Juliette und einer Dienerin den Pfad hinaufstieg, roch ich plötzlich Weihrauch, der die Luft schwängerte. Dieser Geruch ließ nicht nach, und auch die anderen nahmen ihn wahr. Wo er wohl herkommen mochte? Ich sah mich um. Es gab weder ein Haus noch irgendwelche Bäume, nichts als einen verlassenen, leeren Tempel. Den Mönchen, die hier oben auf dem Hügel wohnten, übergab ich Geld und bat sie, ein paar Schutzhütten zu bauen, die nicht nur den Mönchen und den Gläubigen dienen sollten, sondern auch all den armen Leuten, die auf dem Berg Holz schlugen und es ungeschützt gegen Sonne oder Schnee ins Tal hinunterschaffen mußten. Schließlich fragte ich neugierig nach dem Weihrauchduft.

»Daß der Weihrauchduft dich begleitet, kommt daher«, erwiderte ein Mönch, »daß Buddha gerührt ist von der Güte deiner Geste.«

Einige Wochen später erfuhr ich vom Tod Tan Sens, des Einsiedlers von Su-Chou: ich war das letzte seiner geistlichen Kinder gewesen.

Am 1. Oktober 1962 nahm ich mit Juliette den Zug nach Hongkong; auch diesmal zerriß mir der Abschied von meinen Eltern schier das Herz, aber ich war doch froh, zu meinem Mann zu kommen und vor allem meinen Sohn Paul wiederzusehen, der mir unablässig liebevolle Briefe geschrieben hatte.

Meine zweite Schwägerin, Liu Yu Chuen, sollte mich am Grenzposten Shen-Chen abholen. Dort erfuhr ich, daß ich nicht sofort einreisen konnte. Man hatte infolge der Übervölkerung von Hongkong scharfe Kontrollen eingeführt. Da ich aus Kanton kam, konnte ich im Prinzip zwar einreisen, aber nur unter der Bedingung, daß ein anderer Kantonese Hongkong verließ. Ich setzte mich also mit Juliette inmitten des unablässigen Kommens und Gehens von Reisenden und Polizisten in den Wartesaal. Da sah ich dann meine Schwägerin ankommen und war überrascht, sie in Tränen aufgelöst zu finden.

»Er ist tot«, sagte sie, als sie vor mir stand.

»Wer?«

»Mein Bruder.«

Ich glaubte es erst nicht, und so stand ich zunächst nur erstaunt und vergoß keine Träne. Juliette wollte es ebenfalls nicht glauben, fing jedoch plötzlich zu weinen an.

»Das ist nicht wahr! Papa hat zu mir gesagt, daß er Großvater werden und abwarten wollte, bis ich viele Kinder hätte!«

Dann verschwand vor meinen Augen alles wie hinter einem Nebelschleier, und mir war nur halb bewußt, daß ich mich vorwärts bewegte, als der Beamte von der Einwanderungsbehörde, der Mitleid mit uns bekommen hatte, Juliette und mich durchgehen ließ.

Der erste Mensch, den ich in der Wohnung meiner Schwiegereltern in Hongkong erblickte, war meine halbgelähmte Schwiegermutter, die auf einem Sofa ausgestreckt dalag. Ich vergaß die Familie, die Onkel, die Tanten und die Freunde, die das Zimmer füllten, setzte mich neben sie, und aneinandergelehnt weinten wir. Dann kam mein kleiner Paul herbei und warf sich mit tränenfeuchten und heißen Wangen in meine Arme.

»Du darfst nicht weinen«, sagte eine seiner Tanten sanft zu ihm, »denn dann muß deine Mama noch mehr weinen.«

Paul nahm sich daraufhin zusammen und hörte sofort auf. Er tat, als sei er krank, und zog sich in ein anderes Zimmer zurück. Als ich zu ihm ging, sah ich, daß er sich unter der Decke versteckt hatte, um weiterzuweinen, und bemerkte, daß er auf die Rückseite der Fotografie seines Vaters dessen Todesdatum geschrieben hatte: 3. Oktober 1962.

Liu Yu Wang war im Krankenhaus verschieden, wohin man ihn eine Woche zuvor, als sein Zustand sich ganz plötzlich verschlimmerte, gebracht hatte. Paul, der zur Schule ging, besuchte ihn zweimal täglich am Krankenbett. Als er das letzte Mal kam, war Liu Yu Wang gerade ein paar Stunden zuvor gestorben. Das Kind war daraufhin nach Hause gestürzt, wo es drei Räucherstäbchen angezündet und verzweifelt zu Buddha gebetet hatte, damit er seinen Vater wieder lebendig mache.

Meine zweitälteste Schwägerin, die mich abgeholt hatte, erzählte mir, daß Liu Yu Wang in den letzten Tagen, die er im Bett verbracht hatte, spontan die Haltung der Mönche angenommen habe; es sei oft geschehen, daß er lange Stunden im Lotossitz geschlafen habe, die Hände zusammengelegt wie zum Gebet und die Bernsteinkugeln seiner Gebetskette zwischen den Fingern. Am Morgen meiner Ankunft habe er in Erwartung seiner Frau und seiner Tochter zunächst gewollt, daß man ihn zurechtmache. Danach sei er, immer noch im Lotossitz, friedlich eingeschlafen. Gegen Mittag sei sein Kopf auf die Brust gesunken, und er war gestorben.

Die Leiche befand sich bereits in der Leichenhalle, als ich Liu Yu Wang zum letztenmal sah. Als erstes bemerkte ich in dem Saal eine große Fotografie von ihm, die auf weißem Stoff stand und mit weißen Blumen geschmückt war. An der Seite hing ein langes weißes Stoffband herunter; darauf stand, wie es dem chinesischen Brauch entsprach, ein Gedicht in Pauls Namen, das mit »blutigen Tränen« geschrieben war. Dann sah ich meinen Mann. Als er nach Hongkong abreiste, war sein Körper von dem Cortison aufgebläht gewesen. Nun war er wieder schmal wie zuvor. Seine Haut war hell geworden und sein Gesicht friedlich. Als ich seinen Leichnam betrachtete und nun endlich begriff, daß er für immer von mir gegangen war, fiel ich in Ohnmacht. Die jüngste meiner Schwägerinnen, Liu Yu Lan, hatte vorsichtshalber Riechsalz mitgebracht, das sie mir unter die Nase hielt. Auf einem Stuhl kam ich halb wieder zu mir. Ein Mann hielt mir die Hand. Trotz meiner Schwäche zog ich sie heftig weg, da ich ja nun Witwe war und kein Mann mich berühren durfte. Liu Yu Lan, die meine Geste begriff, sagte mir, daß das ihr Mann sei.

Wenig später saß ich dann neben Liu Yu Lan im Fond eines großen Wagens. Am Steuer saß ihr Mann, Fong Chou-chai, ein Architekt, der in Hongkong ziemlich bekannt war und aus einer sehr reichen Familie stammte. Fong und seine Frau, so erfuhr ich später, hatten sich sehr viel um Liu Yu Wang gekümmert. Sie umgaben nun auch mich unablässig mit ihrer Fürsorge.

In der Wohnung meiner Schwiegereltern kam es zwischen meinem Onkel, dem Bruder Liu Pin Sans, und meinen zwei ältesten Schwägerinnen zu einer peinlichen Auseinandersetzung. Es ging dabei um die Auswahl des Sarges, den die beiden Frauen sich recht bescheiden vorstellten, während der Onkel darauf bestand, daß man einen kostbaren Sarg aus dem besten Holz kaufen sollte. Mein Schwager Fong stellte sich auf die Seite des Onkels. Während der Abwesenheit Liu Pin Sans – der sich ja, wie berichtet, in den Vereinigten Staaten aufhielt – war jedoch Liu Yu Chuen, die zweite Schwägerin, für den Geldbeutel zuständig, und sie verteidigte ihn verbissen. Gelähmt, wie sie nun war, hatte meine Schwiegermutter keinerlei Macht, und diese strenge und würdige Frau, die ihrer Umgebung stets ihren Willen aufgezwungen hatte, wußte angesichts eines so kleinlichen Streits keinen anderen Ausweg, als zu weinen. Glücklicherweise wurde schließlich, vor allem dank der Hartnäckigkeit Fongs, doch ein vornehmer Sarg bestellt.

Als der Augenblick der Einsargung gekommen war, brachte Paul sämtliche Kleider herbei, die sein Vater getragen hatte. Als ich diesen kleinen ernsthaften Jungen sah und bei ihm seine kleine Schwester, die sich um ein genauso würdiges Betragen bemühte, sagte ich mir zum Trost, daß mir wenigstens diese beiden Kinder geblieben waren und mir die Kraft zum Weiterleben gaben.

Als der Sarg Liu Yu Wangs zugenagelt war, wurde er hinten in eine Limousine gesetzt. Auf der Straße staute sich eine große Menge. Sein Vater – der zu dieser Stunde von dem Tod seines Sohnes noch gar nichts wußte – hatte unter den reichen Shanghaiern, die Zuflucht in Hongkong gesucht hatten, viele Freunde. Alle waren bei der Beerdigung seines Sohnes zugegen, so daß schließlich ein langer Zug von Wagen langsam durch Hongkong fuhr, was in Shanghai zur selben Zeit gewiß nicht erlaubt gewesen wäre. Liu Yu Wang wurde provisorisch beigesetzt. Später sollte sein Leichnam nach Ning-Po geschafft und auf dem Hügel beerdigt werden, den er selbst ausgesucht hatte.

Meine Schwiegermutter war in der Obhut einer Tante allein zu Hause geblieben. In dem Wagen, worin ich mit meinen beiden Kindern dem Leichenzug folgte, dachte ich an die Geschichte, die sie mir vor noch gar nicht langer Zeit erzählt hatte: an den Besuch des Mönchs am Morgen der Geburt meines Mannes. Er hatte gesagt, daß Liu Yu Wang ein Leben voller Schmerzen führen, jedoch stets vom Prunk des Reichtums umgeben sein würde: »geboren und gestorben wie ein König«. Und tatsächlich drehten sich nun in Hongkong die Neugierigen nach dem imposanten Totenzug eines Mannes um, der vom Prunk des Reichtums jetzt ebenso befreit war wie vom Leid des Lebens.

18. Kapitel

Kümmernisse einer Witwe in der Granville Road / Zwischen einer unbarmherzigen Schwägerin und einem völlig ergebenen Schwager / Abreisen oder nicht abreisen / Die Spazierfahrt zur Repulse Bay / Haß und Rache / Fongs Raserei / Wo ich von Marguerite Long reden höre / Abschied von China.

Mein Leben war in der Tat merkwürdig verlaufen! Mit dreizehn Jahren, als Schülerin, hatte man mich an eine der reichsten Familien Chinas verkauft. In einem Alter, wo man die Liebe nur dem Namen nach kennt, hatte man mich gezwungen, einen Unbekannten zu heiraten, den ich nicht liebte und dem alles fehlte, was mir teuer war. Gegen mein Sträuben hatten sich die Habgier meiner Familie und die jahrtausendealte Tradition des Familiengehorsams durchgesetzt. Allmählich hatten mich die hartnäckigen Gunstbezeugungen eines Mannes, der wirklich in mich verliebt war, entwaffnet. Ich akzeptierte ihn als meinen Mann, und die beiden Kinder, die ich ihm gebar, wurden zum A und O meines Lebens. Seine Qualen gingen mir zu Herzen, sein Gelübde, zugunsten seiner Mutter sterben zu wollen, empörte mich. Ich war bereit, unablässig für ihn zu sorgen, denn was man versprochen hatte, mußte man halten. Dreizehn Jahre nach meiner Heirat war er nun gestorben und hatte mich mit meinen beiden Kindern allein gelassen. Ich war erst sechsundzwanzig Jahre alt.

Was ich zu tun hatte, stand fest. Ich mußte bei dem Menschen bleiben, der Liu Yu Wang am meisten geliebt hatte, bei meiner Schwiegermutter, der ihr Sohn, ohne daß sie es wußte, einen Teil seines Lebens geopfert hatte, um das ihre zu verlängern.* Aber was war das inzwischen für sie für ein Leben, wo sie doch nicht einmal mehr ihrem Schmerz in Worten Luft machen konnte?

Mein Platz war hier. Es war ganz deutlich, daß sie es jetzt nicht mehr ertragen konnte, ihre Enkelkinder fortgehen zu sehen. Und da ich mich ebensowenig von Paul und Juliette zu trennen vermochte, sah ich keine andere Möglichkeit, als in Hongkong zu bleiben.

Als Frau des ältesten Sohnes hatte ich stets Anspruch auf eine gewisse Wertschätzung seitens meiner Schwiegereltern gehabt: Liu Yu Wangs Stellung in der Familie färbte auf seine Frau ab, und das sollte eigentlich auch seiner Witwe zugute kommen. Ich machte mir diesbezüglich keinerlei Gedanken, aber andere sannen bereits

* Sie ist 1970 gestorben, genau zehn Jahre nach dem Gelübde Liu Yu Wangs, der ihr zehn Jahre seines Lebens zum Geschenk gemacht hatte.

auf mein Verderben. Zwar haßte meine langjährige Verfolgerin, meine älteste Schwägerin Liu Yu Ying, mich nicht mehr, seit der Anlaß ihrer Eifersucht – die Liebe, die ihr Bruder für mich empfand – verschwunden war. Dafür begann mich nun meine zweitälteste Schwägerin Liu Yu Chuen zu verabscheuen. Nie im Leben wäre ich darauf gekommen, daß eine Frau, die zu Lebzeiten meines Mannes immer um mich bemüht gewesen war, mir nun neue Leiden bescheren und ihr wahres Gesicht zeigen würde.

Liu Yu Chuen hatte einen schwächlichen Menschen geheiratet, der sich für einen Künstler hielt, weil er seine Zeit damit verbrachte, Leinwand mit einer Malerei zu beschmieren, die ebenso leer war wie er selbst. Da er außerstande war, seinen Lebensunterhalt selbst zu verdienen, verließ er sich ganz auf das Vermögen seiner Schwiegereltern, in deren Hause er wohnte, weil er sich angeblich um die kranke Schwiegermutter kümmern wollte. Meine Ankunft im Haus zwang dieses Paar nun, die Koffer zu packen: als Witwe des ältesten Sohnes hatte jetzt ich die Aufgabe, mich um meine Schwiegereltern zu kümmern. Liu Yu Chuen wußte das sehr gut. Ihre Krallen waren jedoch geschärft, und das Gift stand bereit.

Einige Zeit nach dem Tod meines Mannes erhielt ich von meinem Vater einen Brief, in dem er mir im einzelnen über eine Mission berichtete, die er für mich erfüllt hatte: Wei Hi war auf meine Bitte zu den Mönchen von T'ien-T'ai gefahren. In dem ehrwürdigen Heiligtum hatten sie, ohne den geringsten Obolus anzunehmen, die große Zeremonie von Erde und Wasser für das Seelenheil meines Mannes veranstaltet. Sie hatten es auch in Erinnerung an mich getan.

Ich wachte während dieser Zeit in Hongkong über den richtigen Ablauf der rituellen Gebete. Denn da die Seelen der Toten neunundvierzig Tage lang umherirren, muß die Familie während dieser Zeit – sieben Wochen lang – einmal wöchentlich beten. Zum ersten Gebet hatte ich mich, als Paul und Juliette in der Schule waren, mit zweien meiner Schwägerinnen, der zweitältesten und der jüngsten, in den Tempel begeben. Wie es der Brauch vorsah, übergab man uns kleine Blättchen aus feinem Papier, die wir zusammenfalten mußten, um ihnen die Form von Geldstücken zu geben. Dann verbrannte man sie symbolisch, damit der Verstorbene das erhielt, was man »Totengeld« nannte.

Als wir aus dem Tempel herauskamen, war es ein wenig kühl. In Hongkong wird es bereits im Oktober rasch kalt. Ich dachte daran, daß ich den Kindern bald Mäntel kaufen mußte; sie besaßen nur leichte Kleidung und trugen, wie ich, den Mao-Anzug, mit dem wir auf der Straße Aufsehen erregten. Ich teilte meiner Schwägerin Liu Yu Chuen diese Überlegungen mit, denn sie wußte ja, daß ich aus China abgereist war, ohne Geld mitzubringen; sie war in Abwesenheit meines Schwiegervaters nun der Bankier der Familie. Man kann sich vorstellen, wie überrascht ich war, als ich sie antworten hörte, daß die Krankheit meines Mannes seinen Vater bereits viel Geld gekostet habe und auch die Beerdigung nicht ohne große Ausgaben abgegangen sei. Infolgedessen könne sie es sich nicht erlauben, vom Geld Liu Pin Sans zu nehmen, um uns Kleider zu kaufen. Sie wolle uns jedoch gern etwas von ihrem persönlichen Geld leihen. Mir verschlug es die Sprache, aber das war erst die Einleitung. Ehe ich den Mund auftun konnte, nahm sie mich mit komplizenhaftem Lächeln beim Arm und sagte in verändertem Tonfall:

»Ching Lie, es wäre nicht schicklich, wenn du von deinem Schwiegervater irgend etwas erwarten würdest... Hast du denn nicht alles, was deine Zukunft sichert? Jung und schön, wie du bist, solltest du lieber einen Mann suchen, der dich heiratet! Dann hast du alles, was du dir nur wünschst.«

Die Empörung trieb mir die Tränen in die Augen. Der Abscheu gab mir jedoch die Sprache wieder:

»Liu Yu Chuen«, sagte ich zu ihr, »konntest du dich nicht damit begnügen, mir zu sagen, daß du mir kein Geld für unsere Kleidung geben willst? Das hat wirklich keine Bedeutung, und ich nehme es dir nicht übel. Aber daß du es wagst, eine Woche nach dem Tod deines Bruders von Wiederheirat zu sprechen... Nicht einmal eine Katze oder ein Hund würde sich so schnell nach einem neuen Partner umsehen. Schämst du dich nicht, so etwas zu sagen, wo doch der Leichnam Liu Yu Wangs noch nicht einmal kalt ist?«

Da sie selbst einer Generation angehörte, für die nur die Witwe, die treu ist bis in den Tod, eine anständige Frau ist, mußte sie sich über die Ungeheuerlichkeit ihrer Beleidigung im klaren sein. Und wußte sie etwa nicht, daß ich Buddhistin war? Daß ich nun nur noch daran dachte, wie ich meine beiden Kinder großziehen sollte, und für andere Dinge nicht den geringsten Sinn hatte? Liu Yu Chuen empfand jedoch nicht die geringste Scham. Sie kam vielmehr noch an diesem Tage und an allen folgenden auf dieses Thema zurück. Es war klar, weshalb sie so wild entschlossen war: sie wollte drei Mäuler weniger stopfen. Ich wollte das Geld gar nicht haben. Aber noch weniger wollte ich die Redensarten Liu Yu Chuens hören, und einige Tage später bat ich sie, nicht mehr das Wort an mich zu richten.

Mein Witwenleben fing gut an! Da mein Schwiegervater nicht da war, konnte er nichts für mich tun, meine Schwiegermutter wußte von nichts und konnte mir nicht die geringste Hilfe sein. Der Monat November kam bald und mit ihm die Kälte. Da ich kein Geld hatte, um Kleidung zu kaufen, beschloß ich, Klavierstunden zu geben, um von niemandem abhängig zu sein. Nach einer Woche hatte ich bereits vier Schüler gefunden: zwei Mädchen aus der Nachbarschaft, einen Vetter meiner Mutter und eine Nichte meines Onkels. Es gab nur eine Schwierigkeit: ich sprach nicht Kantonesisch, und meine beiden Nachbarinnen verstanden nicht den Shanghai-Dialekt. Das Klavier war zunächst unsere einzige Verständigungsmöglichkeit, und in der Folgezeit brachten die Kinder mir dann ein bißchen Kantonesisch bei.

Ich mußte es auch lernen, mich in diesem unbekannten Häusermeer zurechtzufinden, das mit seinen Gebäuden und Banken Shanghai so ähnlich war, allerdings mehr dem Shanghai von einst mit seinen Läden und den Vergnügungsstätten glich, die für die ausländischen Touristen auf Hochtouren liefen. Ich durchschaute diese Stadt, ohne jemals nähere Bekanntschaft mit ihr gemacht zu haben; ich ging nur tagsüber aus dem Haus und legte nur kurze Strecken zurück. Wir wohnten auf der Halbinsel Kowloon. Die Wohnung meiner Schwiegereltern, Haus Nummer 58 in der Granville Road, lag fünf Minuten von der Anlegestelle der Star Ferry entfernt, die die Insel Hongkong anlief. Der Schüler, der am weitesten entfernt wohnte, lebte in Victoria, und so nahm ich dreimal wöchentlich die Fähre, die die Bucht in einer Viertelstunde überquerte, und das war mein weitester Ausflug.

Ich wartete auf das Monatsende und zog meinen Kindern solange mehrere Kleidungsstücke übereinander, bis ich imstande war, ihnen das Notwendige zu kaufen und meinen Mao-Anzug abzulegen. Auch mein Onkel, der Bruder meines Schwiegervaters, kaufte uns einige Kleidungsstücke. Er hatte die Lage begriffen, und Liu Yu Chuens Haltung empörte ihn zutiefst. Bisweilen kamen Freunde meines Schwiegervaters, die erst vor kurzem aus China gekommen waren, uns besuchen. Sie betrachteten mich dann mit Erstaunen und Neugier: ich war also die Pianistin, die gezwungen war, Kindern Klavierunterricht zu geben, eine der reichsten Frauen Shanghais, die nun in Armut leben mußte. Ihre herablassende Haltung machte meiner Schwägerin Liu Yu Chuen sichtlich Vergnügen.

Zu meinem Glück fand ich wenigstens Trost in einer wirklichen Freundschaft. Barbara Fei, eine in Hongkong bekannte Sängerin, hatte zunächst für mich Schüler gefunden und lud mich dann zu sich ein. Sie wurde sehr bald meine einzige Vertraute und eine ständige Stütze in meinem neuen Leben. Meine Schwierigkeiten waren nicht materieller Natur, da es mir ja gelungen war, das, was ich brauchte, um die Bedürfnisse meiner Kinder zu stillen, schon nach recht kurzer Zeit selbst zu verdienen. Meine Stunden brachten mir immerhin viertausend Hongkong-Dollar (mehr als 2000 DM) monatlich ein. Paul und Juliette gingen zur Schule und kamen gut voran. Mit seinen zwölf Jahren war Paul bereits ein ernsthafter und nachdenklicher Junge. Nur Juliette, die erst sieben war, beklagte sich bisweilen. Sie war schließlich unser sorgloses Leben in Shanghai gewohnt und konnte mich nun nicht mehr dazu bewegen, ihr alles zu kaufen, was ihr in den Sinn kam. Verärgert fing sie dann zu weinen an und schrie: »Ich will meinen Vater wiederhaben! Ich will meinen Vater wiederhaben!« Es fiel mir in solchen Augenblicken nicht leicht, hart zu bleiben.

Wir gingen auch weiterhin jede Woche in den Tempel, um für die Seele meines Mannes zu beten. Beim drittenmal, als ich in Begleitung meiner Kinder dort war, betete ich gerade zu Buddha Ti Tsan, Liu Yu Wang von seinen Fehlern zu befreien, damit er im nächsten Leben nicht mehr zu leiden habe, als ich plötzlich sah, wie Juliette, die unbeweglich in ihrem Stuhl saß, kreidebleich wurde. Ich fragte sie, ob sie sich nicht wohl fühle. Nach kurzem Zögern sagte sie mir, daß sie in dem großen Raum des Tempels gewesen sei und dort einen Mönch gesehen habe, der einen großen Hut und ein langes, mit Karos besticktes Gewand trug. Mit einem Stock in der Hand war er, gefolgt von Juliette, in den Tempel getreten und war hinter mir stehengeblieben, während ich betete. Dann war er plötzlich verschwunden wie eine Sinnestäuschung, woraus sich die Angst und das Erbleichen Juliettes erklärten. Ich beruhigte sie, denn für mich war klar, daß es sich dabei nicht um eine Einbildung gehandelt hatte, sondern daß dieser Mönch eine Erscheinung von Buddha Ti Tsan war, die er angenommen hatte, um mir zu bedeuten, daß mein Mann gerettet sei.

Meine Kinder und ich nahmen in dem Haus in der Granville Road nicht viel Platz weg, da wir nur über ein einziges Zimmer in der Nähe des gemeinsamen Bads verfügten. Aber auch das war in den Augen meiner Schwägerin Liu Yu Chuen noch zuviel. Ich war deshalb froh, daß meine Kinder tagsüber in der Schule waren, während ich den Tag damit verbrachte, meine verschiedenen Schüler aufzusuchen, und erst bei Sonnenuntergang nach Hause kam. Neben den reichen Shanghaiern, Vettern, Cousinen und Bekannten, die ich mied, kam ein einziger Besucher, um meine Kinder und mich zu sehen: es war der Architekt Fong, der Gatte meiner jüngsten Schwägerin Liu Yu Lan.

Da Fong klug und lebhaft war, hatte er Pauls und Juliettes Herzen erobert und war gern mit ihnen zusammen, um mit ihnen zu plaudern oder ihnen bei ihren Hausaufgaben zu helfen. Was meine liebe Schwägerin Liu Yu Chuen anging, die mich mit ihrem Haß verfolgte, so hatte ich nicht den Eindruck, daß sie ihrer kranken Mutter gegenüber eine sehr aufrichtige Neigung verspürte. Daher setzte ich mich abends nach einer Stunde Übung an meinem Klavier, dem letzten Geschenk meines Mannes, einen Augenblick zu meiner Schwiegermutter, sprach mit ihr und erzählte ihr ein paar Neuigkeiten. Obwohl sie außerstande war zu antworten, wußte ich, daß ihr diese Augenblicke kostbar waren, und mehr noch die, wenn Paul und Juliette kamen, um sie zu begrüßen, und sie ihnen mit ihrer gesunden Hand ungeschickt den Kopf streichelte.

Meine älteste Schwägerin Liu Yu Ying mußte nun dringend nach Shanghai zurückkehren, um sich um ihre Kinder zu kümmern. Ich blieb also in der Granville Road mit Liu Yu Chuen, ihrem »Künstler« und ihren zwei Kindern allein zurück. Obwohl wir auf Distanz lebten, fand der älteste der beiden Jungen, von seiner Mutter angestachelt, Vergnügen daran, Paul zu schikanieren und ihn zu schlagen, wenn ich nicht im Haus war. Ich mußte mehrfach bei dem Ehemann, dem Farbkleckser, intervenieren, da ich es vorzog, mit seiner Frau nichts mehr zu tun zu haben.

Ich hatte meine Schwägerin mehrere Tage nicht gesehen und war gerade in der Küche dabei, Gemüse für das Mittagessen der Kinder zu putzen, als sie hereinkam und mich wieder einmal fragte, ob ich mich auf die Suche nach einem Mann gemacht habe und mich bald wieder zu verheiraten gedächte. Ich war darüber so verärgert, daß mir das Messer, das ich in der Hand hielt, abrutschte und die Klinge mir tief in den Finger schnitt. Das Blut floß in Strömen. Die Kinder suchten das ganze Haus ab, fanden aber nichts, was zu einem Verband getaugt hätte. Meine Schwägerin verließ den Raum, und in diesem Augenblick traf mein Schwager Fong ein. Im Handumdrehen entdeckte er Gaze und Alkohol und machte mir einen festen Verband, der die Blutung stillte.

»Was ist denn nun wieder zwischen deiner Schwägerin und dir passiert?« fragte er.

Ich erzählte ihm nichts Genaueres, nur, daß ich vor Nervosität eine falsche Bewegung gemacht und daß Liu Yu Chuen gehässige Reden geführt habe. Das wunderte ihn nicht: Seine Frau und er waren sich durchaus über die Haltung meiner Schwägerin mir gegenüber im klaren und fanden sie skandalös.

»Du solltest nicht hierbleiben«, sagte er.

Zu dieser Überzeugung gelangte ich langsam auch.

Der Krieg im Haus war wieder im vollen Gange, als mein Schwiegervater Liu Pin San aus den Vereinigten Staaten zurückkehrte. Die siebente Gebetswoche war vorbei, das Jahresende rückte heran. Ich ging allein zum Flughafen, um meinen Schwiegervater abzuholen. Er wußte immer noch nicht, daß sein Sohn tot war. Als ich bei der Begrüßung jedoch zu schluchzen begann, begriff er sofort. Aus Amerika, wo vier seiner Kinder und zahlreiche Verwandte lebten, zurückgekehrt, fand mein Schwiegervater in Hongkong nun seine Frau gelähmt vor und sah sich zudem dem Verlust seines Sohnes gegenüber, dem grausamsten Schlag seines Lebens. Die Familienatmosphäre machte aus ihm vollends einen niedergedrückten Greis, der schwach war wie ein Kind und in dem niemand den einst so mächtigen Liu Pin San wiedererkannt hätte.

Mit der Rückkehr ihres Vaters sah meine Schwägerin Liu Yu Chuen den Augenblick gekommen, wo sie mitsamt ihrer Familie das Feld räumen mußte, um der Hausherrin den Platz abzutreten. Zunächst einmal kam mein Onkel und suchte Liu Pin San auf, um ihm ein detailliertes Bild der Verfolgungen und Bosheiten zu malen, die Liu Yu Chuen mir hatte zuteil werden lassen, und ihn zu bitten, diesem unerhörten Zustand ein Ende zu bereiten. Er hielt ihm vor Augen, wie ich überstürzt hatte Klavierstunden geben müssen, weil mir auch noch die kleinste Hilfe verweigert worden war, und auf welch schändliche Weise man mir von Wiederheirat sprach. Da mein Schwiegervater nie etwas anderes erlebt hatte, als daß seine Tochter mich freundlich behandelte, wollte er das zuerst nicht glauben und ließ mich in das Zimmer kommen, wo er bei seiner Frau saß, um mich zu fragen, was es damit auf sich habe. Die Müdigkeit und der Gram, die ich in seinem Gesicht sah, bereiteten mir Kummer. Ich begnügte mich damit, ihm zu sagen, daß ich nicht darauf aus sei, Hals über Kopf ein Ehepaar aus dem Haus zu vertreiben, das nicht imstande sei, seinen Lebensunterhalt selbst zu verdienen, während meine Klavierstunden es mir mittlerweile erlaubten, auf eigenen Füßen zu stehen, und daß ich im übrigen vorhätte, mir bald eine Wohnung zu nehmen, wo ich mit meinen Kindern leben wollte.

Während ich sprach, litt meine Schwiegermutter entsetzlich, weil sie sich dazu nicht äußern konnte. Ihren Tränen und ihren Seufzern konnte man jedoch ohne weiteres entnehmen, was sie sagen wollte: als ich von der Wohnung sprach, wollte sie nicht zulassen, daß ich wegging, und als der Name ihrer Tochter fiel, machte sie die Geste, daß man sie wegjagen solle. Im übrigen sagte mir mein Instinkt immer deutlicher, daß Liu Yu Chuen ihre Mutter schlecht behandelte, wenn sie mit ihr allein war – sie wußte ja, daß nichts davon herauskam –, und daß sie nur in Gegenwart von Zeugen die ergebene Tochter spielte.

Obwohl ich von niemandem etwas verlangt hatte, war das ganze Haus in Aufruhr. Nacheinander kamen mein Onkel, meine Tante und mein Schwager Fong, um bei meinem Schwiegervater Partei für mich zu ergreifen und meine Schwägerin zu belasten. Am Ende einer dieser aufreibenden Zusammenkünfte rief Fong mich an und bat mich, ihn unten vor dem Haus zu treffen: er habe mir etwas Wichtiges mitzuteilen. Ich war zunächst überrascht, da Fong sich jedoch mir gegenüber stets freundschaftlich und respektvoll gezeigt hatte, zögerte ich nicht und traf ihn in seinem amerikanischen Wagen, der an der Straßenecke parkte. Er war abgespannt, nervös.

»Ich habe eine sehr schlechte Nachricht«, sagte er, »und mußte dich unverzüglich informieren. Von meiner Frau habe ich folgendes erfahren: dein Schwiegervater steht vollkommen unter dem Einfluß Liu Yu Chuens. Entsprechend ist das Testament ausgefallen, das er gemacht hat. Du wirst darin völlig übergangen. Du kannst nun also nur noch auf dich selbst zählen. Das beste wäre, wenn du dir vornähmest, ins Ausland zu gehen, wenn du etwas für deine und die Zukunft deiner Kinder tun willst.«

Tief gerührt von der Fürsorge Fongs dankte ich ihm und bat ihn, auch seiner Frau zu danken. Seine Eröffnungen hatten mich jedoch keineswegs erschüttert. Ich war Buddhistin, ich mußte mein Schicksal hinnehmen. Was kümmerte mich in diesem Augenblick die Erbschaft, wo ich jung und kräftig genug war, um es meinen Kindern niemals an irgend etwas fehlen zu lassen. Fong hat zweifellos recht, sagte ich mir, ich muß Hongkong verlassen, ja, sogar erwägen, ins Ausland zu gehen. Meine erste Regung war, mit meinen Kindern nach Shanghai zurückzukehren und dort eine neue Zukunft aufzubauen, aber wie sollte ich in meine Heimat zurückkehren, wenn es sicher war, daß ich sie in absehbarer Zeit nicht wieder verlassen konnte? Meine Schwiegereltern würden bestimmt verlangen, die beiden Kinder bei sich zu behalten, da sie ja nicht mehr nach China zurückkehren würden. Und wenn ich damit nicht einverstanden war, wie sollte ich dann zwei alten Leuten, die ihren ältesten Sohn verloren hatten, die Enkelkinder wegnehmen? Da ich weder den Mut hatte, ihnen diesen Dolchstoß zu versetzen, noch die Absicht, meine Kinder zu verlassen, sah ich keinen Ausweg. Einmal mehr mußte ich mich entschließen abzuwarten, bis mein Geschick mir den Weg wies, den ich einschlagen mußte.

Bei allem durfte ich aber nicht tatenlos bleiben. Ich mußte weiter Stunden geben, im Hinblick auf die Ausreise in irgendein Land Geld zur Seite legen, womöglich die Pianistinnen-Laufbahn einschlagen. So sahen meine Pläne aus. Und da mich hier weder eine wirkliche Zukunft noch eine tiefe Bindung hielt und das Zusammenleben mit einer Schwägerin, die nur den Wunsch hatte, mich verschwinden zu sehen, für mich auf die Dauer unerträglich war, faßte ich zuerst den Plan, in die Vereinigten Staaten zu gehen. Ich schrieb daher meinem Schwager Liu Yu Chow, einem der vier Kinder Liu Pin Sans, die dort drüben lebten. Wir kannten uns nicht, aber da er Ingenieur bei Ford war, war er der geeignete Mann, um mir das Bürgschaftsschreiben zu verschaffen, das man als Einwanderer vorweisen mußte und ohne das man kein Visum erhielt. Es handelte sich nur um eine Formalität. Ich gab Liu Yu Chow deutlich zu verstehen, daß ich mir nach meiner Ankunft sofort meinen Lebensunterhalt selbst verdienen würde und daß sich darüber hinaus Freunde meines Vaters meiner annähmen. Zweifellos hatte mein Schwager aber Angst, daß ich ihm mit meinen zwei Kindern auf der Tasche liegen würde. Wie dem auch sei, er gab mir zu verstehen, daß er mir meine Bitte zu seinem Bedauern nicht erfüllen könne. Das war also noch ein Familienmitglied, das mich abwies. Seit mein Mann tot war, waren ihre Empfindungen »zu Wasser geworden«, wie das chinesische Sprichwort sagt.

In dieser Vereinsamung war mir die Freundschaft der Sängerin Barbara Fei sehr teuer. Sie war meine einzige Vertraute, und mein einziges Vergnügen war es, von Zeit zu Zeit einen Abend bei ihr zu verbringen. Die feinen Leute unter den chinesischen Emigranten hätten eine Frau wie mich, die mit dem Tod ihres Mannes ihr Vermögen verloren hatte, gewiß nicht zu sich gebeten. Barbara war da anders. Sie war hübsch und von feiner, schlichter Wesensart; ihr Mann war Juwelier, und sie besaß eine entzückende kleine Wohnung, wo sie mich mit allen Leuten zusammenbrachte, die sie zu ihren interessanten Freunden rechnete, Journalisten, Musikkritiker und Musiker wie Morya Ray, die im Symphonieorchester von Hongkong die erste Geige spielte.

Schon in diesem Winter hegte Barbara den Hintergedanken, mich als Pianistin bekanntzumachen und zu lancieren. Zu einem ersten Versuch hätte es jedoch finanzieller Mittel bedurft, um einen Saal mieten zu können, und diese Mittel besaß ich nicht. Als ich eines Tages zu ihrer Freundin Morya Ray ging, um mit ihr die Sonate von César Franck zu spielen, sagte sie mir, ich solle versuchen, in Frankreich Karriere zu machen. In der Folgezeit machten mir noch andere Leute diesen Vorschlag. Ich war jedoch immer noch ratlos. Eines Tages wohnte ich in der City Hall von Hongkong einem Solokonzert des großen Pianisten Arthur Rubinstein bei, und das versetzte mich in einen derartigen Zustand, daß ich auf der Straße fast gefallen wäre. Es hat mich immer zugleich entmutigt und stimuliert, einen großen Künstler zu hören.

Außerhalb des Hauses von Barbara Fei wurde ich von den einen zurückgestoßen und von den anderen wie ein leichtfertiges Ding behandelt. Immer noch herrschten die alten chinesischen Vorurteile. Meine Schwiegereltern machten aus meinen Besuchen bei Barbara, die meine einzigen Vergnügungen waren, eine Riesengeschichte. Meine Schwiegermutter zeigte sich äußerst besorgt, und mein Schwiegervater vergaß vorübergehend seine Niedergeschlagenheit, um meine Heimkehr zu überwachen. Zwischen elf Uhr und Mitternacht sah ich ihn allein oder mit seiner Frau auf dem Balkon stehen, um meine Rückkehr abzuwarten. Erst wenn ich wieder zu Hause war, legten sie sich schlafen.

Mein Vater hatte mir Nachrichten über meine Schwester Ching Lin geschickt, die immer noch Pianistin bei Radio Peking war. Sie führte dort mit ihrem Mann und ihren Kindern ein glückliches Leben. Mein ältester Bruder Ching Son hatte seine normale Tätigkeit als Parteifunktionär wiederaufgenommen und lebte ebenfalls in der Hauptstadt. Die Briefe Wei His enthielten jedoch zu meiner großen Qual auch langatmige Empfehlungen hinsichtlich des zurückhaltenden Betragens, das eine junge Frau wie ich, die »rein wie eine Lotosblüte« sei, zur Schau tragen müsse. Ich fand, daß ich mit sechsundzwanzig Jahren wissen mußte, was ich tat, und keine Ratschläge brauchte, selbst wenn sie von meinem Vater kamen. Es genügte Wei Hi nicht, mich vor dem Umgang mit Männern zu warnen oder mich zu ermahnen, daß es für eine Witwe entehrend sei, sich wiederzuverheiraten, er ging sogar so weit, mir zu raten, mich unter allen Umständen zu hüten, in der Öffentlichkeit zu lachen. Es war zum Verzweifeln. Ich schrieb ihm zurück und fragte ihn, ob er erwarte, daß man mir nach meinem Tod ein Denkmal zu Ehren der Witwentreue errichte: ob es nicht ausreiche, wenn man seinen Mann verloren habe? Ob ich nun auch noch mein Lächeln verlieren und meinen Kindern das Gesicht ewiger Verzweiflung darbieten solle? Er antwortete, daß ich schön sei und mein Lachen womöglich die Männer anlocken könne ... Eine Verständigung zwischen uns war nicht möglich.

Nun tat ich zwar überhaupt nichts dafür, um die Männer anzulocken, aber wenn ich zu Fuß durch die Stadt zu einem Schüler ging, um noch das Geld für ein Taxi zu sparen, weil ich mir sagte, daß dieses Geld mein Polster für die Ausreise nach Amerika oder wohin auch immer vergrößern würde, und ein Auto mit einem Ehepaar und seinen Kindern darin vorüberfahren sah, folgte ich ihnen mit den Augen und weinte. Andere hatten ein Zuhause. Meine beiden Kinder und ich waren allein, und niemand war da, um uns zu schützen. So verging mein erster Winter in Hongkong.

Zu Beginn des Sommers 1963 machte mein Sohn Paul, der mittlerweile zwölf Jahre alt war, mir eine große Freude. Es war die erste Freude seit dem Tod seines Vaters. Da er die Grundschule mit der Beurteilung »sehr gut« abgeschlossen hatte, erhielt er ein Regierungsstipendium der Kolonie Hongkong, eine echte Auszeichnung für ein Kind, das weder Kantonesisch noch Englisch konnte, überdies in Shanghai nach dem vereinfachten System Schreiben gelernt hatte und nun in Hongkong das traditionelle Chinesisch wiedererlernen mußte ... Nun sollte also seine Oberschulzeit beginnen. Es stellte sich heraus, daß Hongkong übervölkert war, es nur eine beschränkte Zahl von Gymnasien gab und alle für das neue Schuljahr bereits belegt waren.

Mein Schwager Fong, der Architekt, der keinen Tag verstreichen ließ, ohne sich nach unserem Wohlergehen zu erkundigen, schlug mir ein Gymnasium am Stadtrand vor, das jedoch nur Internatsschüler aufnahm. Ich hatte in einem Baptistenkolleg in Kowloon in der Nähe unseres Hauses für Paul einen Aufnahmeantrag gestellt. Weshalb sollte ich ihn also in den äußersten Süden Hongkongs schicken? Vor allem mißfiel mir die Vorstellung, daß es sich um ein Internat handelte und ich meinen Sohn nicht mehr jeden Tag sehen würde. Fong bestand aber darauf, daß ich mir die Frage wenigstens durch den Kopf gehen ließ, denn die Lehranstalt, von der er sprach, besaß einen ausgezeichneten Ruf, und das war seiner Meinung nach die Hauptsache. Ob wir es uns nicht einmal ansehen wollten? Ich zögerte, weil ich mich in Hongkong nicht auskannte und nicht wußte, wie ich mich entscheiden sollte. Noch etwas anderes ließ mich zögern. Bei Fong hatte ich seit einigen Tagen ein ungutes Gefühl. Es gab in seiner Haltung mir gegenüber irgend etwas Undurchschaubares oder womöglich allzu Durchschaubares. Ich antwortete ihm, daß ich augenblicklich keine Zeit habe, das Gymnasium anzuschauen, und daß ich es mir durch den Kopf gehen lassen wolle.

Als ich wieder allein war, dachte ich über Fong und seine Frau Liu Yu Lan, die jüngste Tochter Liu Pin Sans, nach. Sie waren ein recht ungleiches Paar. Sie war eher hübsch und kokett, besaß jedoch die leere Schönheit eines Menschen, der ohne Geld nicht froh wird, und interessierte sich ausschließlich für die unbedeutendsten Dinge. Er dagegen war ein durchaus männlicher Typ, der zugleich autoritär war und vielleicht sogar heftig werden konnte. Was mir an ihr am wenigsten gefiel, war die Art, wie sie ihre Kinder anschrie. Es kam in dieser Ehe häufig zu Szenen, und ich konnte sicher sein, daß ich nach jedem Streit zwei Telefonanrufe erhielt, einen von der Ehefrau, den anderen vom Ehemann. Sie hatten es sich zur Gewohnheit gemacht, mich als Schiedsrichterin heranzuziehen, und ich mußte sie versöhnen und den Haussegen wieder zurechtrücken. In diese unangenehme Lage war ich wohl deshalb gekommen, weil Fong und seine Frau sich als einzige in meiner Familie um mich kümmerten. Leider konnte es nun keinen Zweifel mehr geben, welcher Art das Interesse war, das Fong mir entgegenbrachte. Der Ausdruck seines Blicks, in dem ich früher nur Herzlichkeit und Freundschaft gesehen hatte, hatte mir plötzlich die Augen geöffnet.

Einen Tag nachdem ich es abgelehnt hatte, das Gymnasium mit ihm anzuschauen, ließ er mich früh am Morgen durch seine Frau anrufen.

»Ich verstehe dich nicht, Ching Lie«, sagte sie. »Wir mühen uns ab, um dir zu helfen, und du zierst dich. Du willst doch wohl uns gegenüber nicht die große Dame spielen?«

Sie beharrte mit solchem Nachdruck auf dieser Schulbesichtigung, daß ich schließlich nachgab, da ich nicht wußte, was ich dagegen einwenden sollte. Ich versprach ihr, rechtzeitig an der Anlegestelle der Star Ferry auf der Hongkonger Seite einzutreffen. Ich legte den Hörer auf und war einerseits deprimiert, weil ich einmal mehr merkte, daß eine arme Witwe vom Willen anderer abhing, und andererseits besorgt wegen Fongs Haltung mir gegenüber.

Als ich von der Fähre kam, erblickte ich Fong. Er hatte nicht seinen amerikanischen Wagen genommen, sondern einen kleinen Volkswagen. Er war allein.

»Wo ist deine Frau?« fragte ich ihn sogleich argwöhnisch.

»Sie hat mit ihrem Sohn zu tun«, sagte er, »deshalb konnte sie nicht kommen.«

Ich stieg ein. Der Wagen verließ das Häusermeer von Victoria und rollte in Richtung Süden. Es war Juni, im Auto gab es keine Ventilation, und es herrschte eine feuchte Hitze, die meinem Begleiter beschwerlich zu sein schien. Er hielt mehrfach an der Bordsteinkante im Schatten an, fuhr dann noch einen Augenblick und parkte schließlich vor einem großen Hotel.

»Vielleicht könnten wir etwas trinken ...«, sagte er. »Ich sterbe vor Durst.«

Ich folgte ihm in die Bar, wo er Erfrischungsgetränke bestellte.

Wir hatten noch nicht ausgetrunken, da fragte er, ob er vielleicht ein Zimmer nehmen solle.

»Es ist so warm ... Vielleicht möchtest du dich ausruhen? Eine Siesta einlegen ...«

Ich erwiderte, daß ich nicht im mindesten erschöpft und nicht mit ihm gekommen sei, um mich auszuruhen, sondern um ein Gymnasium zu besichtigen. Damit stand ich auf und ging zum Wagen zurück, und er folgte mir.

Unterwegs hatte ich nicht die geringste Lust mehr zu sprechen und wollte diesen Ausflug so schnell wie möglich zu Ende bringen. Endlich waren wir am Gymnasium angekommen, und der Direktor empfing uns. Die Lehrer wurden uns vorgestellt, mit denen wir über die Schule sprachen. Gegen Mittag, als wir wieder aufbrachen, wurde die Hitze immer erstickender. Fong schwitzte beim Fahren gewaltig, und auch mich plagte die Hitze. Es kam mir so vor, als nähmen wir nicht denselben Weg wie auf der Herfahrt, denn plötzlich befanden wir uns am Meer, an einem Strand. Der Wagen hielt.

»Das ist Repulse Bay«, sagte Fong.

Bei diesem Strand schien es sich um den schönsten und meistbesuchten Hongkongs zu handeln. Ich wollte gerne nach Hause, doch mein Begleiter stieg aus dem Wagen.

»Ich bin am Ersticken«, sagte er. »Ist es dir recht, daß wir eine Pause machen? Ich muß unbedingt etwas trinken, ich halte es nicht mehr aus ...«

Wie hätte ich ablehnen können? Außerdem hatte ich genausolchen Durst wie er und war sogar hungrig: der Anruf seiner Frau hatte mich früh aus dem Haus gerufen, und ich hatte seit dem gestrigen Abend nichts gegessen. Es war Mittagszeit, und der lange Strand war menschenleer. In der Nähe des Wassers stand eine Art Imbißstube mit mehreren Tischen.

Als ich Platz nahm, entfernte sich Fong. Ich sah, wie er mit einem Kellner sprach und ihm Geld gab, wahrscheinlich um irgend etwas zu bestellen. Als er zu mir zurückkam, machte er mir jedoch ein Zeichen, ihm zu folgen. Ich stand auf. Er führte mich zu einer Reihe von Umkleidekabinen. Als er eine davon öffnete, wunderte ich mich, aber dazu blieb mir nicht viel Zeit.

Fong hatte mich am Arm gepackt und blitzschnell ins Innere der Kabine gezogen. Er hielt mir die Arme hinter dem Rücken fest, sein Gesicht näherte sich dem meinen, und er atmete heftig. An seinem Blick erkannte ich sofort, daß er jede Selbstbeherrschung verloren hatte. Mit der einen Hand, die ich gerade noch freibekam, stieß ich sein Gesicht zurück, das mein eigenes fast erdrückte, während sein Mund meine Lippen suchte. Vergeblich schrie ich, er solle aufhören und sich hüten, er hörte nicht. Wir kämpften wild miteinander. Wegen der Hitze trug ich nur ein leichtes Kleid und eine kleine Unterhose. Ich war schnell halb ausgezogen, das Kleid war zerfetzt, die Haut zerkratzt, die Glieder taten mir weh. Ich kämpfte immer noch und spürte, daß mir der Atem und die Kräfte ausgingen. Ich wollte schreien. Vielleicht kam jemand, obwohl der Strand menschenleer war. Aber dann stünde mein Name in den Zeitungen, und es käme zum Skandal, in dem ich das Gesicht verlöre. So war es besser, ich verteidigte mich allein. Ich wußte nicht, wie lange dieser Kampf schon dauerte, als es Fong gelang, mich auf die Holzbank zu drängen. Nach dem Zorn und dem Entsetzen, die mich bis dahin bewegt hatten, begann ich nun, ihn anzuflehen: »Laß mich los, Fong! Rühr mich nicht an! Oder ich sterbe!«

War es meine Verzweiflung, oder waren es meine Worte, die ihre Wirkung nicht verfehlten? Er ließ mich unvermittelt los.

»Ich lasse dich los ... Du siehst ja ... Ich schwöre dir, daß ich dir nichts tun werde ...«

Bei diesen Worten stieß ich einen tiefen Seufzer aus und streckte mich völlig erschöpft mit geschlossenen Augen auf der Bank aus. Ich war fast tot vor Aufregung und Erschöpfung. Und diese Minute macht Fong sich zunutze, um sich auf mich zu stürzen und mich zu besudeln.

Davor hatte mich also nichts bewahren können, weder mein tiefer Glaube noch die verschiedensten Ratschläge, noch der Respekt vor meinem Mann, der vor weniger als einem Monat gestorben war. Ich hätte auf diese Gemeinheit gefaßt sein müssen ...

Erniedrigt und beschmutzt, hatte ich keinen anderen Wunsch, als zu sterben. Ich richtete mich auf und lief auf das Meer zu, um mich in die Wellen zu stürzen und diesem Leben, das ich nicht mehr wollte, ein Ende zu bereiten.

Fong holte mich ein, zog mich auf den Strand und flehte mich auf den Knien um Vergebung an. Er habe angenommen, sagte er, ich hätte in meinem Alter doch sicher das Bedürfnis, daß ein Mann mich in die Arme nahm. Er zweifelte nicht daran, daß ich trotzdem Prinzipien hätte.

»Wenn ich begriffen hätte, wie du bist, dann hätte ich nicht so gehandelt, das mußt du mir glauben ... Aber ich dachte, du seist wie alle Frauen ... «

»Hast du das nicht schon in der ersten Minute begreifen können?« erwiderte ich. »Und als du gesehen hast, wie ich mich bis zur Erschöpfung verteidigte, da hast du immer noch nicht begriffen? Ein Mensch hätte es begriffen. Aber du bist ein wildes Tier ... Und mit welchem Recht willst du mich jetzt daran hindern zu sterben?«

Aber was sollte aus meinen beiden Kindern werden, fragte ich mich schließlich. Ich hatte kein Recht, mich umzubringen. Ich mußte schleunigst vergessen, was gerade geschehen war. Fong selbst argumentierte so und versprach, er selbst wolle mir dabei helfen und alles tun, um das Unrecht, das er mir angetan, wiedergutzumachen.

Während der Rückfahrt saß ich im Fond des Wagens. Als wir vor dem Haus meiner Schwiegereltern angekommen waren, stieg ich aus, ohne dem Fahrer auch nur einen Blick zuzuwerfen, und lief mit meinem zerrissenen Kleid, das ich zurechtgerückt hatte, so gut es ging, zitternd die Treppen hinauf. Mein Schwiegervater war gerade von einer Partie Mah-Jongg nach Hause zurückgekehrt. Ich mußte ungesehen in mein Zimmer und von dort aus ins Badezimmer schlüpfen. Das Hausmädchen sperrte Mund und Nase auf, als es mich sah, und schien sich zu fragen, was mir zugestoßen sei: ich erklärte ihr, daß ich gefallen sei, und stürzte ins Badezimmer.

Wenigstens eine Woche lang lebte ich geistesabwesend und verstört vor mich hin. Ich ließ einige meiner Schüler wissen, daß ich mich nicht wohl fühle, bei anderen vergaß ich das sogar. Ich lebte zurückgezogen in meinem Zimmer. Bei Tisch nahm ich meine Eßstäbchen hoch und schaute sie dann plötzlich erstaunt an, weil ich nicht wußte, was ich damit machen wollte. Tagsüber kam es häufig vor, daß ich nicht mehr wußte, wo ich war.

Der Schock hatte auch Auswirkungen auf den Körper: meine Regel kam nicht, und ich wurde fast wahnsinnig vor Entsetzen. Mein Alptraum, eventuell schwanger zu sein, trieb mich dazu, heimlich zweifelhafte Frauen aufzusuchen, die verbotene Drogen verkauften, mit deren Hilfe man die Regel auslösen konnte. Diese Produkte waren gefährlich, aber lieber wollte ich an einem Medikament sterben, als von Fong schwanger sein. Da ich es nicht war, wurde schließlich alles wieder normal.

Mit dem Ereignis selbst wurde ich jedoch nicht fertig. Seltsamerweise hatte ich in der Nacht vor diesem abscheulichen Tag am Strand von Repulse Bay geträumt, daß mein Mann, der in seinem offenen Sarg ruhte, sich erhob und mich erwürgen wollte. Nachdem das erste Entsetzen sich gelegt hatte, verwandelte mein Kummer sich nun in Haß. Ich hatte nur noch das tiefe Bedürfnis nach Rache. Ich fing an, darüber nachzusinnen.

Fong verschwand aus meinem Gesichtskreis, aber nur eine Woche lang. Ich war darauf gefaßt, ihn wiederzusehen. Da ich über meine Rache nachgedacht hatte, war ich bereits völlig darauf eingestellt, ihn gebührend zu empfangen, als ich ihn wiedersah.

»Du hast mich zutiefst verletzt«, sagte ich ganz ruhig. »Ich hoffe, daß du es aufrichtig bereust.«

Es war ganz offensichtlich, daß Fong, der an Erfolge bei Frauen gewöhnt war, ein gewandtes Mundwerk hatte. Welche Aufrichtigkeit klang nicht aus seiner Stimme, als er mir erklärte, daß nur die Liebe daran schuld gewesen sei, daß er den Kopf verloren habe... Ich gab nicht viel darauf, und als habe er meine Verachtung gespürt, wechselte er das Thema und erzählte mir seine Lebensgeschichte.

Kurz nachdem er seine spätere Frau Liu Yu Lan kennengelernt hatte, war es ihm gelungen, sie zu verführen. In Hongkong waren die Beziehungen zwischen jungen Leuten nicht sehr oft rein platonischer Natur. Einige Monate später mußte er nach Deutschland, um dort sein Architekturstudium zu beenden. Liu Yu Lan, die ihm ihre Jungfräulichkeit geopfert hatte, verlangte, daß vor seiner Abreise die offizielle Verlobung stattfand. Fong fügte sich. Da beide Familien aus Shanghai und reich waren, gab es in diesem Punkt keinerlei Schwierigkeiten. Dann fuhr der Verlobte ab. Da seine Rückkehr sich hinauszögerte, dauerte es nicht lange, und Liu Yu Lan lernte in Hongkong einen Studenten kennen, für den sie eine Schwäche hatte und von dem sie schließlich schwanger wurde. Da der andere aber arm war und damit überhaupt nicht zählte, blieb Liu Yu Lan gar nichts anderes übrig, als sich so schnell wie möglich in Fongs Arme zu stürzen, um zu vertuschen, wer der Erzeuger des Kindes war. Sie lief also zu den Eltern des Verlobten und flehte sie an, sie nach Hamburg, wo er studierte, gehen zu lassen, um ihren Sohn dort aufzusuchen und dann mit ihm zurückzukehren, um zu heiraten. Sie stellte sich dabei so geschickt an, daß die Eltern sich nicht lange fragten, woher diese plötzliche Eile wohl kommen mochte, und einwilligten. Die notwendigen Schritte zur Beschaffung des Visums dauerten jedoch ewig: Liu Yu Lan verlor zuviel Zeit. Als sie dann endlich in Hamburg zusammen waren, heirateten die Verlobten dort. Fünf Monate später kam ein Kind zur Welt. Fong war hereingelegt worden. Er verabfolgte seiner Frau eine hinreichende Tracht Prügel, um sie zum Geständnis zu bewegen, und dann wurde das Kind in einer Hamburger Nonnenschule abgeliefert. Fong raste, da er sich nicht scheiden lassen konnte. Zwei bedeutende Familien hätten dadurch das Gesicht verloren. Er fand sich also mit der Situation ab und lebte mit der Frau, die er verachtete, auf großem Fuß. Das Paar bekam sogar zwei Kinder, aber es gab unaufhörlich Streit. Ich konnte davon ein Lied singen.

»Liu Yu Lan und ich sind charakterlich zu verschieden«, schloß Fong, »wir haben nichts gemeinsam. Aber bei dir habe ich schon in der ersten Minute, als ich dich kennenlernte, gewußt, daß du wie für mich geschaffen bist. Du hast alle Vorzüge, die ich von einer Frau verlange. Es ist mir jetzt ganz klar, daß ich mich wie ein Rohling, wie ein dummes Tier aufgeführt habe. Aber die Liebe ist daran schuld, daß ich den Kopf verloren habe ... Diese Liebe, die ich auch in deinen Augen zu lesen meinte ... «

»In meinen Augen?«

Ich glaubte, nicht recht zu hören.

»Ja«, sagte er, »in deinen Augen habe ich immer eine solche Zärtlichkeit gesehen ... Vielleicht bist du dir dessen gar nicht bewußt gewesen ... «

Jetzt wußte ich, wovon er sprach. Was ich bei ihm für Großzügigkeit gehalten hatte, hatte mich stets zutiefst gerührt. Insbesondere seine nette Art den Kindern gegenüber hatte auch mich mit Dankbarkeit erfüllt. Das hatte er also »in meinen Augen gelesen«. Ich dachte daran, daß mein Vater von mir verlangt hatte, nicht zu lächeln. Er hatte also recht. Waren die Männer so verrückt, im Lächeln oder Blick einer Frau ein Liebesgeständnis zu sehen? Mein Rachedurst wurde immer größer. Ich dachte gründlich nach, was ich Fong antworten sollte, denn mein Kopf blieb kühl, und ich sann nur auf ein Mittel, ihm sein Verhalten in der Repulse Bay heimzuzahlen.

»Fong«, erwiderte ich, »wenn du sagst, daß die Liebe dich dazu getrieben hat, kann ich dir vielleicht eines Tages vergeben. Wenn ich jedoch nur einen Augenblick annehmen muß, daß du mich einzig als flüchtige Eroberung betrachtest, dann würde ich dir nicht einmal mehr erlauben, das Wort an mich zu richten.«

Meine Rechnung war denkbar einfach. Ich mußte ihm Hoffnung machen, daß er das Unerreichbare erreichen könne, wenn er mich wirklich liebe, ihn zum Äußersten treiben und dann einfach zurückweisen und so demütigen, daß er es nie mehr vergaß. Ich wußte nur noch nicht, in welchem Augenblick ich seine Frau ins Bild setzen sollte – denn auch das war ein Teil meines Plans. Zunächst einmal galt es, Fong begreiflich zu machen, daß ich es ablehnte, seine heimliche Geliebte zu werden, und daß er mich nur bekommen könne, wenn er auch die schwerwiegendsten Konsequenzen auf sich nahm: ich wollte, daß er das Risiko des Skandals einging, und ihn dann mit Verachtung strafen und vor die Tür setzen.

Ich empfing ihn also auch weiter und behandelte ihn mit sorgfältig dosierter Liebenswürdigkeit. Seine Frau und er luden mich häufig zum Abendessen ein. Es kam soweit, daß Fong schließlich keinen Tag ausließ, um mich zu sehen und mit mir zu sprechen. Er wurde immer verliebter und seiner Sache auch täglich sicherer. Genau das wollte ich. Dann aber überkamen mich meiner Schwägerin wegen doch Gewissensbisse.

Ich beschloß, mit meinem Schwiegervater zu reden. Die Spazierfahrt in die Repulse Bay ließ ich aus und sagte ihm nur, daß Fong in mich verliebt sei, mir nachstelle und mich zu seiner Geliebten machen wolle und daß nur sein Schwiegervater genügend Autorität besitze, um ihn davon abzubringen. Liu Pin San zeigte keinerlei Überraschung – vielleicht war er auf dem laufenden –, keinerlei Entrüstung, sondern nur große Verlegenheit. Er erklärte mir schließlich, daß Fong ein sensibler Mann sei und man, wenn man ihn zur Ordnung rufe, sicher nur erreiche, daß er wütend werde und seine Frau verlasse. Mir wurde klar, daß dieser alte, vom Exil verbitterte und durch Kummer geschwächte Mann sich nur um seine Tochter sorgte und vor einem Skandal zurückscheute, dem er sich nicht gewachsen fühlte. Ich hatte von ihm nichts zu erwarten. Und als ich ihm daraufhin mitteilte, daß ich nun keinen anderen Ausweg mehr sehe, als auszuwandern, schwieg er nur.

Es brachte mir auch nicht viel ein, daß ich mich Fongs Frau anvertraute. Als ich ihr mitteilte, daß ihr Gatte mich mit seinem Liebeswerben verfolge, begriff ich, wie wenig dieses Paar noch verband. Liu Yu Lan empfand gegenüber Fong weder Liebe noch Eifersucht, sondern ausschließlich Angst. Sie hatte nicht etwa Angst, ihren Gatten zu verlieren, sondern sie fürchtete den Verlust ihrer gesellschaftlichen Stellung. So antwortete sie mir, es genüge schon, daß sie den Mund auftäte und ihm auch nur den kleinsten Vorwurf machte, und er würde in einem Anfall von Zorn beschließen, sich scheiden zu lassen.

Ein neuer Winter war gekommen, und das schreckliche Jahr 1963 zu Ende gegangen, aber das neue Jahr zeigte sich auch von keiner besseren Seite. Fong fuhr den ganzen Winter fort, mir nachzustellen. Man sah ihn nicht mehr zu Hause und nicht mehr in seinem Büro, sondern nur noch in meinem Kielwasser. Eines Tages sagte er auf der Straße mit einem seltsamen Lächeln: »Du entgehst mir doch nicht... Selbst wenn du sehr weit weggehen würdest, du könntest mir niemals entrinnen...«

Eines Tages verfolgte er mich bis zu der Geigerin Morya Ray, die ihm das Haus verbieten mußte. Er wartete im Treppenhaus auf mich. Ich wurde langsam wahnsinnig. Ich beschloß, meine Klavierstunden nur noch zu Hause abzuhalten. So kamen die Schüler und Schülerinnen einer nach dem anderen zu mir in die Wohnung in der Granville Road. Das bedeutete für mich eine gewisse Zuflucht. Aber ich wußte sehr wohl, daß ich niemals Frieden haben würde, solange ich hierblieb.

Eines Tages fühlte ich mich so von aller Welt verlassen, daß ich einen Hellseher aufsuchte, den ich noch aus Shanghai kannte.

»Es wird nicht mehr lange dauern, und du wirst sehr weit wegfahren«, sagte er zu mir.

Ich dachte sofort daran, daß mein Schwager in den Vereinigten Staaten, dem ich vergeblich geschrieben hatte, seine Meinung vielleicht ändern und mir das Bürgschaftsschreiben schicken würde, um das ich ihn gebeten hatte.

»Werde ich nach Amerika gehen?« fragte ich den Hellseher.

»Nein«, erwiderte er, »nicht nach Amerika. Nach Europa.«

In diesem Winter hatte ich mir, um jedem unerwarteten Besuch Fongs zuvorzukommen, angewöhnt, mit meinen Kindern zu einem Onkel und einer Tante zu gehen, die Verwandte meiner Mutter waren. Das war ein sehr glückliches Ehepaar, das ein vorbildliches Leben führte. Ich hatte beide sehr gern, und sie behandelten mich wie ihre Tochter. Sie hatten einen Sohn, der einige Jahre jünger war als ich und in diesem Winter aus Kanada zurückkehrte, um in Hongkong den Beruf des Buchhalters auszuüben, in dem auch sein Vater tätig war. Er war ein absolut anständiger junger Mann, und die ganze Familie war in der Hölle Hongkongs eine wahre Oase. Ich hatte hin und wieder an die Worte des Politkommissars am Konservatorium von Shanghai denken müssen, der mich vor meiner Abreise gemahnt hatte, mich »vor der unanständigen Welt« zu hüten, die ich hier vorfinden würde.

Als ich eines Tages mit meiner Tante und meinem jungen Vetter aus dem Kino kam, sah ich am Ausgang Fong und seine Frau, die auf mich warteten. Wie hatten sie wissen können, daß ich hier war? Ich erklärte ihnen ziemlich kühl, daß ich mit meiner Tante und meinem Vetter nach Hause gehen würde. Als Fong den jungen Mann erblickte – er war ein hübscher Junge –, sah ich, daß er kurz davor war, die Nerven zu verlieren. Ohne auf irgend jemanden Rücksicht zu nehmen, packte er mich am Arm und zerrte mich bis zum Auto, stieß mich hinein und schloß die Tür. Seine Frau holte uns im Laufschritt ein und stieg ebenfalls in den Wagen. Ich wollte weder einen Skandal hervorrufen, noch die Passanten aufhetzen und fügte mich. Aber während der Fahrt machte ich Liu Yu Lan, Fongs Frau, eine heftige Szene.

»Dein Mann führt sich wie ein Verrückter und ein Kranker auf. Aber du bist genauso verrückt, daß du ihn gewähren läßt! Hast du denn überhaupt keinen Stolz? Keinerlei Würde?«

Sie wußte, daß ihr Mann verrückt nach mir war und daß er ihr das Vergangene niemals vergeben hatte, und konnte nichts anderes tun, als zu schweigen. Auf alles, was ich ihr vorhielt, erwiderte sie kein einziges Wort.

Einige Wochen lang hörte Fong nun auf, mich anzurufen oder mir nachzuspionieren, dann fing wieder alles von vorn an. Mal sah ich, wie er mich auf der Straße verfolgte, mal glaubte ich ihn zu sehen. Er war für mich eine ständige Halluzination geworden. Im Mai ging ich eines Nachmittags zu meiner Freundin Barbara Fei. Ich hatte mich gerade erst hingesetzt, da sah sie mich mit geheimnisvollem Lächeln an und zeigte mir einen Briefumschlag. Ich las den Namen: es war der ihre. Sie sagte mir, ich solle mir Stempel und Briefmarken anschauen. Es war eine französische Briefmarke. Der Brief kam aus Paris.

Ohne mir etwas davon zu sagen, hatte Barbara ihrer Freundin Diana Wang geschrieben, die in Paris lebte und deren Gatte Geiger war. Sie stand auf dem Standpunkt, daß ich zunächst einmal allein ins Ausland fahren sollte, um meine Chancen dort besser zu nutzen. Nach ihrem Briefwechsel besaß sie nun einen Überblick, was für Studien- und Lebensmöglichkeiten für mich in Paris bestanden. Sie erklärte mir, daß ich nicht mehr aufs Konservatorium gehen könne, weil ich älter als achtzehn war, und daß die privaten Musikschulen zumeist kostspielig und von sehr unterschiedlichem Niveau seien. Ihre Freundin Diana Wang, die sich im Musikleben von Paris auskannte, hatte schließlich den bestmöglichen Lehrer vorgeschlagen: die große Pianistin Marguerite Long. Sie hatte nur eine begrenzte Anzahl von Schülern, aber weshalb sollte ich mich nicht bewerben? Man mußte nur einige Stücke auf Tonband aufnehmen und sie Diana Wang schicken, die sie dann in der Akademie Marguerite Long vorlegen wollte. Danach brauchten wir nur noch die Antwort abzuwarten.

Die Vorstellung, daß die große Pianistin mich annehmen würde, schien mir zu schön, um wahr werden zu können. Aber trotz meiner Skepsis sah ich zum erstenmal seit zwei Jahren wieder den Schimmer einer Hoffnung auf ein anderes Leben, und ich war Barbara dankbar. Auf dem Nachhauseweg stellte ich gleich den Antrag auf ein Ausreisevisum.

Meine Freundin besorgte mir ein Tonbandgerät. Ich hatte die Absicht, eine von Liszt arrangierte Chaconne von Johann Sebastian Bach sowie Liszts »Sospiro« aufzunehmen, und übte verbissen. Zwei Wochen, nachdem Barbara mir ihre Neuigkeiten mitgeteilt hatte, brachte ich ihr das bespielte Tonband. Sie versprach mir, es unverzüglich an ihre Freundin Diana Wang in Paris weiterzuleiten.

An einem schönen Sonntag kurz darauf beschlossen wir, mit meiner Tante und meinen beiden Kindern zum Baden zu fahren. Mein junger Vetter begleitete uns und außerdem noch drei oder vier andere Verwandte.

Kurz nach unserem Aufbruch war Fong in der Absicht zu uns gekommen, mich abzuholen und die Kinder und mich zu einer Spazierfahrt mitzunehmen. Die Hausangestellte sagte ihm, daß wir baden gefahren seien. Er wollte wissen, wohin, doch konnte sie ihm nur sagen, daß wir in südlicher Richtung aus Hongkong hinausgefahren seien. Seine Suche nahm eine Weile in Anspruch, doch Fong ging mit der üblichen Verbissenheit ans Werk, und gegen drei Uhr nachmittags gelang es ihm, uns am Stanley Strand aufzuspüren.

Ich badete in diesem Augenblick gerade mit meinen Cousinen. Da ich keine sehr gute Schwimmerin war, paßte mein Vetter auf mich auf und badete mit uns. Meine Tante, die das Picknick organisiert hatte, bereitete den Tee, während Paul und Juliette an ihrer Seite saßen. Plötzlich sah ich in zwei Meter Entfernung, denn ich war ganz vorn im Wasser, meinen Schwager Fong. Er trug Shorts, wie in dieser Jahreszeit viele Leute, und zog gerade seine Sandalen aus. Er stürzte auf mich los und packte mich am Arm, um mich aus dem Wasser zu holen. Mein Vetter, der ihn bereits einmal in Aktion gesehen hatte und ihn für fähig hielt, mich zu töten, zog mich am anderen Arm, als plötzlich mein kleiner Paul einen Schrei ausstieß. Man ließ mich los, und alle rannten in seine Richtung. Meine Tante hatte, als sie die Szene im Wasser beobachtet hatte, die Teekanne fallen lassen und mit dem kochendheißen Wasser Juliette das Bein verbrüht. Fong stürzte auf sie zu, nahm sie auf die Arme und rannte zu seinem Wagen. Er sagte, er wollte sie sofort zum Arzt bringen.

»Fahr nicht mit ihm mit!« schrie mein Vetter, als er mich ebenfalls loslaufen sah. »Paß auf!«

Juliette heulte und rief nach ihrem Vater. Der Vetter rannte zu seinem eigenen Wagen. Ich mußte jedoch auf jeden Fall Fong folgen, da er ja Juliette wegtrug. Für diesen Verrückten war das wieder eine Gelegenheit, mich zu entführen. In Richtung auf meinen Vetter warf er geradezu mordlustige Blicke. Der wiederum hatte Angst um mich, Juliette heulte vor Schmerz, und meine Tante schrie, um die übrigen Kinder zusammenzuhalten. Die beiden Männer sahen nichts als die Straße, auf die sie zurannten.

Die beiden Wagen starteten mit einem Höllenlärm nahezu gleichzeitig. Der Wagen meines Vetters gewann einen Vorsprung und zwang uns, langsamer zu fahren. Wollte er Fong umbringen? Ich beschwor meinen Schwager, ihm auszuweichen. Es gelang ihm, den anderen Wagen zu überholen, und ihn hinter sich zurückzulassen. Dann bog er plötzlich ab und hielt in einer kleinen Querstraße. Der Wagen meines Vetters brauste an uns vorbei, ohne daß er uns gesehen hätte... Fong wartete ein paar Minuten, fuhr auf die Straße zurück, durchquerte dann im Zick-Zack-Kurs Victoria mit großer Geschwindigkeit, wobei er mehrere rote Ampeln überfuhr, um uns bei sich zu Hause abzusetzen. Während seine Frau Juliette hinlegte, rief er den Arzt an. Meine Tochter stöhnte unaufhörlich und hörte erst auf, als der Arzt ihr einen Verband angelegt hatte. Fong fuhr uns zu meinen Schwiegereltern zurück. Dort dankte ich ihm und bat ihn, sofort wieder wegzufahren. Glücklicherweise fügte er sich, und zehn Minuten nach seiner Abfahrt kam mein junger Vetter, halb verrückt vor Besorgnis, bei uns an...

Barbara Fei, ihr Mann Jimmy und ich stehen in ihrem Wohnzimmer. In wenigen Minuten werde ich sie verlassen. Barbara gibt mir einen kleinen Beutel und öffnet ihn, um mir zu zeigen, was darin ist: fünf zusammengefaltete Papierstückchen. Darauf stehen die Adressen von Freunden in Paris. Ich soll sie nur auseinanderfalten, wenn ich Hilfe brauche.

»Ich wünsche dir, daß du es nicht nötig haben wirst, sie auseinanderzufalten«, sagt Barbara.

Schließlich gibt sie mir das Foto des Freundes, der mich in Orly erwarten wird.

Es ist Ende September. Seit vier Wochen habe ich mein Visum für Frankreich.

Vor zwei Wochen hat Barbara aus Paris die Antwort ihrer Freundin Diana Wang erhalten: Marguerite Long hat sich meine Aufnahmen angehört und mich als Schülerin angenommen. Am nächsten Tag habe ich meinen Flug nach Paris gebucht.

Ich habe während dieser zwei Jahre genug Geld gespart, um mir eine Flugkarte kaufen und einige Monate leben zu können. Ich muß meine Kinder für ein Jahr, vielleicht auch für zwei in Hongkong lassen. Das wird sehr schwer werden. Aber ich bin fest entschlossen, alles für ihre Zukunft zu tun. Sie haben ja nur noch mich. Paul und Juliette werden bei meinen Schwiegereltern wohnen. Mein Onkel, meine Tante und ihr Sohn wollen sie oft besuchen. Sie sind eine Familie, die sie gern hat und die ihnen nur zum Vorbild dienen kann.

Ich verlasse meine liebe Barbara, der ich soviel verdanke und die mir den Weg in die Stadt geebnet hat, von der ich schon in Shanghai träumte und die Paris heißt.

Ich fahre noch Juliette und Paul abholen, die mich zum Flughafen begleiten wollen. Vor der Hausnummer 85 der Granville Road steht ein Taxi. Auf dem Balkon stützt mein Schwiegervater meine kranke Schwiegermutter, die meinen Abschied bis zur letzten Sekunde miterleben will. Ich winke ihnen zum letzten Mal zu. Im Taxi schluchzt Juliette vor sich hin.

Wir stehen auf dem Flughafen. Fong steht wenige Meter von mir entfernt und macht mir ein Zeichen. Ich wende mich ab. Diesmal wird er es nicht wagen, sich mir zu nähern. Als ich an der Sperre ankomme, sehe ich ihn nicht mehr. Ich bemühe mich, ihn zu vergessen, wie ich diese beiden letzten Jahre vergessen möchte.

Sie entfernen sich, und ältere Erinnerungen ziehen herauf: Wei Hi, mein Vater, und Tsong Hai, meine Mutter, die Tag und Stunde meines Abflugs kennen und in diesem Augenblick sicherlich weinen. Ich erinnere mich an die Mac Intyre School in Shanghai, wo ein Chor von jungen Mädchen sang, ich denke an den Jessfield Park, wo mein Vater mit mir spazierenging, mein geliebter Bruder mir das Affenboxen beibrachte. Als wären sie alle im Haus versammelt, wie damals, als ich mit dem Fahrrad zur Schule fuhr, so sehe ich meine Brüder und Schwestern vor mir und denke an jeden einzelnen von ihnen.

Ich bin allein unter lauter Unbekannten. Das Flugzeug gewinnt an Höhe, und plötzlich liegt einige Minuten lang China vor mir, wo das vergangene Glück meines Lebens wie der kleine Garten eines armen Bauern zurückbleibt. Ich weine nicht. Ich habe keine Tränen mehr.

Georges Walter
Zehn Jahre danach . . .

Ein Jahrzehnt nach den hier beschriebenen Ereignissen spielte auf der Bühne des Theaters der Champs-Élysées in Paris eine Pianistin das Konzert für Klavier und Orchester »Der Gelbe Fluß« von Shi Hsin-hai. Niemandem entging es, daß in einer der Logen, umgeben von etlichen Landsleuten, seine Exzellenz Tseng Tao, der Botschafter der Volksrepublik China in Frankreich, dem Konzert beiwohnte.

Die Pianistin war Chow Ching Lie – von ihren französischen Freunden Julie genannt –, und mit ihrem langen, duftigen Abendkleid wirkte sie wie ein junges Mädchen aus der Zeit der Romantik, ein Wesen, das man sich auch Liszt oder Schumann spielend vorstellen konnte und nicht ein so kraftvolles Werk wie das des chinesischen Komponisten.

Das Klavier kam mit den Europäern zur Zeit der Einrichtung der »Konzessionen« nach China und wurde nie zum Instrument der eigentlichen Nationalmusik. Die Kulturrevolution der sechziger Jahre betrachtete es mit scheelen Augen als sowohl fremdes wie »bourgeoises« Musikinstrument, und dieser doppelte Makel führte dazu, daß die Roten Garden etliche davon zerschlugen. Doch dann entstanden chinesische Klavierkompositionen, und damit war das Piano rehabilitiert. (Das Finale des Konzerts »Der Gelbe Fluß« enthält sogar Anklänge an die Melodie der »Internationale«.) Im übrigen sind die Klavierwerke des Westens – auch wenn Beethoven gemeinsam mit Konfuzius auf den Wandzeitungen der Roten Garden angeprangert wurde – der Grundstock des Repertoires auch der chinesischen Pianisten geblieben, die ihr Gehör seit langem an Mozart, Beethoven und Brahms, an César Franck, Tschaikowski und Debussy geschult hatten. Außerdem ist das Klavier ein nützliches Begleitinstrument geblieben.

Als Julie 1965 nach Paris kam, um mit Marguerite Long, die sie als Schülerin angenommen hatte, zu arbeiten, wußte sie nicht, daß diese Zusammenarbeit leider nur von kurzer Dauer sein würde: ein Jahr später war die große Pianistin tot. Seither verfolgte Julie allein und verbissen das Ziel, das sie sich gesetzt hatte. Da das Leben nicht nur aus Musik besteht, hielt es für sie – die sich nun fern ihrer Heimatstadt Shanghai behaupten mußte –

weitere Schicksalsschläge bereit, über die sie vielleicht später einmal berichten wird. Dennoch konnte sie 1968 ihre beiden Kinder aus Hongkong nach Paris holen, Paul, der mittlerweile fünfundzwanzig, und Juliette, die heute fünfzehn Jahre alt ist.

Was mich betrifft, so lernte ich Julie im Dezember 1973 in einem Fernsehstudio in der Rue Cognacq-Jay kennen. Man hatte sie mit ihrer Tochter zu einer Literatursendung der Reihe »Italiques« eingeladen, in der es an diesem Abend um Bücher über China ging. Diese wurden damals besonders zahlreich auf den Markt geworfen, da jeder, der Gelegenheit gehabt hatte, das ferne Land zu besuchen, gewissermaßen mit einem Buch im Gepäck zurückkam, auch wenn der Aufenthalt nur wenige Wochen gedauert hatte. Dies war deshalb verständlich, weil das Land damals Ausländern kaum die Einreise erlaubte und jeder Reisende nur an bestimmte, sorgfältig ausgesuchte Stellen geführt wurde. Manch einer hielt seine spärliche Ährenlese für eine reiche Ernte.

Als Chow Ching Lie mir Einzelheiten aus ihrem Leben erzählte, wurde mir klar, daß ein Bericht über ihr Schicksal keinem dieser Bücher ähneln würde. Die Geschichte Chinas mußte durch ihre Sicht um so authentischer werden, als die Verfasserin selbst keine Historikerin war. Gerade der eingeschränkte Gesichtskreis der Erzählerin mußte ihren Bekenntnissen den eigentlichen Quellenwert verleihen.

Als ich Julies ersten Berichten lauschte, hatte ich die Empfindung, nicht einer Chinesin von heute, sondern einer der Romanheldinnen des 18. Jahrhunderts zuzuhören. Ich dachte an die Moll Flanders von Daniel Defoe, mehr aber noch an die Marianne von Marivaux, jenes junge Mädchen geheimnisvoller Herkunft aus der Provinz, das in Paris alleine dasteht und so viele heiße Tränen vergießt. Bei ihrem Bericht weinte Julie mehr als einmal. Als ich bemerkte, daß ihr das Erzählen bisweilen allzu schwerfiel, schlug ich ihr eines Tages sogar vor, aufzuhören und auf das Buch zu verzichten. Aber sie war zu fest entschlossen, alles bis zum Ende durchzustehen. Sie wußte wohl, daß derlei Bekenntnisse Unerbittlichkeit sich selbst gegenüber verlangen oder aber keine echten Bekenntnisse sind. Da ich nichts durchgehen ließ, das unklar oder dunkel war, meinte sie oft, daß ich ihre Erinnerung geradezu herbeizwänge und daß sie manche Episoden ihres Lebens glatt vergessen hätte, wäre ich nicht dagewesen, um ihr zuzuhören. Insgesamt habe ich wirklich nichts anderes getan. Der Gedanke, irgend etwas romanhaft auszugestalten, ist mir nie gekommen. Nie hätte ich mir erlaubt, einen bestimmten Zug besonders hervorzuheben, noch weniger, ihn auszuschmücken. Dazu bestand auch gar kein

Anlaß. Schließlich bedeutet jedes Hinzudichten in Wirklichkeit, daß man von der Wahrheit Abstriche macht. Der Bericht Julies spricht für sich selbst, und im übrigen hätte sie jegliches Hinzudichten strikt abgelehnt. Ein Beispiel mag das zeigen. Als ich mit der Stelle zu tun hatte, an der Julie als kleines Mädchen ihrer Mutter eine Geschichte erzählt, an die diese nicht glaubt, schrieb ich: »Meine Mutter Tsong Hai zuckte mit den Achseln.« Da der Text des Buches mehrfach umgeschrieben wurde, war der Satz Julie anfangs entgangen. Als sie aber seiner gewahr wurde, machte sie mich sofort darauf aufmerksam, daß die mißbilligende Haltung ihrer Mutter sich niemals durch Achselzucken hätte ausdrücken können, da diese Geste in China nicht üblich ist. »Wenn bei uns ein Chinese mit den Achseln zuckt«, fügte sie hinzu, »so bedeutet das, daß er länger in Europa war.«

Man muß nicht glauben, daß der Bericht über ihr Leben für Julie nur mit Schmerz verbunden war. Zuallererst gab er uns beiden die Empfindung, wie sehr sie an dem Land, das sie verlassen hat und das sie dennoch oft besucht, mit allen Fasern ihres Wesens hängt. Sie verachtet die Ausländer keineswegs, und doch spürt man einen gewissen Stolz, wenn sie von dem spricht, was »man in China nicht tut«, von dem, was man anderenorts hinnimmt, aber nicht in ihrer Heimat. Diese Heimatverbundenheit ist allen Chinesen, die in der Fremde leben und trotzdem ihr Land im Herzen tragen, gemeinsam, und diese Gesinnung scheint eine wesentliche Rolle bei der Erweckung des chinesischen Nationalbewußtseins zu Beginn dieses Jahrhunderts gespielt zu haben. Und wenn ein Revolutionär wie Sun Yat-sen (von dem der Ausspruch stammt: »Wir sind verstreut wie Sandkörner und besitzen keine wahre nationale Einheit«) seine Bewegung Anfang des 20. Jahrhunderts in die Tat umzusetzen vermochte, so geschah das in erster Linie mit der Hilfe von Chinesen, die im Ausland lebten. Das Ausland hat China zwar förmlich das Blut ausgesogen, doch sehr oft hat der Kontakt mit dem Ausland im Exil dem Chinesen und damit seinem Land erst ein nationales Selbstbewußtsein vermittelt.

Diese Heimatliebe hat aber keine Auswirkung auf die Wahrhaftigkeit von Julies Bericht gehabt. Bisweilen zögerte sie, wenn sie von der Schande sprach, der China zur Zeit ihrer Kindheit ausgesetzt war, und sie stockte, wenn es um die Fehler ihrer Verwandten ging. Allein die Wahrhaftigkeit trug stets den Sieg davon. Indem sie mir die Vollmacht erteilte, alles aufzuzeichnen, wurde sie zur Schriftstellerin.

Ich glaube, wir sind ihr zunächst Dank dafür schuldig, daß sie uns ihr Familienalbum geöffnet hat, in dem mit Fäden von Seide und Melancholie jene so lebendigen Bilder einer Welt eingeheftet sind, die für immer entschwunden ist. Denn die ausländischen »Konzessionen«, die Banden und die Kinder Shanghais, die man, um sich ihrer zu entledigen, in die Mülltonnen warf, die Bauernhörigkeit und vor allem die Sklavenstellung der Frau, dies alles ist für immer und endgültig vorbei. Die Jugend Julies belegt auf das Eindrucksvollste den Satz des Sinologen Paul Granet, der über die chinesische Frau schrieb: »Sobald sie sprechen kann, lenkt man sie auf einen Weg des Schicksals, der Unterwerfung bedeutet, indem man ihr beibringt, mit dem demütigen Ton zu sprechen, welcher der Frau geziemt.« Genau dies hat Mao Tsetung abgeschafft. »Die Frauen tragen auf ihren Schultern die Hälfte des Himmels«, lautet einer seiner Aussprüche, »und sie müssen sie sich erobern.«

Julies Geschichte – die von zwei verschiedenen Welten handelt – klingt uns vertraut und fremd zugleich. Aber ist es nicht gerade das Fremdartige, was uns die anderen besonders nahe bringt?

Bitte beachten Sie
auch die folgenden Seiten

Julia Kristeva

Die Chinesin

Die Rolle der Frau in China

Ullstein Buch 35144

Ullstein Materialien

Die Rolle der Frau in China: Das Buch geht aus von der geschichtlichen Situation der Chinesinnen und fragt nach den Möglichkeiten der Frau in diesem Land, das sich eines neuen Humanismus rühmt und dem die Autorin rücksichtslos die Frage stellt, ob es nicht einem Sozialismus ohne Gott und ohne den Menschen huldigt, dem sie aber auch die risikovolle Chance einer neuen Menschlichkeit gibt.

Peter Scholl-Latour
Josef Kaufmann

7 Gesichter Chinas

Ullstein Buch 34160

Ullstein Sachbuch

Das alte Reich der Mitte mit seiner »vielfältigen Herrlichkeit« und seiner überquellenden, oft noch am Rande des Elends lebenden Bevölkerung entzieht sich, obwohl dem Tourismus nicht mehr verschlossen, weiterhin allen westlichen Normen.
So konnte es nicht die Absicht der Autoren sein, ein umfassendes Porträt des gegenwärtigen China zu entwerfen; vielmehr geht es ihnen um eine Reihe eindringlicher und charakteristischer Impressionen, die in sieben Themenkomplexen zusammengefaßt sind.
Peter Scholl-Latour und Josef Kaufmann, von dem alle Fotos des Werkes stammen, haben einen sehr besonderen China-Band geschaffen: eine ebenso reizvolle wie aufschlußreiche Begegnung mit sieben Gesichtern des chinesischen Alltags heute.

Chen Jo-hsi

Die Exekution des Landrats Yin

Erzählungen aus der Kulturrevolution

Ullstein Buch 20204

ein Ullstein Buch

Eindringlicher als jeder wissenschaftliche Bericht enthüllen die acht Erzählungen dieses Bandes den wahren Alltag Chinas zur Zeit der Kulturrevolution. Chen Jo-hsi erzählt präzise, witzig, melancholisch, zornig und gibt verblüffende Einblicke in die Lebensumstände des größten Volkes der Erde.

Lao Tse

Tao Tê King

Das Buch vom rechten Wege und von der rechten Gesinnung

Herausgegeben und übersetzt von Jan Ulenbrook

Ullstein Buch 20067

ein Ullstein Buch

Der chinesische Philosoph und Einsiedler Lao Tse lebte im sechsten Jahrhundert vor Christus und hat als Begründer des Taoismus Chinas Weltbild geprägt, das auch auf Europa ausstrahlte.
Dies geschah vor allem mit dem Tao Tê King (Dau Dö Djing), dessen 81 Sprüche über den rechten Weg und die rechte Gesinnung aussagestark und prägnant als Grundgedanken formulieren: das Herrschen durch Tatlosigkeit, die Überlegenheit des Gewaltlosen und die Weisheit spontaner Abläufe im Leben des Einzelnen, des Gemeinwesens, des Alls.
Der Europäer fühlt sich erinnert an manche Aphorismen der Pythagoräer oder Heraklits, da er hier dasselbe Denken in Zyklen und Polaritäten erkennt.

John
Fowles

ein Ullstein Buch

Die Geliebte
des französischen
Leutnants
Roman

Ullstein Buch 3042

Der Magus
Roman

Ullstein Buch 20075

Mantissa
Roman

Ullstein Buch 20428

Der Ebenholzturm
Erzählung

Ullstein Buch 20483

»John Fowles ist als Erzähler
ein überlegener Arrangeur.
Jeder Handgriff sitzt, jedes
Wort ist an seinem Platz . . .
Eine Landschaft aus Menschen-
türmen.«
Frankfurter Allgemeine Zeitung

Tagebuch der Maria Bashkirtseff

Mit einem Nachwort von Gottfried M. Daiber

Ullstein Buch 30151

Die Frau in der Literatur

Maria Konstantinowa Bashkirtseff, die junge russische Adlige, die eine glanzvolle Rolle in der Pariser Gesellschaft vor der Jahrhundertwende spielte, die die geistige Elite faszinierte und zur Kultfigur wurde, begann mit zwölf Jahren, Tagebuch zu schreiben. Bis zu ihrem Tode als Vierundzwanzigjährige (1884) hat sie es Tag für Tag fortgeführt. »Dem Schicksal zum Trotz, das sich ihr verweigern wollte, hatte sie sich zuletzt die Unsterblichkeit verdient«, schreibt Hilde Spiel. »In dem Mädchen ist eine groteske Vorurteilslosigkeit der Reflexion, eine Freiheit und Frechheit der Beobachtung, die empörend sein könnte, wenn sie nicht reizend wäre.« (Hugo von Hofmannsthal)

Maxim Gorki

Die Mutter

Roman

Mit einem Nachwort
von Martin Gregor-Dellin

Ullstein Buch 30109

Die Frau
in der Literatur

Gorkis Roman »Die Mutter« (1907) gilt heute als das klassische Werk des Sozialistischen Realismus. Gorki gestaltet in ihm die politische Bewußtseinsbildung der russischen Arbeiterschaft am Beispiel der Titelheldin Nilowna, die durch ihren revolutionären Sohn Pawel allmählich aus passiver Beobachtung in eine kämpferische politische Aktivität hineinwächst und schließlich als überzeugte Revolutionärin verhaftet wird. Obwohl die didaktische Absicht des Romans immer präsent bleibt, so ist die Verwandlung der Mutter doch nicht aus ideologischen Gründen so ergreifend, sondern weil sie vollkommen aus der psychologischen Situation der Mutter erfaßt, ganz aus dem Menschlichen motiviert ist. Die Mutter steht bei Gorki für die Idee der Güte, der Zusammengehörigkeit und einer tieferen, helleren Menschlichkeit.

M. L. Davies (Hrsg.)

So haben wir gelebt

Englische Arbeiterinnen erzählen

Begleitbrief von Virginia Woolf

Ullstein Buch 30153

Die Frau in der Literatur

›So haben wir gelebt‹ gilt als klassische Dokumentation des Lebens englischer Arbeiterinnen in der Zeit von etwa 1860 bis in die zwanziger Jahre unseres Jahrhunderts. Frauen schildern nicht nur ihren mühevollen Alltag, sondern erzählen auch von ihrer politischen Arbeit. Virginia Woolf stand als Sympathisantin in enger Verbindung mit der Frauengilde der Konsumgenossenschaftsbewegung. In ihrem Begleitbrief zu diesem Buch berichtet sie von ihren Eindrücken und Gefühlen: »Da Schreiben, so vielschichtig wie diese Kunst ist, viel mit dem Leben zu tun hat, besitzen diese Seiten auch als Literatur einige Qualitäten, die Schriftsteller neidisch machen könnten.«
Virginia Woolf

Ben Kryst Tomasson

SYLTER INTRIGEN

atb aufbau taschenbuch

BEN KRYST TOMASSON, geboren 1969 in Bremerhaven, ist promovierter Diplom-Psychologe. Er hat einige Jahre in der Bildungsforschung gearbeitet, ehe er sich als freier Autor selbständig gemacht hat. Tomassons Leidenschaft gehört den vielschichtigen Innenwelten der Menschen und dem rauen Land zwischen Nord- und Ostsee. Wenn er nicht schreibt, verbringt er seine Zeit am liebsten mit einem guten Buch am Meer.

Mit der verdeckten Ermittlerin Kari Blom sind bei atb bereits erschienen: »Sylter Affären« und »Sylter Blut«.

Die verdeckte Ermittlerin Kari Blom kehrt zurück nach Sylt. Sie soll in einem Kreditkartenbetrug ermitteln – undercover an der Kasse eines Delikatessen-Marktes. Hinweise verdichten sich, dass der Marktleiter in den Betrug verwickelt ist. Doch dann wird seine Leiche gefunden, und als ob der Fall nicht schon schwierig genug wäre, gilt Kari schnell als Hauptverdächtige. Sie versucht fieberhaft, den heimtückischen Mord aufzuklären, und stößt auf ein Labyrinth aus Lügen und Geheimnissen. Dass sie dabei auch noch zwischen zwei Männern steht, macht die Sache nicht einfacher.